島の地理学

小さな島々の島嶼性

スティーヴン・A・ロイル
中俣均 訳

法政大学出版局

A GEOGRAPHY OF ISLANDS (ISBN:9781857288650)
by Stephen A. Royle

島の地理学／目　次

第8章　島で暮らすこと――現代の島の経済

謝辞

私の島歩きは、初めは手近なところから始まり、最近では遠隔地にまで及んでいる。本書は、その数年間にわたる島歩きの成果である。イギリス連邦地理学局、王立地理学協会、イギリスアカデミー、イギリス・カナダ研究協会、カナダ研究基金、そしてクイーンズ大学ベルファスト校から、いろいろな機会に財政的援助を得た。カナダ政府からは、ロンドンにある高等弁務官事務所を通じて、私のカナダでの研究（それはしばしば研究仲間のS・ホジェットとJ・オシックと一緒にであった）の資金援助にあずかった。イギリス海外および連邦事務局は、アセンション島への調査チームの一員として私を送り出してくれた。

本書に収められているいくつかの考えは、一九九一年にカナダのプリンスエドワード島大学の島嶼研究所で開催された小さな島に関するサマースクールでの講義の時に発展させたものである。その後も私はしばしばこの研究所に戻り、所長のH・バグロールやE・マクドナルド、L・ブリンクロウらとの交友を大切にしている。このほかにも私は、前セントヘレナ島教育局長B・ジョージや、二人の熱烈な南大西洋ファンであるT・ハールとA・クロフォードにも謝意を表したい。R・キングは、私が島の問題に関して最初に考えを述べた論文を編集してくれた。彼とはその後も、島の問題についてコンタクトを取り続けている。国際小島嶼会議事務局のM・ハンプトンとは、フェロー諸島への旅を一緒にしたが、これにはJ・クリステンセン、B・ケイターモウル、N・ファーマーも同行した。シドニー大学の

J・コンネルも私と同じ島マニアで、とくに熱帯の島々への旅をよくしており、私もずいぶん刺激を受けてきた。K・ドッド、D・ロックハート、D・マグレガー、D・フィリップ、そしてD・スコットも、いわば島仲間であり、彼らには助けられたし、また一緒に島の問題に取り組んだりもしてきた。私は最近亡くなったT・クロスの遺書管理者を命ぜられる栄誉を得た。クロスのセントヘレナ島の研究に私は疑義を呈したのだが、そのことを正当に評価してくれたのである。クイーンズ大学ベルファスト校の地理学教室スタッフと学生たちにも謝意を表する。彼らはキプロスやマヨルカ島、マルタ島などへのフィールドワークに我慢して付き合ってくれた。最後に、私が島への旅行でしばしば家を空けるときにはそれを我慢し、時に島へのフィールド旅行と自称する家族休暇に付き合ったりもしてくれた、私の家族に感謝したい。そのことで一番よく覚えているのはアウターヘブリディーズ諸島に行ったことである。そこは、ベルファストの学校に通う生徒にとっては、気候学的センスを除けば休日に訪れるにはクールではないように思えた。

私は本書の草稿の読者であったラウトレッジ社のA・モールドとA・マイケルに感謝する。本書におさめた地図は、クイーンズ大学地理学科のM・プリングルが作成してくれた。彼にも感謝したい。写真はすべて私自身が撮影したものである。

ニューファンドランド島のG・フリークは、本書の**図6・2**の再掲を許可してくれた。**図6・3**はガーディアンニュース社のS・カルザース、**図7・6**はグリーナー社、**図9・2**はエアーパシフィック社が掲載を許可してくれた。

第1章　島——その夢と現実

はじめに

世界には何十万もの島々がある。それらはあらゆる海域に存在し、広さも、規模や資源利用の可能性、経済的状況、発展の程度などもさまざまである（図1・1〜1・6参照）。本書の目的は、そのように広く分布し多様な姿を見せる島々が、島嶼性（insularity）のために、どこでも共通した制約に苦しんでいるのを示すことにある。これらの制約——遠隔性、狭小性（絶対的／相対的）、隔絶性、周辺性など——は、単独でも複合しても立ち現れ、島に限らずいわゆる本土でも見られる。しかし、境界を限られた陸地である島では、そういった制約の影響がより顕著に表れる。島嶼性の制約は、もちろん小さい島ほど厳しい。だから本書ではグレートブリテン島や（日本の）本州島、ジャワ島といったスケールの大きな島は扱わず、もっと小さな島々について述べる。それで副題を「小さな島々の島嶼性」としたのである。

島嶼性の影響は世界共通であるから、本書は世界全体を視野におさめている。しかし、世界の島々のカタログを作

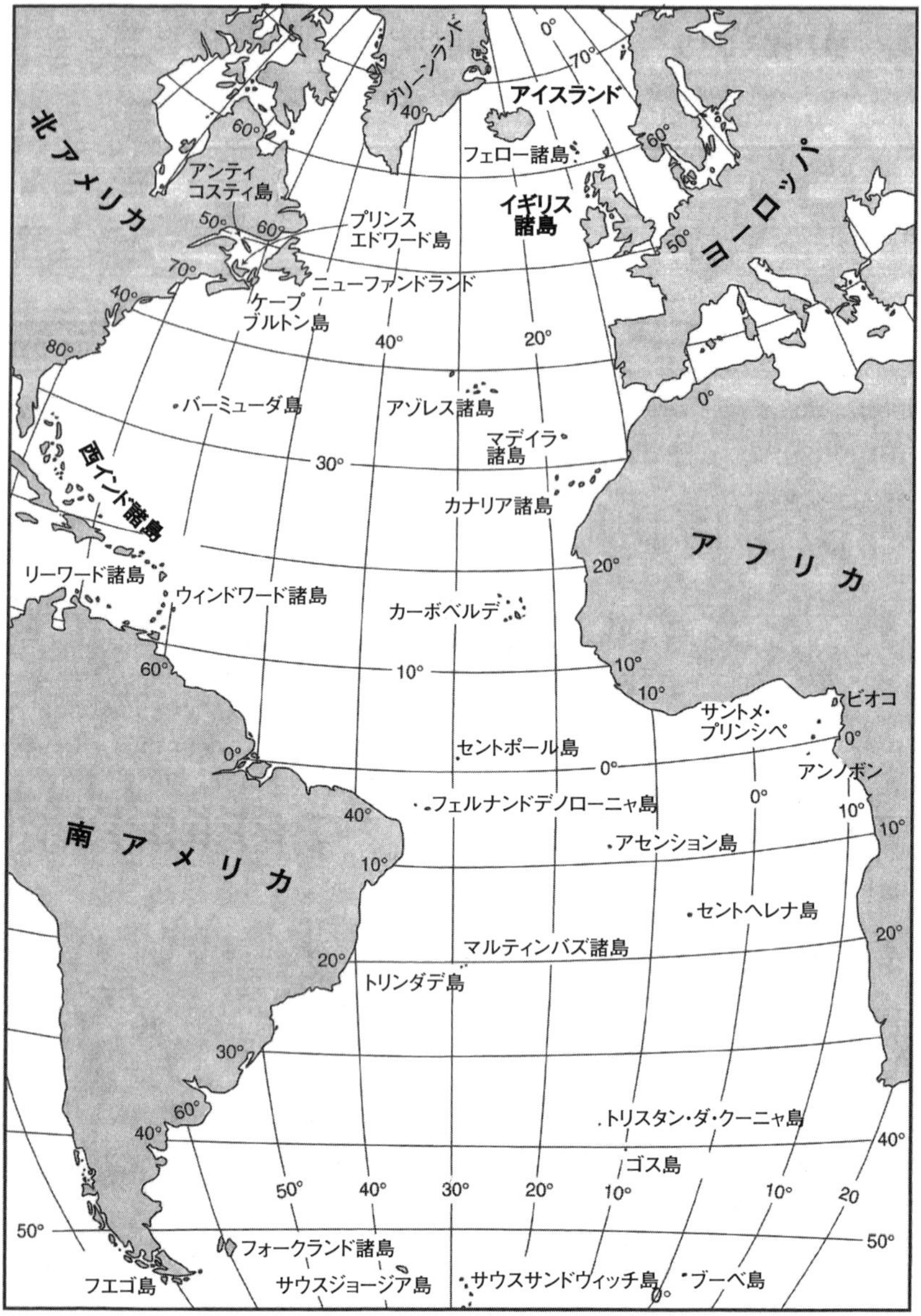
北アメリカ
グリーンランド
アイスランド
フェロー諸島
イギリス諸島
ヨーロッパ
アンティコスティ島
プリンスエドワード島
ニューファンドランド
ケープブルトン島
バーミューダ島
アゾレス諸島
マデイラ諸島
西インド諸島
カナリア諸島
アフリカ
リーワード諸島
ウィンドワード諸島
カーボベルデ
ビオコ
サントメ・プリンシペ
アンノボン
セントポール島
フェルナンドデノローニャ島
アセンション島
南アメリカ
セントヘレナ島
マルティンバズ諸島
トリンダデ島
トリスタン・ダ・クーニャ島
ゴス島
フォークランド諸島
サウスジョージア島
サウスサンドウィッチ島
ブーベ島
フエゴ島

図1・1　大西洋の島々

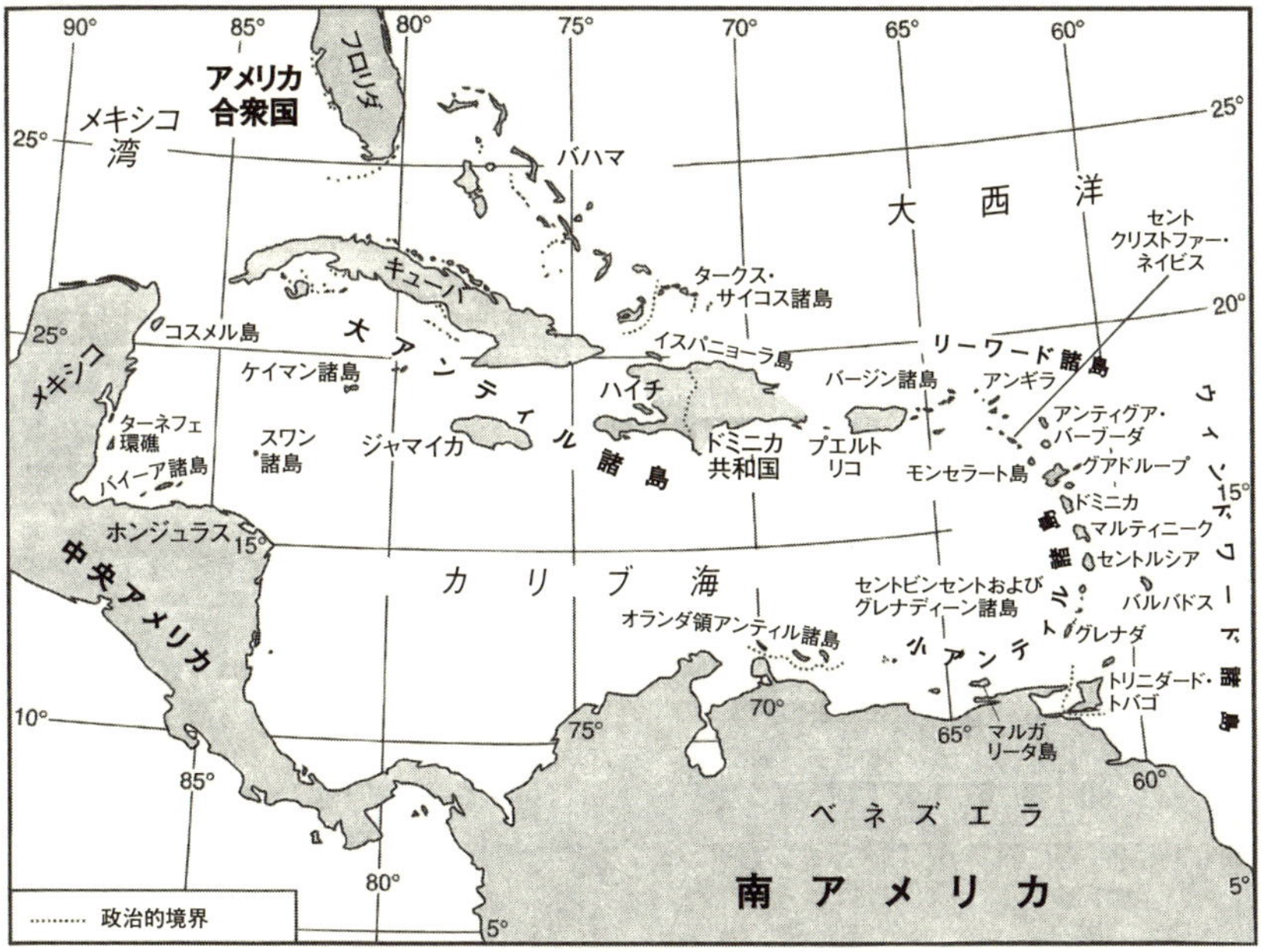

図1・2　カリブ海の島々

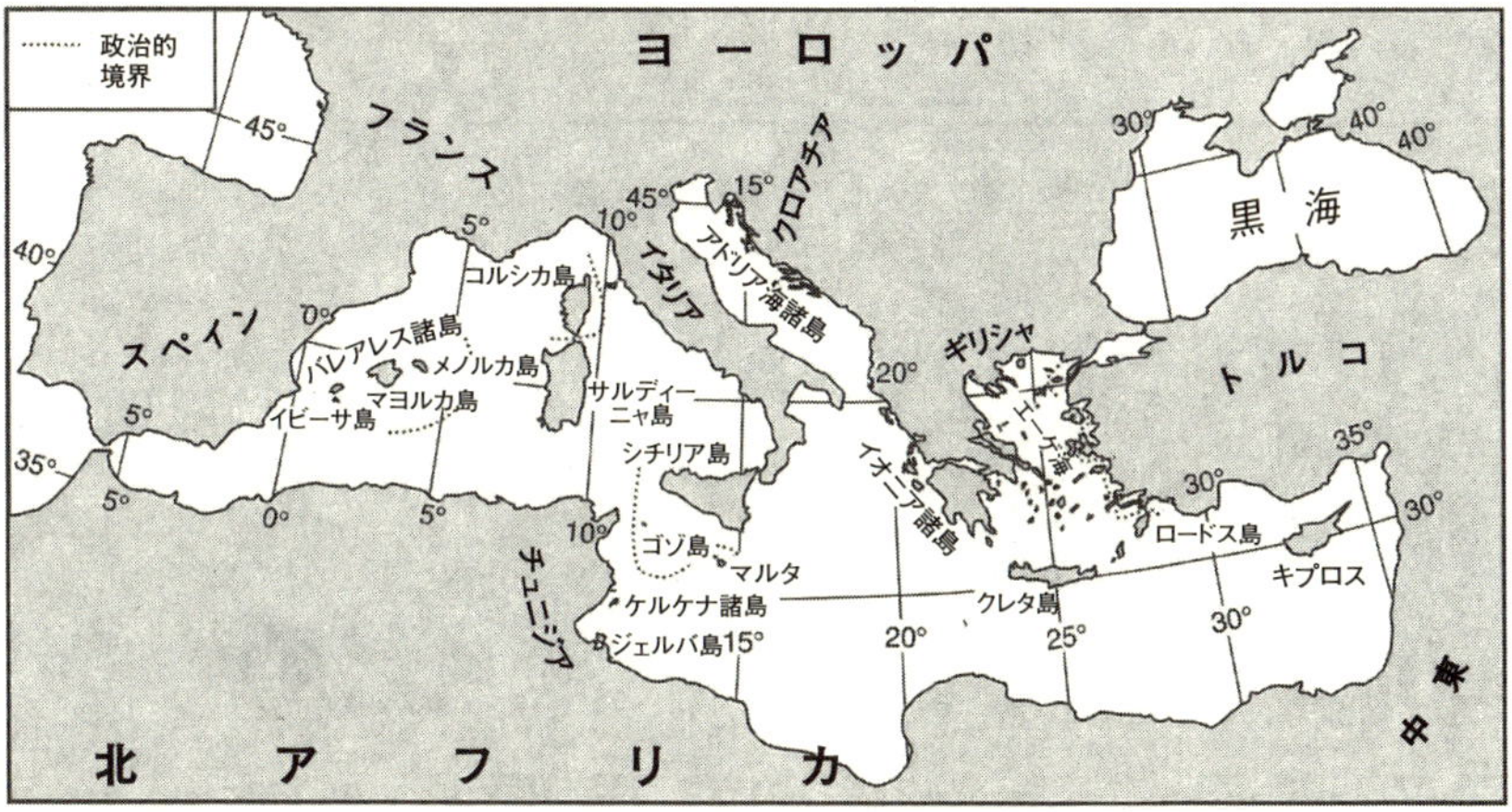

図1・3　地中海の島々

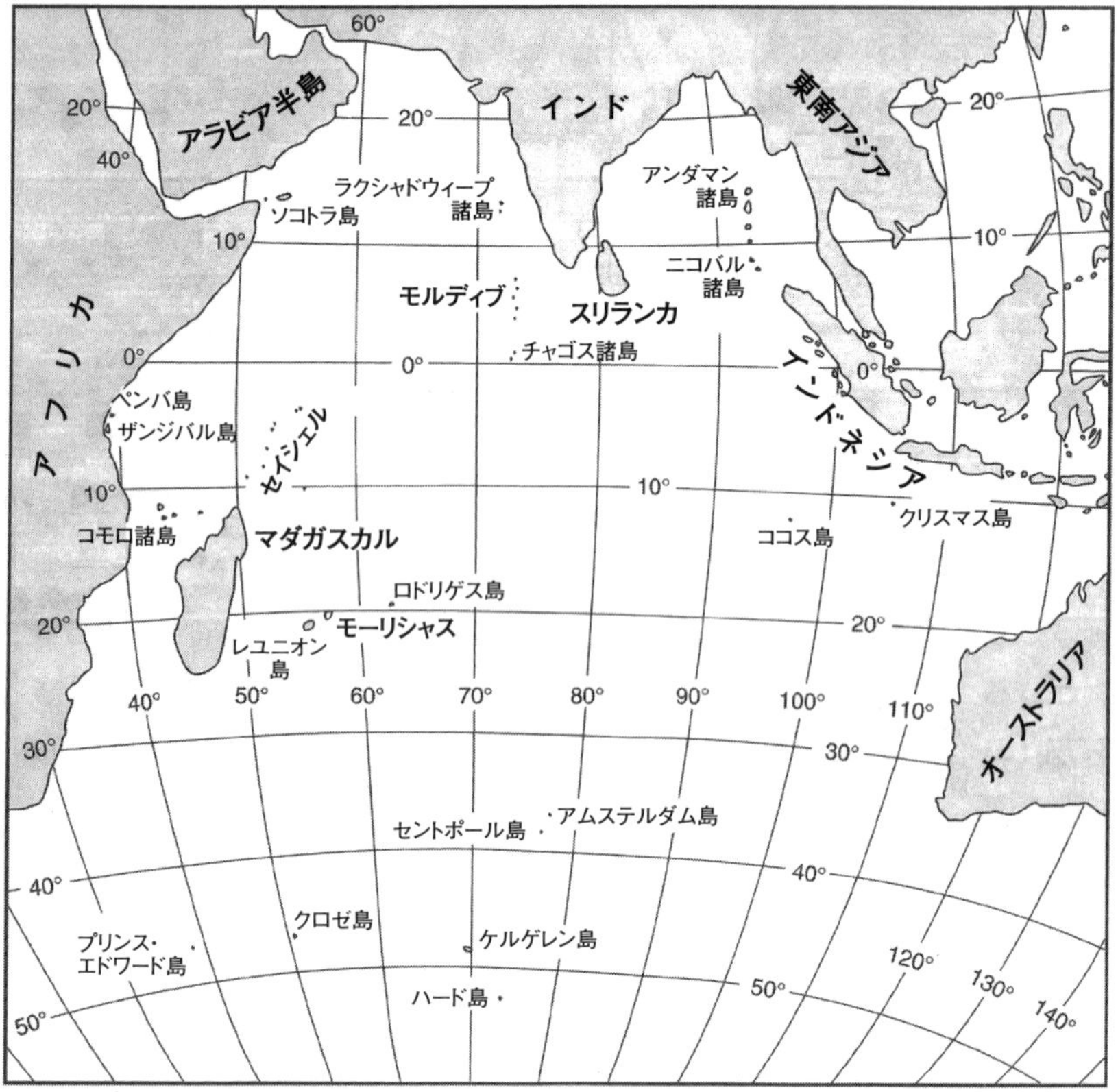

図1・4　インド洋の島々

ろうというのではない。そうではなく、島を系統的に見ていきたい。冒頭の第1章は、島の研究に関する一般的な紹介である。まず初めに、島がどこにいくつあるか、また島とはどういうものなのか、という実際的な問題が語られる。次に島の概念に触れ、島が大衆的で芸術的な想像力を掻き立ててきたことを、「夢の島」というとらえ方に導かれながら論じる。そのあと、現実の世界に立ち戻って、島の利用と島であることの科学的概念について考えながら、島の現実――小さな島での生活がしばしば「夢の島」の語りからはほど遠いこと――を結論とする。

　本書の内容の大部分は、人文地理学の範囲に属するが、人文地理学が土台とする自然的基盤について考えることも重要である。だから第2章は、島の自然地理学についての章である。島の

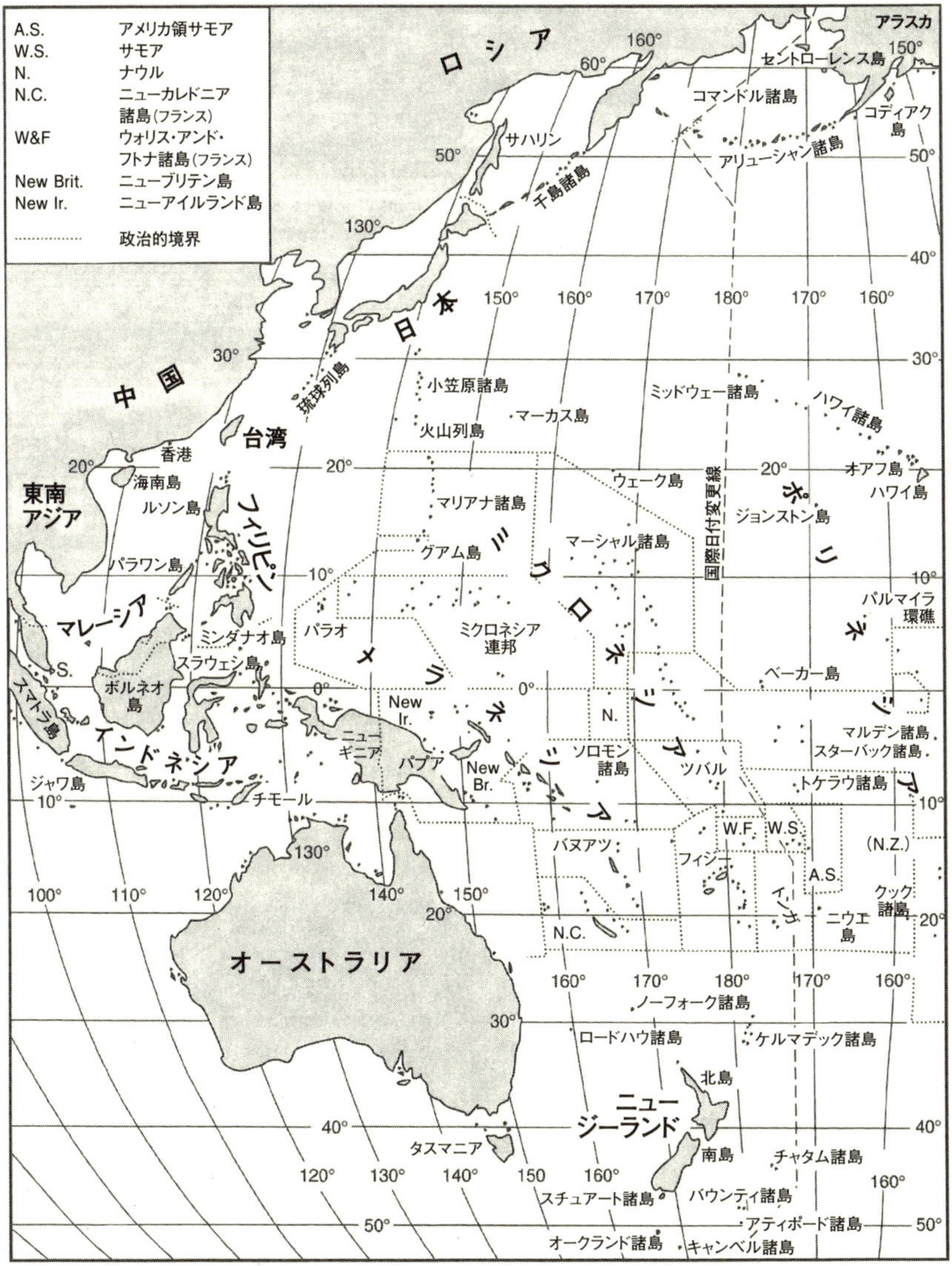
A.S. アメリカ領サモア
W.S. サモア
N. ナウル
N.C. ニューカレドニア諸島(フランス)
W&F ウォリス・アンド・フトナ諸島(フランス)
New Brit. ニューブリテン島
New Ir. ニューアイルランド島
政治的境界
ロシア
アラスカ
セントローレンス島
コマンドル諸島
コディアク島
サハリン
アリューシャン諸島
千島諸島
日本
中国
琉球列島
台湾
香港
海南島
東南アジア
ルソン島
フィリピン
パラワン島
マレーシア
ミンダナオ島
スラウェシ島
ボルネオ島
スマトラ島
インドネシア
ジャワ島
チモール
小笠原諸島
マーカス島
火山列島
マリアナ諸島
グアム島
ミクロネシア
ミッドウェー諸島
ハワイ諸島
オアフ島
ハワイ島
ウェーク島
マーシャル諸島
ジョンストン島
国際日付変更線
ポリネシア
パラオ
ミクロネシア連邦
パルマイラ環礁
ベーカー島
メラネシア
New Ir.
N.
マルデン諸島
スターバック諸島
ニューギニア
パプア
New Br.
ソロモン諸島
ツバル
トケラウ諸島
W.F.
W.S.
(N.Z.)
バヌアツ
フィジー
A.S.
トンガ
クック諸島
ニウエ島
N.C.
オーストラリア
ノーフォーク諸島
ロードハウ諸島
ケルマデック諸島
北島
ニュージーランド
タスマニア
南島
チャタム諸島
スチュアート島
バウンティ諸島
アンティポード諸島
オークランド諸島
キャンベル諸島

図1・5　西太平洋の島々

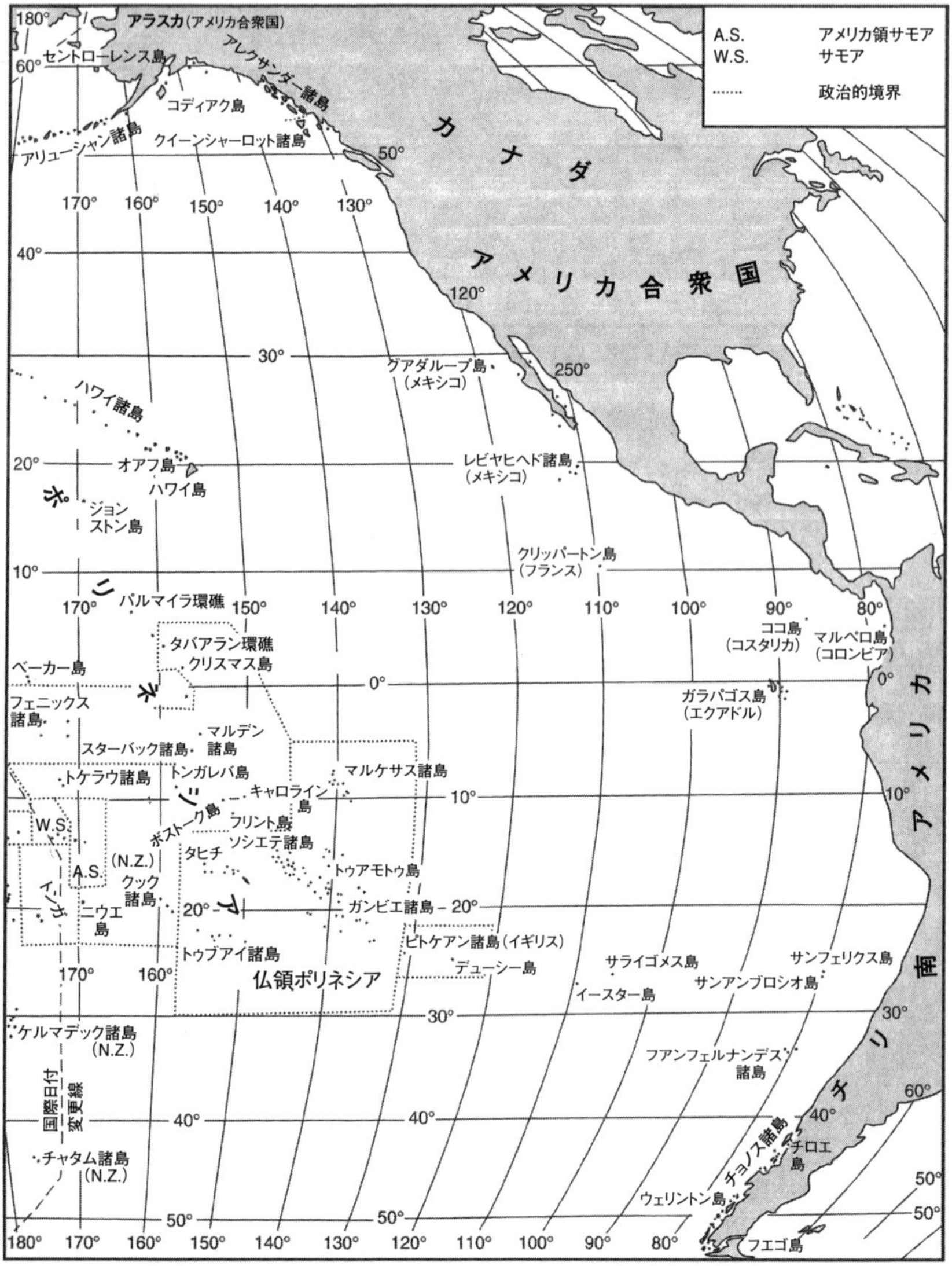
A.S. アメリカ領サモア
W.S. サモア
政治的境界
アラスカ（アメリカ合衆国）
セントローレンス島
アレクサンダー諸島
コディアク島
アリューシャン諸島
クイーンシャーロット諸島
カナダ
アメリカ合衆国
グアダループ島（メキシコ）
ハワイ諸島
オアフ島
ハワイ島
ジョンストン島
レビヤヒヘド諸島（メキシコ）
クリッパートン島（フランス）
ポリネシア
パルマイラ環礁
タバアラン環礁
クリスマス島
ベーカー島
フェニックス諸島
マルデン諸島
スターバック諸島
ココ島（コスタリカ）
マルペロ島（コロンビア）
ガラパゴス島（エクアドル）
トケラウ諸島
トンガレバ島
マルケサス諸島
キャロライン島
ボストーク島
フリント島
ソシエテ諸島
タヒチ
W.S.
A.S.
(N.Z.)
クック諸島
トンガ
ニウエ島
トゥアモトゥ島
ガンビエ諸島
ピトケアン諸島（イギリス）
トゥブアイ諸島
デューシー島
仏領ポリネシア
サライゴメス島
イースター島
サンフェリクス島
サンアンブロシオ島
南アメリカ
ケルマデック諸島（N.Z.）
フアンフェルナンデス諸島
チリ
国際日付変更線
チャタム諸島（N.Z.）
チョノス諸島
チロエ島
ウェリントン島
フエゴ島

図1・6　東太平洋の島々

分布範囲や位置は、島が多様な経過で形成されてきたことを示している。島にはまた、かなりの数の人々が居住しているが、そこには島嶼性がもたらす理由でいろいろな共通性、例えば生物種の多様性が限られているといったことが見られる。島はしばしば、ある種の社会的・経済的・政治的世界を共有しており、それはただ単に島であることによりもたらされたものだというのが、筆者の主張である。この考えについては第3章で扱う。第3章は、それ以後の各章への導入部でもある。

第4章は、小さな島々が、今日とは違って島内の資源に相当程度依存していた歴史時代に、共有する特徴によって影響を受けたことに関する考察である。第5章は、島に住む人々が、島嶼性に影響されている様子を描く章である。これはしばしば出移民（out-migration）という形をとり、中には少数だがまったく無住になった島もある。しかし島には入移民（in-migration）もあって、その結果、モーリシャス島やトリニダード島、フィジー島などは、エスニシティ（民族性）も人口規模も多様になっている。これらの島々は時に、社会の安定を揺るがす他者性（otherness）の問題にぶつかることになる。島々が直面している共通の問題の一つが、社会や経済の規模の小ささで、これらの問題については第6章で扱う。島のような小さな場所はつねに政治的には微力で、その結果、島々の中にも不均等な競争があることは、第7章において小さな島々の政治という題で語られる。

第8章は経済的な内容で、現在の世界の小さな島々ではどのような暮らしが行われているかを考察する。第9章では、世界的な開発戦略であるツーリズムの島への適用について述べる。それはある部分、本質的なロマンやミステリー、つまり「夢の島」という考えに依拠しており、第1章とも関連する。

本書全体を通じて、世界中の島々が経験しているプロセスに言及することになる。島の所在地（場所）ではなく、プロセスとその応用とが強調される。結論として、あらゆるプロセスを代表する一つの島が選ばれそこに焦点を当てる。つまり、最終第10章は単なる要約の繰り返しではない。小さな島の代表例である南大西洋のセントヘレナ島について詳述することで、本書のテーマである「小さな島々の島嶼性」についての結論とする。

島——その所在地と総数

地理学を通じて世界の島々を旅する前に、私たちが最初に確認しておくべき基本的なことがある。それは、島がどこにあり、その数はいくつなのかということである。本書では海岸から沖合にある島々を主に扱うが、主題である島嶼性は、大陸部の湖や河川の中に存在する島についても該当する（例えばGutsche and Bisaillon, 1999を参照）。

世界に存在する島々は、現在ではすべてが記録されていると思われる。その昔、新天地発見のための航海で、しばしば大胆な海の男たちが新しい島の詳細な情報をもたらした。このような《発見》の多くは、もちろんヨーロッパにとってのという意味である。私が、一九九二年にジャマイカで開かれた島についての会議の開会式に参加したとき、（ヨーロッパ人の）議長があいさつで、コロンブスが西インド諸島を《発見》してから五〇〇年が経過したと述べたことがあった。そのとき、西インド諸島大学（the University of the West Indies）から参加していた会議の重要メンバーが元気よく立ち上がり、コロンブスが《発見》する以前すでに、たくさんの人々がこれらの島々のことをよく知っていたと指摘し、会議が即座に中断されたことがあった。しかし、ヨーロッパ人による探検航海が真の意味での島々の発見をもたらしたのも確かで、そうした島の中には、無人島や誰も知らなかった島もあった。インド洋のモーリシャス島やレユニオン島など、今でも重要な島がその例である。

誤った航海により発見された島や、無知または虚偽の主張や報告がなされた島もあった。地図や海図には、まったく偽物（apocryphal）の島が数多く記載されていた。フォークランド諸島とサウスジョージア島の間にあるといわれた三つのオーロラ諸島などがその例で、最初は一七六二年、スペイン船オーロラ号によって報告された。同じ船が一七七四年にもこれらの島を発見したが、この時は別のスペイン人のサン・ミゲール号船長が、島々の位置を南緯52°37′西経47°49′と海図に記録した。一七九四年には、スペインの戦艦アトレビダ号が、これらの島々をもっと詳細に報告したが、船長は島に上陸したわけではなかった。たぶんそれは賢明なことで、というのはもし彼がオーロラ諸島に上陸しようとしたなら、そんな島は実在しなかったのだからずぶぬれになっていたはずだからだ。ウェッデルは、大西洋への航海に出かけた一八二〇年にこれらの島を発見しようとし、アメリカのアザラシ猟船ベンジャミン・モレル号も、一八二二年にこれらの島々を調査しようとしたが失敗した。実際、肘掛け椅子の〔つまり現地には行かない〕地理学者たちも含めて、この島を探そうとした人々は軒並み失敗している。この島はまさに、E・ポーの『ナンタケット島出身のアーサー・ゴードン・ピムの物語』（一八三八年）に出てくる主人公が探そうとした島だったのである。一八五六年に、その近くで五つの島影が見えるという信じられないことがあった。一八七〇年以降、これらの島は海図には描かれないようになった。ラムゼイは、おそらくそれらは氷山が見えたのであり、氷山があったのが沈んでしまったのだろうと推測している。つまり、実際に南緯53°西経43°にあるもっと小さいシャグ岩が誤って見えたのであり、オーロラ諸島が存在しないのはだろうと。最後の彼の説明は、「ロマンティックな心」ゆえの誤りであり、正しくはオーロラ諸島が存在しないのは「海に関する解決されていないミステリーである」と結論づけなくてはならなかった（1972, p. 80）。しかし最近でも例えば、シチリア島の南にあって一〇世紀ごろには見られ、一八三一年に数カ月間一時的にその姿を見せたグラハム島（またはフェルディナンド島）のような火山島は、確かに消えたのである。

ラムゼイはまた、場所が違っていたりまったくの神話だったりした島についても、詳しく説明している。いくつかは物欲しげな思考や推量にもとづく早期の地図学的認識によるもので、多くの神話的な島々は、魔法にかけられたか悪鬼にたたられたようなものだった。島の発見はしばしば戦略上の理由から秘密にされた。だからポルトガルは、大西洋上の無人島セントヘレナ島を、食糧貯蔵基地として独占利用するため、それが一五〇二年に発見されて以降も自国民にさえ開示しなかった。この島は後に、別のヨーロッパ人の航海者によって独自に発見されることになる。すべての島が海図に詳細に記載されることはない。例えば赤道ギニアの沖遠方のアンノボン島（またはパガルー島）は、最近一九九五年に出版されたイギリス海軍の一五九五年当時の海図に見えているが、その海岸線や地形は一九一三年の地図によるという注記がなされている。しかし島の位置については、「一九九一年のある船からの報告に基づく」とあり、早期の探検航海への奇妙な後戻りである。一五九五年の海図にはまた、近くを航海する者は十分に注意せよという警告も記載されている。

島として存在する陸地は、今ではほとんど知られているものの、自然は時々そのリストに新しい島を加えることがある。たいていは火山活動によるもので、例えば一九六三年にアイスランド沖にできたスルツェイ島や、一九七〇年に南シェトランド諸島のディセプション島の内湾に姿を現した島（Reynolds, 1995）、硫黄島沖で八六年に見つかった新しい島、訪れた地質学者が二〇〇〇年五月に撮影したソロモン諸島の新しい島などがそうである。前出のフェルディナンド島の最高標高は、地中海の海面より八メートルしか低くないので、もし火山活動が再開すれば、再びその姿を見せるだろう。

すべての島の存在が知られているとしても、世界にいくつの島があるかはまだはっきりとはしていない。これはおかしなことかもしれない。なぜならそれは、誰でも十分な時間と我慢強ささえあれば、地図庫に行って調べられるはずだからである。しかし問題は、島がどこにあるかではなく島の定義、つまりどれを島と数えるかによる。規模の大きい方はあまり問題ない。オーストラリアは七六八万六八四三平方キロメートルの面積を持ち、普通は大陸と考えられている。したがって、面積二一七万五六〇〇平方キロメートルのグリーンランドが世界最大の島ということになる。問題はもう一方、つまり規模の小さい方である。島についての基本的な辞書の定義は「水に囲まれた一片の陸地」（POD）というものだが、簡単でわかりやすい定義である反面、規模や機能についてこの説明で判断するのには限界もある。海中の岩は、水に囲まれた陸地の一片だが、《岩》は辞書では「（地殻の固体部分の）一部で空中または水中に屹立するもの」という別の定義がなされている。そうすると岩は島なのだろうか？　あるいは、島はいつでも海に囲まれているのだろうか？　イングランド北東部沖のホーリィ島やフランス北西部沖のモンサンミッシェル島などのように、海面上に周期的に姿を現すものは島に数えられるのだろうか？　英国水路部はそうだとは言わないだろう。

なぜなら同水路部の定義では、最高潮時に完全に水面上に顔を出したものだけが島なのだから。

島は、本土の一部とは識別できないものへと機能的に変わってゆくのだろうか？　ニューヨークのマンハッタン島は、対岸の本土と無数の交通路を持ち一体化しているが、歴史的興味や地理学的杓子定規以外のいかなる意味でも、まだ島なのだろうか？　おそらく違うだろう。しかし、傍らにあってマンハッタン島ほど周囲とは結ばれておらず、ニューヨーク市の行政区の一つであるスターテン島は、明らかに島である。カナダの西部にあるプリンスエドワード島（PEI）は、一九九七年にコンフェデレーション橋ができてニューブランズウィック州と結ばれたのだから、プリンスエドワード半島と名づけられるべきなのだろうか？

デンマークのユトランド半島沖にあるマンドー島は、観光客に「陸地が海と出会う場所（der er megret mer）」と売り込んでおり、大きな車輪のついたトラクターバスが浅い海を渡って島と本土との間を行き来するところである。これは島だろうか？　暗黒時代のバイキングにとっては、たぶんそれは島ではなかった。彼らにとっての島とは、本土との間を舵のついた船で行き来するところだったからである。一八六一年のスコットランドのセンサスでは、島を、住民がいて少なくとも一頭の羊を養えるだけの牧草地があるところと定義していた（King, 1993）。したがって、島は価値と地位とを有するもので、小さな場所は数に入らず島とはみなされなかったのである。島とはしばしば、そこに人が住んでいたか、あるいは誰かが上陸したかで何か名称のついた機能的あるいは法律的な基準を超えたものでなくてはならなかった。つまり島の定義については、「水で囲まれた陸地」という以外に適当な定義はなく、辞書も「小さな陸地」に対しては isle とか islet とかいった呼び方も許容していることを考えると、問題はより複雑になってくる。だから地図庫での我慢強い調査者は、何十万もの島のリストをこしらえるかもしれないが、厳密な辞書的意味での島であっても、そこには isles や islets や rocks が含まれているのである。

島とは何であり、どこにあるのかという議論は、必ずしも見かけほど不可解ではない。スコットランドでの機能的な定義は、それを明らかにしている。しかも国連海洋法会議では、居住に耐えられない岩とみなされたものについては排他的経済水域を認めていない。ロッコール島は大西洋にある面積七四平方メートルの露出した岩で、本土であるスコットランド西部からは四六一キロメートル西、北アイルランドからは四三〇キロメートル北にある。アイルランド人にとってこのむき出しの岩は、それ自身何の機能も有しないので、島ではない。そこに一九五五年、イギリス海軍が領有を主張するためにヘリコプターによる低空飛行で近づいて上陸したが、依然として公海上の居住不可能な島である。ロッコール島は、形式的には「スコットランドとして知られる連合王国の一部にロッコールなる島を女王陛下の栄光の及ぶ支配地の一部として加える法律」、いわゆるロッコール法（一九七二年）によって、スコットランドの領域に加えられた。一九七五年に旧特別部隊兵たちが四〇日間上陸し、イギリスの専制権を確立した。ロッコール島に関連する論争は、この島自身のメリットについてのものではない。もしこの島がスコットランドやアイルランドから数百キロメートルではなく数百メートルしか離れていないのであれば、この島の存在にはほとんど言及されず、だれもそこに上陸し滞在する必要などなかったであろう。とはいえ、本土であるスコットランドから四六一キロメートル離れたこの島が、国際的にスコットランドの領域であると認められたならば、それがたとえ遠く離れたところであってもイギリスは、領海と大陸棚資源とについての権利を主張し、デンマークやアイスランド、アイルランドなどのライバルたちの抗議に対して真正面から対峙することができたであろう。実際にイギリスは一九七四年に、ロッコール島周辺の一三万四六八〇平方キロメートルにわたる大陸棚の領有を主張した。この領域には炭化水素含有の可能性があり、三〇もの石油会社がその可能性に興味を示した。環境問題に関わるグループであるグリーンピースは、大西洋上のこの海域での石油開発が広がるのを望まず、――いかなる可能性探索にも抗議する目的で、三人の男がハイテクの太陽電池を用いたサバイバルカプセルを使って一九九七年六月にこの島を占拠した。グリーンピースは一九九七年七月二日まで、誰よりも長くこの島に住んで、この島を「ウェーブランド」と名づけ、領有を主張した。グリーンピースは、自分たちはこの島を所有したいわけではないとしながらも、代表代理のローズは次のように語った。

ロッコール島周辺の石油を四つの国が欲しがっている。私たちは、彼らが石油を開発する権利を認めない。T・ブレア（英国首相）には、私たちはロッコール島自体が欲しいのではなく、石油は共通の利用のためにとって置かれるべきだと伝えてある。私たちはこの島が開発の危機から逃れるまで借用するつもりだ。

（グリーンピースの報道用コメント、1997・6・16）

ロッコール島のケースは、何が島であるかを決めることの難しさを示すとともに、世界中で数多く見られる島／岩の所有をめぐる論争の一例でもある。このことについては第7章で説明する。今のところ島は、大はグリーンランドから始まり、小は意味のある枠組みはない、というだけで十分であろう。フランス領ポリネシアを例にとってみよう。地元の観光当局は、この領域の五つの群島中には一一五の島々があるという。しかし、これは各島とともに環礁をそれぞれ一つの島と数えた数字である。だが、環礁はいくつかの異なった部分に分かれていて、もし各々の「水域に囲まれた陸地」を数えたなら、フランス領ポリネシアは数千もの島々からなることになる。例えば、小さなテティアロア環礁は、一一五あるという島のうちの一つだが、同じ観光当局によると一三の小島（islet）からなることになっており、付属の地図によれば一八の島々が記載されている。国家地理局発行の一〇万分の一の地図はソシエテ群島を、テティアロア環礁を含む一四の島からなるとしている。そうすると、テティアロア環礁は一つなのか一三なのか一四なのか、それとも一八の島なのだろうか？　ソシエテ群島にはまた強大なタヒチ島があり、広さ一〇四二平方キロメートル、最高標高二二四一メートルもある「高い島」である（すなわち山と裾礁がある一方で、山のない環礁だけのところもある（第2章参照））。ここにはまた国家地理局の地図が認定した裾礁中の小陸地モトゥ（motu）が一三ある。これらのうちの二つ、モトゥ・ウタとモトゥ・タヒリは、一部はパペーテの港、一部はファアーの空港に、開発によって合体してしまっている。するとこのケースでは、タヒチ島は一つの島なのか、一四の島なのかそれとも一二の島なのだろうか。機能的に言えばタヒチは一つの島である。しかし地形学的には一つの島ではなくて一つのシステムというべきであり、一つの高い島と島にある裾礁とで構成されているものである。タヒチ島の西海上には一つのリーフシステムがあり、その中にタハア島とライアテア島の二つの高い島を持っている。一つのシステム、二つの島、モトゥとその片割れである二つの高い島、そして四七の島々……。論理からすれば、タヒチは一つの島であって一四の島々ではない。タハアとライアテアは二つの島であって四七の島々ではない。しかしながら、これらの場所がここで議論している環礁――それは地質時代には他の島に対しての高い島だったかもしれない――はモトゥだったとして、それは自身の権利として島とみなされるべきなのだろうか？　これらの、以前タハア島やライアテア島であったものは、単に一つの環礁だったかもしれないし、一つの環礁か四〇の付け加わった島かもしれない。言えることは、われわれはそこにいくつ島があるかについては厳密にはいえない、ということだ。

われわれはまた、島にはどれくらいの人が住んでいるかも知らない。もし合意を得た標準的な島のリストがあるとしても、そこにどれだけの人が居住しているかは書いてない。これは、センサス統計には島の人口を正確に記載する方法がないことによる。とくに小さな島の人口はしばしば本土の行政区域の人口に合算されるからである。小さな島はまた、周期的あるいは季節的な人口数の振れが大きく、そのセンサス人口は島の人口数の現実の一端しか示さないことが多い。したがって世界中の島の人口数は、推定するしかないのである。著者はかつて、島には世界人口の九〜一〇％が住んでいると見積もったことがある。その多くは大きな島嶼国家、例えばイギリス、日本、フィリピン、インドネシアなどのものである（Royle, 1989）。動かせないのは、島は世界の社会やエクメネ〔人間の居住地域〕の重要な一部であるということであり、それは本書の主張でもある。

島という概念

世界の経済やエクメネにおける現実の役割はもとより、島は人間の文化の一端としての役割も持ってきた。島という思想や概念は、本章でこれから探るように、文学や芸術、科学、大衆文化にも情報を与えてきた。それは「夢の島」という考え方である。ラムゼイは、中世について「……何であれ魅力的な場所はいつも、島だった」と語ったが、それ以前のギリシャ・ローマ時代を振り返って述べた際には、「これまで語られることのなかった島という大衆にとっての神秘」に他ならないとした（Ramsey, 1972, p. 91-2）。このロマンティックさは、彼の本を通じて述べられる現実と対峙するものである。

島を特別なものにしている二つの理由は、隔絶性と境界の明瞭さである。隔絶性は言うまでもなく、ポツンとある島を訪れようとするものは誰もみな、水域を越境する少し変わった旅をしなければならない。彼らはよく知った本土から離れて、遠い島の世界に冒険することになる。この種の旅の魅力は、バウム（1997）が「異なる現実（fact of difference）」と呼ぶものである。彼はこれを、政治的境界を越えることと同じとみており、ヨーロッパでは異国に旅するのが容易になって、異なる現実〔への認識〕が衰えていると指摘している。彼はさらにこの考えを島に適用し、確固としたつながり〔橋や道路やトンネルなど〕をもつ島は、「異なる現実」の一部であった「島であること（islandness）」を、つまりその島の魅力を失うのだと主張する。橋の上の道路を渡る旅は、冒険心をほとんど呼び起こさない。バウムは、カナダのプリンスエドワード島のどこに橋をかけるかについての次のような論争を引用している。

> プリンスエドワード島と本土とを架橋で結ぶというのは、多くの島人たちを混乱させる企みである。この種の企みの起源はしばしば非常に根源的なものなので、それは簡単には表現されず、時に「島の生活様式」への脅威と結びついて表わされる。（Weale, 1991, p. 81）

これと同じような感情が、ほぼ同時期にスコットランドのスカイ島を本土と橋で結ぼうとした時、表出した。スコットランドでの開発への反対理由のほとんどは、その時も今も橋の利用料金の高さに関係していたが、単純にスカイ島

図1・7　カナダ．プリンスエドワード島に架かるコンフェデレーション橋

から「島であること」が奪われるという理由で橋の建設に反対する人々もいた。これはこの島独特の感情であろう。なぜならスカイ島は、一七四五年のスコットランド・ジャコバイト敗退後の反乱と、イングランドに対抗した一七四六年のカローデンの戦いとで名を知られた島だからである。反乱のリーダーでロマンティックなヒーロー（たとえ伝説としても）、スチュアート（ボニープリンス・チャーリーの愛称をもつ）は、不朽の民謡スカイ・ボート・ソングでは「海を渡ってスカイ島に」逃げたのである。想像性に乏しく料金も高額な橋を渡って「海を越える」のでは、あまりそのイメージがかきたてられない。バウムは「人工的に島を本土と結ぶのは島の完全性を損なう」と考えている（1997, p. 24）。プリンスエドワード島はすでにこの時は完全ではなかった。なぜなら、コンフェデレーション橋の開通は一九九七年だったからである（図1・7参照）。ペッカム（2001）は、一九世紀末から二〇世紀初めにかけてのイングランドの「非島嶼化」計画が、あまり人々に知られず、それが実現されるまでに数十年間が経過したと言っている。アイルランド沖の大きな島アキル島には、一八八六年にできた土手道

がある。これは島にとっては間違いなく好都合だが、アキル島はその「島であること」を失ってしまった。一九世紀にプロテスタント教会がそこに「最暗黒のアフリカ」として使者を送ったという神話は遠いものとなり、アキル島は今では、北隣のベルマレト島と同じく機能としては半島になってしまった。その一方で、少し南のドラマチックなノックモア山で知られるクレア島は、クルー湾内にまるで見張り塔のようにして屹立し、フェリーが島に旅行者を競って運んでいる。

境界性の概念に関しては、ウィールが、カナダ総督だったツイードミュア卿の、この概念をまるごと表現した一節を引用している。それは次のようなものである。

> 島にその特別な魅力を与えているのは何だろうか? 一番の理由は島にはっきりとした物理的限界があることだと、私は思う。そして、だからこそ私たちは島を認識しその全体像を把握できるのである。
>
> (Weale, 1992, p. 93. Baum, 1997, p. 24 にも引用されている)

バウムのいう「島の完結性」の理由でもあるこの境界性は、彼の言う「異なる事実」とも結びついて島を特別な存在にしており、それが作家や芸術家や物見高い旅行者にアピールしている。島の生態系についての自然的帰結や島形成への関心は、ダーウィンやウォレスをはじめとする多くの科学者の研究対象になってきた。このことはまた、本章の後の部分で述べる。

芸術的想像力のなかの島

アイルランドの詩人イエーツは、「湖の小島イニスフリー」(1893) という詩の中で、文明から逃れて小さな島に一人で住むことの夢を語っている。私が使った初級の学校教科書にもこの詩が載っていたが、そこには「イニスフリー島が実在の島かそれとも魂の避難所として想像されたものかは、この詩がもつ精神的な意味の前では些細なことである」と書いてあった（The English Assoc., 1915）。たぶん、イェーツの描いたイニスフリー島は実在の島ではない。だがスライゴー観光局にとっては実在の島であり、ジル湖にあるイニッシュフリー島への旅は、季節になるとスライゴーの町から毎日可能である。「魂の避難所」としての島とは、魂の救済を望む人々にとっては、島の魅力を言い尽くしたものである。避難者は詩人にも普通の人にも隠者にもなれるのだ。他のアイルランドの島、例えばスケリッグマイケル島やカハー島は、修道院を機軸とする集落だとされてきた。島のこうしたアピールがずっと続いてきたことは、BBCのラジオ番組でもっとも長く続いているのが「Desert Island Disc」という番組だという事実が語っている。この番組ではゲストたちが、孤島で難破したときに八枚のレコードと一冊の本と、そして一つの贅沢品を持って暮らすとしたらそれは何か、と質問されるのである。

島の魅力は、作られると同時に芸術家や作家がそのイメージを利用することもある。多くの人々が、実際に読んだことがあるかどうかは別にしても、『宝島』（Stevenson, 1883）や『ロビンソン・クルーソー』（Defoe, 1719）、そしてその後年の続きである『スイスのロビンソン一家』（Wyss, 1812–12）といった本の名前を聞いたことがあるだろう。加えて、より謙虚な著者であるスウィフトは一八世紀前半に、彼のオフィスの窓から外を眺め、そこにベルファストの北部境界付近のアントリム平原の三〇〇マイルに及ぶ景色を見ていた。スウィフトにとっては、丸まった山の表面の傾斜は、大男が自分のそばにいるように感じられ、そこからガリバーと、彼をいじめるリリパット王国の小人たちという発想が浮かんだ。スウィフトが、そのヒーロー冒険や、リリパット国の小人や巨人国の大男たち、それに『ガリバー旅行記』（1726）の中で他にもよく知られている人々の根拠地となったのはどこだろうか？　不思議なことに、孤島では人を人間的なサイズにする通常の生物学的基準が必要とはされない。彼の描いたラピュタ島は物理学や生物学の法則を逸脱することを許した。なぜならそれは、飛んでいる島だったから。

作家たちは島を、登場人物が通常の社会的拘束から自由になるところとして発見し、より「原始的な」、すなわち社会的拘束の弱い側面を描いてきた。最もよく知られている例の一つは、ゴールディングの『蝿の王』（1954）である。この本では、ある生徒の一団が無人島で難破する。最初彼らはイギリスでの生活様式を再現しようとするが、隔絶された状況ではすぐに、野蛮な血の儀式が始まりタブーが破られることになってしまう。スティーブンソンの『宝島』では、島は遠くにあり近づくことが容易でなく、だから詮索好きな人々の目を逃れて宝を隠すのにいい場所だった。また、デフォーにとって、クルーソーの孤独感（彼には八枚のレコードもなかった）や孤立感、彼とフライデーという男との関係を書こうとしたとき、デフォー自身の持っていた社会的慣習を適用する必要がない島という限られたエクメネは、どれほど好都合だったことだろうか？　こうして、同書に関する最近の議論の多くは、クルーソーとフライデーとが「（クルーソーが白人の異性愛者に戻るまでは）……彼らは同性愛だった」などというものになっているのである（Woods, 1996, p. 36）。

これに対して『スイスのロビンソン一家』の著者は、島の冒険を宗教的な点から描いているが、この点は近代の要約ではしばしば省略されている。ロビンソン・クルーソーにモデルとなる人物がいたことは、この話にロマンと迫真性を付け加えた。その人物はセルカークといい、一七〇三年から五年間、今はロビンソン・クルーソー島と呼ばれているチリのホアンフェルナンデス諸島中のマサティエラ島に、船長との抗争後に置き去りにされたのだった。

作家たちの島の描写は非常に迫真的で、それは彼ら自身が島で育ったことに由来している。その一例が、アイルランドのゴールウェイ郡にあるアラン諸島中のイニッシュモア島におけるオフラハティの場合である。オフラハティは島の農夫の九番目の子供で、彼の父親は六ヘクタールの石ころだらけの畑を耕して家族を養っていた。オフラハティの死亡記事のあるものは、小説『飢餓』（1937）が彼の最も優れた作品だといっている（*Independent*, 1984. 9. 10）が、一八八〇年代以降のナラ（Nara. Aran の文字の並べ替え）島を舞台にした『スケレット』（1932）には、島の生活についての語りが収められている。この小説には、第4章でまた触れる。

単純に、うまい筋書きを作るためや登場人物の性格を限定するために、島を利用してきた小説家もいる。推理作家のクリスティは、作中人物を閉じ込めるために、田舎の家（『一〇人の小さなインディアンたち』、原題は『一〇人のニグロたち』（1939））や列車（『オリエント急行殺人事件』（1934））を利用した。それと同じように小さな島も都合よく使われ、例えば『太陽の下の邪』（1941）では「密輸者の島」が出てくる。近代の映画製作者たちも、同じような目的で島を利用し、二〇〇〇年にＢＢＣはライオンテレビ製作の『難破者』という番組を放映した。これは「ドキュソープ」（ドキュメンタリーとソープ番組との合成）ともいうべきもので、三五人のボランティアが一年間、アウターヘブリディーズ諸島のタランゼイ島で暮らすというものだった。

もっとよく知られているのは、より興味深い仕事で、島という舞台を著者の政治的理論に従って理想的な共同体に作り上げるものである。だから、トーマス・モア卿の『ユートピア』（1516）のモデルになったのは、島という孤立した別世界なのであった。シェークスピアの戯曲『テンペスト』（1611）も、島を舞台にしたものとして知られている。その舞台は、次のようである。

（舞台は）エデンの園がもつ特質を目のくらむほど多様にもった島で、もう一つのユートピア社会を想起させる力を持つ一方、動物の生存の厳しさを感じさせる荒涼さもある。（Grove, 1995, p. 34）

他の作家で島に別の社会を作り上げているのは、ウエルズ（『モロー博士の島』（1896））、バリー（『あっぱれクライトン』（1909））などである。

島は文学作品の舞台としてだけでなく、社会的生物学的、そしてもちろん進化論的規範からも逃避することを作家に許してきた。ある作家は、登場人物を主流社会からかけ離れさせ、政治的立場を明確にするために、別の道具立てを用いてきた。それは、未来（例えばハックスリーの『すばらしき新世界』（1932））であり、また幻想であった。数多い幻想小説の中でも、たぶん最も有名なのがオーウェルの『動物農場』(1945)で、ここでは動物たちが人格をもち、スターリニズムの進展を風刺している。オーウェルはハックスリーと同じく他の政治小説『一九八四年』(1949)では未来を用いている。たぶん明らかに、それは島を舞台にしてはいなかったが、しかし離島の他世界性について書かれたものであり、その離島とはスコットランドのインナーヘブリディーズ諸島中のジュラ島のことで、作家が「魂の避難場所」を求める例でもあった。現代の小説家サトクリフは、作家特有の心理的障害に悩んでギリシャのキクラデス諸島に避難場所を求めた。「私の主要な狙いは、リラックスできてそこで考え抜くことのできる平和な島を探すことだった」。避難場所はすぐにアモルゴス島に変わり、彼の障害はすぐに治癒した。アモルゴス島は、彼が書いていた小説『ラブ・ヘキサゴン』(2000)の最後の章の舞台として描かれた(*Independent*, 2000. 1. 8)。『宝島』で著名なスティーブンソンも、島へ逃避し島に住んだ。マルキーズ(マルケサス)諸島、パウモトス島、(当時の)ギルバート島などで、もっとも有名なのは一八九〇年から彼が死ぬ一八九四年まで住んだサモア島だった。スティーブンソンは(例えば一八九六年の本で)太平洋について広範に書き残している。画家もまた、多くその芸術的あるいはインスピレーションによる理由で同じような旅をしている。しばしば原始的な状態に帰るために。ゴーギャンがもっとも有名な例である。彼はポリネシアのいろいろな島、特にマルキーズ諸島を旅した。ベルギーの作家ブレルも生涯の最後をマルキーズ諸島で過ごし、彼とゴーギャンはどちらも今、同諸島中のヒヴァ・オア島のカルヴァリー墓地に葬られている。そこにはゴーギャンの生涯とタヒチでの仕事を集めた博物館がある。

この節の終わりでは、いわゆる旅行記、例えばキャプテン・クックの南太平洋航海記などについて考えてみよう。こうした航海記の近代的バージョンは、テレビ番組や映画である。一七八九年の英国軍艦バウンティ号での、クリスチャンに率いられたブライ船長への反乱を映画化した作品を見た人は多くないだろう。クリスチャンは、ブライ船長と他の船員たちを漂流させた。反乱者たちはバウンティ号をタヒチ島の不思議を楽しむために占領し(というのは映画化されたものにはタヒチの隣のモーレア島が出てくるのだ)、その後信じがたいことに彼らのうちの何人かは彼ら自身の南の島での隠れ場所をピトケアン島に発見する。この物語の原作（Nordhoff and Hall, 1932）は、一九三五年、一九六二年、一九八四年にそれぞれ映画化された。大方の見る最も優れた作品である最初の映画化では、ブライ船長をC・ラフトン、クリスチャンはC・ゲーブルが演じた。

夢の島

島がパラダイスだとの観念は、少なくとも西洋人の心理に焼きついている。しかし、彼らはほとんどが安全な大陸の中心地にいて満足した暮らしを送っているのである。「バウンティ」というのはイギリスで、チョコレートのかかったココナツバーの名前になっていて、それは南海の島々のロマンスのにおいを感じさせる名前であり、その二〇〇〇年のキャンペーンは「アトール（環礁）」と題された真に迫った写真帳であった。実際にはピトケアン島（環礁ではない）で、バウンティ号の乗組員中の九人の反乱者と六人のポリネシア人の男、一二人のタヒチ人の女たち、そして一人の子供が、一七九〇年から小さな島での非常にストレスの多い生活を送り、ついには彼らが互いに殺しあった（その行動はアウターヘブリディーズ諸島のタランゼイ島を舞台にした前出のBBCでの行動を越えるものだった）。ピトケアン島が一八〇八年に再発見された時、島には二〇人ほどの子供たちがいたが、大人は九人の女と反乱者の一人のアダムスだけが生き残っていた。二人の女は崖崩れで死に、一人は自然死だった。一四人の男の死亡者のうち、一人は自然死で一人は自殺、残る一二人は殺人による死だった（Lummis, 1997）。この現実は、ロマンティックなイメージを歪めるものである。

漂流者とは、彼が追い求めるすべてのことについての達人である。もしこれが幻想であるなら、それは金であがなうことができる。旅行パンフレットを手にとって、あなたにとっての夢の島を売り込もうとする以外のものをさがしてみるがいい。

（Woods, 1996, p. 37）

この点についてさらに述べると、著者は、旅行パンフレットではなく、島について書かれた新聞記事の切抜きを調べたことがあるが、そこにも同様に夢の島という見方が発見された。太平洋上の島の光景は、概して「パラダイス」であり（*Independent*, 1986. 4. 21）、中でもニューカレドニア島（*New York Times*, 1985. 12. 17）やホノルル（*The Times*, 1986. 1. 18）は特別である。またこれとは対照的に、カリブ海のグアドループ島も「パラダイス」として位置づけられてきた（*The Times*, 1983. 12. 3）。富裕な人々はもちろん、自分自身のグアドループ・パラダイスをサンバルテルミー島に持っていた。この島は「粋な人にとっての小さなパラダイス」（*Independent*, 1995. 5. 6）で、グアドループ島からは物理的にも社会的にも少し離れたところに位置し、粋でない人にとっても比較的安価でパラダイス気分が楽しめるのだった。グアドループ島がパラダイスの占有権を持つとして、それに少しでも近づこうとしてセントルシア島に行っても、夢はなかなかかなわない。（*Independent*, 1993. 6. 19）。あなたは「グレナダ諸島で亀を食べる」ことができる（*Independent*, 1990. 3. 17）。グレナダ島自身はグアドループからは遠いところにあり、筆者の切り抜きコレクションによると決してパラダイスではないが、それでも非常に快適で、実際に水利の条件がよく「太陽の中のオアシス」と呼ばれている（*Belfast Telegraph*, 1997. 2. 1）。さらに、インド洋にはパラダイスはないが、マダガスカル島沖のノシベー島は「パラダイスより奇抜」である（*Independent*, 1992. 12. 5）。セイシェル諸島は素敵な島の集まりであるもののこうした特徴はなく、「ココナツバーのパラダイス」に過ぎない（*Independent*, 1997. 12. 30）。インド洋はむしろ、「エデンの園」という位置づけで、例えばセイシェル諸島中のプラスリン島がそうである（*Independent*, 1989. 10. 1）。インド洋の両端にはそれぞれ、プーケット島（タイ）とラム島（ケニア）があり、どちらも「牧歌的」である（*Independent*, 1994. 9. 17 および 1987. 11. 21）。プーケット島の南にあるランカイ島は、マレー海峡をまたぐ位置にあるが、まさに「神秘の島」である（*Independent*, 1997. 8. 24）。

これらの引用は、ジャーナリストたちが古びた決まり文句を用いていることを示している。そして、人がそれに異議を唱えないのは、それらの記述が各島の環境や生活の深い分析だからである。ニューヨーク・タイムズに対して公平に言えば、ニューカレドニアの「パラダイス」は「分裂」し「すでにない」。記事は、このフランス領の地のいくつかのエスニック・グループ間の緊張と紛争の時期に書かれたものである。しかし、島を描くときにいつも鮮やかな言葉が用いられることは否定できない。そしてこれは、実際の現実からはかけ離れていても、民衆にそうした認識を与えるものとして重要である。島はパラダイスであり、島はロマンティックなのである。もっとも大きな産業が観光である世界や、第9章で描くように観光業が多くの島の安定的な経済になってきているところでは、こうした認識は非常に貴重である。著者は、「ラスリン島の友人」であることを宣言するTシャツをもっている。ラスリン島は北アイルランド沖にある島である。ラスリン島の友人であっても、この島は平凡でまったくパラダイスなどではないことを認めざるをえない。しかし、このように島がロマンティックで神秘的であるから、アイルランド共和国出身のあるカップルが「夢の島」の原則に従ってラスリン島で結婚式をあげることに魅せられた詳細を地方新聞が報じることができるのである（*Belfast Telegraph*, 1997. 10. 27）。これと同じ調子で、カップルは誰でも、ラブ・カンパニーに連絡すると、これも「ロマンスの島」として有名なカリフォルニアのサンタカタリナ島で結婚式をあげることができる。南太平洋では、フランス領ポリネシア諸島のボラボラ島がやはりハネムーンの場所として売り込まれていて、サンタカタリナ島やラスリン島よりも魅力的な有利さをもっている。

サンバルテルミー島で小さなパラダイスを借りるよりももっと粋なのは、自分の島を所有することである。世界中の島は、大小さまざまであるため、農地や宅地と同じように売買されている。例えば、シェトランド諸島中のアンスト島は、二万四〇〇〇ヘクタールの土地が六人のグランヴィル伯爵により所有されている。スコットランドの土地所有の伝統のため、多くの島が居住者代表の頭越しに、売買されてきた。最近の例でも、ダンモライグ島、イーステデール島、エイグ島、エイリアンアイガス島（以前は、よく知られた歴史家L・A・フレーザーが所有していたもの）、エイリアンライ島（かつて中国最後の皇帝・溥儀の家庭教師をしたことのあるR・ジョンソン卿の所有だった）、エイリアンショナ島、エリスカイ島、ギガ島、グルーネイ島（二三・五ヘクタールの土地の中には九ホールのゴルフコースがある）、ホルムオブハイップ島、ホーリィ島、キルグレイ島、ランゲイ島、リトルバーネラ島（メリリー伯爵の所有）、ミンゲイ島とクレット島（どちらもかつてポップのスター、ドノバンのものだった）、ラム島、スタッファ島、タネラモル島、バックセイ島などがそうである。

新しい所有者はもともとのスコットランドの地主とは限らない。パンジャブ州の王子は、バックセイ島を瞑想に使うために買った。アメリカのビジネスマンは、フィンガル洞窟のあるスタッファ島を、メンデルスゾーンの序曲「フィンガルの洞窟」からのひらめきで、彼の妻の六〇歳の誕生日のために購入した。公平のために、後に彼がこの島を、スチュワードと名づけたとの但し書きを付してスコットランドのナショナルトラストに譲り渡したことを書き留めておかねばならない。

新しい所有者の何人かは、島に変化をもたらす。イングランド北西部の工業家バラフは一九世紀末にラム島を買い、そこに今日でも威容を誇っているキンロッホ城を建てた。景観や環境や経済や社会を変えただけでは満足せず、彼は島の名前さえも、ラム（Rhum）島に変えてしまった。元のラム（Rum）ではhがなく、それが新興成金の彼の感覚には上品でないと映ったのである。

ラム島からあまり遠くないところにあるエイグ島は、一九世紀末に元の所有者がギャンブルの負債を支払うために売ったものである。エイグ島は、W・ランシマン卿が所有していた一九二五年から六六年までは静けさを保っていたが、島は少しずつ衰退していき、一九七二年にはその静けさを、「内にこもり意気消沈した人々と減りゆく人口、そして可能性のなさとが醸し出す静けさ」と評された（Crossley-Hlooand, 1972, p. 201–2）。ランシマン卿の後の所有者の中には、リヒテンシュタイン出身のイギリス人ビジネスマンとドイツ人の神秘主義芸術家がいた。ビジネスマンのシェレンバーグは元ボブスレーのチャンピオンで、一九七五年にこの島を買い、そこを「一九二七年製のロールスロイス・ファントムをけたたましく音を立てて走らせ窓からシャンパンの壜を放り投げる……遊び場」(Johnson, 1992)にしていた。シェレンバーグは島を自分の満足のために使おうとしたが、住民から生活の安全を守ろうとする議論が起き、また彼が財産の一部やアメニティの供給を売ろうとしたため不人気となり、ある晩彼のロールスロイスは焼かれてしまった。シェレンバーグは、彼のエイグ島の治め方を批判した二つの新聞に対して訴訟を起こそうとしたが、一九九四年に訴訟を諦め、およそ七万五〇〇〇ポンドを失った(*Independent*, 1999. 4. 20)。シェレンバーグはエイグ島を一五〇万ポンドで芸術家のマルマに売り払った。マルマは、島を二度ほど訪れた後、それを再び(後出のヴラディ社を通じて)売りに出した。島を買ってから一五カ月後の一九九六年の七月のことで、島の家畜のほとんどを売り払い、島に一五万ポンドを投資するという約束は果たさなかった。売値は二〇〇万ポンドで、トラストとして機能していたテナントたちは黙っているのをやめ、苦労して大衆から寄金を集めた。

元の所有者から代わったものの、遊び場とは程遠い姿になったのはスコットランドのホーリィ島で、一九九二年にチベット人の仏教家によって買われ、島の隠者の生活の「精神的伝統を維持し続け」(Samye Ling Tibetan Centre, 日付不詳)」て巡礼の中心地になったのは、この島のセントモレーズ寺院だった。

小さな島での生活は、現在ではソーラーエネルギーや海水の淡水化、プレハブ住宅(の普及)などでずいぶん便利になっている。唯一の問題はインフラのための投資額と不動産価格で、というのは個人所有の島の需要が大きくなっているため、費用が法外なものになっているからである。ホーリィ島の仏教家たちは、住み着くことのない巡礼地のために二八万ポンドを支払わねばならなかった。アーガイルシャーにあるエリアンショナ島は、長さ三・六キロメートルで小さな松林と牡蠣の工場、それに九つのベッドを持つ家がある島だが、一九九三年に一五〇万ポンドで売りに出された。オークニー諸島沖のホルムオブハイップ島は、二五ヘクタールしかない小さな島で建物もないのだが、一九九三年に一〇万ポンドの値がついた。

個人所有の島は、超お金持ちにとってはパラダイスとなろう。だから、ヴァージン・コマーシャル帝国を作り上げたR・ブランソン卿は、イギリス海外領のバージン諸島中のネッカー島を所有している（非常な金持ちはそれを借りることができるが）。かつてのテニス選手のB・ボルグはストックホルム近くのカッティロ島を持ち、俳優のマーロン・ブランドは、タヒチ島から日帰りできるフランス領ポリネシアのテティアロア島（彼が出演した映画『戦艦バウンティ号』の撮影中に知った島）を持っている。引退したスコットランドのビジネスマン、D・バークレイとF・バークレイの兄弟は、チャネル諸島のブレックホウ島を持っているが、これは一九九三年に二万三〇〇〇ポンドで買ったもので、彼らはそこに二七万ポンドをかけて城を築いた。俳優のジョン・ウエインはかつてパナマのタボルチョ島を所有していたが、一九九八年に一九万五〇〇〇ポンドで売りに出された。その姓は富と同義のロスチャイルド男爵は、バハマ諸島のベル島を所有している。アイルランドのダブリン付近にあるランベイ島は、一九三四年から亡くなる一九九四年までレヴェルストーク男爵四世の文字通りの私邸であったが、一九〇四年に彼の両親が買いE・ルティエン卿に家を建て直させたところで、彼は今そこに葬られている。

ドイツとカナダに本拠を置くヴラディ・プライベート・アイランド社は、年に四〇ほどの島を売り、通常いつも三〇〇ほどの島を販売リストに載せている。一九九八年に売られた最も高価な島は、イギリスのバージン諸島にある島で、一二万ポンドであった。オーナーのF・ヴラディは自身で四つの島を所有しているが、島の所有者が「何を見ているかを管理している」ことで名を下げている（Mulholland, 1998, p. 60）。島の所有者にとってプライバシーはとても重要で、例えばレヴェルストーク男爵やバークレイ兄弟は一九九六年に、ブレックホウ島を無断で訪れたジャーナリストを訴えたことがある。ヴラディ社のビジネス戦略は簡単なもので、「島は地球上の最後の穢れていない場所となりつつある。その評判は上がる一方だから、島の値段もうなぎのぼりだ」というものだ（Hanssen, 1996, p. 44）。同社は環境問題を抱えていたり経済的・政治的な騒動が起こっていたりする島や、私的所有がその地域の法律で認められていない島――アジアの多くや熱帯地方にはそれがある――は取り扱わないようである。だから、セイシェル諸島では一九九八年から、一九八一年政府に土地を収用された外国人（その中にはビートルズのG・ハリソンや武器商人のA・

カショギも含まれる）がまだ係争中なのである（*The Times*, 1998. 1. 1）。かくして、島が正しい規準に合致しているところでは、全財産を投じてでも管理された私的で安全な環境の中ですべての所有者になりたいと思う金持ちの購買者には、非常に魅力的なのである。「あなたは王冠の宝石のことを語っている」（Hanssen, 1996, p. 45）。ハワイのオアフ島沖のココナツ島は、ヴラディ社によって五万七〇〇〇ポンドで売られた。パラダイスの値段は実際、高価である。

島と科学

文学や文化の世界で特別な位置を占めてきたのと同様に、島は、ロマンティックな世界とは程遠い科学の世界でも重要な役割を担ってきた。環境主義の歴史に関する重要な本の中でグローブは、科学の発展における概念としての島の重要性を指摘している。その本の最初の章は「エデンの園、島、そして初期の帝国」と題され（1995, Schullenburg, 2001も参照）、ここでもエデンの園と島と文化とが利用されている。つまりここでも再び、島が孤立していることや境界が明瞭であることが語られているのである。キングはこれを次のように紹介している。

> 地理学者や人類学者、エコロジスト、生物学者らにとって、島には小規模な実験空間としての魅力があり、そこでは半ば閉じたシステムの中で理論が検証され過程が観察されるのである。（King, 1993, p. 13）

小規模な空間という考え方は、ウォレスの初期の主要な論文の中にも見出される。「探求の範囲を限定するため……地球上の島々にのみ見られる現象だけを考えてみよう」（Wallace, 1892, p. 241）。島を実験室と考えることは、ダーウィンの仕事にとっても重要なことだった。一八三一年から三六年にかけてのビーグル号による航海で、ダーウィンは多くの島に到達したが、その中には一八三三年のフォークランド諸島も含まれていた。最も重要だったのは、一八三五年に行ったエクアドル沖のガラパゴス島である。ここで彼は、環境の多様さがそれと関連する生物種の多様さにつながっていることを発見した。ダーウィンは、いろいろな島で見られる数多くのフィンチのくちばしの形が違うのに魅了された。ゾウガメも各島で違っていて、あまり条件のよくない島のものほど高所に達する能力をもっていた。それは地上にあるものよりも樹上のものを食するためであった。ガラパゴス島での観察から、ダーウィンは生物の適応に関する考えを発展させ、それは後に発刊される彼の自然淘汰理論という生物進化の考え方にとってもとても重要であった(Darwin, 1859)。進化についての考えに加えて、島はまた地質学に関するダーウィンの仕事にも刺激を与えた。ダーウィンは洋上の島の性質と形成についての二冊の本を書いた(Darwin, 1842, 1844)。同じころウォレスも、ダーウィンと似た進化についての結論に、別個に達していた(Wallace, 1885; Grant, 1998も参照)。そして二人はそれぞれの発見を、一八五八年三月にロンドンのリンネ協会で講義した。島を実験室と考える発想は、ウォレスにも見られたが、それは彼の後の本にも次のように語られている。

島は分布現象の法則性を考えるときに多くの有利さを持っている。大陸に比べると島は、限られた領域と明確な境界線を持ち、ほとんどの場合その生物学的境界と地理的境界とは一致する。島における生物の種や属は、大陸のものよりずっと少なく、島の特異な種や集団はいつでも定義が容易で分布も限られている。そして、他の土地との関係もしばしば直接的かつ単純であり、やや複雑な場合でも、大陸に比べるとはるかに理解しやすい。さらに、島の生物種は大陸のそれが示さないような生活型への影響や分布上の特異さを表している。だから島を研究することには多くの興味があるのだ。

(Wallace, 1892, p. 241-2)

今日でも島は、生物学の現代的領域である遺伝学において、非常に重要である。いくつかの島の人々は、長い間、相対的に隔絶されてきた。その結果、人々の遺伝的可能性は全体として限られ、それが薬学研究において重要さをもっている（第4章参照）。だから、アイスランドの人口は病気に対する遺伝的傾向を跡づけるために研究されてきた。大西洋の南はるかでは、トリスタン・ダ・クーニャ島の人々が喘息に対して遺伝的傾向を有している。あるアメリカの会社が、この急激に増えている病気を解明するために、原因を探ろうとしている。

島の現実

一般的にいって、島がパラダイスだというのは誇張だとしても、それは人々のロマンとミステリーを求める欲望が、大衆文化と宣伝によって持ち上げたものではないだろうか？　島の文学に対する一つの答えは、今度は著者が島を筋書きの進行や自分の社会理論の基盤として都合のいい場所として利用するのではなく、島を出身地とする人が自分自身の経験を語ることである。その例は、一九二九年から三六年に刊行された西アイルランド沖のグレートブラスケット島住民による自伝三部作（O'Crohan, 1929; O'Sullivan, 1933; Sayers, 1936）だが、これらについては第5章で詳しく検討する。これらの本からは、彼らの島には生活上の利点がたくさんあること、特にその社会や口承文化、それに隔絶された人々の仲のよさが明らかである。しかし、経済的・物質的には生活は厳しい。三冊の本にはいずれも、島の人々がどこか別の場所でのよりよい暮らしを求めて、島から出てゆく姿が描かれている。そして実際に、この島は結局一九五三年に無人島になってしまった。

終わりに、先ほど少しジャーナリストたちが島を賞賛してきた決まり文句のことを嘲笑したが、彼らへの公平のために次のことを書いておかねばなるまい。つまり、もちろん新聞は、それが時たまだとしても、島の暮らしをより現実的に伝える写真を載せてきたことである。著名なジャーナリストでコメンテーターのハワードは、次のように書いている。

島での生活は、影響を受けやすい都会の居住者にはロマンティックなものに見えるかもしれない。実際には島は狭く、閉じ込められた世界である。あなたのシェパードは、あなたのウエットなロマンティックさよりも、山を歩き回ることを荒々しく受け取るかもしれない、それが生活なのだから。アイルサクレイグ島の借り手はその地代をカツオドリの毛で払っていたものだった。あなたはカツオドリの毛をむしったことがあるだろうか？　私はそれを地代のためにしなければならない状況を心配するのである。

（*The Times*, 1984. 8. 1）

さらに、ロンドンからイングランド南西部のシリー諸島中の最も隔絶されたセントアグネス島に、ゲストハウスを開くため移り住んだ若いカップルについての記事の最後に、こんな部分がある。

ボートが埠頭を離れて、ラシェルとピエールが防水服で手を振りながら去ったとき、私の心はすでにロンドン戻っていた。彼らを送ったのがパラダイスなのかそれとも監獄なのか私にはわからない。

（*The Times*, 1998. 1. 1）

答えはたぶん、その中間か、あるいは両方であろう。島は、休暇にきた人にとってはパラダイスかもしれないが、同時に、そこで得られない条件やサービスを得ようと求める島の住人には監獄である。右の文章でもう一つ気づくべきは、ジャーナリストの思考はロンドンへと戻るということである。島は典型的な周辺的存在で、だから島の住民は決定的に田舎者なのである。こういう見方は、ロンドンのジャーナリストや近代という時代に限られることではない。だから、七世紀の宗教儀式についての論争で、ローマに本拠をおくクミアンはスコットランドのインナーヘブリディーズ諸島にあるアイオナ島のコルンバ共同体について次のように書いた。

（その島には）ほとんど地球の終わりのような場所に、あまり重要でないブルトン人やアイルランド人のグループがいて、私に言わせれば彼らは、地球表面の吹き出物のようなものである。

（Cummian, c.632, Walsh and Ó Cróinín, 1988, p. 75 に引用）

アイオナ島は宗教的聖地であり、聖コルンバの時代（六世紀）に建てられた修道院がまだ保存されていて、今日でもそこに住む宗教集団があるのである。

島は、いつもパラダイスであるとは限らないが、キングのエッセイの題名を借用して言えば、「島の地理学的魅力」は疑いなく存在する。この章の最後は彼の言葉をもって締めくくるとしよう。

島とは最も魅惑的な陸地の形だ。土地と水面との永久的な競争の象徴であり、境界で明瞭に分離された自足的な全体である。島以外の土地の区分は非常に恣意的である。こうした芸術的かつ詩的な利点のために、島は神秘や冒険を示唆し、高揚感を刺激するのである。島では、物質的価値はその横暴なほどの影響力を失う。人は、基本的な要素――水、土地、火、植生、野生生活といったものに、より直接的に触れるようになる。島はそれぞれ独自の性格を持つが、島なるもの全体は、疑いなくそこに住む人々の性格に影響を与えている。島での生活は自己信頼、満足、身の丈にあった感覚を誘発するのだ。

（King, 1993, p. 13）

第2章　島——その形成と性質

島の分布と形成

島は世界中に存在しているが、その分布はまったく均等ではなく、といってランダムでもない。それぞれが論理的反応として、そして実際まったくそうなのだが一連の物理的（自然的）状況の帰結として、ある時代にある場所にその島が形成されたのである。島の形成は基本的に、二つの主な理由による。一つは、大陸の縁辺に付属した島で、その起源と形成は地域的なスケールの形成要因、例えば氷河作用やそれにともなうアイソスタシー（地殻均衡）あるいはユースタシー（海面変化）に関係する。大陸縁辺の島々は、局地的な浸食や風化、堆積などの作用によってもできる。

もう一つは、大陸から遠く離れた海洋上の島で、これらはプレートテクトニクスやそれに付随する火山活動によって生じたものである。ヨーロッパでは、ヴェスヴィオ火山がイタリア半島にあるが、この地域には例えばエトナ火山のあるシチリア島や、シチリア島北のリーパリ諸島（またはエオリエ諸島）にあるストロンボリ島および火山（volcano）という言葉の起源になったバルカノ島などがある。

火山性弧状列島

地球表面のプレートがゆっくり動くと、巨大なエネルギーが放たれる。もしプレートが互いにぶつかり合って、いわゆるトランスフォーム断層線――南カリフォルニアのファンデフーカプレートが北アメリカプレートに乗り越しているような例――ができるところでは、こうした力が地震を引き起こす。プレート同士がぶつかる収束帯では造山運動がみられ、それに地震や火山がともなう。このシナリオは三通りある。二つの大陸プレートがぶつかると、軽くて浮力の大きいほうの大陸の岩石がゆがむ。かつて離れていたインドプレートがアジアプレートに押し付けられて、ヒマラヤ山脈を生じさせたようになる。この場合には島は形成されないし、海洋のプレートが大陸のプレートにぶつかって下に潜り込むところでも島は形成されない。このシナリオでは、巨大な線状の山脈が形成される。ナスカプレートが大陸の地殻と南アメリカプレートに潜り込むところにできたアンデス山脈がこの例である。

火山作用は、潜り込んだプレートの溶けた物質がマグマと

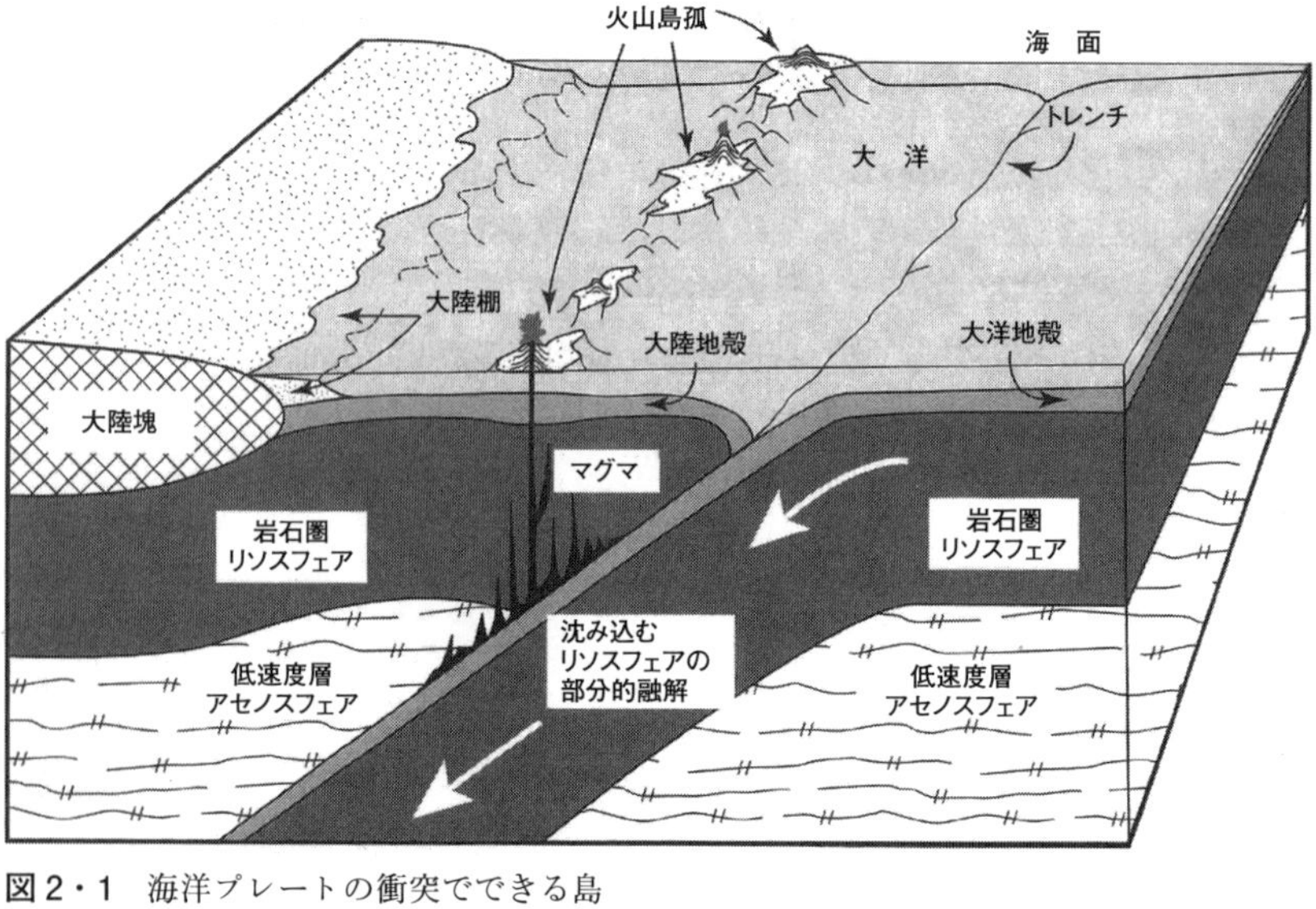

図2・1　海洋プレートの衝突でできる島

なって上昇して引き起こすもので、それが地球表面で火山になる。

二つの海洋プレートがぶつかるところには島ができる（**図2・1参照**）。海洋プレートと大陸プレートが衝突するように、一つのプレートがもう一つの下にもぐりこみ、火山作用が起こるのである。このシナリオでは火山は山脈の一部ではない。その基盤を海洋底上にもち、海面の高さに影響を受ける。このような火山は表面が壊れて、弧状の火山島を形成する。火山から少し離れたところは深い海溝で、そこでは実際に潜り込み現象が見られる（例えばTarbuck and Lutgens, 1987., Wicander and Monroe, 1995を参照）。

こうして、例えば日本列島の島々は日本海溝の西側にあり、国のシンボルである富士山は、古典的な円錐火山だが、弧状列島火山である。アリューシャン列島はアリューシャン海溝の北側にできた。マリアナ海溝の西側のマリアナ諸島も含めて、これらすべてが環太平洋火山帯である。インドネシア多島海のカーブは七〇〇〇メートルの深さのスンダ海溝あるいはジャワ海溝から盛り上がった。フィリピン諸島はフィリピン海溝の西側にあたる。一九九一年に起きたルソン島のピナトゥボ山の大噴火は、三四三人の死者をもたらし二〇万人が家を失ったが、これは最近の火山活動の例である。これらの島々の土地すべてが火山活動によるわけではない。地質時代にこれらの島々は侵食を受け、その堆積物は海底に堆積し、おそらく海溝にまで達して変成作用を受けた。日本列島のように長い期間存在し熟成した島弧は、火成作用を受けた火成岩や変成された堆積物を含み、火成岩も侵入している。プレートテクトニクスの力は以下で述べるいくつかの海洋上の弧島でも生じている。

海洋上の島

海洋上の島とは、海の深いところから生じた島である。これらの島、とくに太平洋上の島の多くは、現在は火山性の物質で構成されてはいないが、火山活動やプレートテクトニクスと結びついている。

海洋上の島は、ミッチェルの言葉を借りれば「古代の大陸から忘れ去られたかけら」（Mitchel, 1989, p. 20）である。

図2・2　アセンション島の火山の特徴（1999年）

ニューカレドニア島やニュージーランド島がその例である。また、海嶺中央部のマグマが噴出してできた島もある（Cann, Elderfield, and Laughton, 1999）。マグマの噴出はそれを構成するテクトニックプレートの端で起こる。一つの古典的な例が、ヨーロッパプレートとアフリカプレートとをアメリカプレートから分けている中央大西洋海嶺である。この海嶺は南西に走り、アイスランド北部のヤンメイエン島付近から、アゾレス海を経て、ヴェルデ岬海盆付近で東に振れる前に、北大西洋のセントポールズ岩の表面に達する。赤道以南では、それはほぼ南北に走り、アセンション島やトリスタン・ダ・クーニャ島などのグループを経て東へ曲がり、最後の姿を海面上に見せるのはブーベ島である。これらの島々は、地質学的にはこの海嶺が最近作った島である。面積九七平方キロメートルのアセンション島には四四の火山性錐体があり、多くは小さなものだが（**図2・2**参照）標高八五九メートルのグリーン山のような火山もある。この山は島の最も古い部分で、年降水量が五〇〇ミリを超えるほどの地形性降雨の影響を受けている。この雨が溶岩の溶解をうながすため、グリーン山には土壌もあって、実際に青々とした熱帯性の植生が見られる。アセンション島のほとんどは低地で、形成も若く乾燥しており、西海岸のジョージタウンでは年降水量二五〜一七八ミリしかない（Oldfield, 1987）。島の低地部分は、小火山錐体と新しい溶岩流、火山灰などからなっている。地表面は多孔質で、土壌の形成はほとんど進んでいない。大部分が無植生だが、状況は変わってきている。一九八七年にオールドフィールドはこの島について、「今日では、低地部分は所々に草やこの地特有の〝トウダイグサ（Euphobia origanoides）〟が生えている」と書いている（Oldfield, 1987, p. 80）。それから数年後には、アセンション島の景観はより緑色に変わった。新しい緑地の大部分は、新たに持ち込まれたメキシカンソーン（Prosopis juliflora）によるもので、この植物の種は野生のロバが食べて、それを歩き回った新しい土地に持ち込み、そこから芽生えたものである。このような一次植生の最初の拡大が島の大部分を覆うことは、この景観がいかに若く、そして島がいかに孤立しているかの証拠である。

アセンション島が一五〇一年に発見されて以来の記録では、この島で火山活動は起こっていないが、地質学的には島の景観は若く、火山活動も終息したとはいえない。海嶺の別のところでは、火山活動がより活発である。トリスタン・ダ・クーニャ島の火山は最も新しくは一九六一年に噴火し、住民は島から一時的に避難を余儀なくされた。北の方では、アイスランドは温泉やゲイシル（間欠泉）が豊富であり、主島にあるヘッカ火山は最近までしばしば噴火を見せてきた。一九七三年にウエストマン諸島沖のヘイマエイ島にまで溶岩流が流れ出したときは、五〇〇〇人の住民が半年間あまり避難を余儀なくされた。この噴火は、海水のホースが粘性の高い溶岩が進出してくるのを冷やしたもので、街の中心部と港とはそれで救われた。港はずっと閉鎖されず、ある魚加工工場などは噴火の間も操業していた。ウエストマン諸島沖のスルツェイ島は一九六三年に海中から出現した。

インド洋中央海嶺は、多くの島の形成には関わっていないが、例外もあって、表面が高い火山島であるセイシェル島やモーリシャス島、レユニオン島などになっているマスカレーン海嶺は、ピトンドラフルネーズ山が最近の火山活動の証拠になっている。もっと南では、ケルゲレン海嶺上にケルゲレン、ハード、マクドナルドの各島がある。太平

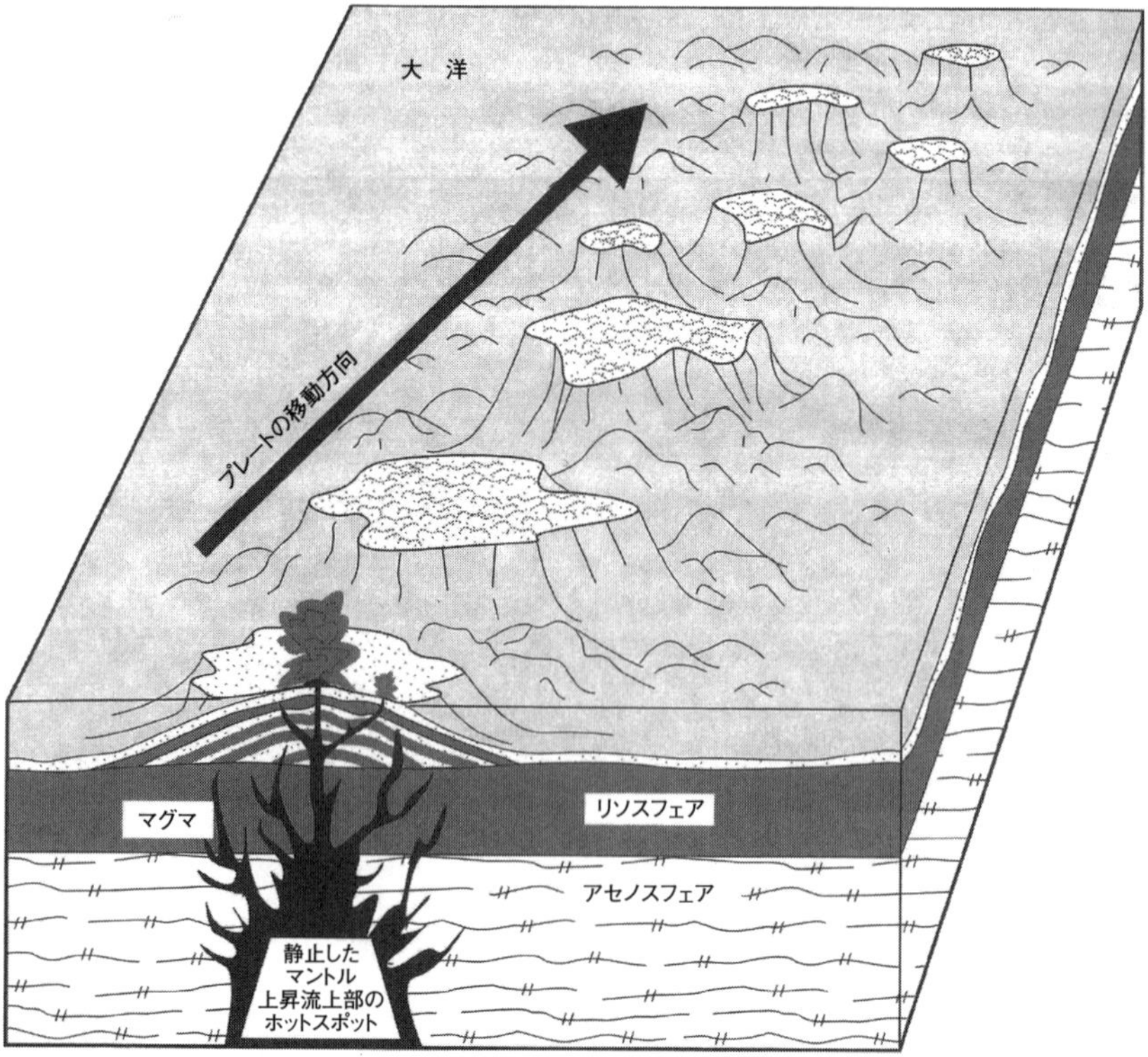

図2・3　ホットスポットの火山噴火でできる島

洋とその周辺の海域では、中央海嶺上の島は相対的に数少ない。イースター（ラパ・ニュイ）島は東太平洋海嶺の上にあり、そこでは太平洋プレートがナスカプレートの下に収束している。

　このほかの海洋島、特に太平洋上の島々は、局地的な火山活動によってできたものである（**図2・3**参照）。理論的には、地球の割れ目が弱い点を持っていて、そこでは不規則的に地殻の溶解物が吹きだしてくるのである。それでマントル上部と海洋の地殻とが壊れ、そこから溶岩が噴出し、その吹き出しの強さと海水面との関係によって、海の表面を突き破り海洋上の火山島が形成されるというものである。テクトニックプレートの圧倒的な運動は、局部から離れたところの地殻に新しい島を作る。次の噴火が起こると、新しい物質が島につけ加わったり、新しい島を作ったりする。これは噴火の間隔やその強さの程度に関係する。こ

図2・4　ハワイ，キラウエア火山（1999年）

のプロセスが繰り返されると、列状の火山島群が形成され、過去と現在における局部の活動を表わすのである。ハワイ諸島はこの古典的な例で、大きな島であるハワイ島に、数多くの異なる時代の火山が見られる。最も東側にあるのがキラウエア火山で（**図2・4参照**）、本書を書いているときにも噴火し、その側部から溶けた溶岩を噴出し、溶岩流が海に流れた。その結果、蒸気の雲が常駐し窒素ガスが生成された。ハワイ島のほかの火山は、島の北西部にある。太平洋プレートの方向に沿ってつながっているのは、ハワイ諸島の他の島々で、マウイ島、モロカイ島、オアフ島などであり、どれも噴火の局部からは遠いところにある。この種の若い火山島は軽い玄武岩質の物質からなり、侵食に対する抵抗力が弱い。例えばタヒチ島の雨嵐は、島の多くの滝を茶色の激しい水流となって流れくだり、海に注ぐ。このような高い島はそれ自身の重みもあって凝縮と沈降に悩んでおり、典型的には一〇〇年に一センチメートルの割合で沈降している。そのうちこれらの島々は海に沈んでしまい、ハワイ諸島の鎖はなくなって、一連の環礁とリーフ、例えばパール環礁とかエルメス環礁、クレ環礁といったものになるかもしれない。その次にはミルウォーキー海山や、さらにエンペラー海山がそうなるかもしれない（Wicander and Monroe, 1995）。珍しいケースでは、山が再び上昇し、マカテア島のような平らな山頂をもった島になることもある（Mitchell, 1989）。

熱帯の海では、これらの崩壊しつつある島々は環礁の形成をともなっている。ダーウィンは環礁の形成メカニズムについて早期に書いた人だった。サンゴ礁は海水温、照度、塩分濃度の各要素が条件として整ったところに生成される。オーストラリアのグレートバリアーリーフのように、大陸から遠く離れた高い島の周りにできることもある。タヒチ島はすばらしいサンゴ礁を持っている。そのあるものは海面下にあるが、壊れたサンゴ礁が堆積しているところでは、海面上に顔を出している場合もある。ポリネシアではこういうサンゴ礁の島をモトゥ（motu）と呼ぶ。海水面が相対的に上昇すると、島は沈んでゆくが、サンゴ礁は生き残り続けることができる。サンゴ礁の生きた部分は、死んだあるいは死につつあるサンゴ礁の上部に作られてゆく。島の沈降は、基盤となる部分を下にしてサンゴ礁の動物が生きてゆけない深さにまで下がる。時間がたつと、島の沈降は現在そこから離れている陸塊の一部が見えるだけになる。最後に、この島は全体が消失し、サンゴ礁だけが残って、モトゥの島とサンゴ礁のリーフとは環礁を形成する。環礁は不完全にラグーン（潟湖）を取り囲み、ラグーンの浅い海の中には沈んだ山がある。環礁／サンゴ礁の大洋側は、より深い海になる。フランス領ポリネシアのソシエテ諸島は、こうした環礁形成の完璧な事例である。タヒチ島とその隣のモーレア島は、取り囲むサンゴ礁が非常に若い火山活動を表わす、高い島である。タヒチ島自身は二重の火山島で、タヒチ・イトゥというほぼ円形の別の陸塊が、円形に近いより大きなタヒチに境を接している。西側では、島々はもっと古い時代のもので、沈み始めている。ボラボラ島とマウピティ島は、ラグーンの中に島を形成しつつある、かつての大きな高い島の山がちな陸塊の一部である。さらに西側は本当の環礁で、マウピハア島、マヌアエ島、モトゥ・オネ島などは、ラグーンを壊すものが何もない。このフランス領ポリネシア地域には、こうした形成モデルに当てはまる高い島と環礁とがすべてそろっている。他の太平洋上の島々は、まさに環礁である。鎖状に並ぶ島々がキリバスを構成するツバル諸島、ラタックとラリックの二つの環礁列をもつマーシャル諸島などがそれである。

大陸沿岸の島

現在見られる沿岸島は、ほとんどが火山活動以外の原因で形成された。例えば氷河時代が終わると、固体であった水、つまり陸上の氷河や海上の氷床が溶けて海水面が上昇し、その結果かつて陸続きであった部分が分離したのである。だから、ヨーロッパ大陸と後に島になるグレートブリテンやアイルランドとの間には、陸橋があった。現在の議論では、海水面の上昇には氷河時代の終焉だけでなく、おそらく人間活動の結果である地球の温暖化も関わっていると見られている。急速な海水面上昇は標高の低い島々、たとえばモルディブ諸島やマーシャル諸島などを消失させてしまうに違いない。海水面上昇はまた、大陸の低地部に水を溢れさせて、そこに新しい島を形成する可能性もある。しかしこれは、島の数が増えるというだけで、海水面の上昇がもたらす利点はほとんどない。

他の多くの沿岸島は、明らかに海水などの浸食作用が大陸から分離させたものである。岩礁が洞窟になり、さらに自然のアーチを形成するまでの一連の作用は、地理学者には昔からおなじみだった。しかし、こうした作用の進行はいまだに驚きの対象で、特に海岸地域の小さな島々は、浸食力による特別な危険性をはらんでいる。カナダのプリンスエドワード島の西部は、経済的にも困難なところで、地方政府の開発部門は、「象の鼻」の周辺を売り物にした観光マーケティング戦略をとりいれた。これは自然に形成された大きな岩のアーチで、海岸に突き出た部分はまさに「象の鼻」に見えるのである。ただ、悲しいことにこの地域の海岸は主に砂岩でできていて、厳しく急速な浸食にさらされている。一九九八年のクリスマス休暇をはさんで、この「象の鼻」が欠けてしまい、観光戦略は崩壊した。当局はこのことを最大限に利用し、インターネットで「象の鼻」の健康状態を伝えたので、今でも何人かの人々は「象の鼻」がどこにあったのか見物に来るけれど。「象の鼻」の鼻の部分をファイバーグラスで補塡したらどうかとの案も出されたが、これは退けられた。海岸浸食は、別の場所の岩場を浸食し、新しい象が生まれるかもしれない。

中国の桂林に近い広西省の海岸は、石灰岩の柱状の島で有名である。これらはカルスト地形が風化作用や浸食作用で柱状になったもので、個々の柱やブロックの底には石灰岩の岩床が深く横たわっている。風化活動の基礎が、現在の海水面よりも下にあるところでは、島ができる。他の石灰岩性の沿岸島は、たとえばクロアチアの海岸地域などに見られる。

氷河の浸食で形成されたトラフ（谷）には、氷河時代以降の海水面上昇によって海水が入り込み、島を形成した。一例がグリーンランドの東海岸で、島や半島が数多く入り組んでいる。チリ南部の複雑な島の外郭線も、おそらく氷河が形成したものである。

スコットランドとアイスランドの間にあるフェロー諸島は、自身の地質学的起源は火山活動の結果できた陸塊で、第三紀の玄武岩の噴出物である。しかし現在の姿、つまりそれらが一八の島々と付随する数十の岩や岩礁からなるのは、最新の氷河作用の結果である。切られたトラフに海水が入り込んでフィヨルドや海峡を形成し、それで島々が分かれている。例えばストレモイ島は、いくつかのフィヨルドで切り込まれているが、エイストロイ島との間、およびバガール島との間は海峡になっていて、その結果ストレモイ島が存在するのである。

氷河の堆積物も島を作ることがある。例えばアイルランドには数多くのドラムリン、すなわち氷床下部の堆積物が形成した小さな丸い丘がある。西海岸のクルー湾内では、このドラムリンの多数が海水面上昇によって洪水に巻き込まれ、数知れないほどの小さな島々ができているが、それらはドラムリンが頭だけ海水面上に出している姿である。東海岸では、水が入り込んだストラングフォード入江の中にやはり島々が散らばっている。

直接には氷河と関係しない海岸部での堆積作用も、島を形成する。アメリカ東海岸には、こうしてできた島々が散在するが、多くは海岸の砂が堆積してできたものである。河川が運んだ物質の堆積によっても島ができる。川が海に達すると、流れのエネルギーが弱まり、運ばれた物質が懸濁し浮遊して堆積する。こうした条件のもとではデルタが形成され、堆積物は標高の低い島になる。エジプトのナイル・デルタには、その中に数百の小さな島がある。ガンジス水系がベンガル湾に注ぎ込むところでは、ヒマラヤを下って運ばれた莫大な堆積物がシルト質の島々を作っている。

こうしたことはバングラデシュの土地資源にとっての圧力であり、島々には農民や漁民が入植しているが、それは長続きしないものである。モンスーンの時期になるとこの地域の河川は流量が増加して、しばしば激しい洪水に見舞われる。すると海岸部のシルト質の島は水浸しになるか、最悪のときは流失してしまい、多くの生命が失われることがよくある。

堆積のプロセスは、もし沿岸流の条件がそろえば沖合でも実際に起こるし、川の流れが緩やかでもはや土砂を運べないくらいの速さのときにも起こる。ノバスコシア半島から一五〇キロメートル離れたところにあるセーブル島は、すべて砂でできており、その起源は海岸浸食の結果とそれが運ばれていったためである。だからこの島は陸地からかなり離れているが、堆積物の起源から言うと海洋島ではなくて大陸沿岸の島なのである。このような堆積現象は、島の性格を変えてしまうことがある。トンボロは、もと島だった部分が近くの海岸または別の島とつながった堆積地形である。シェトランド諸島にあるセントニニアン島は好例で、カナダのセントローレンス川河口にあるマグダレン島（マデレン島）は、かつて八つの小さな島が列状になっていたが、トンボロで陸続きになったものである。

島の生物地理学

島は、生物学的な問題に関しても特徴のある興味深い場所である（Chester and McGregor, 1997 および Quammen, 1996 参照）。島は典型的に、同じような気候などの特徴をもつ大陸部分に比べて、動物相も植物相においても種の数が限られている。隔絶されているため、いくつかの種は島に達することができなかった可能性がある。グレートブリテン島はフランスよりも動物の種の数が少ないし、アイルランド島はそれよりももっと少なく、例えばヘビやモグラが存在しない。そのアイルランド島よりも、アイリッシュ海沖合の島々は、動物種数が少ない。同様に、ウェールズ西部沖のスコマー島では、哺乳動物の種が、対岸の本土には三九種あるのに、五種（コウモリは除く）しかない。これらはすべて、おそらく人間によって偶然持ち込まれたものである。

隔絶は、このように種の数を制限し、それは、十分な時間があれば条件や環境に適応して新しい形態のものが生まれる可能性があることを意味する。スコマー島では持ち込まれたハタネズミが土着の亜種スコマーハタネズミになった。

これは本土にいるドテハタネズミ（bank vole）との交配と密接に関連する。しかし、身体が大きく色も明るく、頭蓋骨や歯列にも違いがあることから、島の種あるいは新種であることは確実である。もしこの状態が長い間続くなら、それは別の種に進化することは確かであろう。

（West Wales Naturalists' Trust, 年次不詳 p. 22）

アデン湾入口にあるソコトラ島では、約八五〇種ある植物のうちの三分の一ほどが固有のものと認定されている。エジンバラの王立植物園が一九九〇年代半ばに作成した調査書によると、四万人の島民にとっては欠かせない開発がもっと進むと、島のエコシステムは最小限の分裂が避けられないだろうという。アセンション島は、ミドリガメ（Chelonia mydas）の営巣地として有名だが（Mortimer and Carr, 1984）、それ以外の種の生物学にとっても重要なところである。この島には二種の在来種の鳥——アセンショングンカンドリ（Fregata aquila）とアカアシカツオドリ（Sula sula）がいる。また植物種にも、トウダイグサ（Euphobia Origanoides）など在来のものが一〇種あり、いくつかは絶滅したか絶滅寸前である。海水魚の在来種数は九で、二六の大陸性無脊椎動物の在来種と在来のエビがいる。アセンション島は、最も近い陸地であるセントヘレナ島から一一三〇キロメートル離れている。

これと対照的に、サンタカタリナ島はカリフォルニアの沖合にある島だが、在来種は二つしかない（そのうちの一つが、**図2・5**にあるように籠に入って保護されているイエバサンタ（Eriodictyon traskiae）である）。この島は、主要な本土から絶対的に離れた距離にあるわけではないが、孤立のレベルがそうなのである。またスコットランドのセントキ

図2・5 イエバサンタ．カリフォルニア州サンタカタリナ島の固有種（1998年）

ルダ諸島中のソエイ島とヒルタ島では、ソエイというヒツジが飼われている。この新石器時代の原始的なヒツジに似た種は、初めグレートブリテン島に紀元前五〇〇〇年頃持ち込まれ、後にセントキルダ諸島にも移り、これらの島の隔絶性のおかげで今も生き残っている（Boyd, 1979）。またオークニー諸島中のノースロナルゼイ島には、海草を食べるヒツジがいて、これは伝統的なヒツジの半分ほどの大きさしかない。オークニー諸島のスオナ島には、一九六〇年代終わりごろ無人島化して以来、四～五世代を経て野生化したウシがいる。これらは他のウシ科の動物の影響を受けず、遺伝や人間による淘汰も受けなかった。一九九九年からこれらのウシは別の種だとみなされることになり、『世界家畜飼養事典』に登録された。

その大きさや隔絶の状態がさまざまなため、島には栄養源のすべてがそろっているわけではない。頂点の肉食動物がだいたい欠けていて、それがしばしば島の諸種の脅威に対する反応を欠けさせているのである。だから、多くの島で鳥が飛べなくなっているのは、捕食者から逃れる必要がないからである。もう一つの理由は、小さな島から飛び立つことは、陸地の鳥が島から吹き飛ばされて、帰還可能性が限定されてしまうのを見ているからである。島の飛べない島で最も有名なのが、モーリシャス島にいて絶滅したドードー（Raphus cucullatus）である。他には、ニュージーランドのキーウイ（Apteryx australis）や飛べないクイナ、南島のタカヘー（Porphyrio mantelli）がある。またダーウィンが見たガラパゴス島の飛べないウ（鵜）もある。競争がないことは、種をエコロジカルなニッチを利用するため尋常とは違うものにすることがある。

この他の島の動物相の特徴は、捕食者がいないため動きの速さや敏捷さについて競う必要がなく、そのため種は、体が大きくなることに関して負担が少ないことである。島の生物の巨大化はよく知られていて、アルダブラ島の大型のミドリガメやソロモン諸島の巨大トカゲ（Corucia）が有名である。ソロモン諸島にはオオネズミもいる。

島の生物地理が他と違う点で、最も有名なのがマダガスカル島である。ここでは鳥類の五〇％、植物種の八五％、爬虫類の九〇％が在来種である。陸上の哺乳動物（最近の導入種は除く）のうち、最も著名なマダガスカルキツネザルの多くの種などは他では見られない。悲しいことに、マダガスカルは貧しいところで出生率が高く、それが環境へのプレッシャーになっており、特異な生物多様性に脅威を与えている。「マダガスカル——ここでの戦いにわれわれは勝たねばならない」。世界野生生物基金のポスターは、そう叫んでいる（Nash, 1994 参照）。

ミッチェルはハワイ諸島の生物地理学を、次のように叙情的に語っている。

ダーウィンが一八三五年にビーグル号での航海で歴史的なガラパゴス島訪問を成し遂げたあと、ハワイ諸島を訪れたが、彼は興奮を持続することができなかった。なぜならハワイでは、ガラパゴスと比べて顔色を青くさせるような進化の例を見たからである。小さなハエは巨大化し、デイジーは藪になり、コオロギはすでに目が見えず、庭のロベリアは巨木化し、イモムシは肉食性になり、ガチョウはすでに飛べず、そして小鳥の中にはコウモリになったのもいたからである。ハワイミツスイドリ（Honey creepers）の種も数多く存在するが、その多くは色鮮やかですべてが蜂蜜を食する。あるものは樹皮から掘り出した食べ物を好み、キツツキのような嘴を持ち、あるものはタネを食べるのでフィンチのような丈夫な嘴をもっている。

（Mitchell, 1989, p. 159）

島の生物種の危機

島の生物種は、島の他の環境の側面と同様、危機に瀕している。危機の中には人間の直接的なインパクトもある。ドードーは飛べなかったし、少なくとも最初は、それのいるモーリシャス島が一五九八年に発見されたとき、オランダの水兵から走って逃げることと知らなかった。仮にドードーが走ることを知っていたとしても、十分に早く走れはしなかっただろうし、この種は一六八一年には消えてしまった。一羽の剝製になったドードーが、ポートルイスの博物館で来客者に挨拶しているだけである。

大陸にある種も、必ずしも安全なわけではない。一九一四年に絶滅したリョコウバト（Ectopistes migratorius）は、アメリカ大陸ができたころには五〇億羽もいたと考えられている北アメリカの種であるが、これがそのことをわれわれに教えてくれる。島の生物種は、孤立が進むことで、泳いでくる水兵たちや新たな病原菌などの新しい脅威から逃れる能力を失ってきているのである。

島の動物相も植物相も、新たに持ち込まれた捕食者の脅威にさらされている。アセンション島では、人間が島を発見するまで、哺乳類を捕食するものはいなかった。その当時は、島には何万羽もの鳥が低地の斜面上に生息していた。一八一五年にイギリス軍が、ナポレオンをセントヘレナ島の監獄から避難させようとするフランスの企てに対抗するため、島に軍を配置させた。彼らはネズミ対策として、船からもってきたネコを放った。しかし、ネコは巣を作っていた海鳥たちも食べてしまい、食料が豊富にあるために急速に数を増やした。一八二四年ころには住民がネコの害を訴えるようになり、今度はネコを殺すためにイヌが導入された。これは迷惑物にはならなかったが……。ネコが導入されてから五〇年以内に、カツオドリや熱帯性カツオドリ（Boobies）、アジサシ、グンカンドリなど、アセンション島の低地に生息していた鳥類が、いなくなってしまった。それらの鳥類は、谷や（ネコが）近づけない岩の突起や海岸から離れた島であるボーツウェインバード島――ここにはネコがいなかった――に逃げてしまった。アセンション島には固有の飛べない鳥であるアセンションクイナ（Atlantisia elpenor）がいた。この鳥も、ネコが導入される一八一五年までは生存していた可能性がある（Packer, 1983）。アセンション島を訪れる数少ない観光客は、ボーツウェインバード島をボートで周遊し、そこでの濃厚な鳥たちの声やにおいをかいだり見たりして、数世代前の島全体がこんなだったのだろうなと思われる感じをつかむのである。この島で唯一有名なセグロアジサシ（Sterna fuscata）は、その特異な生活型により低地に残っている。セグロアジサシはアセンション島に一〇カ月ごとに大挙してやってきて、島のセグロアジサシ・フェアと呼ばれる地域で産卵する。各産卵期には、およそ二万のひな鳥がネコやアセンション在来のグンカンドリなどのために失われる。しかし、すべてのセグロアジサシが島を去り、多くのネコが餓死すると、そこに捕食・被捕食の関係が確立し、この島の低地でセグロアジサシとネコとがともに生き残ることができるのである。アセンション島の野生のネコを駆除しようとする計画があるが、今でもネコは九〇〇匹以上いる。

アセンション島の植物も、脅威にさらされている。あるものは食され――とくに、最初は通過する船のための食料として放たれ、早くから島を放浪していたヤギにより――、それらは一九四四年に絶滅してしまった。いくつかの植物は、導入種との競争に負けて、エコロジカルなニッチを失った。島には三〇〇ほどの外来の植物が持ち込まれた（Cronk, 1980, および Duffy, 1964）。一八五八年、ケープタウンの植物園が二二八種を送り、一八七四年にはロンドンのキューガーデンが七〇〇パケットの種を送った。最近の悩みはメキシカンソーンで、すでに述べたような経緯で非常に急速に広がった。それは島の低地部分を、みかけはより緑色にしたが、最近の報告ではその存在が、潜在的に表面の九〇％を覆ってしまうために、島の植物保護のためには害であるといっている。この報告（Pickup, 1999）はアセンション島の管理計画についてで、島の環境保護へのアドバイスとして作成された（Ashmol and Ashmole, 2000）。これには続けて、イギリスの属領になっている島々について保護政策への批判がかなり書かれている（Oldfield, 1987 および Pearce, 1994）。

アセンション島のメキシカンソーンの問題は、多くの太平洋上の島が抱えているミコニア（オオバノボタン）の大繁殖の問題を連想させる。南インド洋にある南アフリカのマリオン島では、導入された植物のハイコヌカグサ（Agrostis stolonifera）が一九六五年に最初に気象観測施設で確認された。おそらく飼葉の中に種が混じっていたか、輸入された土壌中にあったものだろう。「一九八三年までに急速に広がって島のおよそ三分の一を占め、川の土手や水路や水の染み出る傾斜地の自然の植生にとって代わってしまった」（Smith, 1987, p. 216）。もう一つの南アフリカの島、（別の）プリンスエドワード島では、保護政策の良い記録があり、「唯一の外来種であるスズメノカタビラ（Poa annua）がプリンスエドワード島に存在する。島を人が訪れる際には厳格な注意が払われ、種が衣服や長靴に付着していたり、ヘリコプターの車輪やキャンプ用設備に付着していたりしないか確かめられている」（Smith, 1987, p. 217）。

持ち込まれた動物は、アセンション島のネコがネズミを捕まえることを期待して持ち込まれたように、似たようなことがマリオン島などでも見られ、そこでは一九四九年にネコが導入された。一九七五年までにそれらは二〇〇〇匹を超え、毎年数十万羽の隠れている鳥を食した。その後ネコ・ウイルスと狙撃によって、ネコの数は減った（Smith, 1987)。オーストラリア沖のロードホウ島では、一九一八年にネズミが偶然持ち込まれた。それらが問題になり、一九三〇年にフクロウがネズミを絶滅させるために導入されたが、ネズミのかわりに地元の鳥類を食べてしまった。フクロウは今でも問題である。ネズミも問題で毒と戦っている。一九八〇年代、インド洋のアルダブラ島で、鳥やミドリガメの居住保護を目的に、ヤギの絶滅作戦が始まった。ヤギは、イヌやブタと同じくガラパゴス諸島でも害を与えている導入種である。導入されたヤギは、チリ沿岸のマサティエラ諸島のアレクサンダー・セルカーク島でも害を及ぼしている。ニュージーランドでは、在来種の鳥である飛べないカカポー（Strigops habroptils）やタカヘー、そしてキーウイまでもが、フクロネズミやシカ、ネズミ、ネコ、エゾイタチ、イタチなどの導入種により、生存域を脅かされたり捕食されたりしている。カカポーは捕食者がいない沿岸の二つの島で産卵しているが、主島で野生に返すためには、導入種を管理することがまず必要である。キーウイの一種のコマダラキーウイはカカポーに似ているが、本土から連れてきた鳥たちが飼われている島の保護区で生きているのみである。

島は、エコロジカルな問題に関しても重要である。なぜなら、島が孤立しているため、種が近づきやすい場所から押し出されてきたときに、島で生き延びることを可能にしてきたからである。だから、島にある国立公園と野生動物サービスの象徴であるタスマニア島のタスマニアデビル（Sarcophilus Harrisii）が、かつてはオーストラリア大陸でも生息していたのに、今では島でのみ見られるのである。島はまた、渡り鳥や海鳥にとっても戦略的に大切な場所かもしれない。アウターヘブリディーズ諸島から最も遠いところにあるセントキルダ島は、マウスやミソサザイ、前記したヒツジなどの亜種のいくつかが生存しているが、海鳥に関しても非常に重要なところで、世界で最も大きいカツオドリ（ganetts）のコロニーや地域で最大のツノメドリの生息地がある。セントキルダ島は、イギリスに一七カ所しかないユネスコの世界遺産登録地の一つで、これはそのエコロジーによるものである。監視と法制下での保護は明らかに重要で、歓迎されるべきである。オーストラリア政府が一九九九年に、マッカリー島の、特にペンギンの野生生活を攪乱と汚染から守るために、島に世界最大の海洋公園を建設すると発表したように。しかし、事故に対してはそれを法で防げない。ドイツのシュレスヴィッヒ・ホルシュタイン国立公園の海岸で一九九八年に起きたわずかな石油流出事故が、ムネワカヒワ（Waddenzee）がいた島々の低地に影響を与えて、二万羽の海鳥が死んだ。大西洋のセントキルダ島付近で、石油開発のために新しい油井を掘削しているが、石油を流出させる潜在的可能性はやはり非常に深刻で、世界自然保護協会がこれを一九九九年に警告した（*Independent*, 1999. 7. 6より引用）。

島の危機

最後に、島のエコシステムはまた、自然災害に対しても脆弱なことを述べておこう。多くの熱帯の島々はハリケーンや台風、サイクロンなどの強風の被害を受ける。火山島のエコシステムは火山の噴火に脅かされている。より深刻なのは、島々の低地にいる鳥たちへの脅威である。こうした場所には、現在、温室ガス効果によると考えられている地球の温暖化がもたらす海水面の上昇による危機が迫っている。このことは、一九九二年にリオデジャネイロで開かれた国連環境と開発会議での主要議題であったし、それ以来、ユネスコの海岸地域と小島の環境と開発（ＣＳＩ）計画でも取り上げられている。この計画は、小さな島々を含む海岸諸国のコミュニティへの賢明な実行策の確立という狙いを持っている。ユネスコはまた、政府間海洋学会議と地球海水面監視システムにおける平均海水面の恒久化計画にも関心を有している（UNESCO, 1994）。

海水面の上昇は、世界中の島はもとより本土にも不利に働くが、その可能性が最も強く見られるのは、環礁の島々である（Connell, 1993）。海水面上昇は実際にはこれらの島々を水面下に沈めて、そこを居住不可能な場所にすることはないかもしれない。その前にしかし、海岸の堤防が壊れて洪水が起こる可能性が高く、それは各種インフラや農業の被害をもたらす。また飲料水の貯水池が塩分化して、人々が居住できなくなる可能性もある。環礁には人々が避難するような高所はない。一九九九年、南太平洋地域環境プログラムは、海水面上昇による一時的な不利益、すなわちマーシャル諸島のマジュロ島の飛行場がしばしば洪水に見舞われることについて、報告した。より重大なことには、ツバル諸島の土壌の塩類集積、モルディブ諸島の海岸浸食などがあるが、さらに深刻なのは、現実にすでにキリバスの二つの無人島――テブア・タラワ島とアバヌエア島が消失してしまったことである（*Independent* 日曜版、1999. 1. 13より引用）。一九九〇年代には早くも、J・コンネルが、温室ガス効果からの最初の避難民のことを認識し、人々がパプア・ニューギニアのカーテレット諸島の環礁からブーゲンビル島に避難しなくてはならなくなったことを報じている。

カーテレット諸島では、温室効果ガスの影響がすでに表れている。海面上昇が地域の経済を破壊し、人々に島からの移住を余儀なくさせている。島の住民はかつては単なる経済難民で、貧しい島から自由に動いて移り住んでいたが、今では環境難民になってしまった。カーテレット諸島の状況は……いずれ来るべき時期にはより広域が同様の事態を迎えるであろう。

(Connell, 1990, p. 154)

一九九八年、モルディブ政府はマーレ島沖にフルマーレ島という人工の島を建設した。それは、国の人口の半分が避難できるようにするためであり、同じ時期に政府は、マーレ島の飛行場に特別の滑走路を建設もしたのであった。

この章では、小さな島々が自然のエコシステムとしては非常に脆弱なものであることを明らかにしてきた。小さな島々の規模と大きさとは、人間の居住にとって真の意味での問題性をはらんでおり、それは単に海水面上昇のためだけではない。降水量も変わりうるし、第3章で述べるように、水の供給の問題はつねに存在する。以下の章では小さな島々に展開されてきた人間生活のシステムの脆弱さについて明らかにしよう。

第3章　島嶼性――そのプロセスと影響

この章では、島であること（islandness）の基本的な現象、特に小さな島を拘束している島嶼性（insularity）について考えてみよう。このことは、小さな島々が、水域に囲まれた陸地の一部分であるために、必然的に大陸部からは孤立し周辺的存在になるという立地条件にあることから、すぐれて地理学的な問題である。しかもその問題は、経済的にも政治的にもますます重要さを増す傾向にある。加えてこの章では、島嶼性がもたらす非常に稀な場合についても紹介しよう。本書の他の部分と同様、分析の対象は小さな島々であり、そのスケールの問題である。そしてそれは、島が直面している諸問題のスケールのことでもある。Hintjens and Newitt（1992）は、熱帯地方の島に関するエッセイを集めた本のタイトル――『熱帯地方の小島の政治経済学――小さいことの重要性』において、小ささということに二度も言及している。空間の限られた小さな島は、それゆえに面積も陸地部分も限られ、資源も経済力も人口支持力も政治力も限られている。スケールが小さいことで利点があるとしても、ある種の特別な島の経済、例えば高級なツーリズムや宗教的用途などに際しての独占性や秘密性でしかない。小さいことはいつも、ただ単にそして明らかに問題なのである（Ólafsson, 1998 参照）。

しかし、ここで問題にしている島の大きさや人口に関しては、その規準について論じたものはない。キングは、小さな島々として、ベラーによる面積一万平方キロメートル未満、人口五〇万人以下（Beller, 1986）という数字や、ドルマンによる面積一万三〇〇〇平方キロメートル以下、人口一〇〇万人以下（Dolman, 1985）という数字を示している。しかし、こうした相違は人為的なものでしかない。キングは、これらのデータに地中海の島々が入っていないことから「あまり役にはたたない」（1993, p. 17）といい、小さな島々の研究には不満の残るものだとしている。だから、インド洋では、ベラーの計算――この場合は人口についてだけで面積は考慮していない――では、レユニオン島とモーリシャス島が除かれている。どちらの島も島嶼性に悩んでいるのに、である（ただしモーリシャス島を小さな島に含めるかどうかの議論についてはエリクソン（1993）を参照のこと）。より困難なのはドルマンの定義である。これは、レユニオン島を小さな島と数え、人口を約六二万四〇〇〇人としているが、その隣にあって直接の比較対象であるモーリシャスは勘定に入れていない。モーリシャス島の面積は、二五一〇平方キロメートルのレユニオン島よりもわずかに小さく、一八六五平方キロメートル（国としては二〇四〇平方キロメートル）であるが、人口が一〇一万人ほどあるので、ドルマンの島の定義からは外れるのである。ここでは単に、島嶼性の効果は島が小さいほど鮮明に表れるけれども、どんなサイズの島も必要があれば議論の対象にするということだけを確認しておこう。第8章でこのスケールの問題は詳述する。

スケールに加えて、小さな島々は隔絶性（isolation）という特別な問題も抱えている。これは、サービスや市場への近接性や交通上の危険性や不便さのことである。スケールと同様に隔絶性も、しばしば島を政治的に無力なものにしている。確かに隔絶性自体が資源である場合もある。しかしそうした場合でも、それで利益を得てきたのはいつも、島の住民ではなかった。島が、本土の国家の利益のために核兵器の実験場にされ、島とその住民が犠牲になってきたことを想起しよう。これは今日の人文地理学の二つの主要な関心、競争と他者の経験という問題につながってくる。武器の実験のような重要な活動に必要とされる島は、しかしよりローカルな地域、他者としての、競争にさらされるであろう。島の歴史は、外部からの軍事的、政治的、経済的圧力を物語っているが、これについては後述する。この章では、資源の問題を考えながら、島の経済的な側面について考えてみよう。

隔絶性と辺境性

隔絶性という問題

第1章で紹介した、不満は残るもののシンプルな辞書的定義に立ち戻ってみるなら、島とは水域に囲まれた陸地の一部のことである。人や物資を島へ運ぶ、あるいは島から運び出すには、この水域をボートや飛行機、橋、土手道やトンネルを利用して、あるいは泳いだり歩いたりして、いろいろな方法で渡らなければならない。これは明らかな島嶼性による制約である。少なくとも不便この上ないし、それに普通、たいそう費用がかかる。飛行機やフェリーの座席を予約したりタクシーを呼んだり、資本をかけて作られた道を通行したりするときには、お金を払わねばならない。こんな例がある。スコットランドの西部諸島の人たちが、インバネスにある劇場でシェークスピアの劇の公演を見に行くときは、いつもちょっとした旅行になる。人々は、家から三〇〜四〇キロメートルの道のりを、ストロノウェイを朝五時半に出るフェリーに乗るために出かけてくる。アラプールまでのフェリーは三時間半ほどかかり、彼らはそれに耐える。アラプールからインバネスまでの八〇キロメートルはバスで、それから劇の始まるまで時間つぶしでぶらぶらしていることになる。夜はユースホステルに泊まり、そして翌朝六時発の帰りのフェリーに乗るのである（*Independent*, 1998. 3. 3 に載ったJ・S・グラントの手紙より）。酔い止め薬持参でのシェークスピア観劇――これが隔絶した島嶼性の影響である。

小さな島の生産者はことに、隔絶性に影響される。農業の場合をとってみよう。珍しいケースとして、島がその環境や特殊な条件下で、ある種の穀物の重要な供給地になることがある。一つの例がナツメグで、もともとはオーストラリアから一〇〇〇キロメートルも北にあるバンダ諸島の六つの島々でしか生育していなかった。中でもラン島がもっとも主要な供給地で、この島の場所はヨーロッパでは秘密にされていたので、ナツメグのほとんどはアジア経由で取引されていた。一六世紀、ポルトガルの船員がバンダ諸島に上陸し、ヨーロッパ諸国に対し島々の領有権と利益の上がるナツメグ取引の占有を主張した。一六一六年からの四年間で、イギリスの冒険家がオランダをラン島から駆逐し、その島を彼が死ぬまで占有した。後に、両国の間で協定がなされ、これらの島の領有権はオランダのものと認定されたが、その代わりにイギリスはオランダから一六六四年に別の島を譲り受けた。これが（ニューヨークの）マンハッタン島である。この経過が、一六～一七世紀のラン島とバンダ諸島の重要さを示している（Miltpn, 1999）。一九世紀になってイギリスは、セイロン島（スリランカ）とシンガポールでのナツメグ移植栽培に成功した。経済の規模からして段違いに大きな島での成功によって、バンダ諸島は無名の島に戻り、経済は破壊された。

たいていの場合、島での生産はたいしたものではなく、農民たち生産者は、同じものを作る本土の生産者たちと、世界的にとはいわないまでも地域的に、競争しなくてはならない。例えば生産物がヒツジだとしよう（図3・1）。その場合、本土のヒツジと市場で直接競争することになる。何か特別なこと（例えば市場が別になっているノースロナルゼイ島のヒツジのように）がなければ、島の特典は何もない。ヒツジはヒツジであり、島の生産者は競争の末に本土の生産者と同じ値段でしか売れないのである。しかしその標準的価格から、島の生産者は、かなりの金額を余分なコストとして負担する。ボートの借り賃、フェリーへの荷積み代、あるいは島から市場へ運ぶためのトラックの借り賃などを支払わねばならないのである。ヒツジの運送自体にも危険が伴う。一九八六年、コール島とティレー島から運び出された五〇〇〇頭のヒツジが、スコットランドの主要港オーバンで船から海に飛び込み、混乱の末全頭が捕獲されたことがあった。島の農民は、農家を維持するための物品と同様に、購入した肥料や餌、殺虫剤、種子など、牧草地に必要なものすべてを運ぶ飛行機代も負担しなくてはならない。島は小さいので独自の診療所を維持しにくいから、もし獣医を呼ぶ必要があるときには獣医は海を渡って島にやってくるため、そのコストも間違いなく島の農民の負担になる。

図3・1　アイルランド．マヨ郡クレア島から運び出されるヒツジ（1984年）

　こうしたコストに加えて，島へ，あるいは島からの旅には，時に危険がつきまとう。フェリーなどの船舶事故は，現代ではそう頻繁に耳にするものではない。しかし，一九九九年一二月にはフィリピンのセブ島とイロイロ島の間の海域でMV Asia South Korea号が沈没し，この時は幸いにも六五〇人の乗員乗客のかなりの命は助かった。二〇〇〇年秋には，ギリシャのパロス島沖でフェリー・エクスプレスサミナ号が岩礁にぶつかって沈没し，七九人が死亡した。一九九八年一二月にはスコットランドのインナーヘブリディーズ諸島中のマル島沖の小島・アイオナ島で，マル島での舞踏会に参加後，帰島中の一九～二四歳の青年たち四人が，船の操縦ミスで転覆した。島の人口の六％を失い，ただ一人だけが助かった。アイオナ島のコミュニティは，すでに学校が廃止される計画であったが，移住するよりも島に残るほうを選んだ若者たちの世代がいなくなって，後に荒廃した。また，事故が起こるのは船舶による旅だけではない。一九九六年，ノルウェー沖のスピッツベルゲン島（スバールバル諸島）で，ロシアの鉱山技師とその家族を乗せたチャーター・ジェット機が山腹に衝突し，一四一人が死亡した。

　島へ行き来する交通は，無論何ごともなしには行ない得ない。しかし、この特別な旅を強要している隔絶性こそが、島の魅力の一つでもあり、バウムのいう「異なる現実」(Baum, 1997) にとって重要なのである。だから、このことは観光にとっては必須なのだが、しかし水域を超えて島にたどり着くことが島嶼性により課せられた直接の負担であることは間違いない。(この問題に関係するフィジー諸島とクック諸島の島間航路についての Hamilton-Jones (1992) を参照)。

隔絶性によるもう一つの負担とは、より不明瞭だがしかし重要である。つまり、島が孤立していることが、島を周辺的存在にしているのである。大陸の国家が島も領有するとき、島は必然的に国の端に位置し、絶対的かつ社会的に、首都などの主要な中心地から遠く離れたところに位置する。海岸線に面した大陸国家の多くは、島を持っている (ベルギーは数少ない例外)。そして二つの例外を除いて、その首都は大陸部の本土にある。主に防衛上の理由から、最初は沿岸の島に首都がおかれた場合でも、長い間、本土の主要都市と深い関係があった。例えばかつてのナイジェリアの首都ラゴスや、スウェーデンのストックホルムがそうである。大陸の国家で首都が沿岸の島にあるのは、デンマークと赤道ギニアである。デンマークの場合は、コペンハーゲンが国の東端に近い島に位置するが、これも一九九〇年代に橋でヨーロッパの大陸部とつながった。島にあるこの都市が首都になった理由は、デンマークの歴史を振り返ってみるとすぐにわかる。また、コペンハーゲンという地名の由来、すなわちこれはコペンハーヴェン (Kopenhaven, 商人の港の意) が変化したものであることも傍証になる。コペンハーゲンは実際、デンマークとスウェーデンが一つの国であったころは主要な商業都市であり、戦略的にも中心に当たるところだった。両国が別々の国になったとき、コペンハーゲンはすでに有力な都市であり、ユトランド半島の例えばリーベのような都市よりも重要になっていたのである (Court, 1987)。

赤道ギニアの場合も似たところがある。この国は、大陸部の旧スペイン植民地リオムニ (現在のムビニ地域) と沖合にある五つの島々からなり、もっとも重要なのはビオコ (かつてのフェルナンドポー) 島である。それに、はるか南の島嶼国サントメ・プリンシペを通り過ぎたところにあるアンノボン (かつてのパガルー) 島である。これらの地域で一番発展しているのはフェルナンドポー島であるが、ここは以前ヨーロッパの基地として使われていた(Lynn, 1984)。沖合にあるため、フェルナンドポー島は防衛も容易でかつ、本土よりも健康的なところ――西アフリカは、ヨーロッパ人にとって「白人の墓場」として恐れられていた――であった。実際、スペイン人は一九二〇年代まで、ムビニよりも内陸部には進出しなかった。一方フェルナンドポー島は一五世紀以来、ヨーロッパ人によって探検され発展していた。一九六八年の独立に当たり、この旧スペイン領地域は、都市マラボ(かつてのサンタイサベル)と合併して、厄介な一つの地域となった。マラボはフェルナンドポーに比べて優れた天然の港をもち、インフラも整備されていたので、論理的帰結としてここが首都に選ばれた。大陸部と島嶼部とからなる国家はどこでも、例えば島嶼部が非常に重要な地域であるギリシャでさえも、首都は国の他の地域や外国からの便のよい大陸部に置かれているのである。

首都は通常、革新の中心であり政治的勢力の中心地である。首都から遠い地域は必然的に立場が弱い。首都や他の大都市から遠いことは、実際にもまた認識の上でも、そこを周辺的な地域にしてしまう。これはアメリカの中西部、巨大な大陸の中心部――そこは海岸部のにぎやかな都市からは遠く離れている――についての評価としては、実際は正しくはない。あらゆる面で国の中心から孤立している小さな島は、こうした自然的および社会的桎梏はその何倍くらいあるだろうか? 田舎にいる人々は大都市の人々に、oh-so 文化を身につけているとか超最新の百姓だとかと、蔑まれている。このことはアイルランドでは「jackeens」と「culchies」との対照として語られる。(自称)優れたダブリンの住民が jackeens で、他が culchies である。島の住民は、田舎という周辺からさえ遠くにあるので、どんな本土/島嶼国家でも culchies である。これは例えば、島が本土から数千キロも離れているフランスで、明らかである。「多くの島の住民に対する敵意がある……首都のフランス人は、島の住民と大陸の人々に、敵意と偏見を日々募らせている」(Hintjens, 1992, p. 64–5)。最近の新聞記事のタイトルには「オークニー諸島の住民はゲール語を話さない(いまだかつて話したことはない)、電気もなく、眉毛は真ん中でくっつきあわない。しかし島の住民はあなたに何かを教えるだろうか？」（*Independent* 日曜版、1998. 9. 20）とある。こうしたいらだちは、それが長い間我慢したものであっても、島のculchiesに対して向けられている。第1章で紹介した七世紀のクミアンの、アイオナ島の聖コロンバへの評言、つまり地球の吹き出物に住んでいるという言い方を想起してみよう。難しいのは、こういった発言は正しくないとしても、そういう評判が周辺の島々をさらに投資対象として興味のないものにしていることである。これは、すでに明らかにした島の立地条件からくる高コストと、社会的にも自然的にも主要な市場から遠いことに加えて指摘すべき投資非誘発要因である。ヨーロッパのように数多い世代の居住の歴史を持つ発展した地域では、島の住民は、彼らの周辺地域からあるものは新世界へ、あるものは都市へと移住するという行動をとってきた（King and Connell, 1999のエッセイを参照。また本書第5章も参照）。現在、グラスゴーにはスコットランド・ゲール語の知識を持った人が、その言語の中心であるスコットランド西部海岸によりも多く住んでいる。また、カナダのトロントにはアゾレス諸島から移住した人たちが、彼らの故郷よりも数多くいる。

島嶼国家では、都市／農村の関係、および中心／周辺の関係は、優勢な島とそうでない島という形で表わされる。シンガポールでは、最も伝統的な集落は、実際最後まで生き残った農村集落なのだが、これはウビン島というシンガポール島北東の島に見られる。シンガポール島では、このような集落形態はニュータウンの建設で取り壊されてしまった。実際、いくつかの「伝統的な」村落は、今では観光客用の博物館かシンガポール島南沖の遊興地セントサ島でのように遺産としてあるか、に作り変えられている。孤立したウビン島には、まだ本物のマレー村落が残っている（**図3・2参照**）。シンガポール政府当局は近年、ほとんどの伝統的建築形態を犠牲にしすぎたことを意識しており、シンガポールの人口が現在の三二〇万人から四〇〇万人になるまでは、この最後の村落を残すことにしている。この計画では、ウビン島を土手道で主島につなぎ、完全に再建築することとされている。

モーリシャスにも、辺境の島がある。それは五五四キロメートル東にあるロドリゲス島で、国全体に対して、面積（一八六五平方キロメートル：一〇四平方キロメートル）でも人口（一〇一万人：約三万五〇〇〇人）としても小さく、ま

図3・2　シンガポール，ウビン島のマレー風村落

た発展も相当遅れている。このロドリゲス島からの移住者は、辺境から中心へと移り住み、今ではモーリシャス島に数多くいて、ポートルイスのより貧しい外郭部に、明らかにそれとわかるコミュニティを作っている。モーリシャスは二つの互いに離れた諸島が政治的に合体した国である。他の島国には、文字通りの列島である大西洋のカーボベルデやインド洋のセイシェルなどがある。これらの場合は、主島は圧倒的に優勢である。マーシャル諸島のキリバスとツバルでは、主島の（実際は環礁だが）マジュロ島、タラワ島、フナティ島が国際空港と政府の所在地と主要都市センターをもち、国の中心地としての役割を果たしている。これら以外の島々も、規模の点や基本的資源の点ではあまり変わらないが、相対的に未発達で、住民にも少ない機会しか与えられていない。その結果、住民は主島へと移住することになる。こうした移住がもたらす問題は深刻で、周辺の島々にとっては労働力不足をきたし、高齢者は、主島への移住による混雑とか環境やインフラへの圧力という問題に直面することになる。一九七八年のキリバスのセンサスについての報告には、キリバスがイギリスのギルバート・エリス諸島という植民地だったころの政府の経済顧問A・ヒューズの言葉が引用されている。

都市化は、都市化した人々が都市の物質的条件に対して……解決不能な需要を生じさせることのみが問題である。物質的条件をよくすればするほど、それを利用しようとする人々が都市に集まるのを加速することになる。……国家的見地での資源の再配分を行なうと、都市化は非農村化とみえることになる。人々は社会的物質的資源を求めて農村（そのときそれは廃棄状態になる）から、それらがない、あるいは不十分な都市に行くのである。（Bailey, 1983, p. 84）

辺境とは、もちろん相対的な概念だが、問題はそれがもたらすものは絶対的だということである。フォークランド諸島は、世界的なスケールでは非常な辺境である。しかし、諸島の中では、世界でもっとも人口密度の低いところであるにもかかわらず、辺境性に差があるのである。東フォークランドの町スタンレーは、一二〇〇〜二〇〇〇人の人口をかかえ他に対して優勢なところだが、ここに他の島々からの移住者が一九八〇年代から九〇年代にかけて押しかけた。フォークランド紛争が起こった一九八二年以来、それまでも進んでいた大工場の土地を解体して家族農に与える土地改革が、より加速された。この過程で生じた非農業労働力が、キャンプからスタンレーへの移動を強制され、今では西フォークランドおよび他の小さな島々での経済成長の可能性に関心が集まっている（Royle, 1994; Dodds, 1998）。

まとめると、隔絶性は相対的にせよ絶対的にせよ、島の人々が直面している問題である。しかし、隔絶が優位に働くこともある。これについては次の節で扱う。

資源としての隔絶性

あらゆるものから自由に

私たちは時々、「すべてを忘れて完全に休む」ことが必要である。私たちの大部分にとってこれは、休日に熱い風呂につかったりして個人的なリラックスとくつろぎの時間を持つことを意味する。しかしある種の人々は、永久に「自由になる」必要があった。アメリカのような新世界の国でも、モルモン教徒のように隠遁した宗教的な生活を望む人々は、孤独を求めて新天地へ、例えば以前の居住地のイリノイ州ナウヴォで一八四〇年代に迫害を受けたときは、ユタ州へと逃げた。別の小さな集団、(ルーテル教会の)アマナ会の人たちも、厳格な禁欲的生活を営んでいたが、発祥の地であるドイツから、一八四〇年代にアメリカのニューヨーク州バッファローに逃げたのであった。一八五四年に彼らの孤立が妥協として成立したため、再び当時の新天地であったアイオワに逃げることができた。新天地がひとたび一杯になると、外部世界からの圧力が三度目になり、もはやどこにも残された場所がなくなって、彼らの共同生活は一九三二年に終わりを告げたのであった。これに対してヨーロッパでは、長い居住の歴史があるため、孤独を求める集団はしばしばそれを島に求めた。北東イングランドのホーリィ島(リンディスファーン)、スコットランドのアラン島沖のホーリィ島、アイオナ島、西アイルランドのスケリッグマイケル島、ブルターニュのモンサンミッシェル島、コーンワルのセントマイケル島——これらはすべて宗教的な性格をもった島だが、特別な集団にとっては孤立していることが有利なこととして利用されたのであった。南ウェールズ沖のカルディ島は、修道院が所有し占有している島である。ここには定期的なフェリーの便が本土からあり、修道士たちが収入を得る必要があるため、夏になると大勢やってくる観光客に島の花で作った香水を販売している。しかし、毎日フェリーの最終便が離島すると、やってきた観光客の数が記録され、修道士たちは、本土では容易に得られない状況での沈思黙考にひたることができるのである。島は、魂の避難所になっている。

島を避難所として利用するのは、キリスト教だけの伝統ではない。タンザニアにあるペンバ島は八世紀にアフリカで最初のイスラム教のモスクが建てられ、今のオマーンから教義をめぐって対立した集団が移住してきたところである。多くの宗教に避難所として利用されている島もある。スコットランドのホーリィ島は、古くキリスト教の中心地だったが、一九九四年に仏教徒の集団に買われた。

図3・3　ニューヨークのエリス島（1992年）

踏み石としての島

踏み石（足がかり）としての島という概念は、第4章でより詳しく触れるが、これは現代のというよりも歴史的な現象である。小さく、周囲の限られた島は、大きな大陸部の地域からの干渉を和らげる安全な基地となりうる。数世紀にわたって、アラブ人とヨーロッパ人は、ザンジバル島を東アフリカへの侵入——それは貿易や奴隷確保のためだった——の基地として利用してきた。アフリカ西海岸のフェルナンドポー島も同じような機能を持っていた（Lynn, 1984; 1990）。アメリカでは、一八世紀末から一九世紀初めにヨーロッパからの移民が大量に見られたが、多くの移民たちはニューヨーク港内のエリス島を経由して上陸した（**図3・3参照**）。この島の位置が、病気の保有者かどうかを確認しないうちには移民たちを上陸させないための格好の場所だったからである。踏み石としての島は、大陸部から離れる時にも利用される。例えば一九四〇年代、大陸の共産党勢力から追われた中国国民党は、台湾をそのように利用した。同じくアメリカへの移民に関係することでは、これはより厳しい現実だったが、セネガル沖のゴレ島が、奴隷たちが海を超えて「二度と戻れない道」を渡らせられる前に、その安全を確保する場所であった。アメリカ大統領のB・クリントン（当時）が一九九八年前半にアフリカを訪問したとき、この島に連れてゆかれ、悔恨の表情を示したのだった。

監獄としての島

クリントン大統領がアフリカ訪問時に訪れたもう一つの島が、ケープタウン沖一一キロメートルにあるロッベン島である。彼はその時、南アフリカ大統領のN・マンデラと一緒だった。マンデラは何年間もこの島の、不本意な居住者だった。ロッベン島は監獄で、マンデラと他の黒人活動家たちはここに、アパルトヘイトの時代に囚われていたのだった。この島は、今では国家遺産保護区域で、ユネスコの世界遺産にも登録されている。ロッベン島のかつての用途は、同じくその隔絶性を利用したもので、捕鯨基地やハンセン病者のコロニー、そして精神病院というものだった。

この他、フランス領ギアナ沖のデビルズ島、アイルランドのスパイク島、西オーストラリアのパース沖のロットネスト島などが、監獄の島として有名である。セントヘレナ島も有名だが、これについては第10章で述べる。監獄の建物だけという印象から逃れるためには、島をその最良のときについてだけ見ることは問題があるだろう。しかし、それにしても島とその周囲の水域は実際、渡るのが困難なのである。サンフランシスコの街の中心からあまり離れていないところにあるアルカトラズ島には以前、合衆国の監獄があって、ギャングの親分アル・カポネが収容されていたことで有名である。冷たい海水と早い流れに守られたアルカトラズ島からは、誰も逃げ出すことができず、それを試みた数少ない者たちは溺れたのである。

いくつかの島は流刑地であった。フォークランド諸島も一八四〇年にはこの目的に使われていた。トリスタン・ダ・クーニャ島も一七八五年には同じように流刑地だったのが、のちに島であり大陸でもあるオーストラリアがその代わりになった。オーストラリアの流刑地のシステムは実際、非常に複雑で、オーストラリア自体だけでなくいくつかの離島も、特別な投獄者のために必要だとして用いられていた。サラ島、メルヴィル島、ストラドブローク島、ノーフォーク島、コッカトー島などである（Pearn and Carter, 1995）。コッカトー島はシドニー湾から一〇キロメートルも離れていないところにあるが、深い海に囲まれていたので、シドニー湾中の島でありながら流刑地になっていた。この島は、一八三九年から七一年までは、男性の「もっとも絶望的でどうしようもない性格の受刑者」（O'Carrigan, 1995, p. 65）を収容する流刑地で、建物は一九〇八年まで女性の受刑者用に賃借されていた。タスマニア島、とくにタスマン半島もそうで、半島とはいえ島本体とは細い陸地で結ばれているだけのこの地は、イヌを使った厳密な監視が行われていた。この半島には、一八三〇年から七七年にかけて、有名な流刑者集落のポートアーサーが建設された（Brand, n.d.）。ここでの生活の恐ろしさは、これまで書かれたもっとも侘しい小説の一つであるM・クラークの『自然生活』（1875）を読むとよくわかる。タスマニアのポートアーサーなどの流刑用施設は、現在、観光産業の基地になっており（Young, 1996）、西オーストラリアのロットネスト島も同じで、ここは一八三八年までアボリジニーの監獄として使用されていた。最初の監獄は一八五六年に焼け落ちたが、一八六四年に他の建物の間に六角形の建物が、少年院もその中に含んで建て直された。少年院は一九〇一年に閉鎖され、残りの「現地人用監獄」も一九〇三年に閉鎖になった。島はそれから、ヘルスリゾートとして発展したが、まだ軍隊の駐留と（白人の）囚人の施設が残っている。二度の世界大戦時の戦争犯罪人もここに収容された。今日では島は観光地になり、犯罪者や、侵略者によって法律を逸脱したとの烙印を押されたアボリジニーたちが収容されていた建物さえもが、観光客を集めている（Ferguson, 1986）。

戦略的立地

島は、その位置がいずれにしろ戦略的なものであるため、時に外部の集団が一時的に、あるいは永久的な利用を行なうことがある。この踏み石としての島という考え方は、すでに前項で説明した。これによりザンジバルは東アフリカへの防衛的戦略的なアクセスを提供したのである。戦略的な位置とは通常、軍事的なことがらを意味するが、島は世界の歴史上ずっとこの役割を担わされてきた。北大西洋のバーミューダ島は、アメリカ東海岸に近いところにあるので、その位置が有望視されてきた。アメリカとの関係は、ある時には純粋に商業的なもので、今日では観光の面、また二〇世紀初めには、アメリカ市場への野菜の供給地であった。この島の位置が軍事的に非常に戦略的なものであることが発見され、一八一二年にイギリスと、まだ建国間もないアメリカとが戦争した時、イギリスにとってこの島――厳密には列島――を領有していることが非常に重要であった。本国からは遠く敵国には近いところに、優れた港湾設備があったからである。一八一二年の有名なホワイトハウス襲撃事件の時も、これに参加したイギリスの戦艦はバーミューダ島に結集し、イギリス海軍の船隊として活動したのである。

帆船の時代には、潜在的な敵の艦隊の停泊地に近い島を保有していることはかなり重要なことだった。ヨーロッパ列強間のいつ果てるともない戦いに、こうした戦略的な島の利用がなされてきたことが、西インド諸島の歴史には刻み込まれている。地中海では、イギリスとフランスとの間でメノルカ島の領有が争われたが、これは同島がすばらしい港をもち、またジブラルタル海峡にも近いという戦略的位置にあるためだった。メノルカ島は、一七一三～五五年、一七六三～八一年、一七九八～一八〇八年の間はイギリスが占有していたが、以後はスペインの領有下にある。この島には植民地時代の伝統が残っていて、例えば人々はジンを好むとか、スペインで家に唯一、窓枠つきの窓があるとかいった点は、イギリス占領期の証である。一方フランス占領期のなごりは台所関係に残っており、例えば最初にこの島のマヨンの町で作られたソースは、今日、私たちが知っているマヨネーズのことである。

第二次世界大戦中、島は飛行機の発着場となり、戦時中にアメリカ軍は太平洋上の十数カ所の島に、急いで滑走路を建設した。日本も同様に、占領していた太平洋の島々に飛行場を建設した。ただしばしば島は、滑走路を作るには小さすぎた。例えばマーシャル諸島中のマロエラップ環礁の一部であるタロア島がそうである。マーシャル諸島やその他の太平洋の島々は、戦時中の戦略的価値として、本来は貯蔵用基地かあるいは戦艦や戦闘機の一時的避難所としての役割しかもたないはずであったが、これらの島々で占有をめぐる血なまぐさい戦いが切り広げられ、その価値を証明することになった。エノラ・ゲイ号は、獲得した太平洋上の島である北マリアナ諸島のテニアン島から出撃し、広島に原爆を落としたのだった。テニアン島は実際、戦略的な位置にあった。旧ソ連にとってのキューバもそうで、一九六三年、旧ソ連がこのフロリダ半島に近いという戦略的位置をもつ同盟国キューバの領域内の島にミサイルを配備した時は、世界がハルマゲドン(決定的衝突の危機)に近づいたのであった。

現代では、飛行場の滑走路は長くなり遠隔コミュニケーション機器も発達して、こうした戦略的利用の価値は少なくなっており、島にあった軍事施設のいくつかは閉鎖された。アメリカはバーミューダ島の基地を一九九五年に廃止したし、一九九二年にはフィリピンの基地からも撤退した。アメリカは今でもグローバルに存在を誇示しており、数少なくはなったけれどまだ戦略的に島を利用している。太平洋のグアム島もその一つである。この島は、政治的理由から他の北マリアナ諸島とは分離され、今でもアメリカの領域であり、外国の国土に米軍の基地が存在する不便さはないけれども、外国の感覚がまだ守られている。また、日本の島である沖縄では、政府も住民も米軍基地が存在し続けることに心苦さを感じており、それは第二次世界大戦終了後から続いている。拘束力を持たない一九九八年の住民投票では、多数が米軍の撤退を支持した。アメリカ軍は、必要であれば他国の戦略的施設を利用し続けている。例えば、マーシャル諸島のクワジェレン環礁には、アメリカのミサイル発射試験場がある。インド洋では、米軍は、理論的にはイギリス領インド洋諸島の一つであるディエゴガルシア島に大規模な基地を持っている。しかし、イギリスはことに強力なアメリカの同盟国であるため、アメリカがディエゴガルシア島を利用するのを許可しているのである。イギリスは、この島の住民をアメリカ軍の演習のために、他の場所へ避難させさえした。イギリス領インド洋諸島地域は現在、公式には住民はだれもおらず、サービスのために人がいるだけである。島から移らされた人々は、貧しい状態でモーリシャスにおり、これはイギリス政府が恥ずべきことである。こうした植民地的な島と島の住民の誤った利用は、私たちがまた後で検討すべき問題である。

大西洋でも、アメリカはイギリス領のアセンション島に戦略的航空基地とミサイル発射施設とを保有している。伝えられるところによると、この不幸は、一九八二年にフォークランド紛争が起こったとき、この島とそこにある飛行場の滑走路とを最大限に利用しようとしたことが始まりだという。アセンション島のイギリス空軍は、戦略的に非常に重要な場所になり、そこからフォークランドへ多くの飛行機が発進した。実際、アセンション島は基地だけの島である。イギリスが最初にこの島に駐屯部隊を置いた一八一五年から、住民の人口を増やすことは許されなかった。ただ一九九九年にイギリス外務省が報告書を出し、この島にどのようにして普通の文民社会と経済をもたらすかを考えるべきだと言った。島の住民はすべて労働者で、その家族やトランジットの人たちはセントヘレナ島やフォークランド諸島からやってくるので、アセンション島は、飛行場のないセントヘレナ島と結ぶ唯一の輸送航路の寄港地になっている。アセンション島はイギリス空軍のジェット機の給油地でもあり、このジェット機は軍用と民間の双方の旅客を、イギリスからフォークランド諸島まで運ぶサービスを提供している。アセンション島の、歴史を通じてのいろいろな役割は、大洋の広がりの中での乾燥地のシミとしての好立地条件に基づいてきた。この島は実際、中央大西洋海嶺にできた火山島である。最初は一八一五年に、フランスがこの島を、セントヘレナ島に流されていたナポレオンの逃走場所にすることを妨げるために、イギリスによって基地化された。後の一九世紀、イギリスの西アフリカ進出のために利用され、奴隷を積み込む基地として使われた。この恐ろしい企てを、イギリスは後に廃止した。一八九九年からアセンション島は、イースタン・テレグラフ社、後のケーブル・アンド・ワイアレス社の大陸間通信ケーブルの基地になった。一九四二年、アメリカによって、人や〝軍需品〟をアフリカに運ぶために滑走路が建設された。一九五〇年からはアメリカの大陸間弾道ミサイルの追跡基地になった。そして一九六〇年代からは遠隔通信の基地になっている。だからBBCは、ワールドサービスの放送をここから発信していた。今は別の会社、マーリン・コミュニケーションズ社に実際の事業は下請けさせているけれど。アメリカ航空宇宙局（NASA）は月への着陸のとき、このアセンション島を追跡基地にしていた。ケーブル・アンド・ワイアレス社は、ヨーロッパ・スペースアカデミーのアリアネ・ロケットがフランス領ギアナから約三週間ごとに飛び立つのを、この島から監視している。アリアネ・ロケットは、大西洋を横切るように東に向かって発射される。というのは、およそ六・五分の短いしかし非常に高価な発射で、ロケットはこのアセンション島からだけ追跡できるからである。

遠く離れた場所にある島

隔絶された島は、人口密集地では行なえないような諸活動にも利用されている。アメリカは世界でもっとも遠いところにある太平洋のジョンストン環礁を、冷戦後、好まれない軍需品を貯蔵するのに使用しているが、この中には以前ヨーロッパに配置されていた神経ガスも含まれている。そこでは人がほとんど住んでいないので、何か間違いがあってもは生物・化学兵器の悪影響が少ないと知られているからである。もちろん、海洋環境汚染の危険性があるのだが。この環礁は一九五〇年代からずっとアメリカの秘密の基地であり、一九六二年には大気圏中での核兵器実験の地として使われた（**表3・1参照**）。第二次大戦中の一九四二年と四三年には、イギリスがヘブリディーズ諸島中のグルイナード島を、炭疽菌の衝撃をテストする場として使ったが、テストの対象には風下につながれたヒツジも含まれていた。この島は、一九八六年から炭疽菌の胞子が環境を汚染していないことを証明する試みが始まったとき、菌の除去作業に多額の費用を必要とした。

こういう島の利用がなされることには、必ずしもいつも混乱や議論がないわけではない。核実験の話がそうで、島嶼性にともなう二つの要素――孤立と微力さ――とが結びついて、島と島の住民の利益とが、より強力な存在の軍事的利益のために犠牲にされているのである。例えば一九四六年、アメリカは、当時信託統治領だったマーシャル諸島で「クロスロード作戦（Operation Crossroads）」を始めた。公平のために言っておけば、核兵器実験に利用された二つの環礁のうちの一つ、ビキニ環礁のリーダーだったチーフ・ジュダは、環礁を使うことを一九四七年に承認した。それは「人類の利益のため」という名目であった。しかし、一六一のミクロネシアの島々のリーダーのジュダが、ア

表3・1　核実験場として使用された島々（1945年～1998年）

島　名	所属する国家	実験回数
ムルロワ環礁	フランス領ポリネシア	174
エニウェトック環礁	マーシャル諸島	43
クリスマス（キリティマティ）島	キリバス	30
ビキニ環礁	マーシャル諸島	23
ジョンストン島	アメリカ合衆国	12
ファンガタウファ環礁	フランス領ポリネシア	12
マルデン島	キリバス	3

出典：原子力科学雑誌（http://www.bullatomsci.org/research/qauda/tests.html）
注：1. 併せて24カ所が1945年から98年の間に核兵器実験場として使用された．そのうち7カ所（29%）が島であった．
2. 1945年から98年の間に行なわれた2051回の核実験のうち297回（14.5%）が島で行なわれた．

メリカ自身の望む行動を阻止できたかどうかは疑わしい。信託統治下に置かれていたビキニ環礁（およびもう一つのエニウェトク環礁）では、アメリカが施政権を握っていたからである。

クロスロード作戦とは大気圏内での核実験のことで、一九四六年から五八年までの核実験に何の規制もなかった時代、六六回の核爆発がビキニ環礁とエニウェトク環礁で起こされた。エニウェトク環礁での一九五二年の核実験によって、エルゲラプ環礁が〝蒸発〟し、名前の付いた環礁が四〇あったのが三九になってしまった。最も大規模な核実験は一九五四年に行われたビキニ環礁での実験「ブラボー作戦」で、広島の原爆の一〇〇倍の強力な核爆弾が爆発し、五万平方マイルの海域が汚染された。三つの環礁と日本の漁船〔第五福竜丸〕がこのとき被爆し、放射能を含んだ粉砕されたサンゴの死の灰は「ビキニの雪」と呼ばれた。マーシャル諸島のロンゲラップ島の多くの罪なき人々が被爆し、まだ生まれていない世代にも悪影響が及ぶことになったが、彼らはその被爆した島に四八時間放って置かれた。おそらく二〇の環礁が、このとき何らかの影響を受けたであろう。ロンゲラップ島の住民二五三人は、一九五七年に島に帰ることを許されたが、その後も健康問題に苦しんでいる。例えば一九五四年に一〇歳以下の七五%が甲状腺の腫れをみせている。アメリカはロンゲラップ島が安全だと宣言したが、しかし汚染物質を蓄積する甲殻類は食用に適さないといった。

一九八五年、グリーンピースの提案を受け入れた住民は、巨大なクワジェレン環礁の一つのメジャット島に居住地を移した。

核実験の場所として使われた二つの環礁の住民たちは、ロンゲラップ島ややはりビキニの死の灰による問題を抱えるウトリック島の住民とは違って、実験に先立って島から避難した。エニウェトク環礁の人々はウジェラン環礁に移った。そこで行われた四三回の実験の影響を除去するための一二〇万ドルを費やした作業の後、彼らは、汚染物質がコンクリートのドームの中に貯蔵されている環礁の反対側の端のルニット環礁から、エニウェトクに帰ることを許された。ビキニ環礁の一六一人の住民は、そこで行われた二三回の実験に先立って、最初はロンゲリック環礁に、ついでクワジェレン環礁に、そしてさらにキリ環礁へと、アメリカの信託統治下での多くの物資の代わりに移動させられた。一九六九年に何人かは帰島を許されたが、しかし悲劇的にもこの決定は誤りで、人々はビキニ島で成育した野菜に含まれたセシウムにより再び汚染された。彼らは再度一九七八年に移動させられ、現在はマジュロ環礁のエジット島に住んでいる。ミクロネシアのガイドブックは、そこではプライバシーが守られているので、訪問者は島を歩こうと外出するとがっかりする、と書かれている（Bendure and Friary, 1995）。エジット島を通って島々をつなぐ道路の拡張計画は、ビキニ島民にはあまり知られていない。その一方でアメリカは、ビキニ環礁のエニュー島とビキニ島の浄化作業を進めているが、一九八五年から四二〇〇万ドルをかけて行われているこの計画は、アメリカ議会に、マーシャル諸島を信託統治領から現在のような独立した地位に戻し、それでアメリカと自由な連合となることを推進させた。マーシャル諸島は、いまだに経済状態は貧しいため、反対側にある環礁のエニューから、まだ汚染されている物質を運び貯蔵する施設を誘致しようという動きがある。いうまでもなく、これは問題の多い話である。

太平洋の他の島々でも、同じような悲しい話がある。フランスやイギリスによる核実験では、軍事要員でない人々へのダメージはそれほどではなかったとしても。イギリスは、核実験のほとんどをオーストラリアの未開拓地で行なっていたが、一九八五年にはイギリス領のクリスマス（キリティマティ）島（今のキリバス）で行なった。これも遠隔地であるという理由によるものだった。フランスも、遠隔地であるポリネシアのムルロア環礁とファンガタウファ環礁で核実験を行なったが、一九六〇年から六六年までは当時フランス領のサハラ砂漠で行なっていた。フランスは、サハラでは半径五〇〇キロメートルの範囲内に二五〇〇人しか住んでおらず、同じく核実験場だったアメリカのネバダ州の人口が数百万人であったのに比べると、ずっと少ないと主張していた。フランスの四五回の実験が終わると、地上での核実験は禁止され、一九九二年までに行われた一三四回の実験には環礁が使われた。その後で核実験のモラトリアムが調印された。実験は実際、環礁を構成するサンゴ礁堆積物の表面ではなく、ラグーン内の地下深い火山性岩石中で爆発が起こされた。一九九五年にフランスは太平洋での核実験を再開したため、非難の的となった。「世界はフランス非難で一致すべきである」（The Austrarian, 1995. 7. 2）はその一例だし、「われわれはニュージーランドとの関係を断っても半年間は生き延びることができる」（Usher, 1996）というのはそれに抗議した公式見解であるが、より問題だったのはフランス製品の売り上げが減少したことだった。一九九六年に、すべての実験が成功裏に終わるとフランス政府はすぐに核実験禁止条約に調印した。ムルロア環礁では一七四回、またファンガタウファ環礁では一二回の核実験が行われた（**表3・1**参照）。望ましいことではなかったが、核実験は実際のところ数千人のフランス領ポリネシア人の雇用を生み出しており、それが終了するとこの地域の経済は再び困難に陥った。フランスがポリネシア地域に実質的な援助をし、経済を刺激するようになるまでには、一定の移行期間があった。この核実験の話は、島の微力さを象徴する典型的なものであるが、この他の微力さの側面については、次のセクションで述べる。

島の微力さ

小さな島々は、力のない場所でもある。踏み石として利用された時のように、時として島が本土に対して優勢な存在になることもあったが、しかしそれはいつも長続きしなかった。だから、ザンジバル島は現在、タンザニアの条件不利な沖合部にあって、完全にダルエスサラームの支配下にある（Robinson, 2000）。

すべての島々が、外部の勢力に対しては服従の立場にあった。大部分は今でもそうで、たとえそれが植民地時代のではなくネオ植民地の時代になったとしてもである。本土に対していつも独立した地位にあった島はない。イギリスや日本のような、二つの主要な島国でかつては帝国まで築いたところでも、例外ではない。イギリスは、ローマ人やデーン人、アングロサクソン人の侵入と植民地化に悩まされてきた。確かにそれは、数世紀も前のことではあるが、しかしブリテン島の住民は、グレナダが一九八四年にアメリカの侵入を防御したときのように外部の強い力に対抗することはできなかった。また、第二次大戦中に南イングランドが、ヒトラーが彼の関心をナポレオンと同じようにロシアへの侵攻に変えるまで、まさに侵略されそうになったことを想い起こそう。

日本は、ほとんどの期間、日本人が治めてきて、時にはその島国を要塞のようにして、世界から自身を遠ざけた時期もあった。しかし、この島国は第二次大戦に深く関与し、最初に、島であるハワイ諸島の真珠湾を目標にした大規模な攻撃を行なった。その後、日本軍は敗退し続け、マーシャル諸島やギルバート諸島など、植民地化あるいは占領していた主要な太平洋上の島を取り返された。決定的な戦いは沖縄でのそれで、沖縄はもともと日本列島の主要部からは遠く離れていたけれど、唯一日本の領土だった島である。アメリカによるこの列島への侵入は、もしかしたら本州にまで及んでいたことは間違いないが、しかしそれに代わる戦略が、広島と長崎への原爆投下で、日本が降伏したのでさらなる攻撃は不要になった。アメリカは、マッカーサー将軍の指揮のもと、日本を数年間に渡って占領したのであった。

この他の島々は、本土の国家の沖合部にあたるか、または現在は独立した国家になっていてもかつては植民地だったか、あるいはせいぜいが、トンガやバーレーンのように、植民地宗主国の保護領だったかである。宗主国はたいていヨーロッパの国々であったが、アメリカやオーストラリアやニュージーランドの場合もあり、実際、今でもこれらの国々は、遠隔地の島の政治に責任を負っている。こうした事実に、不均等な力関係の働いているのを見ることができる。政治的には、特に政治が紛争になった際にはたいていいつも、より強力なほうが勝つ。大陸にあるが小国のクウェートは、イラクの一九九〇年の侵攻を防げなかったし、イラクはクウェートよりもずっと大きいが、その時結成されたアメリカ主導の強力な多国籍軍には抵抗できなかった。もし島が戦いに巻き込まれたなら、またもやそのスケールからいって、島がより強力な勢力になることはほとんどない。侵略者が島に十分な戦力を集結させるまでに戦うことが必要かもしれないので、島が隔絶されていることが一時的には有利さとして働くかもしれないけれども、より大きな勢力が島を占有しようとすれば、戦力を増やした上で必ずそれを実現させるだろう。有名なマヨルカ島のパルマの中心部には、パチンコ(こぶし大の石を発射させることができるもの)をもった兵士の像が建っている。これはローマの侵略と戦った地元の兵士たちを表わし、兵士たちはパチンコで武装していたのであった。その後何が起こったか? ローマは紀元前一二三年に、よりたくさんの船とそれに積んだ兵士が隠れるための盾とをもって再来し、船を上陸させた。接近戦になると、ローマ軍の剣のほうが優れた武器だったので、そうして結局マヨルカ島を征服したのだった。ローマ帝国が崩壊した後、バンダル王国が紀元後四六五年に島を領有し、その後ビザンツ帝国が紀元後五三三年から、紀元後八二五年からはムーア人が支配した。彼らは一二二九年のキリスト教徒の侵入で追い出され、その結果マヨルカ島は独自の国王をもつ王国になった。しかし島は一三四〇年、本土のアラゴン王国に吸収され、スペインの領土になった。この間に一三四九年、リュックマジョールの戦いで、退位したマヨルカ国王が反乱を起こしたが、成功しなかった。パルマのパチンコ像は今、アラブ時代をしのばせるアルムダイナ宮殿の陰に隠れており、その隣にあるゴシック風の壮大なカテドラルとともに、この土地の兵士たちには似合わない文化を表わしている。マヨルカの政治的微力さは続き、スペイン市民戦争時には爆撃され、その結果として、市民戦争に勝ったフランコ将軍が助けを借りたイタリアに、ムッソリーニへの礼としてこの島を譲ろうとしたとかいう話まであった。

島が、外部からの侵略者と戦って勝った珍しい例もある。それは一五六五年のマルタ大包囲攻撃戦のときのことである。マルタ島は（その無力さを表わすように）神聖ローマ帝国の皇帝カール五世によって、一五三〇年に聖ヨハネ騎士団に与えられた。この多国籍のキリスト教徒勢力は、十字軍の時代に設立されたが、ホーリィ島に押し込められ、踏み石のたとえのところで述べたようにそこに定着していた。しかしこのとき返り咲いて、エーゲ海のコス島とロードス島に戻ってきた。彼らはそこで一五二二年に、偉大なるスレイマン一世率いるトルコに打ち負かされ、マルタ島を得るまで、長い間帰るところを持たなかった。一五六五年、トルコ軍は依然スレイマンに率いられていたが、騎士たちと決定的な戦いをしてマルタ島を奪い取ることを決心した。地中海の中央にあるこの島が、戦略的にさらなる征服の根拠地として役に立つと考えたためである。スレイマンは一八一隻の船と三万～四万の軍隊をマルタ侵略のために派遣した。マルタはその時、後の一五六五年に、包囲攻撃での勝利を祝って建設されることになるすばらしい城壁を持った都市バレッタは、まだできていなかった。トルコ軍はマルタ島に簡単に上陸し、圧倒的な軍勢――マルタ島には七〇〇人の騎士たちと九〇〇〇人の追従者しかいなかった――のもとに勝利をおさめるはずだった。しかし騎士団は強健で、トルコ軍は小さな港フォートセントエルモを奪い取るのに多くの犠牲を払い、また作戦指揮の失敗と疫病にも悩まされた。騎士たちはシチリア島からの援軍が到着するまで別の砦にこもって戦い、最後にはトルコ軍が退却し、二度と彼らの勢力をそこから西進させようとはしなかった。この島の勝利という稀な例は、しかし、島は微力だという理論を打ち破るほどのものではなく、トルコは勝てたはずだし、島は最後に攻撃者を打ち負かすためには援軍が必要だったのだ（この大包囲攻撃戦についての優れた説明は、Bradford, 1961 を参照）。

そこを通過した勢力によって翻弄され続けた島もある。キプロスは、ミケーネ人とアカイア人の支配地（紀元前一四～一一世紀）だった。紀元前九世紀にフェニキアによって定立され、紀元前七世紀にはアッシリアの影響下に入り、紀元前四世紀にはギリシャの、紀元前三世紀にはエジプトの、そして紀元前五八年から紀元後三九五年まではローマ帝国の勢力下にあった。帝国が分裂したとき、キプロスはビザンチン（七～一〇世紀に、この島のためにイスラム勢力と戦った）の支配下になった。島は一一九一年、イングランドのリチャード獅子心王に奪われ、彼はこの島をフランスの貴族ギ・ド・リュジニャンに売り渡し、その一族がほぼ三世紀の間、ヴェネツィアが一四八九年に獲得するまで保有し続けた。次にオスマントルコがキプロスを占領し（一五七一年）、のちにそれをイギリスに譲渡した（一八七八年）。イギリスは形式的にキプロスを属領とし、一九一五年に第一次大戦への参戦を条件に、ギリシャにこれを差し出すという提案をした。ギリシャは提案を拒み、キプロスは一九六〇年の独立までイギリス領であり続けた。独立した時にも、キプロスは、新しい王国の安全のためにイギリスやギリシャやトルコなどを保証人的勢力とした。しかし、イギリスもギリシャも、トルコのキプロスへの再度の侵攻（一九七四年）を食い止められず、それ以来キプロスは実際のところ、二つに分裂した国家になっている。

ヨーロッパによる侵略をたびたび受けた島の場合には、植民地化された時代が歴史に散見される。カリブ海のセントルシア島は、独立以前にフランスとイギリスからそれぞれ七回の侵略を受けた。だから人々は今、フランス語訛りの言葉を話すものの、自動車はイギリスと同じく左側通行である。インド洋のモーリシャス島の場合は（この島は実際、ヨーロッパ人が発見するまでは無住だったのだが）一五九八年にオランダの、一七二一年から一八一四年まではフランスの侵略を受け、一八一四年にフランスはパリ条約に従ってこの島をイギリスに譲渡したのだった。イギリスは最初一八一〇年にグランドポートの海戦でモーリシャス島を征服したが、この海戦はフランスが唯一、その勝利を凱旋門の積み石に刻むことのできた戦いだった。しかし同じ年にイギリス海軍はすぐに引き返して島を征服した。太平洋ではマーシャル諸島がそうで、スペイン、ドイツ、日本、それにアメリカの侵略を受けた。

侵略は今でも止んでいない。一九七〇年代から東チモールは外部からの侵略を受けた（一九七四年にはインドネシアの、そして一九九九年にはオーストラリア率いる平和維持軍の）。トルコは一九七四年にキプロスを侵略した。コモロ諸島はフランスの傭兵R・デナールにより一九七五年、七八年、八九年の三度侵略を受けた。七八年と八九年の侵略の間に、大統領が殺された。フランスの落下傘部隊は一九八九年に命令を押し付けた。一九九五年、六六歳になっていたデナールは再びこの島を侵略し、フランスは再び秩序維持を主張した。セイシェルは一九八一年に傭兵に攻撃された。フォークランド諸島は一九八二年に、アルゼンチンの侵略とそれに対抗するイギリスの侵攻を受けた。グレナダはアメリカに一九八四年に侵略された。スリランカは一九八七年から九〇年にかけてインドの「平和維持軍」に攻められた。モルディブでは一九八八年に傭兵によるクーデターがあったが、一時間以内にインドに制圧された。ハイチには一九九四年から九六年まで、民主化を支えるためにアメリカ軍が駐留していた。アンジュアン島は一九九七年、コモロ諸島のどこかからの軍勢に侵略された。リビアはランペドゥサ島（イタリア）を砲撃し、ペルシャ湾内の多くの島、とくに原油基地のあるイランのカーグ島は一九八〇年代のイラン‐イラク戦争に巻き込まれた。グレナダが一九八四年に侵攻されたすぐ後、イギリス連邦はこの島の数少ない住民に対して、安全確保のためにより大きな勢力と安全保障条約を結ぶことを考えるよう提言した。また、外国でのできごとに対して、それと関係を持たない態度が有効だともすすめた。「小さな島は弱く攻撃されやすい」とは、ある新聞の見出しの言葉である（*Independent*, 1985. 10. 2. なおインド洋の安全保障の問題については、Houbert, 1992を参照。加えてLemon, 1993も）。

微力さは、いつも軍事的戦いに結びつくわけではない。島の住民の生命と生活を守るための意思決定を、対岸のより強力な力に頼るのは、日常的なことである。島が本土の政治組織の一部である場合、意思決定がなされる時に島は中心的でありえないのは必然である。島が数少ない人口のためにインフラ整備の投資を必要としても、それはどこか他の人口の多い地への投資必要性との競争になる。いくつかの島はその政治的経済的影響力を強めようとしているが、これは後の第8章のテーマである。独立した島にとって、軍事的な意味での微力さは確かに残っているが、もっと重要な問題は、島の経済をコントロールしている外部の力の気まぐれさに翻弄されることである。主要な輸出品がコプラ——ココナツ油——などのココナツ製品である太平洋の多くの島国は、世界の市場価格のなすがままになっている。一九九〇年代、このコプラの価格が低く、マーシャル諸島のキリバスなどの国々はたいそう困った。同じような話は、カリブ海諸島やインド洋諸島、いくつかの太平洋の島々、例えばフィジーなど、砂糖の生産に依存しているところでも聞かれる。「すべてを一事業につぎ込む」シナリオは、必然的に世界市場価格に対しての無力さを導くが、どの島も、世界の物産供給に果たしている絶対的役割は低いので、価格を操作することなど望むべくもない。

資　源

小さな島々は限られた資源にも苦しんでいる。現金を得るための手段はいくつかありそうに見えても、実際は一つあるいは少数の種類の生産物しかない。太平洋上のナウルは、小さなリン鉱石の産地だが、島の土地を肥料生産のために削り取ることで、その結果大量の金銭が得られた。ナウル人は世界でも高額所得の人々になってきたが、その陰には、しばしば月の表面に喩えられるような、島内部の荒廃が見られるのである。ほとんどのナウル人は別のところに住むことを選択するであろう。彼らの島の資源がそうさせるのである。だから、島は初めから貧しいわけではないが、多くがそうなのである。共通しているのは資源の範囲が限られているということだ。ナウルの場合、限られた数少ない資源がたまたま非常に貴重なものだったわけである。

より典型的なのは、島の住民が限られた資源の基盤から彼らの生計を立てるために努力しているということである。限られたというのは、もっぱらそのスケールと立地による。島という狭い土地は、資源の基盤がその地域だけに限定されることを意味する。アメリカのように大きな大陸の国家ならば、冬小麦や綿花、ワインまであらゆるものを、気候帯に合わせて作ることができる。しかし、島には概して一つの気候帯しかない。カナリア諸島のテネリフェ島などは、標高の高い島なので、島の人はいろいろな気候の変化を経験できるが、しかし規模が小さいため異なる居住地が提供するいろいろな機会の規模も小さい。ほとんどの島はテネリフェ島のような垂直的な生活帯をもたず、だから資源の基盤が限られているのである。

小さな島は、地質的にも限定されている。簡単に言えば、マヨルカ島は石灰岩、ハワイ諸島は玄武岩、モルディブはサンゴ礁である。より複雑な地質構成の島もあるが、しかし通常は、その地質的限定のためほとんどわずかな鉱物資源しかない。資源は価値があり、例えば大きなボルネオ島の一部であるブルネイでは石油を産出するが、やはりその範囲（と量）は限定的である。島という舞台での限られた資源の利用は、以下に述べるような、一つまたは二つの戦略への集中という形であらわれる。

すべての卵を一つのバスケットに

島の限られた資源を利用するためには、最大の成果が期待される資源から最大限の生産をあげなくてはならない。この戦略も必然的に、スケールの問題とぶつかる。小さな島が市場での効果的な競争に十分な量を生産するには、生産能力のすべて、あるいはほとんどすべてを、一つの製品に集中させる必要がある。これは、ことわざに言う「すべての卵を一つのバスケットに入れる」（全財産を一事業につぎ込む）ということで、もしバスケットが壊れたら（それ自体が壊れるか、あるいは中身がだめになったら）すべての卵が失われてしまう（すなわち経済が破壊されてしまう）ことになる。こうした例はたくさんある。King and Young（1979）には地中海のエオリエ島の例があげられている。エオリエ島ではワインの生産に特化していたが、一九世紀にブドウの木が〝ネアブラムシ〟にやられた。ワイン工場はなくなってしまい、住民は島から離れざるを得なかった。McElroy and Albuqueque（1990）は、島が目指した生産の成功した場合と人口の荒廃とを関係づけて、人口が経済と関連して変動することを明らかにした。

資源の利用は、時代によって異なる製品やサービスが求められることに伴っても変化する。フォークランド諸島では、一八三三年にイギリス統治下に入ったころ、村に新しい経済を見つける必要があった。最初、島はホーン岬経由の船の物資供給基地だった。一八七〇年ごろ、島の内部の農業開拓が始まって、たくさんの会社所有の農場での羊毛生産を目指すことになった（Royle, 1985）。一九七〇年代まで、この経済とそれにともなってできた社会とは、ほとんど瀕死の状態になった。それで一九八二年、アルゼンチンが、大部分は自国の政治的理由から、侵攻したのである。サッチャー率いるイギリスは激しく反応し、アルゼンチンを攻撃して島を取り戻した。このとき、フォークランドは中心舞台になり、イギリスは一九世紀的な植民地戦争を行なったと世界中から非難され、多くの命と財産が失われた村を復興させなければならなかった。農業は引き続き近代化され、サービス産業も起こされ、他の産業部門も捜し求められた。例えば漁業ライセンスの販売である。フォークランドでは、過剰漁獲を制限するための資源保護が行われていたが、諸島は「すべての卵を一つのバスケットに入れる」シナリオの問題性をよく知っていた。一九九〇年代末、石油が探索されたが、最初の掘削調査は失敗に終わった。結局、フォークランド諸島はいろいろな経済に拠っているが、各々はそれぞれ別個の活動になっている。(第8章参照)。

職業的複合性

二つ目の戦略は、職業的複合性である。これは詳しくは第4章で述べるが、島の人々が可能なものならばどんな経済的機会にでも関わることをいう。生活舞台においては、わずかばかりの農業と漁業、サービス業の口があればそれも、そしていくつかの観光客向けの手仕事などをさす。個々人の職業的複合性と、その近代的派生形である多角的商業機能とが、島では起こっているのである。だから小さな島ではしばしば、商業機能を一つか二つの水平的に統合された会社が独占しているのに気づく。マーシャル諸島のマジュロ環礁では、ギブソンという会社が、映画館、市街地のスーパーマーケットや他の小売店、レストラン、車のガレージ、レンタカー業、空港や町でのアウトレット、卸売り会社、雑貨店、船会社などを経営している。ギブソンのライバルはロバート・ライマーズ社で、こちらはホテルや美容院、スーパーや他の商店、水会社と水産養殖業を営んでいる。得る収入の主要部分は、島という舞台では一つの部門だけからは無理である。需要の規模は限られており、マジュロ環礁には三万人の人口しかなく、マーシャル諸島全体でも人口約六万三〇〇〇人でしかないのである。だから、企業家は見返りを最大限にするために水平的結合を行なうのであり、時間と才能とを使って小さなビジネスを結びつけるのである。一つの大企業を経営するのではない。

資源と島の環境

島々では、経済の基盤となる資源だけでなく、生活を支えるための資源も限られている。最も共通する問題は、水の供給である。島は面積が小さいので、降水量が絶対的に少ない。世界中の島で、この降水を最大限に利用しようとする試みが見られるが、そのやり方は本土では必要のないものである。バーミューダ島では屋根から水を集めている。家の屋根は段差の付いた石灰岩の板を並べていて、降った雨がそこからタンクに流れ込むようになっている。これがバーミューダ島の土着の建築の明らかな特徴である。こうして集められる天水を地表水が補い、可能なところにはすべて貯水池が設けられている。マヨルカ島でもシエラデルノートルに貯水池があり、そして何世代にもわたって、農民は灌漑用水として帯水層から水を取り出してきた。しかし、マヨルカ島の灌漑の歴史は、島という地であるため、弱々しいというべきものである。農民は伝統的に、井戸水と、そしてノリアと呼ばれるシステムを用いてきた。これはロバの力を利用したローテクの装置で、水平的に回る軸に取り付けられた柄の上を、ロバが円形に歩き回るというものである。軸には歯車が付いていて、これにより垂直的に軸が井戸の水の中に入っていく。車輪には素焼きの土器製のバケツがついていて、これが水を引き上げ、車輪の先端までくると、溝に水をこぼすのである。しかし、過剰な水の汲み上げと技術の発展とが、ロバを風車ポンプに変えてしまい、まだ各地の農村景観に点在している精密な装置をもはや役に立たないものにしてしまった。風車ポンプはロバよりも強力で、帯水層にもより深く到達し、より多くの水を得ることができた。後にこの風車ポンプは再び、電力やディーゼルを利用したポンプにとって代わり、よりたくさんの水が汲み上げられた。その結果、水の需要の増大とより深いところから水を汲む技術が得られたことがあいまって、地下水が枯渇してしまい、帯水層に海水が浸透して、特に夏は、水資源が塩分を含んだものになってしまっている。マヨルカ島の問題は、水の需要が、農業上の理由と大挙してやってくる観光客への供給とで、夏にピークを迎えることにある。その一方で、地中海性気候の特徴でこの地には夏にはほとんど雨が降らず、降水の多いのは冬なのである。最近では、こうしたことがもたらす問題として、マヨルカ島では時に、本土のスペインからタンカーで水を運び込むことがある。一九九〇年代後半、新しい高価な海水の塩分除去プラントが導入されたが、その能力はすでに十分ではないと見なされている。

水の問題は、島嶼性のその他の多くの問題と同じように、環礁の場合に最も厳しいものになる。環礁では天水も人工的な貯水池も非常に限られ、他の地理的状況ではほとんどないような、水の需要と供給との緊急性があるからである。環礁の、不連続な陸地部分が大きくなると、薄くヘビのように曲がった島のそれらの各部分は扇形に展開し、内側の海面のすぐ下にレンズ上の真水の層ができる。これが井戸を潤し汲み上げを可能にしているが、しかしより規模の大きなマヨルカ島で起きたような過剰な汲み上げは、ただちに海水の浸透と塩分の上昇をもたらす。したがって、環礁での旱魃があっても、島の住民は、短期的に緊急性がある時以外には、ただちにそのレンズからの水の汲み上げ量を増やすようなことはしない。環礁にはいつも水獲得のための装置がある。マジュロ環礁では、多くの家々や公的なビルではアルミニウムの屋根になっていて、これがバーミューダ島のように水獲得の重要な仕組みになっている。またここには、飛行場の滑走路から集められた水を蓄える貯水池もある。マジュロでは飛行場は基本的に環礁中のコンクリートの部分である。滑走路は傾いていて、そこに降った雨が飛行場の隣にある貯水池に流れ込むように、水路が建設されている。この貯水池は長期間の貯蔵ができないので、水はすぐに使われる。だからもし飛行場からの水の供給が断たれると、環礁は重大な困難に直面することになる。中央太平洋地域は、一九九八年の初めにエルニーニョ現象による気象変化で旱魃に苦しんだ。一、二カ月の間、平年より少ない雨しか降らず、マジュロ島やマーシャル諸島の他の島では状況が悪く、政府が緊急事態を宣言した。日本が海水の塩分除去のための逆浸透膜プラントを持ち込み、アメリカも自由連合条約のもとに、それがあるから彼らはマーシャル諸島に遺物的な統治権と責任とがあるのだが、連邦災害地域に指定するとの宣言を発した。このおかげで世界最大の飛行機で運び込まれた逆浸透膜プラントの七五％の費用をまかなうことになったが、飛行機が到着したときには、それを見ようとマジュロの住民の大部分が飛行場に集まった。機械のほとんどが、海水からの真水採取のためにマジュロの空港に設置され、作られた真水は逆浸

図3・4　マーシャル諸島，マジュロ環礁．列を作って塩分除去（淡水化）された水を受け取る人たち（1998 年）

透膜プラントを通って直接に貯水池に流れ込むようにされた。逆浸透膜プラントが起動する前に、島の西端のローラ環礁の下にあるレンズから、それまでよりたくさん、一日当たり二五万ガロンの水を汲み上げる必要があった。これは、環礁の東側に住む多くのマジュロ環礁住民の便宜のためにその水を日常的に使うのを禁止されているローラの島民にとっては、当惑することであった。空港からの水の供給を受けられない間に、どこでも長い間水の供給が止められ、人々は日本が提供した小さな逆浸透膜プラントのところに列を作って並んで飲料水を得るのだった（**図3・4**参照）。アメリカからの他のプラントは、ジャルート環礁と、マーシャル諸島のもう一つの都市化した地域であるクワジェレン環礁のエバイエ島とに持ち込まれた。そこにはアメリカのクワジェレン島の基地が置かれていたのだった。それに先立ってエバイエの住民の多くは、アメリカが好意のしるしとして利用可能にした水をポットに詰めるために、ボートでクワジェレン環礁に行かなくてはならなかった。クワジェレンではアメリカは、飲用に適さない水の抽出を最大限にしていたので、彼らはレンズからの水の汲み上げを、水が塩辛くなるまで増やさなければならなかったし、また淡水化施設を準備することを約束しなければならなかった。アメリカは、エバイエ島の北でも新しい水確保の手段を提供したが、降雨がなく失敗に終わった。

つまり、これはマーシャル諸島における純粋な危機で、マジュロ空港の貯水池の低水位部では水が一四〇万ガロンしかなく、せいぜい数日分の供給しかできず、システムに加圧して水をパイプで町に流すためには少なくとも二〇〇万ガロンの水が必要だったのである。この危機は、環礁がほとんどの水源を天水に頼っていることからきたもので、だから非常に短い間隔でこれが起こるのである。アメリカの大統領は三月第三週に緊急事態宣言を公表し、その中で旱魃は一月一七日に始まったと述べた（*Marshall Islands Journal*, 1998. 3. 27）。このことは、小さな島の、地域内での資源問題を示している。

この章では島嶼性に由来するいくつかの重要な問題を紹介してきた。それらには、孤立性と辺境性との衝撃から、力のなさ、そして資源の問題までさまざまがあった。結論的な章はここまでにしよう。以下の章では、テーマごとに述べるが、ますは歴史時代の島についての考察から始めよう。

第4章　島の過去

キリバスでもまたミレニアム

世界はまだ、地球大の村になるにはだいぶ距離があるようだ。生活スタイルやメディアに接する手段や機会、物質的な側面など、いまだに世界ではいろいろな格差がある。だからマリ共和国は、カナダとは違う。マリの住民の大多数は、カナダの住民のように福祉を享受したり発展の象徴たるものに触れたりしてはいない。同じことが島についても言える。メディアへのアクセスを例に取ってみよう。発展した国々の島では、多くの人々が新聞の朝刊と夕刊とを読み、小さくともよく管理された森の木まで犠牲にした日曜版さえある。テレビは、ケーブルや通信衛星でつながれ、一〇〇を超えるテレビ局があり、その中には二四時間放送を行なうニュースチャンネルもある。ニュースやコメントや情報を聞くためのインターネットもある。多くがテレビを持っていて、一ダース以上の局の番組を見られる。つまり彼らが操れるよりも何倍もの情報を、こうした島の人々は持っているのである。

これに対して、キリバスではどうか。ラジオ・キリバスというラジオ局が一つあるだけである。それも一日に数時間放送するだけで、英語とキリバス語とのミックスした、主にローカルな音楽や時に非常に古びた西洋のポップスを流している。ラジオ・オーストラリアのニュースの五分間ダイジェストと、それより短いニュースが英語とキリバス語で放送される。ラジオ放送は夜九時半までで、日中もしばしば放送が中断する。テレビ放送はない。新聞は、週刊でA4サイズ一二ページの『ウエケラ』紙だけである。国際的な新聞は、これも週刊の「マーシャル諸島ジャーナル」以外、普通は見ることができない。キリバスへの訪問者とキリバス島民自身は、世界のニュースの断片だけしか知ることができない。世界はまだ、ひとつの村ではないのである。

しかし、キリバスにしても他の開発途上世界の島々にしても、前近代的な状態にそのままあるわけではなく、何でも古いやり方でやっているわけでもない。近代的な技術や管理システムはあちこちに見られるのであり、ただ西洋の物質主義（唯物主義）が広く行きわたってはいないだけである。キリバスの放送出版省はテレビがどのようなものであるかをよく知っており、ただお金がなくて同省はテレビ放送を実現できていないし多くのキリバス国民はテレビを買えないというに過ぎない。ビデオやレンタルビデオ店はキリバスにもあり、だからキリバス国民はまったくハリウッドの映画を見られないわけではない。キリバス国民はまた、その外側の島の住民でも、近代世界の政治システムと切り離されてはいない。一九七一年から七四年にかけてタマナ環礁でおこなわれたフィールドワークに基づいた、次の引用を見てみよう。

研究対象のすべての島々で、開発ということについての二つの概念が見られる。一つは政府の手による改革（発明）であり、もう一つはギルバート諸島民の追い求める目的という大きな機会である（これは独立以前のイギリス領ギルバート諸島およびエリス諸島と呼ばれていたときの記録）。伝統的社会には成長への期待がなかったので、改革という問題は起こらなかった。発展という概念は、すべて〝タラワ〟（つまり政府と同義語）［サウスタラワはこの国の中の都市的部分で首都でもある］に結びついており、政府がやること、外部の制度がもたらすことだったのである。もっと直接的には、それは、目に見える形の飛行場や道路であり、船のサービスであり島政府立の学校であり、ココナツの植え替えと改良といったものだった。これらのインフラの整備が経済的・社会的改善に結びついていたので、こうした発展の概念で十分だったのである。

(Geddes et al., 1982, p. 11)

さて、この章では島々の前近代的な姿について述べるのだが、歴史的に発展した世界の島と今日の発展した世界の島とを、一緒にしてはいけない。さらに、第三世界の島々の「前産業社会的」社会と経済を分析するのに、近代的な材料を用いることはできない。キリバスでは一ダースものテレビのチャンネルに近づくことはできないかもしれないが、しかしここでも、他の世界と同様にミレニアム(二〇〇〇年紀)の時代なのである。だから、この章での課題は、歴史的な材料を、その過去、つまり発展がタラワからも他の政府を意味するところからも来ない時代の文脈において扱うことである。発展は確かに訪れず、ほとんどの島民は物事がよりよくなるという期待をもたなかった。今日の島社会は、タマナも含めてキリバスという「太平洋で最も、人間の生活が基盤とする資源の少ない」(Geddes, et al., 1982, p. 1)遠隔の地の一部であり、それは援助や福祉事業や、遠隔コミュニケーションという近代的な技術的側面(テレビではないとしても)と、そしてこの島の場合は島外からの送金を、受けているのである。これらの現象の影響は第8章で考察される。ここではわれわれは、近代的技術が存在しなかった前近代のことを考えてみよう。

この章は島々を、前近代から近代へ、前産業社会から産業社会へと、時代を通して扱うことはしない。また章の構成としても歴史的連続性はない。ただ二〇世紀以前の姿を記述するだけである。主としてテーマに沿って記述するので、それは島の住民と島とが、今日のグローバル化した世界では必要のないほど自分たちの資源に頼って暮らさなければならなかった時代のことを明らかにする。このことは、次の三節が述べるように、過去の島が必ずしも世界の他の部分から切り離されていたということではない。そうだとしても、そのような交流はいつも、二〇世紀以前の島の特徴である人口と資源のバランスの問題を軽減するとは限らない。この章では、この問題への結論を出そう。取り上げられる詳細な事例は、世界中のいろいろな場所のものであり、利用できる情報の量によって選ばれている。

島のコネクション

過去の時代にあっても、島は、交易や事件への関与という意味で、世界の渦中に巻き込まれていた。例えばシェトランド諸島は、ヨーロッパの貿易ネットワークの中にあった（Smith, 1984）。だから、ホエルセイ島にハンザ同盟の貿易小屋が残っている。一八世紀、

> シェトランド諸島の沿岸部の町は外国人で溢れ、かれらは商売のために次々にやってきた……。シェトランドの交易の場所がこの沿岸の町々で、見本市のように小屋が立ち並び、そこでワインやブランデー、スパイスが売られ、彼らは代わりにビールやパン、肉、野菜を買っていった。
>
> （London Magazine, 1752。O'Dell, 1939, p. 308 からの引用）

その昔、陸上輸送が困難で危険だったころには、海は障壁ではなくハイウエイで、いくつかの島はちょうど今日の近代的自動車道路におけるサービスステーションのように考えられていた。だから、何世紀も昔のハンザ同盟以前の、暗黒時代にイギリスにやってきたバイキングの人たちにとって、海岸の島は、少なくとも最初は、本土地域よりもよく知られた場所であり、また価値を持っていたのである。イギリスの小さな島々が、その地名の語尾に「ey」とか「ay」という部分を多く持っていることに留意しよう。これはデンマーク語の「島」という言葉なのである（表4・1参照）。フェロー諸島でも同じように、一八ある島のうちヴォーアル島とミキネス島が地名の語尾に「ay」を持っていないだけである（エイストロイ島、サンドイ島、ストレモイ島などもあるが）。これらの島のいくつかは、その海と

表4・1 スコットランド，ウェールズ，イングランドの島々で島名に ‘ey’ または ‘ay’ を含むものの一覧

シェトランド諸島
- Bressay 島
- Whalsay 島

オークニー諸島
- Burray 島
- Copinsay 島
- Eday 島
- Egilsay 島
- Gairsay 島
- North Ronaldsay 島
- Papa Sanday 島
- Papa Westray 島
- Rousay 島
- Sanday 島
- Shapinsay 島
- South Ronaldsay 島
- Westray 島

アウター・ヘブリディーズ諸島（西部諸島）
- Berneray 島（2カ所）
- Boreray 島　（2カ所）
- Eriskay 島
- Grimsay 島
- Hellisay 島
- Mingulay 島
- Pabbay 島　（2カ所）
- Ronay 島
- Sandray 島
- Scalpay 島
- Soay 島
- Stuley 島
- Taransay 島
- Vallay 島
- Vatersay 島
- Wiay 島

インナー・ヘブリディーズ諸島
- Colonsay 島
- Islay 島
- Raasay 島
- Sanday 島
- Scalpay 島
- Soay 島

ウェールズ諸島
- Anglesey 島
- Bardsey 島
- Caldy 島
- Ramsey 島

イングランド諸島
- Lundy 島
- Walney 島

チャネル諸島
- Alderney 島
- Jersey 島
- Guernsey 島

のつながりをよく利用していた。例えばガーンジー島は、一六八〇年から一八三〇年までの中心地セントピーターポートに関する本の副題が「国際的貨物集散地の歴史」と名づけられたところで、その時この島の中心の港が、ロシアやスウェーデン、デンマーク、オランダ、アイルランド、フランス、ポルトガル、スペイン、西インド諸島などとの交易を行なっていた。他の交易の島マヨルカに関する本は、その歴史的経済を表わすのに「商業中心地」という語を用いている（Donald and Abulafia, 1994）。

最も遠隔地にある島でも、世界からまったく切り離されてはいなかった。スコットランドのアウターヘブリディーズ諸島中の最もはずれにあるセントキルダ島では、住民は彼らの島にあるものだけで暮らしていたわけではなかった。この島の所有者であるマクラウド家は、少なく

とも一五四九年ごろから毎年、地代徴収のために使者ら大勢の一行を島に派遣していた（Fleming, 1999, p. 183）。一ダースを超える使者たちは、マクラウド家にとって別の利益になるこの訪問のときの二カ月間は、島の人々に支えられなければならなかった。その代わりに土地所有者たちは、必要なときはボートを取り替え、緊急用の物資も置かねばならなかった。例えば一七二七年に天然痘による大量の死者が出たとき、セントキルダ島はその経済と社会とを守るために人口の入植が行われた。このようにセントキルダ島はマクラウド家の主導する結合の一員であり、世界から切り離されてはいなかったのである。

しかし、セントキルダ島の歴史的な面について言うと、マクラウド家への地代と食料は、地元の住民の必要物資と同様、列島の有望でない資源の中から抽出されなくてはならなかった。外部からの援助はほとんどなく、送金も福祉的な支払いも、観光客からの収入もなかった。

もし地元の資源がなかったなら、島は外部世界に対する有用性を失っていただろう。アイルランド西部沖のルトランド島を例に見てみよう。この島はウイリアム・バートン・カニンガム社ドネガル郡不動産部の一八世紀の発展計画の中心になっていた（*Faulkener's Dublin Journal*, 1785. 3. 12–15 に広告が出ている）。計画の鍵は、漁業基地を建設することで、この目的のためにルトランド島の集落は完全な格子状パターンの道路網になって、地域の中央郵便局が島に置かれるはずだった。計画は、漁業が最も有望だった一七八四〜八五年ごろの年間漁獲高四万ポンド、漁業雇用者約一二〇〇人という数字に依拠していた。しかし一七九三年、ニシンはこの沿岸を見放した。ルトランド島には他にその近代化を維持する資源もなく、計画された道路もわずか一本が建設されただけで、カニンガム社は島に背を向けてしまった。代わりに本土に関心を向け、一八〇五年に対岸のバートンポートに本拠を置いた。ルトランド島は現在、見放されたままになっている。

もう一つのアイルランドのケースは、一七世紀にイギリスがイニッシュボーフィン島を、ゴールウェイ郡西海岸を治めるために利用していたときである。イギリスはこの島に必要なインフラ、例えば港、要塞、住宅などを建設し、イニッシュボーフィン島をルトランド島のように、対岸の本土よりも進んだ地域にしようとした。イギリスによって少なくとも守りやすいという理由で選ばれたイニッシュボーフィン島は、過去に防衛地点として利用された島の新しい側面を物語っている。

防衛上の要点かつ踏み石としての島

ある意味で島は、外敵からの小さな攻撃に対しては、本土よりも防衛しやすい。海は、覚悟を決めた侵入者以外に対しては防御線になる。もっとももし島の住民やその同盟者が海路のコントロールを失うと、本当に困ることにはなるが。このように島はしばしば防衛拠点として利用されてきた。その防衛とは、ある時は隣接する大陸部からの潜在的攻撃や迷惑に対してであった。イニッシュボーフィン島と同様に、イギリスはチャネル諸島のオルダニー島に広く要塞を築き、フランス軍にイングランドへの攻撃を諦めさせた。コペンハーゲンは東側を島の要塞によって守られている。カナダ東部のハリファックスは、一八世紀半ばのイギリスにとって、港が防護されているというだけでなくそこへのアプローチもマクナブズ島によって守られているという意味で、格好の基地であった。こうした例はたくさんある。

島はまた、軍事用、とくに植民地拡大競争の時代の前線基地として活用された。例えばカリブ海地域での早期の植民地競争のころ、

ピューリタンのワーウィック伯爵とその仲間は——海賊を鼓舞し奴隷と戦利品とを獲得することを目的として——ニカラグア沖の小島をスペインの交易を阻止する基地として利用し、スペインを追放すると、容易にジャマイカを獲得したのだった（1642–43）。（Scammel, 1982, p. 471）

少し後に、イギリスは一八一二年のアメリカとの戦争時にバーミューダ島を基地として利用し、それでホワイトハウス襲撃事件も起きたのだった。

踏み石として、あるいは前線防衛基地としての島は、植民地地域の集落の歴史にも影響している。ニューヨークのマンハッタン島の南にある小さな部分は、ウォール街がまだこの大都市の中心の金融地域ではなく、集落の北側に向けての要塞だったころ、オランダの持つニューアムステルダムという集落にとって良い防衛地点だった。こうした冒険はいつも成功するとは限らなかった。一五八〇年代にヴァージニアのロウノケ島にいたイギリスの植民者たちは、それまでおよそ二年間地元のインディアンたちと交易しながら暮らしていたが、一五八六年に訪れたF・ドレイク卿とともに帰路に着いた。翌一五八七年、別のグループがロウノケ島に住み着いたが、一五九〇年に彼らの消息を尋ねられたとき、アルマダ海戦の勃発による遅れもあって、グループは雲散霧消しており、病気か大量虐殺か、それとも地元の人々に溶け込んだのか、まったくわからなかった。

後に、そして北アメリカ大陸の反対側では、早期の侵入はバンクーバー島を通じて行われた。バンクーバー島の都市ビクトリアは今でもブリティッシュコロンビア州の州都であるが、後にできた本土側のバンクーバーよりも小さく、あまり重要でない。

アフリカ東海岸沖のザンジバル島は、「船が停泊するには格好の港」(Stanley, 1872, p. 41) をもち、何世紀もの間アラブ人と、そして後のヨーロッパ人の東アフリカへの侵攻の踏み石だった。アラブ人はこの島を七世紀から占有していた。それは貨物の集散地として利用していたのであり、アフリカ大陸との貿易には好都合な商業地であった。

ザンジバルは東アフリカのバグダッドであり、イスファハンであり、イスタンブールである。アフリカ内部からくる象牙が取引される大きなマーケットである。ここにはゴム樹脂や皮革、ジャガーネコ、木材、アフリカから

の黒人奴隷などが集まってくる。（Stanley, 1872, p. 5）

さらに、

この港で取引している数多い船の多くはアメリカ船で、主にニューヨークとセーレムから来ている。アメリカが来たあとにドイツ、そしてフランス、さらにイギリスがやってきた。彼らはアメリカのシーツ地、ブランデー、火薬、ビーズ、イギリスの綿製品、真鍮のワイヤー、中国製陶器などを積んできて、代わりに象牙やゴム樹脂、チョウジ（香料）、皮革、タカラガイ、ゴマ、コショウ、ココナツ油などを積み出していく。……ザンジバルに住むヨーロッパ人やアメリカ人は、政府の役人だったり独立した商人だったり、あるいはヨーロッパやアメリカの大商家の代理人だったりする。（Stanley, 1872, pp. 11–12）

支配者たちはザンジバルで探検の準備をし、象牙や奴隷を求めて大陸内部へと入っていった。ザンジバルはまた、「暗黒大陸」の時代のアフリカ探検に行く偉大なヨーロッパ人何人かの踏み石の役割も果たした。H・スタンレーが、ザンジバルについて上述の観察をしたのは、彼がリビングストンを探す旅を始めるときだった。スタンレーは内陸部での交易の長い経験を持つシェイク・ハシドというアラブ人商人に、探検隊を組織するのにどうしたらいいかアドバイスを受けた。

この白い顎鬚をもつ高潔な風体のシェイクから、私はアフリカの通貨や商取引のやり方、必要とするスタッフの数と質などについて聞き出したが、それは準備のために三カ月かけて読んだ本から得た中央アフリカに関する知識よりも豊かなものだった。彼が紹介してくれた他の商人たちからも、私は価値ある示唆やヒントを得たが、そのおかげで探検隊を組織できたのだった。

(Stanley, 1872, p. 23)

踏み石としての島は、本土「から」も本土「へ」も、渡るのに便利であった。「ウヒョウ、ウギンゴ、ウゴゴ、ウンヤンウェジ、そしてガラから来た黒い美」とスタンレーが東アフリカからの奴隷を表した政治的には正しくない文言(1872, p. 5) にあるように、ザンジバルは、アフリカの外にあって、そこにどんな運命が待ち受けているかわからない世界への踏み石だった。大陸の反対側では、セネガル沖のゴレ島が同じように奴隷たちを輸送するまで囲っておける安全な場所という役割を果たした。

もう一つの島の安全な利用法は監獄で、前章でも触れたように、普通の社会に置いてはおけない人間を隔離する場所としても利用された。これにはハンセン病者の隔離所としての島の利用も含まれる。有名な例はクレタ島沖のスピナロンガ島である。この島には一五七九年にヴェネツィアが要塞を築き、クレタ島よりも長く五〇年にわたり、オスマントルコと戦った。一九〇四年に政府がこの島をハンセン病患者のコロニーにすることを決め、クレタ島の患者が全部この島に移り、後にギリシャ中のあちこちから患者が移り住んで、それは施設がなくなる一九五七年まで続いた。オーストラリア沖のクイーンズランド州のピール島も、一九五九年まで隔離所として利用された (Ludlow, 1995)。

チェスの駒としての島

過去において、その戦略的な位置や、例えば特定の穀物栽培が持つある種の比較的優位性、あるいは単に競争相手にその場所を使わせないといった理由で、島は外部の勢力による争いの対象になってきた。このプロセスは、植民地時代にピークを迎えた。島は通常、外部の強大な勢力の前には無力であり、外部からの勢力が押し寄せ、侵略し、征服した歴史が満ち溢れている (第7章参照)。争いの多い地域、例えば地中海——古代にもまた植民地競争時代にも

——やカリブ海、また時にはインド洋や太平洋でも、島は外部の諸勢力間での抗争の中で、チェスの駒——ポーン——になってきた。この問題は第3章で触れたが、そうしたチェスの駒としての島という事象は歴史上多くの島が共有してきた立場であり、またこのプロセスは過去における島と外部世界との交渉の例を示すことになるので、ここで再び考えてみたい。一つの島の例を詳細に見てみよう。それは地中海の島、クレタ島である。

クレタ島の場合

クレタ島はヨーロッパ大陸の南側約一〇〇キロメートルにある孤立島で、アジア大陸（アナトリア）とは二〇〇キロメートル、アフリカ大陸とは三〇〇キロメートルしか距離がない。この位置が戦略的利点となって、今でもアメリカの基地があり、また大きなソウダ港はNATOとギリシャとが共用している。孤立しているので外部からの攻撃にはきわめて弱く、島としてはかなり大きく（八二六一平方キロメートル）人口や経済の規模も相当大きいのに、この島の覇権をめぐってはさまざまな勢力の角逐が見られてきた。それはこの島の侵略とそれに対する反撃の激しい歴史が示している。

クレタ島を著名にしているのは、ここに発した紀元前三〇〇〇年にまでさかのぼる早期の文明ミノアの存在で、その遺跡は今も島の中央部に残るクノッソス宮殿などである。クレタ島自身も、その近辺では、シリアやアラビア、それにシチリア島を含む他の島々に前哨地をもつ植民地勢力であった。しかし紀元前一四五〇年ごろ、ほとんどのミノアの宮殿は焼け落ちた。クノッソス宮殿はその後五〇年ほど残って、飾り付けられたりしたが、それはおそらくミノア人によってではなくミケネア人によってであった。紀元前一四〇〇年ごろ、クノッソス宮殿も略奪されて焼け、ミノア文明時代は終わったが、数少ないミノア人はクレタ島東部に避難して生き残った。新しい支配者は北から、つまりギリシャから来たドリア人などを含み、侵略は紀元前一二〇〇年ごろ行われた。ドリア人はクレタ島にギリシャの文化と特徴を与え、彼らはその後の度重なる侵略の時代を通じて生き残った。ローマがしばしばクレタ島を征服したが、クレタ島はギリシャの中でローマ領になった最後の地であった。紀元後三九五年のローマ帝国の分裂で、クレタ島はビザンチンになった。八二四年にはアラブ人がクレタをビザンチンから奪ったが、九六三年に再びビザンチンが奪い返した。島に再度住み着いたビザンチン人は、アラブの時代に多数が殺された。一二〇四年に第四回十字軍が派遣されてビザンチンを征服し、このときクレタ島は戦利品の一部になった。東西のはざまにある好位置をとらえてこれを我が物にしたのは、交易を糧としていたヴェネツィアである。クレタ島に対して同じような考えを抱いたジェノバが、数年間非合法的に占拠したものの、ヴェネツィアはギリシャの領土を買い取り、一二一一年に最終的にこれらの地に勢力を定着させたのであった。クレタ島はヴェネツィア共和国の領土として四〇〇年以上も続いたが、その時代を通じてもクレタ人は、歓迎しないカトリック教徒（その当時のクレタの宗教はギリシャ正教であった）と戦い続けた。しかし、キリスト教を脅かすのは一般にはイスラムで、とくにそのころ一四五三年にオスマントルコの手に落ちてから再生されていたコンスタンチノープルが相手で、そのことはクレタのすべてのキリスト教徒を団結させた。クレタ島は一六四一年までの長い間、ギリシャ文化の橋頭堡だったが、そのころ島は再びオスマントルコの侵入によってイスラムの支配下に入った。先述したようにクレタ島は相当の規模と領域とをもっていたため、トルコが一六四一年にカニアを占拠したときでも、一六六九年にカンディア（近代のヘラクリヨン）を奪い取るまでは、その支配を完全なものにはできなかった。トルコの占領は、クレタの人々にとってはヴェネツィアによる占領よりも好ましくないことで、島では引き続いて一七七〇年から一八九八年まで反乱が見られ、キリスト教徒はトルコによる差別的な支配にいらだつことになる。

一八九七年には本土のギリシャが島に侵攻したが、それによりソウダ湾に艦隊を置いていたヨーロッパの列強に島を奪われることにもなった。というのは、列強は長い間、クレタを彼らのチェスのゲームにとって好都合な場所だと考えていたからである。一八九八年、ヘラクリヨンのトルコ軍が一四人のイギリス兵と副領事を殺し、列強はトルコをキプロスから追放した。クレタ島は、南西部をイタリアが、東部はフランスが、中央部はイギリスが、そして西部をロシアが占領するというように分割された。列強はクレタ島をギリシャのゲオルギオス王子（実際は彼自身はデンマーク系ドイツ人だった）を高等弁務官とする支配下においた。ゲオルギオス王子は、背後の四つの勢力に守られて、オスマントルコの名目上の支配権のもとに島を統治した。

この時期の地元の政治家で最も著名なのはE・ヴェニゼロスであろう。地元住民はこれに不満足で、一九〇六年に彼は更迭された。同年ギリシャの首相になるために辞職したが、クレタ島のギリシャへの統合に尽力し、統合は一九一三年に実現した。一九二二年には、トルコとの間で、イスラム系クレタ人と小アジアに避難していたギリシャ人との住民交換が行われた。この結果、クレタ島のギリシャ的特徴はいっそう確かなものになったが、しかし島はその後も第二次世界大戦時、チェスの駒になる危機に対しての戦いをもう一度経験するのである。

一九四一年、ドイツがクレタ島を攻撃した。ドイツ軍は最初、島の西部ハニア近くのマレメ飛行場にパラシュートで降下し、そこで数多くの死傷者を出した。連合軍は猛烈に戦ったが、そこは多くの島と同様、十分な戦争物資を背景にした侵入者には勝てなかった。ドイツ軍は制空権を得て島に二〇〇〇人の軍隊を追加派遣した。一〇日間でクレタ島は敗れ、両軍合わせて数千人の死者を出した（**図4・1**参照）。しかしそれでも、クレタ人のローカルな戦いは続き、ゲリラ戦はドイツ軍を悩ませ、一九四五年にクレタ島は解放された。

表4・2には、クレタ島がチェスの駒のような立場に立たされてきたことが整理されている。クレタ島民は外部の勢力に対していつも反抗の戦いを行なってきたが、力が弱くまた故国を奪われて相談相手を持たない島の通例として、より強力な国々の間で売買されたり荷物のように扱われたりしてきた。クレタ島は実際、チェスの駒だったわけで、数多いそうした島のうちの一つだったのである。

この歴史についての章では、島の外部勢力との交渉について考えてきたが、政治的な色合いが強かった。過去においてはこれまで見たように、島は重要であり、外部世界ともよく結びつき、そしてしばしば抗争の対象となってきた。そうした世界の出来事とかかわりの深かった島でも、自前の資源に依拠せざるを得ない程度は今日の島よりも大きか

図4・1　ギリシャ，クレタ島．第二次世界大戦での戦死者を祀る共同墓地（1998年）

表4・2　クレタ島の支配者

時代（年）	支配者
BC 3000	ミノス人（土着）
BC 1200	ドーリア人
BC 67	ローマ帝国
AD 325	ビザンチン帝国
AD 824	イスラム帝国
AD 963	ビザンチン帝国
AD 1204	十字軍／ジェノヴァ人
AD 1211	ヴェネツィア人
AD 1641（最終征服は1669）	オスマン帝国
AD 1898	ヨーロッパ列強
AD 1910	クレタ独立
AD 1913	ギリシャによる統一
AD 1941	ドイツ侵攻
AD 1945	ギリシャの港湾島

った。そこで次には、この資源の問題について考えてみることにしよう。

資源と職業的複合性の島

歴史時代から、地元の資源で島の経済を成り立たせることは難しいことだったようである。島の生活はつねに、ほとんどの住民にとってはその日暮らし的なもので、特に島から輸出できるものがない場合には、「すべての卵を一つのバスケットに入れる」シナリオは機能しなかった。その代わり、島の住民は職業的複合性を志向し、自分たちの生命を維持するだけの食料と物資を得ようとして、限られた島の範囲が供給する機会を逃さずつかまえるために、複数の職業に従事することが多かった。何かの理由でそうした機会が減少するのは、島の住民にとっては重大なことだった。この点で特別なケースは、イースター島（ラパニュイ）の場合である。この孤島に最初に住み着いたのはポリネシア人で、おそらく七世紀ごろだったと思われる。その当時、島は森林地域で相当肥沃だったらしい。人口は、一時期二万人に達したことがあったが、島が他の人類によって一七二二年に再発見された時には、およそ二〇〇〇人にまで減少していた。おそらく、数世紀にわたる孤立の間に島の資源が減少したことによると考えられ、その間に島中の木々は伐られ、島の人々は海に出る船をこしらえる材料を失い、海を利用することができなくなった。住民たちは各領域の資源をめぐって互いに対立し、カニバリズムさえ生起した。環境は破壊され、結果として人口が減少したのであった（Bellwood, 1979）。

イースター島の例は、島の人口と資源とをめぐる問題の極端な例である。もっと典型的な例は、島の住民が提供されるいくつかのまたはすべての機会をとらえて生計を立てている例で、そうした場合、職業の複合性が顕著になる。一九世紀、カナダ東部のケープブレトン島では、居住に適した土地はほとんどなく、初期の移民たちは場所を選んで住み着いた。スコットランド西部から、ハイランド・クリアランスの時代に大量の移民がこの島にやってきたとき、新来者にはほとんど農業をする土地がなく、彼らはわずかな土地に植林をしながら、同時に多くが季節的な炭鉱労働者として雇用されたのだった。一八三〇年代の様子は次のように描かれている。

一般に、農業は汚らしく野蛮な状況の下で行われ……農民たちはすぐに……農業以外、例えば漁業や森林の伐採、スクーナー船（縦帆船）の建造などに手を出す傾向がある。（MacGregor, 1832. Tennyson, 1986, p. 117 からの引用）

ケープブレトン島は小さくて貧しい島で、スコットランドからの移民たちは住み続けることができず、一八二〇年に本土のノバスコシアのコロニーへと吸収されねばならなかった。

この職業的複合性については、一八二一年のアイルランドのアラン諸島を例に、詳しく見てみよう。

一八二一年のアラン諸島

どんな社会でも、それを歴史的に深く調べようとするなら、過去の蓄積と現在残っている適当なデータに頼ることになる。幸いにもいくつかの島については、利用できる優れたデータがあり、例えばアイスランドがそうである。ここで用いるのはアイルランド西部、ゴールウェイ郡のアラン諸島のものである。三つの島が連なるこの列島については、非常に珍しいことに一八二一年のセンサスの詳細な記録が残っているので、それによりかなり深く調べることができる。一八二一年までにアイルランドは連合王国の一部になって二〇年が経っていた。しかし、アイルランドのセンサスは別のやり方で行われていた。それで、一八二一年のイギリスのセンサスでは人口数以外はほとんど調査されていないのに比して、アイルランドでは社会調査に熱心だった。悲しいことに一八二一年のセンサス報告書は、一九二一年にダブリンのアイルランド公文書館がアイルランド市民戦争で占拠されたときに破壊された一群の記録の中に入っていた。しかし偶然にも、そして珍しいことに、アラン諸島の報告書は残っていて、だから以下の分析ができるのである。

　アラン諸島の三つの島、イニッシュモア、イニッシュマーン、イニッシュエールの各島は、水平的に埋め込まれた厚い石炭紀の石灰岩からなる。これは農業を基盤にして生計を立てるには困難な地質的条件である。というのは岩盤が透水性で河川が存在しないからである。幸運にも石灰岩層の中に粘土帯があって、それにより泉が存在し、島の住居もこの水の得られるところと密接に関係して立地している。このことは特に列島中央のイニッシュマーン島で顕著で、住居の密集するのは四カ所しかないけれど、それらは水が得られる粘土層の配列にそって並んでいる。住民はほとんどが小作農民であり、ほぼ完全な自給的生活を送っていた。自分たちの生活以外に現金が必要なのは、小作料を支払うためだけであった。アイルランドでは他でも同じで、土地は不在地主によって所有されており、この諸島の場合はダブリンに住むR・ディグビーが地主だった。

　ディグビーは島々の住民の中に代理人を雇っていた。また、島には巡査、司祭、海岸防御員、そして学校教師が三人（各島に一人ずつ）いた。代理人と二人の教師以外の中流階級の島外者たちはすべて、イニッシュモア島のキルロナンに住んでおり、これがアラン（三つの島を合わせてアランと呼ばれていた）の最も都市的なところであった。島の住民でローマ・カトリック教徒のオフラハティが、アランのことを余すところなく描いた小説『スケレット』で、「専制政治によって島にはプロテスタントがほとんど送り込まれなかった」（1932, p. 7）と書いている。教会とそれにパブが一つあるだけで他にサービス業はなく、島の住民は自ら生産できないものを手に入れるには、本土へ出かけるかあるいは巡回行商人に頼むしかなかった。住民は着るものは自分で作り、靴も、パンプーティとよばれる皮製のかかとの低いスリッパ状のものを作った。漁業の道具も、軽快船――アイルランドのコラクル（網代船）のこの地方特有版で、もともとは皮、後に木枠にタールを塗った布を張って作るようになった――も自分たちで作った。住む家も、島のどこにでもある石灰岩の石でこしらえたし、屋根には島で育ったライ麦のわらを葺いた。島は、完全な自給社会で現金はまったく不要だというわけではなかったが、そこは自分の力を頼り、限られた島の資源から食料や食料以外

表4・3　アイルランド，アラン諸島の人口と人口密度（1821年）

島　名	人口（人）	面積（km^2）	人口密度（人/km^2）
イニッシュモア島	2285	30.45	75
イニッシュマーン島	387	9.1	42
イニッシェエール島	421	5.7	74

のものを生み出す能力と技術とを必要とする場所であった。地元での産物には、ポティーンという密造ウイスキーも含まれていたが、これは不規則な時期にしか作られず、また課税もされていなかったのでセンサスの報告書には出てこない。また同様に密輸の類も書かれてはいない。

表4・3には一八二一年のこの島々の人口と人口密度の数値が記載されている。一九九一年のセンサスでは人口総数はそれぞれイニッシュモア島八三六人、イニッシュマーン島二一六人、イニッシュエール島二七〇人であり、はるかに少ない人数が、西欧風の福祉国家の政策と、イニッシュモア島にとってはことに重要な観光業のような近代的産業とのおかげで、現在は暮らしていることになる。一八二一年の時点では、しかしそういう状況でなかったことは、センサスの報告書が示している。

一八二一年のアラン諸島の世帯のうち多くは農民を世帯主とする核家族で、四九三世帯中二九六世帯がそうであった。これが職業的複合性の証拠であり、記録では農業単独に従事しているのは九六世帯しかない。残りは他にも職業を持っていて、そのうち三世帯は不明である（**表4・4**）。農業は最も重要で、住民はたいてい最初は農民であった。そこにほかの二つの補助的職業、漁業とケルプ灰製造業と加わるのだが、それらはより少数であった。

農家ではない島の住民たちやプロの漁業者（すべてが男性）を世帯主とする住民は、一八二一年にはきわめて困難な状況にあり、とくに寡婦世帯はそうであった。成長した子供が島での仕事を引き継いだ場合はまだよく、祖母が寡婦である三世代世帯で土地保有者は二五世帯、寡婦が農民として登録されているのが一一世帯、そこには年齢が、信じがたい

表 4・4　アイルランド，アラン諸島の土地所有と職業の多重性

島　名	土地所有の規模							
	1キャノガラ以上				1キャノガラ以下			
	農家専業		農家兼業		農家専業		農家兼業	
イニッシュモア島	54戸	32.9%	110戸	67.1%	8戸	20%	32戸	80%
イニッシュマーン島	18戸	43.9%	23戸	56.1%	1戸	20%	4戸	80%
イニッシェエール島	13戸	31.7%	28戸	68.3%	2戸	40%	3戸	60%
アラン諸島全域	85戸	34.6%	161戸	65.4%	11戸	22%	39戸	78%

出典：1821年センサスの調査員からの返信（ロイル，1983）
注：1. キャノガラは当地の土地面積単位．アラン諸島中でも 7.1 ヘクタールから 9.2 ヘクタールまでさまざまなものがある．
2. 1キャノガラ以上所有者の兼業は，ケルプ灰製造業 38.7%，雇用者 35.6%，漁業／船員 20.2%，工芸家／サービス業 5.5% である．
3. 1キャノガラ以下所有者の兼業は，雇用者 43.6%，漁業 20.2%，ケルプ灰製造業 18%，工芸家 10.3% である．

ことに一〇〇歳というケースも一例入っていた。他の寡婦とその家族は土地からの直接的収入の機会がまったくなく、大部分が自給的な社会においては他の方法で収入を稼ぐしかなかった。寡婦のうちのある者は、漁網を作り漁業会社に提供していた。またある者は核家族の中で、しばしば衣服製造者または繊維関係職業者として数えられているが、しかし彼らはたぶん販売目的というよりは自家利用のために衣服をこしらえていたと思われる。

他のハンディをもった家族は、土地を持たない労働者の家族であった。場所や年齢を問わず、これらの人々は貧しく、やってくる仕事は何でも、例えば春の植え付けや収穫などは特に、それを引き受けて生活していた。多くは小さな畑を借りて自分たちの食料を作ろうとしていたが、同じことはイニッシュモア島のキルロナンの村に住むプロの漁業者もやっていた。

アラン諸島での農業は自給的なものだった。主産物はジャガイモで、島の住民ほとんどの主食になっていた。十分な土地と資本のある者は、牛を一、二頭飼っていた。これは主にミルクを得るためであったが、副産物としての仔牛の生産もあり、まばらではあるが甘い、長く伸びた牧草があったおか

げで仔牛の供給数が多く、本土の牧畜業者が買い付けに来ることもあった。仔牛の生産はその当時、現金収入の一つの道であった。すでに述べたように、アラン諸島の石灰岩性の地質は厳しいもので、水を溜めておくのが難しく、これは後に溝にそって畑に小さな貯水池を建設する技術が発明されるまで続いた。一九世紀の旱魃時には、よりよい水資源を確保するために、動物たちは泳いで、あるいはフェリーに乗せられて、本土に運ばれることもあった。

他の困難さは、土地の広さが限られていることであった。全体として土地の広さが限られているというだけではなく、土地のうちのある部分だけが生産的で、つまりそれは土壌のある場所が少なかったということである。石炭紀の石灰岩は自然の舗装をなし、アラン諸島がそうであった。岩棚（Clints）と空隙（grykes）とを伴ったむき出しの岩場で、裂け目があるような露頭がそのまま残っていた。裂け目には、風で運ばれた土壌と植物の種が集まり、だから甘くてまばらな牧草地ができるのだが、しかしジャガイモが育つほどの土壌は自然のままでは十分にはなかった。それでアラン諸島の人々は「土地作り」を一生懸命やらねばならなかった。これは大変骨の折れる仕事で、島の資源の基盤が薄いことを物語るものだった。まず初めに、石を砕いたものをむき出しの地面の割れ目に置き入れる。次に石の層を広く敷き、その上に海岸から運んだ砂を敷き詰める。そうしてから、有機物である海草を敷き、さらに砂をかけ、また海草を、という具合にかけてゆき、最後にしばしば本土から運んできた土を表土としてかけるのである。こうして作られた土地はある程度肥沃なプラッゲン土壌を作り出す（Conry, 1971）。こうして作られる畑は小さなもので、貴重な土壌が風で吹き飛ばされないように、壁を設けた。壁にはこれもまた都合よくもろい岩が用いられた。このことがアラン諸島の景観に独特の、延べ数千キロにもわたる石積みの壁に囲い込まれた畑を現出させたのである（図4・2参照）。これは特徴的で魅力的な景観であるが、しかし莫大な労働力の投下によって形成されたものでもある。結婚する前に、新郎が結婚後の生活を成り立たせてゆくことができるのを示せるかどうかが、いつも鍵であった。というのは島の多くの住民にとってそれは、十分にこしらえられた土地にアクセスできることを意味したからである。土地をこしらえること、また新たに土地を開拓することは、男は結婚前に親から土地を受け継ぐまで待たなければな

図4・2　アイルランド．ゴールウェイ郡アラン諸島中のイニッシュモア島の，耕地を仕切る石積みの壁（1997年）

らなかった。だから新郎は高齢になる傾向があり、島に資源がないことが社会的行動のもとになっていた。一八二一年には労働者として記録されている一人の男が、五五歳でまだ彼の母親と家で暮らしていたが、その母親が先述の信じられない一〇〇歳の母親で、二人が世帯主であり、事実としてではなく権利としての農民なのだった。

多くの農民にとって、漁業が第二の職業であった。漁業は普通、二人ないしは三人乗りのコラクルという船によって行われた。アラン諸島にはイニッシュモア島のキリアニーに住むフルタイムの漁師が数人いて、彼らはフーカーと呼ばれるもっと大きな船で操業し、本土のゴールウェイに水揚げしていた。しかし、漁業従事者の大部分にとっては、漁業は農業と同じく第二の仕事で、小さな土地を持った農民として記録され、大きな土地を持ったものだけが他の仕事を持つ必要がなく、そのことが**表4・4**の統計に表れている。

アラン諸島の多くの農民にとって、第三の生活の糧はケルプ灰作りであった。ケルプは海草である。一九世紀早期、海草は現在でもそうであるように肥料として用いられていたが、また化学工業原料としても用いられていた。化学、実際には薬学だが、ヨードの生産はある部分島からの輸出原料で作られていた。ケルプは嵐のあとで海岸に打ち上げられたり、あるいは住民が泳いでいって岩場で切り取ってきたりした。海岸でといっても、とくに貧しい土地無し労働者が自由にケルプを採取できるという意味ではない。特定の場所でケルプを採取する権利は、土地所有権の一部だったからである。だから、ケルプを採るのは農民なのだった。ケルプを乾かしたあとで焼いて白い灰を作り、この海草の灰が、賃料支払いに必要な現金収入のために売られるのであった。仕事の各過程は骨の折れることだった。アラン諸島民は、この島々で生活の糧を得るために激しく労働しなくてはならなかった。

まとめてみると、一八二一年のアラン諸島民は前産業社会での職業的複合性の好例である。個々人は、農業や漁業、ケルプ作りに従事していた。女性は衣服を作り、靴も作った。島には洋服屋は二人しかいなかった。住民は自分のボートもこしらえ、家も建てた。密輸もし、海岸に打ち上げられたものを集めた。時にはアザラシ漁をしたり、海鳥を捕獲して卵や羽を採ったりした。むき出しの石灰岩の表面を、作物が作れる畑に変えた（Royle, 1983）。島の資源は最大限に利用された。このセンサスの数年後、資源のうちの一つであるジャガイモの収穫が天候不良のために激減し、島が重大な危機に遭遇した。実際、彼らは外部からの助けを必要とし、それは近代的な救済プロセスによってなされたが、一八二二年のアラン諸島での飢饉を救済する試みは、むしろ気のきかない事柄が行われたことを明らかにしたのだった（Royle, 1984）。

悲しいことに、より深刻なできごとだった一八四〇年代のアイルランドのジャガイモ飢饉の時に、この教訓が生かされなかった。このときとられた救済策は、完全に実行されるまで時間がかかりまた不適切なもので、死者と作物の病気とは続いた。大飢饉は、より大きな島アイルランド島で起こったのだったが、当時のアイルランド島は職業的複合性の発達していない、「一つのバスケットに卵を全部入れる」という経済だった。特に西部アイルランドの小作農民たちは、主食のほとんどをジャガイモに頼っていた。アメリカから入ってきたジャガイモ疫病菌はそこを襲った。

アイルランドの貧しい人々からジャガイモが取り上げられ、彼らの多くが栄養失調になり、死んだり病気になったりした。このような原因による死者は、餓死者よりも多かった。グレートブリテン島やアメリカに移住する者もいた。その一方で、不適切な救済システムの中でも住民が多く生き残ったケースもあった（Woodham-Smith（1962）の古典的な研究を参照。また Bourke（1993）も参照のこと）。実際、アイルランドの小さな島々の住民は、大飢饉のとき主島の住民よりも被害が少なかった。彼らは職業的複合性を実践するようにいつも強要されていたため、漁業や他の資源へと戻ることができたのである。孤立はまた、彼らをジャガイモの胴枯病から救ってもいたのだった。

原初的な共産制

島の資源が活用されその利用が最大限に拡大したときには、住民は共同社会的になっていた。アラン諸島出身の作家オフラハティもこのことを、システムが必要に応じて機能したためで、だから必ずしも安定的でなくてもいいのだと記している。

> 遠くの村では……人々がすばらしくて自立的なことを私は知っている……彼らは共同体の中にあって暮らしすべてをお互いが助け合い、年の初めから終わりまで貨幣を見ることとすらないのである。［発展ということは］彼らの生活様式を放棄させ浮浪者にしてしまうことだ。（1932, pp. 90–1）

スコットランドのセントキルダ諸島では、主島であるヒルタ島のある集落で毎朝、集落内の通りで「島の議会」が開かれ、人々がその日なすべきことを決める。彼らは農業とわずかな漁業とに従事しているが、最も主要な活動は、他に食料と現金とを得るためにそうせざるをえない海鳥の捕獲である（Steel, 1972）。借金返済に必要な現金は、鳥の羽を売って稼ぎ、鳥はまた食料と油の供給源でもある。海鳥の捕獲は共同体の仕事であり、必要に応じて男たちが密接に協力して行なう。チームを組むのは、俊敏な男たちをロープで海岸の崖下におろし、そこで鳥と卵とをとるためである。そのための道具類は共同体が所有し、成果は年老いてこの食料獲得活動に参加できない人を含めた島の住民全員で分け合う。こうしてこの島では、資源の限界性が島の社会組織の基盤になっているのである。セントキルダ諸島の共同体は計画的にできたものでも慣習的なものでもない。現代のマルクスやエンゲルスが資源を分け合うことを勧めたのでもない。この島々の独特な状況に即して適用された共産制である。セントキルダ諸島は一九三〇年に無人島になった。

もうひとつの歴史的な例は、南太平洋のトリスタン・ダ・クーニャ島である。ここでの組織的な集落は一八一六年にイギリスがこの島を併合したときに始まった。それは主に、この島がアメリカやフランスの手に落ちるのを防ぐためで、とくにフランスがこの島に一番近いセントヘレナ島にナポレオンを拘留したことに伴うものであった。記録によれば、占領当時のイギリス軍は組織化が不十分で、守備隊は飢餓状態に近くなった。一八一七年に海軍軍艦ジュリア号の悲劇的な難破が起こり、五五人の命が失われた。同年にイギリスは守備隊を引きあげたが、一人の海兵、W・グラス伍長が許しを得て家族とともに島に残った。他に二人の市民、石工のナンケヴィルとバーネルも残った。グラスの家族に加えて、しばしば起こった難破によって島に残された者たちの末裔により、当時の島の人口はおよそ三〇〇人に達した。この島を占有していることにはその後もいろいろと議論があり、特に一八八五年の船舶事故で頑強な男一八人中一五人が亡くなった時にはそうであった (Royle, 1997)。グラス一家と二人の石工の時代、この荒涼として住むに適さない島で生活の糧を得ていくためには共同して働くことが必要だった。彼らの共産主義は、海軍部隊が島を離れる前に最初から形式化され、グラスはトリスタン・ダ・クーニャ島での生産活動を規制するために住民が次のような契約事項に従うことを決めたが、彼らにとってそれは、アザラシ漁をするための会社を設立するようなものだった。

われわれ、このトリスタン・ダ・クーニャ島での共同生活に加わる者は、自発的に以下のような規約に従うこととする。すなわち、

(1) 会社が所有するあらゆる物資は全員が平等に所有権を有するものとする
(2) そこからどんな利益が得られても、それは全員に平等に分配される
(3) すべての支払いは、全員が等しく分担する
(4) 会社の協調を保つため、メンバーのだれも優越権を持たず、すべてが平等とし、病気などのとき以外には各人が労働を分担すること
(5) メンバーの誰かが希望してこの島を離れるときは、所有する財産の評価をあらかじめ定められた人が行ない、それを最終的なものとすること
(6) W・グラスは、妻と子供とがいることによるどんな加算的費用負担も免ぜられること

この会社は数年間しか続かなかった。厳格な共産制は、この島にアザラシ漁のパートナーになれると思って新しい住民たちがやってくると、もう存続できなかった。ナンケヴィルは会社の金をいくらか持って逃亡し、会社は船を失った。どちらもケープタウンで一八二三年のことで、これを助けることはできなかった。バーネルはそれより先に島を去っていた。島には一八二一年に改訂された憲法があったが、すぐにそれも効力を失った。そしてトリスタン・ダ・クーニャ島の社会は、家族とさして変わらない、ほとんどクランのような単位が定められ、農業活動も行われるようになった（Munch, 1974 ; Royle, 2000）。しかし、平等の原則とより強力な相互扶助の精神はずっと生き残った。こうして、二〇世紀初めにこの島を訪れたフランスの探検家R・デュ・バティは次のように書いた。

われわれが上陸するとすぐに、私は人々のなかにちょっと違った雰囲気の男を見つけた。［彼はアンドレ・レペ

トといい一八九二年に船が難破して以来この島に住み着いたイタリア人だった。」……私には、他の人たちの彼への接し方や彼が遇せられている細かなマナーからみて、われわれが望む物々交換を統括しているのは彼に違いないと思えた。私は彼を一瞥して大声で叫んだ。「ここの首領はだれだ？」彼はまず、この島には首領はいないと答え、次いで誰もが平等だと述べた。

(2000, p. 9)

トリスタン・ダ・クーニャ島やセントキルダ島、それに他の島でも見られた共産的な制度は、島の資源の有限さを所与の条件とした、社会的規範の論理的な適応であった。しかし、それは唯一の可能性というわけではなかったし、他の小さな島では島の社会にとっての賢明な選択をするために強力な首長を立てているところもあった。いくつかのアイルランドの島では、一人の年長者が「王」と認められ、こうした名誉職は今でもいくつかの島で存在している。

この章では、過去の時代において、島がその戦略的な価値などの特徴によって外部の勢力から重要視されてきたことを示した。その重要さを守るために、時に血と財宝とが費消されることもあった。しかし、多くの島は重要でも意味のある場所でもなく、住民たちは日々の暮らしをたてるために闘ってきたのである。島の住民のことについて考えるために、次の第5章では、多くの住民たちのこの相対的な剥奪状態への対応が、島から移住することだったという点を説明することにしよう。

第5章　島――人々と移住

人が移住するのは、居住地で戦争や自然災害などの抗えない状況が起こり、そうせざるを得なくなった時や、移住すれば社会的・経済的状況の改善が図られると考えた時などである。小さな島から移住する人の割合は、しばしば非常に高率である。移住を引き起こすのは、島であることそれ自体が理由なのではない。人々は、島嶼性によって直面させられている状況や拘束性、小さな島という舞台につきものの過酷な条件のために移住するのである。小さな島々は、自然災害の危険に対しても脆弱である。微力な地であるため、軍事的干渉や戦争に対しても苦しんできた。住民がそれなりの生活を営むための資源にも恵まれていない。これらの要素が、すべて移住を誘発させるのである。さらに、小さな島々の社会は、そのスケールゆえに自由が制約され窮屈なもので、このこともまた若い人たちに、島の外に新鮮で自由な地を求めさせる。

一方、比較的近い過去においては、経済的に活力をもち、それが外に出て行った人々を呼び戻している島もいくつか見られる。もっとも、戻ってくる人たちは島外で稼いだお金をもった退職者であることが多い。さらに、島の環境の快適さが魅力となって、休日の観光客や退職した移住者を集めている島も、先進国で経済活動が活発な地域の付近に存在する。ギリシャのコルフ島などが好例である（Lazaridis, Poyago-Theotoky and King, 1999）。このように、小さな島々での移住のありようはさまざまだが、しかし多くの島では島外への移住が見られる。島からの移住に関する最近の編著である King and Connell（1999）には、このことが序で述べられている。

多くの問題に共通するテーマは、島の小ささ、荒々しい地形、気候の変わりやすさなどから派生する資源の有限さであり、高い人口増加率であり、そしてどこか他にあるもっと豊かで近代的な経済の魅力である。

（1999, p. 9）

人々が島から流出するのは、島にとって全部悪いことというわけではない。例えば出移民者からの送金は、島に残された者たちにとって重要な収入源である。また出移民は、（限られた）資源への人口圧を軽減する。しかし、小さな島からの実質的な出移民は、その島の社会の維持を困難にもさせる。そして、一度この傾向が始まってしまうと、多くの小さな島々が無住化に向かうのである。

この章では、小さな島からの出移民と入移民の双方の影響について考える。以下で議論される今日重要な人口問題の一つは、異なったエスニック集団による空間の分割占拠、例えば過去にプランテーションの舞台となった島への労働移住の結果として見られる事例である。

人口と経済的調整

島の経済は、変動のサイクルが激しい傾向がある。これは「一つのバスケットにすべての卵を入れる」戦略が、当該製品が需要減少を招いたり技術的変化のため時代遅れになったり、あるいは栽培する穀物が病気の影響を受けたりした時に、著しい価格下落を生じるためである。一八四〇年代のアイルランド島が、人口を扶養するためにジャガイモに極度に依存し、そのジャガイモが外部から入った病気によって大被害を受け、人口に恐るべき影響を与えたことなどは、最も好く知られた例である。人口の変化の様相は劇的なものだった。特に病気による死亡率が急増したのは、通常の衛生事業が破壊されてしまったのと、栄養不足の身体はいずれにせよ病気が感染しやすかったためであった。普段の飢饉の時に比べてはるかに多くの病死者が出た。社会的関係が破壊され食料に悩む人々は、性的関係を結ぶことができずまたそれを好まず、子供の養育も困難になって出生率が低下した。アイルランド島北西部への移民があったが、それは飢饉の影響によるのと、ベルファストをはじめとする地域の工業化とによるものだった。他の者たちはイギリスや北アメリカ、その他新世界を目標として移住していった。Kennedy et. al.（1999）は、飢饉のときの状況を示しているが、そこにはアイルランドの「無住化」の地図があり、一八四一年から一八五一年にかけて人口が二〇％減少したことが示されている（飢饉時のアイルランド人口のもっと詳しい経済的分析はMokyr（1983）を参照）。

経済状況が下降気味になると、島の住民はそこから立ち退かざるをえなくなる。これは人口の過密な日本でさえ見られる現象である。長崎からフェリーで数分の高島は、かつて炭鉱で働く人たちなどで人口二万人を数えた。一九八六年に最後の炭鉱が閉山になると、三年後には人口が一五〇〇人になり、もっと小さな炭鉱の島であった軍艦島（端島）は、まったく無人島になった。炭鉱なしでは小さな島での生活の困難さは明らかで、生活を維持するための代替資源もほとんどなく、人々はよりよい暮らしを求めて島を去ったのだった。

島からの移住は、時に自発的ではないことがあり、その結果として失われた人口を回復することができない場合もある。地中海のマルタ共和国で、マルタ島に次いで二番目に大きな島であるゴゾ島では、一五五一年に凶悪なドラグートに率いられたトルコ軍が侵攻し、数千人の島民を賠償物や奴隷として売る目的で連れ去り、ほとんど無住になってしまったが、それから人口はあまり回復してはいない。トルコ侵攻以前のゴゾ島とマルタ全体の人口を比較すると、ゴゾ島はマルタ島の人口のおよそ三分の一（一五二八年にはマルタ島一万二〇〇〇人に対しゴゾ島五〇〇〇人、一五三〇年には一万五〇〇〇人に対して五〇〇〇人）を占めていた。それが一五六五年には、マルタ島には一万九五〇〇人から一万七五〇〇人ほどの人口があったのに対し、ゴゾ島は二五〇〇人だけになってしまった（Biangini, 1974）。近代には、ゴゾ島の人口はマルタ島の一〇分の一ほどになっている。経済状況も変わってしまい、マルタ島では観光業が発展したり産業インフラ整備が進んだりしているのに、ゴゾ島は経済的に停滞したままである。実際、ゴゾ島からの出移民は現在も、自発的なものではあるが続いており、第二次大戦後の一〇年間には、特にアメリカやオーストラリアに多く移住した。最近では、島に戻る人もあるが、たいていはリタイアした人たちで、そうした人が作る新しい家には、彼らが財を成した土地を象徴するかのように、オーストラリアのカンガルーやアメリカのワシが紋章として飾り付けられている。戻ってくるのがリタイアした人たちだけだとしても、それによって島にも利益がみられる。

時には自然災害や経済的あるいは社会－政治的災害が、島の人々に離島を促すこともある。フィジーでは、一九八七年のクーデター以後、特にインド系の人々のコミュニティからの離島者が目立った。マーシャル諸島のアイリングラプラプ島などの外洋島では、一九九七年から九八年にかけて、エルニーニョ現象に伴ってこの地を襲った台風パカ（Paka）により新しい移民が多く出た（Pacific Islands Monthly, May 1998）。一九九〇年代半ばから後半にかけて、カリブ海のモンセラット島ではスーフリエール火山が噴火し、多数の島民が島を離れた。

出移民は、状況の変化に対処する方法のうちの一部でしかない。モーリシャスの例では、経済的危機に直面したとき、人口を調節するのではなく経済の方を変えた。この島は一五九八年にオランダ人が発見した時には誰も住んでいなかったが、最初はフランスが、そして一八一〇年以降はイギリスが、砂糖製造のために人を送り込んだ。一九世紀の終わりころまでには、最初の奴隷と契約労働者たちが、島の資源に見合った数だけいた。第二次大戦後、島の人口が急増し始め、収容能力を超えるようになった。しかし、第8章で詳細に検討するが、政府は出移民と家族計画とによって人口減少を図ろうとするだけでなく、島の経済の中心を砂糖から観光業や金融、そして特に製造業へと転換することで問題を解決しようとした。

カナダのニューファンドランド半島沖にあるフランス領のサンピエール島とミケロン島は、人口が元に戻った例である。これらの島はフランスが、一七六三年の「七年戦争」に敗れた時イギリスから割譲されたものだが、一七九三年に再びイギリスが侵攻し、島の人々を追放した。結局またフランスの支配下に戻ったのは一八一四年の第二次パリ条約の時だった。一八一六年以降、フランス在住のバスク人とノルマン人たちが再び居住し始め、これらの島がグランドバンク付近に位置することから、主要な生計は漁業、とくにタラ漁を主たる生計手段にしていた。この島々は、タラ漁の博物館という比喩の通りの場所で、特にサンピエールの町の沖合の、今は見捨てられたマラン島付近は、実際にこの形容がぴったりするところだった。現在ではカナダ、特にニューファンドランドではタラは一匹も採れない。サンピエール島と同じように、フランス本土やその他の国々からやってきた数多くの船団が、近海のタラを採り尽くしてしまったのである。カナダ政府は一九九二年に、タラ漁の二年間の一時停止を実施し、この措置はその後も無期限に続けられている。ある種の観光を例外として、タラの消失はこの不毛な島々で暮らす人々の唯一の生活の糧を奪ってしまい、サンピエール島は経済的に危機に陥った。しかし、フランス政府が島の共同体と人々に対して幅広い援助をし、この北アメリカのわずかなフランス領地域を維持するため直接補償をしたので、島から人々が出移民として離れることはあまり多くなかった。

このように、経済の下降が、つねに小さな島からの出移民を生じさせるとは限らない。代わるべき収入の道を確保する戦略があれば、である。しかしながら、経済的／社会的／環境的な圧力があると、小さな島々から人は出て行ってしまう。これについて、次に考えてみよう。

島からの出移民とその影響

島からの出移民は、島の住民に対してすぐに、そして直接に利益をもたらす。島に残る人々には、仕事の機会がより多くなり、数少ない人たちで島の資源を分け合うことになるから、人口圧は軽減される。加えて、島を離れた人たちから、残った家族への仕送りがある。キリバス出身でオーストラリアに住む人たちによるキリバスへの仕送り金額は、合計毎年約五万豪ドルにも達する。太平洋のカーボベルデの人々は、海外に住む約四〇万人から仕送りの援助を受けており、主にアフリカのポルトガル語地域、リスボン、そしてアメリカに、仕送りする人たちが本国にいる人口とほぼ同数みられる。「カーボベルデの人々の目指すのは、まずは自分たちの生存、そして次に移住することだ」(McGirk, 1989, p. 48)。

トケラウ出身者でニュージーランドに住む人たちは、本国のトケラウにいる人たちよりも数多い。こうした島々の避難所では、多くの人たちが故郷に帰り、仕送りがこれらの島々の生活と社会を支えるようになっている。だから、「仕送り」という言葉はMIRAB（移住（Migration)、仕送り（Remittances)、援助（Aid)、官僚制（Bureaucracy)）という用語に入るものとして、南太平洋の島々の経済を語る時に使用されているのである。

しかし、もともと人口の少ない島で出移民が起こると、送り出す側の島の社会や経済にとっては、利点よりも不利益をもたらす。問題は二つある。一つは、移民には若者が多くなる傾向があり、それはつまり島に残るのは高齢者だということを意味する。もう一つは、そう多く見られることではないが、小さな島から人が出てゆくと、学校や商店など島での暮らしを支える最低限のサービスが成り立たなくなることである。もしそうしたサービスを提供する人がいなくなったら、また結婚相手が見つからなかったら、さらに極端なケースだと船を漕ぐ人や作物を植える人がいなくなったら、島の人々はどうしたらいいのだろう?

これらの問題は、歴史上もまた現在においても存在している。人口はわずかで極端に隔絶された大西洋のトリスタン・ダ・クーニャ島では、世界中のどこよりも島嶼性の制約を受けている。この島は一九世紀に二度、生活能力限界まで人口が減少した。一八五〇年代、島に住み着いた始祖で主要な居住者だったW・グラスが死んだのに続いて、彼の家族の多くが島を離れた。一八五七年までに四家族二八人が残るだけとなり、仕事も、住民は一生懸命がんばったが、後にグラス家の数人が戻って援助するまで、続けることが困難になった。一八七五年に戦艦ダイアモンド号がボサンケット船長に率いられてトリスタン・ダ・クーニャ島に寄航した時、同乗していた牧師が結婚式を執り行ない二五人に洗礼を施した。ボサンケット船長はセンサスを作成し、人口が八五人であることを確認した。彼は島の人々が離島を希望しているかどうかを尋ねるよう命令されていたが、そのことが議論された後、住民の一四家族のうち三家族だけが離島の希望を申し出た。

それから一〇年後の一八八五年、島の一八人の屈強な男たちのうち一五人が乗った長艇が、通りかかった船と連絡を取るために漕ぎ出したが行方不明となり、とうとう発見されなかった。この事件の後、残された家族たちは再び、島での居住が難しくなった。その後一八九二年に二人のイタリア人、A・レペットとG・ラバレロが、船の難破で島にたどりつき、再び海に出るより島に居続けることを望んだ。他にも二人がアイルランドから妻を連れて帰島し、一九〇八年には一七人になっていた集団に加わり、島の人口は増え始めて現在では約三〇〇人に達し、管理されたロブスターの養殖業で快適に暮らしている。

アイルランドの島々からの出移民

対照的に、多くの小さな島での人口減少は続いている。Royle & Scott (1996) の研究は、これらの島からの人口流出について、アクセシビリティの良い島ほど人口流出が起きやすいことを明らかにしている（**表5・1**参照）。一八四一年にアイルランドの二一一の島に三万八一三八人が住んでいたが、一九九一年には六六の島だけが有人島になり、人口も九七〇〇人になってし

表5・1　アイルランドの島嶼72のうち1841年と1991年に100人以上の人口があった島々の人口総数

	1841年		1991年	
	島の数	人口（人）	島の数	人口（人）
架橋化された島々	16	6640	19	5961
架橋化されない島々	56	27821	27	3570
架橋化された島々の人口割合	23.9%		62.5%	

出典：アイルランド・センサス（Royle and Scott, 1996）

注：1991年時点で人口データが存在するのは全72島のうち46島だけである．残りの島は，無人島化したり，もはやセンサス上‘沿岸の島’とはみなされなくなったりした．

まった。例えばダウン郡のコープランド諸島の例を見てみよう。一九世紀には、グレートコープランド島で六戸の農家が安定した生活を営んでおり、人口は最盛期の一八八一年に四六人を数えた。しかし一九世紀の終わりまでに、多くの人々がよりよい就業機会と暮らしやすさを求めて島を離れた。一九一一年には三戸の農家が残るだけになり、人口も二五人になった。学校は閉鎖され、成人した子供で結婚していたのは一人もいなかった。一八～三〇歳の一四人全員が、配偶者がいなかったのである。おそらく血族関係が考慮されたのであろう。確かにこの島では、すべての家が近親関係にあり、二戸は同じ姓であった。こうした状況の下では、人口減少は不可避である。一九三一年には二戸の農家の六人が残るだけになり、一九五一年のセンサスには最後に残った一人の住民の存在が記録されている（Royle, 1994）。

アイルランドの島々のうち人口減少に関して最も有名なのは、西海岸沖のケリー郡に属するグレートブラスケット島であろう。驚くべきことに、この島での人口の最大記録は一七六人（一九一六年）であるが、この中からT・オクロハン、M・オサリバン、P・セイヤーズの三人の著名なアイルランド語作家を輩出している。三人はいずれも、この島での生活を記録した自伝を書いており、読者はこの島での一九世紀後半から二〇世紀半ばころまでの社会のありようを想像することができる（O'Crohan, 1929; O'Sullivan, 1933; Sayers, 1936, 1939. MacConghail, 1987と、Royle, 1999aも参照）。島での生活は厳しく、三人の中で最も年長のオクロハン（1856–1937）は、島の人たちの暮らし向き――農業、漁業、本土や通過する船との交易、漂流物（海水に洗われて海岸にたどり着く物）の収集、そしてピートの収穫――を詳細に紹介している。人々は自分たちの家も自ら建てた。実際、そこで明らかにされた複数の職をもつことは、第4章で紹介したアラン島の例を思い起こさせる。オクロハンの『島の人々』は気の滅入るような話で、特に彼の子供たちの死を描いたところなどはそうだが、それにもかかわらず彼は、活気に満ちた島の生活を肯定的に描いている。しかし、彼はそうした生活がすでに過ぎ去った昔のことであることを知っており、「私たちが好きだったものは再び帰っては来ないだろう」（1929, p. 244）と書いている。彼の同年輩の人々の多くはグレートブラスケット島を去って、アメリカでの新しい生活を求めていった。

セイヤーズ（1873–1958）はアメリカに渡りたいとずっと思っていた。しかし、彼女はブラスケットの男と結婚して島に移り住み、「大海の真中にポツンとある岩の上で、夜ベッドに持参するろくな食べ物も無く、朝はまたスズメの鳴き声で目を覚まし、それから地の果てまでもハローで耕す」（1936, p. 211）という暮らしをしていた。彼女の書く本のテーマはいつも移住ということで、それはどこか他にはもっとたくさんの働き口があると思われた二〇世紀初めから半ばにかけてのころの、範囲の限られた島での暮らしへの反応としては避けがたいものだと考えられた。オクロハンと同じように、彼女も子供のトーマスを島の崖から落ちる事故で亡くしたが、彼女をもっと悲しませたのは、他の息子たち、パドレイグとマイケル、それにムイリスがアメリカに行ってしまったことだった。ムイリスは、

> 故郷と母語とに深く根をおろしていたので、（彼は）アイルランドを離れたいなどとは決して思わなかったのに……他の人たちと同じような道を、深い悲しみとともに選ばなくてはならなかった……。彼が出て行った日のことは決して忘れられないだろう。なぜなら、ムイリスと別れた日の衝撃は、それまで私が耐えてきたどんなことより強く私を打ちのめしたのだから。
>
> （Sayers, 1936, p. 185）

セイヤーズは彼女の島、「美しい小さな場所、私の人生の息子」（1939, p. 128）のことが好きだった。しかしそこには若い人が居られないことも知っていた。だから彼女はムイリスに、「この絶望的な島よりももっといいところがあるはずよ」（1936, p. 186）と言わねばならなかったのだ。彼女の息子のマイケルは、グレートブラスケット島に戻ってきたが、それは島の外で失敗したことに他ならなかった。彼は「世の中の難しさ」のために帰島したのだった（1936, p. 188）。オクロハンの兄弟も、同じようにアメリカで成功せず、彼らもまた帰島しなければならなかった。

歳の順で行くと三番目のオサリバン（1904–50）は、もう少し軽い調子で島の若者の経験を描いている。本の英語

の題名は『二〇年間育って』というもので、ここには彼の生い立ちが述べられている。偉大な叔父トマス・オサリバンから二世代ほど下る彼は、叔父と同じく複数の仕事に携わっていたが、彼の時代にはもっぱら漁業に比重が置かれており、島の経済の脆弱さはそのことに象徴されていた。

一番の生活の糧――それは漁業だった――が立ち行かなくなり、漁業が立ち行かなくなるとブラスケットが立ち行かなくなった。というのは子供たちが男も女もみな苦しんだ末に海を渡っていってしまったからだ。

(1933, p. 206)

この本のうちのある一章が、「アメリカへの航跡」として、ミズーリ州のスプリングフィールドに渡った彼の妹マウラに捧げられている。(「航跡」というのは、島に残された人たちは決して出て行った人を再び見つめようとはしなかったからである。) 彼らの父親は取り乱した。「神よ、老人を助けたまえ! 私たちの葬儀をしてくれる者が誰もいないのです!」(1933, p. 218)。しかし、マウラの見方は「出て行く人を誰だって見送らないでしょう? だから私も他の人と同じように送り出してよ」というものだった (p. 219)。オサリバン自身もダブリンへ移り住み、警護の仕事に就いた。彼の本は、グレートブラスケットへ帰郷したときに見た光景で終わっている。それは次のようだった。「誰も歩かなくなった道には緑の草が生い繁り……子供たちが男も女も踊ったのでできた砂丘の上のくぼみも……今はその跡形もなくなってしまった」(1933, p. 298)。

ブラスケットの作家たちは、移住することが島での生活の圧迫――二〇世紀の暮らしにはとうてい追いつかない――への反応として避けられないことを明らかにした。これは、偶然にも一九三〇年に最後の三六人の住民が一緒に島を離れたセントキルダ島で見られたのと同じく、船が島から出てゆく時にドラマがあった。一九五三年のことで(図5・1参照)、その最後の人々の中にはセイヤーズも含まれていたはずである。彼女が亡くなるのは一九五八年の

図 5・1　アイルランド．ケリー郡グレートブラスケット島の見捨てられた集落（1997 年）

ことだから。しかし、すでに見たように、最後の船が島を離れる前の一〇年間にも、島からは継続的に人口が流出していた。他の多くの島、例えばアイルランドのドネガル郡のゴラ島などでは、緩やかな人口減少が続き、ある冬にとうとう一人も島にいなくなってしまった（Aalen and Brody, 1969）。人口が減り続けている間、一人だけ残っていたのが歴史家のP・ヘラフティで、それはスライゴー郡のイニッシュムレイ島でのことだった。彼は移民がいつも生活のためであり、しかしそれは帰島する人たちとの間でバランスがとれていたことを明らかにした。「一九二〇年代と三〇年代には、移民はもう島に帰っては来なくなった。どこか他での暮らしの方がよくなったのだろう」（1982, p. 71）。一九四〇年ころ、島に残った人々は、本土への移転を地方政府に請願し、島の対岸に当たる本土側に八戸の住宅が建てられた。しかし、実際に必要だったのは六戸だけで、というのは人々の流出は続き、一九四八年に公的な移住が行われた時にはイニッシュムレイ島には四六人だけ、それも年寄りと子供しか残っていなかったからである。この島には、一番多い時で一八八一年には一〇二人が住んでいたのに。

一九世紀から二〇世紀にかけて、アイルランドからの移民は、身分証明や地位証明を含む補償なしにはできなかった。アイルランドの劇作家B・フリールは、この移民のことを『穏やかな島』（1973）という戯曲で、舞台を架空のドネガル郡の「イニッシュキーン島」として描いている。この劇では、開幕後、住民が島を放棄することについて投票する。ある家族、マヌス・スイーニイ家では、島を離れることを拒否する。マヌスは、島を出てゆく人たちが船に乗るために彼の小屋の脇を通ってゆく時、こうつぶやく。

あいつらはこの島の人間であって、他のどこの者でもないんだ！　絶対に！　あいつらがどこに行くか知ってるかい？　俺は知ってるぜ。ロンドンやマンチェスターやグラスゴーの裏通りのうらぶれた部屋さ。俺もそういったところに住んだことがある。だからわかるんだ。そこがあいつらの死に場所で、そしてじきに死ぬんだ。イーモンもコンもビッグ・アントニーも、それに今日までコートなんか着たことがないノラ・ダンもさ。それにハーモニカをくわえたボスコだって――やつは今週、運がよければ別のアイルランドの田んぼで一日中トンネルにいるように働き、夜には手は倍の大きさになり頭は疲れてくらくら、腕や足は一晩中疲れて震えが止まらないくらいになって小屋に帰ることになっていたのさ。やつらが投票したわけはそういうことで、それがあいつらの望みならそれが間近にあったというわけさ。

アイルランドの島々での人口減少は、まだ終わってはいない。一九七一年にあった九四の有人島のうち、二七の島（灯台があるだけで誰も今は住んでいない島は除いてある）が一九九一年までに無人島になってしまった。前に触れたドネガル郡のルトランド島やイニッシュボーフィン島もそうである。イニッシュボーフィン島には、著者は一九八四年に訪れたことがある。私は学校の汚れた窓越しに、転がった机や壁に貼られた一九八一年のカレンダーを見つめた。この年は、学校が閉鎖されて島の弔鐘が鳴った年だった。それより一〇年前の一九七四年、やはり私はコーク郡のダーゼイ島をケーブルカーで訪ねた。その当時、島には三〇人が住み、まだ郵便局と学校があった。一九九七年に私がこの島を再び訪れた時、もう壊れていたケーブルカーの上で、学校の最後の生徒の一人だったという人と話をした。学校は、生徒がいなくなって一九七〇年代に閉校になっていたからである。その時人口はわずか六人にまで減り、すべてが年老いた五世帯しかなかった。島にあった三つの集落のうち、一つは完全に放棄され、もう一つも人の住む家は一戸だけになっていた。郵便局と商店はなくなって、島ではまったくサービスを受けられなくなっていた。季節的な利用のために外国人に買われた家が一、二戸あったが、最後になった六人の住民が死ぬか島を離れるかすると、ダーゼイ島もアイルランドの無人島の長大なリストに加えられることであろう。逆説的な話だが、この島にあったケーブルカーという便利な乗り物が、島の人口減少に拍車をかけたものと思われる。なぜなら、島の土地は今でも、かつて島に住んでいて今は本土に渡った人によって耕されており、この人はケーブルカーで島に通っているからである。こういう便利なものがなかったら、たぶん彼とその家族はまだ島に居続けたであろう（Royle, 1996b）。

他の出移民の場合

アイルランドの小さな島々の命運は、別に特別なことではない。世界中の島々の中には、もっと孤立した、資源に恵まれず経済的な問題に苦しんでいる島でも、住民がよりよい暮らしの機会をどこか他の地に求めるために、相対的または絶対的な人口減少に見舞われた、あるいは見舞われているところがたくさんある。例えばヘブリディーズ諸島では、一九六〇年代から出移民が続いている（Hoisley, 1966）。最近注目を集めた新聞の論説では、見出しに出移民のことを「経済の転落が西部の島々から人口を奪う」と掲げている。「島には仕事も無く、ガソリンも高い。牧場は今、ヒツジを飼う費用も払えないしウシもどこか遠くへいってしまった。みんな本土に行ってしまって、誰も帰ってこない」と一人の島の住民は言っていた。戸籍本庁長官は、二〇〇〇年から二〇一五年までの間に人口が二万八〇〇〇人から二万四〇〇〇人へと一四％減少すると予測している（*Independent*, 2000. 3. 6）。

相対的に大きな島でも、影響を受けている。アイルランド島の例は先述した。もう一つの例はアイスランドで、この島では一九世紀末からの出移民によって人口の二〇%が流出した。この時期、アイスランドの指導者たちは当時のアメリカのグラント大統領に、島のすべての人々をアラスカに移住させるよう嘆願している（Hannibalsson, 1999）。アイスランドは現在では、世界でも裕福な国の一つであり、二〇〇〇年には人口一人当たりのGNPが世界で五番目になった。それを支えているのは主に水産業であり、だから島が無人にならなかったのはよかった。

島から移住した人たちが仕事を捜し求めるのは、首都のある中心的な島かそれに近接する本土であり、今でも新しい移民を認めている国や現あるいは旧植民地宗主国のそうした地域である。現在のイギリス領西インド諸島やキプロス、それに数は少ないがマルタの人たちは、一九四八年のジャマイカ人四九二人を乗せたエンパイア・ウィンドラッシュ号を皮切りに大量の人たちがイギリスに移住したし、フランス海外領の人たちはフランス本国へ移住する権利をもっていたので、数多くがそうした。避難地カーボベルデの島の人たちのことはすでに記した。もちろん、本土の人たちだって移住する。発展途上国では、農村部から都市部への移住者がたくさんいる。大陸でも国境を越えた移民が、例えばメキシコや他の中米諸国からアメリカへ、合法的であれ非合法であれ、数多く見られる。しかし、ヨーロッパから新世界への大規模な移民が終わった後、元の地域の人口に比して移民が多いのは島からであり、島から他の地域への移民であることは確かである。その理由も明白で、例えば主島や大陸部の都市といった移住先の方が、元の島から得られる経済的・社会的機会よりも、裕福で多様な経済環境にあるからである。『ウエストサイド物語』に描かれたニューヨークのプエルトリコ人、特に『アメリカ』という挿入歌の歌詞を思い起こしてみるといい。

島への移住

島はまた、入移民の地でもある。倒産した企業が息を吹き返したり別の引き受け手が見つかったりすると、人口が流入し、かつて不景気の時に流出した分を取り戻すのである。地中海の数多くの島が観光地化したために、これらの島の中には、かつて農業が不振でそのため出移民を輩出したのが、最近では人口増加をみているところがいくつもある。新しい雇用と現金収入の機会があると、こうした島にも人が帰ってくるのである。増えた人口はまた、観光客が、休日や退職後をそこで過ごすために島の土地を買ったことも反映している。さらに労働需要が新しい入移民を生み出している。例えばマヨルカ島では、観光に直接関わるあまり重要でない部門と農業部門とに労働者の需要が発生しているが、そうした部門はマヨルカ島の人々にはもうあまり好まれない仕事なのである。

島への入移民は、だから好ましいことであり、絶対的な就業機会を反映したものである。これはまた、島の地元経済にも好影響を与え、商品やサービスの需要が増すことになる。とはいえ問題もあり、ジェントリフィケーションや反都市化に似たプロセスで、入移民が地元の住宅市場を歪め、住宅価格を地元民の手の届かないくらいまで引き上げてしまうことがある。マヨルカ島では現在、ドイツの不動産業者による広告さえ見られる。

もし移民がその国の中だけで行われるなら、移住者の最終目的地は首都あるいは首都のある島や列島ということになる。第三世界の島嶼国家で、その外延部の島々が、現在相対的または絶対的な、あまり好ましくない人口減少を示しているところでは、都市化した首都の島で人口が急増し、環境やインフラの面での圧力が強まっているケースがある。そういうところでは社会的な問題もある。一九九九年一月、ソロモン諸島で緊急事態が宣言された。それはマライタ島からの移民たちが犯罪もともに持ち込み、彼らが自分たちの昔からの故郷に不法に住みついていると糾弾する、主島であるガダルカナル島の住民との間で紛争が起こったためである。実際は、マライタ島の人々が、ガダルカナルの政治や行政や商業の実権を握ったことが、もう一つの緊張の種であった。それで自衛のためのガダルカナル解放軍が武器を手にとったのである。

主島の相対的優位性がそれほど明瞭でないところでは、問題はもっと顕著に表れる。セントビンセントおよびグレナディーン諸島では、セントビンセント島が、より小さなグレナディーン諸島ができないような機会を提供している。フランス領ポリネシアでは、タヒチ島が大きく、他の環礁の島々、例えばトゥアモツ列島に対して相対的な優位性を持っている。しかし、ツバル諸島やキリバスやマーシャル諸島のように、国が全部環礁で構成されているようなところではどうだろうか？

キリバスの例

太平洋の環礁からなる国々の外洋島は、飛行場を持つものがいくつかあるけれども、全体に不便なところで、インフラも非常に限られている。これらの島々は、通常タロイモやその他の野菜類の栽培と漁業、それに換金作物としてのココナツ栽培などといった伝統的な経済状態にある。住民は進歩やチャンスに恵まれず、若い人たちが主島の貨幣経済の中で幸運をつかもうと島を離れるのも不思議ではない。これらの国々では、都市化した主島が固有のメリットをもち他の外洋環礁の資源を活用する場となっていて、そうしたところへ人が集まるのである。フナフティ（ツバル）、サウスタラワ（キリバス）、マジュロ（マーシャル諸島）などの島々である。

環礁は、陸地部分がつながっていなくて、さまざまなサイズの貧弱なサンゴ礁島が一続きになっている（モトゥ）ところなので、都市化するのが困難である。タラワ環礁は主に二つの部分からなる。ノースタラワは、より露出した、不連続部分の多く残るモトゥで、外洋のキリバス諸島の経済や社会の典型的な存在である。サウスタラワはこれに対し都市化した地域で、七つのモトゥが橋や道路で結ばれている。最近では、日本が資金を提供した日本道路ができ、これが比較的広くて条件のよいベティオ島とその他のサウスタラワの島々とを結んでいる。この細長い陸塊は長さ三〇キロメートルにも及ぶが、各道路は平均すると一五〇メートルの長さしかない。この道路を、だいたい一分間隔でミニバスが走り、安くて効果的な公共交通機関となっている。道に添っては商店が並び、特に夕方になると、その日の収穫物を道端の売り子から買うことができる。大きなマグロの絵が描かれたミクロネシアのミニバスは、乗ってみるといい経験になる。ビルケンバウ島やベティオ島にはまとまった商店街もあり、中でも首都のバイリキにはオープンマーケットや図書館、政府庁舎、国立スポーツスタジアムなどもある。ベティオ島には港があり港湾産業がみられ

表5・2　サウスタラワのバナバ島および他のキリバス諸島の人口（1931年〜95年）

年	バナバ島		サウスタラワ		他の島々		総　計	
	人口（人）	比率（%）	人口（人）	比率（%）	人口（人）	比率（%）	人口（人）	比率（%）
1931	2607	8.8	3013	10.1	24131	81.1	29751	100.0
1947	2060	6.5	1671	5.3	27782	88.2	31513	100.0
1963	2706	6.2	6101	14.1	34524	79.7	43336	100.0
1968	2192	4.6	10616	22.2	34927	73.2	47735	100.0
1973	2314	4.5	14861	28.6	34751	66.9	51926	100.0
1978	2201	3.9	17921	31.9	36091	64.2	56213	100.0
1985	46	0.1	21393	33.5	42444	66.4	63883	100.0
1990	284	0.4	25380	35.1	46671	64.5	72335	100.0
1995	339	0.4	28350	36.5	48969	63.1	77658	100.0

出典：キリバスの1995年センサス・データから作成
注：バナバ島（海洋島）は1980年代初めまでに，リン鉱床を求めて開発された．

る。陸塊の反対側はボンリキ国際空港で、ここから近くのツバルやナウル、マーシャル諸島へ飛ぶ航空路がある。

サウスタラワは、人口圧の高い島である。一九六〇年代からのどのセンサスによっても、この島にはキリバス諸島全体の中で、相対的にも絶対的にも数多くの人たちが居住している（表5・2参照）。一九六三年には六一〇一人で諸島全体の一四・一%だったが、一九九五年にはそれが、二万八三五〇人で三六・五%へと上昇し、人口密度は一平方キロメートル当たり一七九九人を数えた。サウスタラワのベティオ島では、人口密度が一平方キロメートル当たり六七六〇人（一九九五年）である。サウスタラワではこれらの人々が、高層住宅ではなく平屋の小屋に密集して大家族で住んでいる。一九九五年のセンサスでは、三七・三%が簡素な伝統的「草小屋」居住者である（キリバス共和国政府、1997）。「草小屋」とカッコつきで記したのは、この島々のそれは伝統的なフィジーの小屋とは違って、屋根が草ではなくタコノキの葉で葺いてあるからである。これらの小屋は、地域の条件によく合っている。大きな屋根の側面は切妻で、日陰をたくさん作るように広がっている。側面は開放壁で風通しをよくしながらマットで覆って、安全性はともかく多少のプライバシーを確保している。小屋の中は高床になっていて、

図5・2　キリバス．サウスタラワ島の伝統的住居（1998年）

人々はここで寝起きしている（**図5・2**参照）。小屋は安価であり、建設も容易である。だからもし嵐で壊されても、すぐに建て直すことができる。もちろんサウスタラワの住民は、他にちゃんとした家を持っているが、公的に供給された、もしくは私的に建てられ所有されている木造あるいはコンクリート・ブロック製の家が、屋根はまだ伝統的な葺き方になっているものの、その数が増えてきている。人口構成は若い層が多く、学校もたくさんあり、一日のある決まった時間帯には、制服姿の、そしてしばしば裸足の子供たちでミニバスが混雑する。

衛生上の問題はある。一九九五年のセンサスによると、一一〇〇世帯が海岸をトイレ目的で使っている。環礁ではどの家も海岸まで数メートル以下しかないので、その方が楽なのである。水の供給とインフラにも問題がある。労働力は余っている。キリバス諸島の男たちはしばしば、交易する船に雇われるため海に出てゆく。こういった困難があるにもかかわらず、サウスタラワではうまくやっているように見える。病院や学校もあるし、より進んだ教育を南太平洋大学で受ける希望もある。とりわけ、時たま訪れる者にもよくわかるのは、このような人口過剰で都市化したサウスタラワにおいても、人々の伝統が保持されていることである。ラジオでは主に地元の音楽を放送しているし、ギルバート語（今はキリバス語）がどこでも聞かれる。もちろん英語はみなよく理解しており、政府の公用語でもあるが。数百メートルおきに、マネアバと呼ばれる草葺または金属の屋根はあるが開放されたホールがあって、これがコミュニティセンターになっている。一九九五年のセンサスが最も雄弁に語るのは、高い人口密度にもかかわらずサウスタラワの人口の六六・三％が〝集落の中〟または食糧生産部門で働いていることで、ここには若い人々が含まれている。実際、一五〜二四歳層の男性の六八・二％、女性の六七・三％がこの部門に雇用されているのである。農業は至るところで見られる。畑ではなく庭のようになったタロイモのピットがある。そしてリサイクルされた餌で飼われている斑のブタは、水桶として使われている半分に切ったタイヤがある豚舎の中にいる。こうした伝統が保持されているのは、キリバスの人々が、機会があっても自家用のメルセデスを所有したりレンガ造りの家に住んだりすることを望まないということではない。彼らは好んでタコノキの葉の屋根をもつ家に住んだりガタガタのミニバスに乗り合うことを選択しているわけではないが、そうすることでキリバスの人たちは、主島で入移民から受けるさまざまなプレッシャーと共存しているのである（Royle, 1998; 1999c）。

対照的なマーシャル諸島の例

キリバスのサウスタラワと同じような伝統の継承が、その北にある島嶼国家マーシャル諸島では見られない。この環礁国家はキリバスと同様の人口的問題と移民の圧力に苦しんでいる。外洋諸島では就業の機会もなく、伝統的な様式を踏襲する以外に生活のしようがないので、若い人たちは島から出て行くのである。諸島を離れる者もいるが、ほとんどは、首都があってこの諸島で二つだけ都市化しているうちの一つの島、マジュロ環礁を目指して移住する。都市化したもう一つの島は、特殊なケースに属するイーバイ島で、この島には、クワジェリン環礁に存在するアメリカのミサイル基地で働く人たちが住んでいる。ミサイル基地関連のアメリカ軍住宅や基地が立地するクワジェリン環礁では、たくさんの民間労働者を必要とするからである。マーシャル諸島の人々はしかし、基地のある島に住むことを許されていない（島の微力さである）。その代わりに彼らは、人口の密集しあまり清潔でなくむさ苦しいイーバイ島に居住しながら、毎日フェリーでクワジェリン環礁に通う。だからイーバイ島の都市化はアメリカ軍の存在と結びついたもので、特殊なケースとみなさなければいけないのである。ということで次に、サウスタラワやツバルのフナフティ島、セイシェルのマエー島、モルディブのマーレ島などと同じ主島であるマジュロ環礁について取り上げてみよう。この島はサウスタラワよりももっと窮乏したところであるが、島の地形のあり方やそれへの対応などの点で、共通点がたくさんある。島の南にはいくつかのモトゥがあって、日本により建設された橋や海中道路を通る一本の道でつながれている（一九九八年には日本からの援助でさらに改良された）。この道路上を、ミニバスではなく公共タクシーが、バスほど安価ではないが同じくらいの頻度で運行されている。制服を着た学校の子供たちもおり、若年人口が多いので学校もたくさん必要で、何人かの子供はタラワと同じように南太平洋大学まで進むこともある。商店やスーパーマーケットはキリバスよりも整っており、マーシャル諸島航空がクリスマスになるとショッピング旅行と称してサウスタラワからマジュロまで旅客を運ぶ便を運行している。ここにはかなりの港もあり、タラワよりも工場がある。コプラを精製する会社のタボラー社は大規模なプラントを有し、地元で作られたコプラからココナツオイル・スキンケアや石鹸を製造している。醸造所や、塩分を除去した水を瓶詰めするプラントもある。また、チャンネルのたくさんあるケーブルテレビもあり、アメリカの番組を一週遅れで、また時には新しいものを放送している。レコーディング・スタジオもあり、ここではマーシャル音楽のテープやCDをこしらえていて、それがローカル・ラジオで流される番組の多くを占めている。キリバスの人々と同じように、マーシャル諸島の人々も自らの文化に誇りをもち、特にマーシャル諸島共和国として独立したという政治的地位を誇っている（第3章で見たように、いまだにアメリカと自由連合の関係にはあるが）。その政治的ステータスは、一九九三年に建てられた巨大で高価な政府のビルに表わされており、これは国際的にも有名な建物で、ニティジェラと呼ばれ議事堂になっている。この建物はタラワの議事堂であるマネ

表5・3　マジュロ環礁とマーシャル諸島の人口統計（1958年～98年）

年	マジュロ環礁		他のマーシャル諸島の島々		総　計	
	人口（人）	比率（%）	人口（人）	比率（%）	人口（人）	比率（%）
1958	3415	24.1	10748	75.9	14163	100.0
1967	5249	28.9	13370	71.1	18799	100.0
1973	10290	41.1	14755	58.9	25045	100.0
1980	11791	38.2	19082	61.8	30873	100.0
1988	19664	45.3	23716	54.7	43380	100.0
1998（推計）	30204	48.0	32720	52.0	62924	100.0

出典：マーシャル諸島共和国，1997
注：バナバ島（海洋島）は1980年代初めまでに，リン鉱床を求めて開発された．

アバ・ニ・マウンガタブとは好対照で、こちらは一九六四年にイギリスの植民地政府によって建てられ、地方コミュニティの集会所であるマネアバのモデルとなったものである。

マジュロ環礁にも、他の都市化した主島と同じような人口圧力の問題がある。**表5・3**には、マジュロ環礁の人口が一九五八年から九八年までの間に約九倍になり、三万人を超すその人口はマーシャル諸島全体の人口の約半分であることが示されている。ドイツによる早期の植民地時代は、本拠はジャルート環礁に置かれていたが、その後を襲った日本の時代にマジュロが発展した。マジュロの都市建設が急速に行われたのは、第二次大戦中のことで、日本軍を追放したアメリカによってなされた。アメリカは飛行場と港を必要としており、すでに記したように環礁の上に滑走路が築かれた。港はラグーンの東側が最も好都合で、それは伝統的にマーシャル諸島の人々がマジュロを目指す時の場所だったラウラ（Laura）が西端にあるのと比べると、まったく逆方向であった。もちろん多くのマーシャル諸島の人々は、アメリカの基地の存在によって就業機会が増えたのでマジュロに集まるようになり、いわゆるD－U－D（ダリット、ウリガ、デラップの三島の頭文字）と呼ばれる都市化地域が出現し始めた。D－U－Dの住宅はデザインからして伝統的なマーシャル諸島のものとは程遠く、かといって現代的でもない。いくつかのローカルな特徴はあって、例えば窓で

図5・3　マーシャル諸島．マジュロ環礁の都市化した地域（D-U-D）の住宅（1998年）

はなくシャッターがつけられているが、しかし何かはっきりとした特徴のないものである（図5・3参照）。非常に密集した環境（D－U－Dの人口密度は一平方キロ当たり一万一〇〇〇人）の中に、すでに二、三世代にわたってマジュロに住んでいる人たちと同じように、他の島々から集まった多くの人たちが押し込められるようにして住み、しかもその人口は増えてきている（一九八八年のセンサスでは出生率が一〇〇〇人当たり四六・六人と高率）。加えて、観察によっても政府の報告や統計からも明らかなように、この環礁での過剰な都市化は社会的・福祉的な問題をもたらしている。こういったことはサウスタラワでは見られないことである。マジュロ環礁は、マーシャル諸島の中では初めから中心的な島ではなかった。マジュロとタラワの違いは、都市に住むマーシャル諸島の人々が伝統的な生活様式を放棄してしまっていることである。

都市の中心で育った若者たちは、マーシャル諸島の人々の特質であった伝統的な生活技術を、実質的にほとんど修得していない。島で薬になるものを見つけるやり方、漁獲技術、ココナツの木に登って実を落とす方法、タコノキやパンノキを育てる準備と保全などは、かつては自尊心や誇りを持って人々に授けられてきた技術だった。しかし、西洋流の教育システムは、島の住民の多数が近代的な経済の中で成功するのに適した生活技術を教えないのである。

(Government of the Marshall Island, 1996, p. 7)

食糧生産がD－U－Dでは見られないのも明らかで、これもタラワとは好対照である。ラウラには、まだ、タロイモ栽培やココナツ栽培などの伝統的な農業が残っているが、D－U－Dでは、餌を求めて歩き回っているブタ以外には、生産の片鱗を見ることもできない。ココナツ生産の統計が、それをよく物語っている。マーシャル諸島全体での食糧生産を指数で見た場合、一九七四年を一〇〇とすると一九八六年にはそれが一一八、九六年には一一〇になっている。同じ期間に、典型的な外洋島であるウォジェ島でのそれが一二〇から一八一へと増えているのに、マジュロではそれが八六年には五四、九六年には四七となっている(Republic of the Marshall Islands, 1997)。

マジュロでローカルな食糧生産が見られないことの一つの結果として、マジュロでは買える物がほとんどなく、新鮮な食料品は輸入されることになるが、島の隔絶性のため、たいてい高価でしかも時に品質が落ちる。地元の魚は高価で、時々供給がとぎれる。この結果、マジュロに住むマーシャル諸島の人々の多くが、あまり高くない加工食品に依存することになる。缶詰のコンビーフはとくに人気がある。太りやすく主要な栄養やビタミンが不足しがちな食生活のために、かなりの人が肥満になっている。それとともに肥満が原因の糖尿病が多く、この病気で病院にかかる率が非常に高い。さらに社会的・福祉的な問題は、昔からの社会システムの破壊、とくに拡大家族の破壊にもつながる。

昔からの識者たちは、今日の若者が自分の出自も知らず親類の重要さもわかっていないと指摘する。多くの若者がジョウィ(拡大氏族)の意味を知らず、自分のジョウィや祖父母のジョウィも知らないので、社会の中でのさまざまな人たちとの関係も知らない。

(Government of the Marshall Islands, 1996, p. 7)

つまり、過度の入移民の結果として都市化したマジュロでは、人々が近代化し、その伝統を失ってしまったが、それに代わる何か満足できるものを得られたかというとそうではなかった。おそらくこの理由は、マーシャル諸島がアメリカと結びつき、たとえそれが一週間遅れのテレビ番組やアメリカドルの使用であっても（キリバスでは、より力の弱い豪ドルが通貨だった）、この飛びぬけて魅力的で物質的にも裕福な社会にさらされているためであろう。多くのマーシャル諸島人は裕福なアメリカ人のような生活を送れたらいいと考えているが、しかしその目標を実際に達成する者は、資源の貧しさと遠隔地に立地するという経済的与件のもとでは、ほとんどいない。こうした人々はもはや伝統的なマーシャル諸島人ではなく、かといって元来のアメリカ人にもなれないわけで、その結果、自尊心は傷つけられることになる。

皮肉なことに、一九九八年に伝統文化を愛する目的でマーシャル文化センターが開設されたが、それが位置するのは、アメリカの基地が置かれマーシャル諸島の人々はもはや住めなくなったクワジェレン環礁であった。キリバスでは伝統文化は生活の中にまだ生きている。多くの点でキリバスはマーシャル諸島よりも近代化が遅れている。しかし外部の目から見るとキリバス社会の方が、主島の密集した居住環境の中でも、島であることの特質をよりよく備えた地元の人々で満ち溢れているように思えるのである（Royle, 1998; 1999c; 2000）。

島のエスニシティ

この章では、人口の減少している島と増加している島とを扱ってきた。島という状況での人口変動の結果について述べてきたが、民族的に混じりあうことについては議論してこなかった。そういう状況はたいてい、植民地化によって引き起こされるものである。例えばフィジー諸島の場合、先住民と植民された人々の子孫とが混じりあった人口構成になっている。モーリシャスやレユニオンでは、先住民はいないが、植民した人々の民族構成が多様である。また、先住の島民が病気や虐殺で完全に消滅したケースもある。こういう場合も民族構成の混成は外部から持ち込まれたものであり、西インド諸島などがこのケースに当たる。

民族的に混成している状態でうまくやっている島――モーリシャスなどはその好例――もあるが、しかし民族的に異質な大陸本土では、残念ながらそうではない。この本を書いている間にも、ボスニアやコソボ、ルワンダなどの大陸にある地域で民族紛争が起きている。島では、空間が限られているために、民族的競争は問題化する。対立はしばしば些細なことから起こり、例えばたまたま起きている西インド諸島のクリケット・チームの民族構成をどうするかといった議論などがその例である。時期と場所が違うと、民族紛争はもっと激しくなる。インドネシアのモルッカ地方（旧香料諸島）の中心地アンボンでは、一九九八年にスハルト大統領の治世が終わった後の政治的動揺の時、キリスト教徒とイスラム教徒との間でかなりの民族紛争が起こった。フィジーでは、競合関係にあるのはもともとのフィジー人と、一八七九年から砂糖工場の契約労働者として導入されたインド系の人々の子孫とである。インド系フィジー人は人口の四四%を占めているが、この人たちに土地所有システムや旧来の慣習が脅かされていると感じている土着のフィジー人たちがいるため、その人口に見合った政治的勢力とはなっていない。一九八七年、インド系が優勢な議会に反抗する民族クーデターが起こり、土着のフィジー人シティヴェニ・ラブカ中佐が実権を握った。フィジーはイギリス連邦から離脱して共和国になり、それまで商業や専門的職業の部門で優勢だったインド系住民の多くがフィジー・ナショナリズムに抗して島を離れた。一九九〇年には文民治世が復活したが、ラブカは首相として残った。フィジー（今は公式にはフィジー諸島）は一九九七年に再びイギリス連邦に加盟が許された。しかし二〇〇〇年三月、インド系フィジー人主導の政府に対する土着のフィジー人による再度のクーデターが起こった。一九九九年に選挙で民主的に選ばれたマヘンドラ・チョードリ首相は、それまでシティヴェニ・ラブカを攻撃していたが、ジョージ・スペイトが率いるフィジー人勢力によって議会ビルに捕らわれた。チョードリと議員一七名とは、捕虜となった三一名の中に含まれていたが、五五日後に追放された。スペイトは首相になる野望を実現できず、フィジーは再びイギリス連邦加盟を停止された。おそらくもっと重大なのは、砂糖に基礎を置いたフィジーの経済が、主な取引先であるオーストラリアやニュージーランドからの「制裁」によって危うくなったことで、「この国のもう一つの柱である観光もだめになった」(Crisp and Bohane, p. 28) のである。

小さな島の人口――その将来像

小さな島々では、そこに住み続けることに不安を感じる人々が島から転出してゆくという難しい問題に直面し続けている。「ピトケアン島はこの世の終わり……」、「ピトケアン島では若い人を捜し求めているが。絶望的……」と題された二つの論説は、こうしたメッセージを伝えるものである(Connel, 1988 と Anon, 1998)。島であるという状況の中で、満足のできる経済的および社会的生活をどうしたら提供できるかという問題が残されている。例えばハイチの住民は、危険を顧みず島から脱出することを試みており、多くは今でも非合法なやり方でアメリカに行こうと海を渡ろうとするのである。一九九九年三月には、フロリダ半島沖でボートが転覆し、四〇人ばかりのハイチ人が溺死した。

しかし、すでに述べたように現在では島に対する外部からの援助もかなり増えている。スコットランドのヘブリディーズ諸島中のラム島を所有している自然保護団体スコットランド自然保護監督機関(SNH)は、同島の現在の人口三〇人を増加させる策を検討し始めている。この島には、ハイランド・クリアランスまではおよそ四〇〇人が住んでいて、それらの人たちは多くがノバスコシア(特にケープブレトン島)へ船で渡ったのだが、SNHの目的はその数まで人口を戻そうというものではない。そうではなくて、「自然保護の目的を曲げることなく、学校に通う子供たちがいて人口が徐々に五〇人に近づくような」状態にしようというものである。SNHのレポートによれば、「たくさんの人々」がラム島への移住に興味を示し、その多くはイングランド南部からだという(*Independent*, 1999. 11. 23)。

これは近年の島に対する関心の傾向を表わしている。島はロマンティックなところで、特にラム島は、景色がすばらしくて野生の動植物も多く、家も大きい。G・バロウが建てたキンロッホ城（第1章参照）もある。とくに混雑した南イングランドから来る人々は、ラム島のような地にあこがれ、そこに移り住みたいと思うだろう。彼らは現実的ではなく、もしこの島で生活しなければならないとなると、多くがそのロマンティックな夢を打ち砕かれるだろう。しかし、西欧世界にはもう生活の心配をしなくても良い人たちがたくさんいる。ベビーブーム世代に当たる人たちがそろそろリタイアする時期に当たってもいる。たくさんの人が、退職後の生活を、または少なくともその休日の日々を、ロマンティックな島で過ごそうと考え、島に不動産を買っている。観光客を集める島は特に、リタイアした人たちのコミュニティを作ろうとしている。マヨルカ島はその典型例で、島の中のいくつかの集落では、リタイアしたドイツ人やスウェーデン人、イギリス人などに建物が譲り渡され、彼らは少なくとも一年の半分をそこで過ごしている。

小さな島で、人口の減少に脅かされているところでは、もとの住民が島を離れるのと入れ替わりに人がやってきて、人口構成が新しいものになっているところがある。例えばオークニー諸島中のエギルセイ島では、数年前の新聞の見出しに「南部の人たちがエギルセイで働きに来ている」とあって、現在の一三世帯中一世帯だけが、もとからの島在住者であると報じていた。新しい島の住民は、スコットランドやアイルランド、イングランド、ドイツなどから来ていた。ある世帯はラスタファ教徒であった。ノッチンガムから来たある家族は、一一七頭のヒツジとヤギの世話のしかたを本で勉強していた。彼らは子供を安全に育てるためにエギルセイに来たのだという（*Independent*, 1989. 7. 8）。今は元々の住民が一人もいなくなったダーゼイ島にさえ、休日用の家があり、大陸ヨーロッパからの人が一年に少なくとも数週間は滞在している。最近の夏にアイルランドのコーク郡のシェルキン島を訪れた時、私はある家の前庭にヘリコプターが止まっているのを見た。この住民は島のコミュニティの外来の産業である農業や漁業に携わる人ではないという、強烈な証であった。こうした移住が小さな島のいくつかを無人島化から救っているのであるが、地元の資源利用や島の人々との関係は断ち切られたままである。そして島の元からの住民たちは、島に対して、新しく入っ

図5・4　フェロー諸島中のサンドイ島.「ようこそスコプン集落へ！」(1999年)

てきたロマンティックな人たちとは違った態度をとるかもしれない。フェロー諸島のサンドイ島にはスコプンという集落がある。そこへ至る道の道路標識には、手書きの文字が付け加えてある。綴りがちょっとだけ間違っているが、それは「Wellcome《（ママ）》 to Hell（地獄へようこそ）！」というものである（**図5・4**参照）。

第6章　コミュニケーションとサービス

世界中どこでも、人間が必要とすることは基本的に同じである。生命の保持のためには食料は欠かせないものだし、さまざまな要素からなる住家も供給されねばならない。また健康や教育に関する社会的支援も、各世代が生存し次世代を養育するために必要とされる。これらの供給のされ方が、機会や伝統が異なるため世界中でさまざまな形になるのである。この章では、こうした社会的支援手段が、島という状況においてどのようになされているかを考える。島嶼性が、生活のあらゆる面において島に困難さを付与しているからである。島でおそらく最も重要なサービスは、コミュニケーションに関わるものであろう。これの形態については本章の最初の部分で述べる。さらには小売業、行政サービス、教育と健康に関するサービスについても述べる。

コミュニケーション

輸送

物資輸送の手段は、島の生活にとって重要である。遠隔通信手段も、島の隔絶性を和らげる意味で大切で、広い意味でのコミュニケーションに入るが、これについては後で考えることにして、まずは物資輸送、つまり人々や物資を島から、あるいは島へ物理的に運ぶ方法について考えてみよう。J・ドンヌの有名な言葉に、「誰一人、それ自身完全な形では島には存在しない、どんな人も大陸の、つまり本土の一部なのだ」（1624, p. 415–16）というのがある。彼のこの言を拡張していえば、どんな島も島ではないことになる。その意味するところは、人の住んでいない場所などなく、どんな遠隔地でも、究極の島であるトリスタン・ダ・クーニャの人々が「外部世界」と呼ぶほどには、外部とのつながりを求めてこなかったし求めていないということである。その昔、島は長い間隔絶されていた。一七九〇年にバウンティ号の反逆者とそのタヒチ人の仲間たちによる植民地化が終わった後、ピトケアン島には一八年間誰も訪れる者がいなかった。ラパニュイ（イースター島）のポリネシア系住民たちは数世紀の間忘れられていた。島の森林資源がなくなったため、住民たちは島から航海に出る手段を失い、そのため自分たちが湿った世界のへその位置にあると思ったのだった。そうした記憶が消え去るのは、一七二二年に外部から人が再び訪れた時だったかもしれない。これらの日々は過ぎ去り、今ではイースター島にはNASAのスペースシャトル緊急着陸用滑走路が作られ、世界から切り離されていたことのかけらも残ってはいない。ラパニュイ島は過去においても非常に珍しく、というのは太平洋の島々の人々はつねに、果てしない海に浮かぶ小さな島々の間行き来する、長くそして危険な航海を繰り返す人々だったからである。島は普通、資源にも恵まれず、だから島の人たちは、贅沢品のためではなく、限られた島では得られない必需品を求めて、交易をする必要があった。マーシャル諸島では、航海者たちは、散らばった小さな島々や環礁の間を潮流に乗って（加えて星も利用して）航海するための方法を教える、木々で作った地図（海図）に頼っていた。

その昔、輸送とコミュニケーションとは島での生活の最も重要な部分を占めていた。島では人々が、ちょうど他の地でいつも天気のことを話すように、いつもフェリーや航空路のことを話している。アイルランドのゴラ島の人口減少について書かれた古典的な本 Aalen and Brody（1969）の中で、島の人へのインタビューがあって、このことがそこに典型的に表されている。すなわち「何もかもが手ごろさ。島の外へ出たり外から入ってきたりする以外はね。出

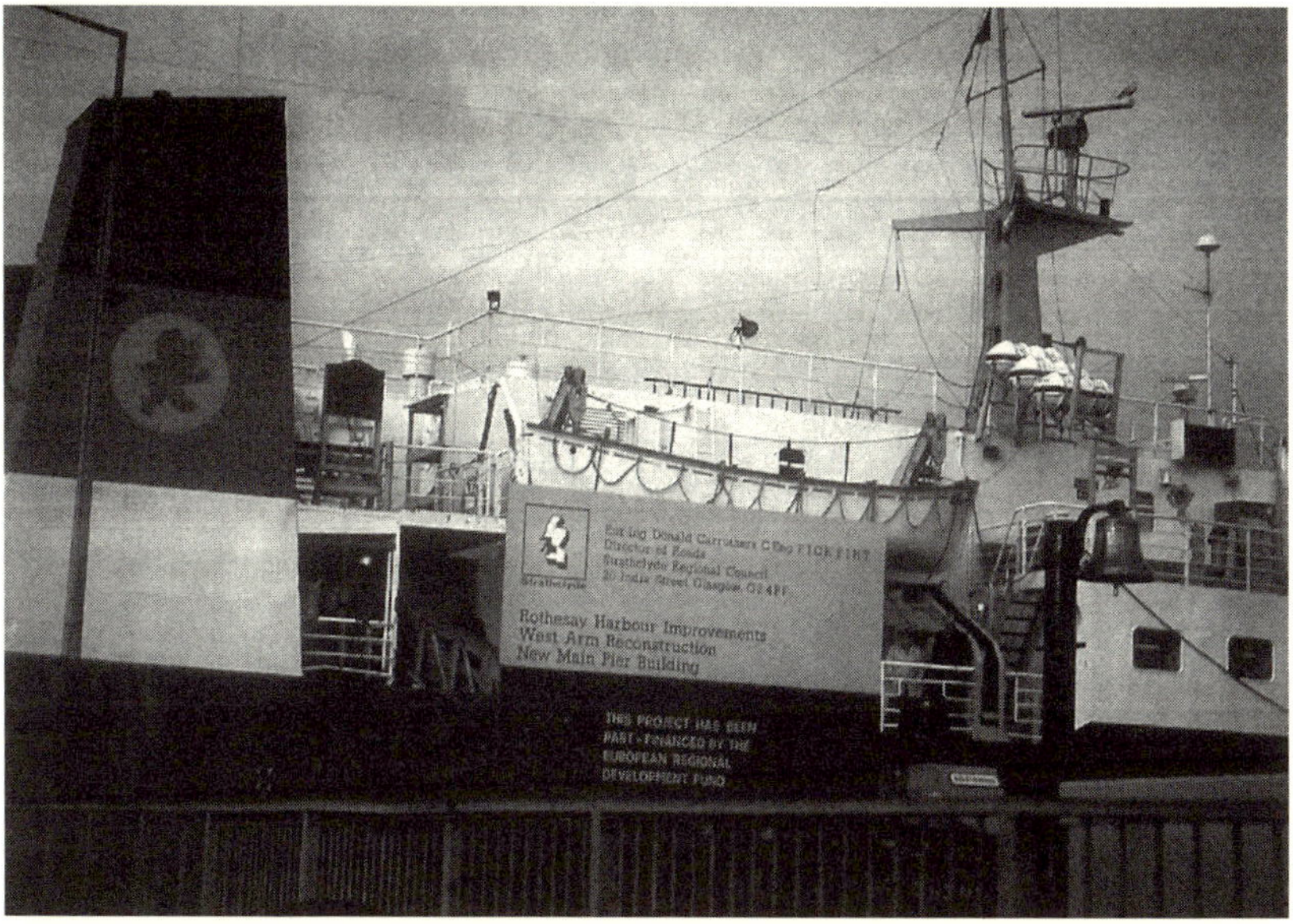

図6・1　スコットランド．ビュート島行きのカレドニアン・マックブレイン社のフェリー（1994年）

入りのことは困った問題だよ」（Aalen and Brody, 1969, p. 126）。島の輸送システムは、規模と隔絶性という問題に直面する。島を取り巻く水域という障壁を超えるためには、コストが、しかも大きなコストがかかる。しかし、それは克服されなくてはならないものである。近代世界では、信頼できる輸送システムをもたない島は、深刻な困難に直面している。

　アイルランドの島の人口史の分析からは、人口減少とアクセシビリティのレベルとの間に明瞭な関係があること、そしてあらゆる島がアクセシビリティの改善を希望していることが明らかである（Royle and Scott, 1996）。近年は、アイルランドの島々へのフェリーのシステムはかなり改善の努力がなされてきており、例えば北アイルランドのラスリン島へは、一九九七年からスコットランドのフェリー会社カレドニアン・マックブレイン（**図6・1**）が、初めてトラックなどがそのまま乗り込めるフェリーのサービスを、この島のために開始した。普段は島の住民だけが車両を搭載できるが、これはラスリン島の静かさを守るためと島の道路事情を考慮してのことである。カレドニアン・マックブレイン社は、島の輸送の問題に関しての面白いケースである。この会社はスコットランドの西岸の島々へのフェリーをほとんど全部、一社だけで独占的に提供しており、スコットランド本土から、右に述べたラスリン島も含めて二三の島々への航路をもっている。しかし、地方公社がフェリーを運航しているジュラ島やルイング島、それに私企業が路線を持つケレーラ島やエリスカイ島のような小さな島々は、カレドニアン・マックブレイン帝国の路線網には入っていない。私はルイス島で一つの詩を教わったが、それがここではぴったりする（これが公にされたものかどうか私は知らない）。

地球は領主さまのもの
そこにはすべてが含まれる
西部の島を救いたまえ
そこはマックブレインのもの

一つの会社がこのように広範なフェリー網を保持する理由は明らかで、これこそ島嶼での規模拡大の典型例なのである。この会社は、石油の購入から船員の訓練まであらゆる点で規模の経済の恩恵を受けている。会社は五二の港を持ち、毎年五〇〇万人の乗客と一〇〇万台の車を運んでいる。実際、この会社のカレドニアン・マックブレインという面倒な名前は、その歴史を物語っている。かつては二つの私企業、カレドニアン蒸気運輸とマックブレイン海運とであったが、どちらも一九七〇年代に経営が成り立たなくなった。そこで一九七三年に、経済的理由と島々の航路網を安全なものにするという社会的な必要性から、二つの会社が合併し国有化されたのである。この会社は、航空路線のほかには競争相手を持たないが、そうした独占的な地位にあっても、この会社は公有でなくてはならないのである。アバディーンからオークニー諸島やシェトランド諸島への航路は私企業が保有しており、一九七九年から九七年までの保守党政権当時、カレドニアン・マックブレイン社の私有化が明らかに検討されていた。その政策は国有財産をできるだけたくさん売却するためというものだった。このことは潜在的な影響を受ける島々に大反対を起こさせた。輸送の将来像に関することは、スコットランドの島嶼地域においては政治的に、論争の的となる問題なのだった(Didier-Hache, 1987)。カレドニアン・マックブレイン社の路線網に含まれる二三の島々の代表者は、一九八八年にオーバンに集まって会議を開き、「この政治的イデオロギー、すなわち島の共同体の生活にとって、多大な損失となる愚の骨頂が図られようとしていること」(Angus Graham, 西部諸島会議、*Oban Times*, 1988. 11. 10) への反対を表明した。島の住民たちは、船の運航への政府補助が減額されるのを恐れていた。それは減便をもたらすからであった。また、彼らは可能性として考えられた会社の分割にも関心を示した。それが、当時の運行システムを実現させていた規模拡大の恩恵を最も受けているより小さな島々にとって損失になると思われたからである。「私有化の計画をただちに中止し、島の人々を最大限に支援せよと要求する行動には、圧倒的な支持が集まった」(*Oban Times*, 1988. 11. 10)。こうした反対にあって、政府はコンサルタント会社に報告を委託したが、それは私有化がほとんど経費節約にならないと結論づけるものだった(*Independent*, 1994. 9. 28)。一九九四年に政府は、カレドニアン・マックブレイン社を補助すべき国有財産として維持することを発表した。島の生活の実態が、当時のかなりドグマ的な政策に打ち勝ったのである。

実際、島の輸送に関しては政府が実権を握っていることが多い。セントヘレナ島への唯一の航路は政府所有であるし、フォークランド諸島の農場への国内航空路は、フォークランド諸島政府航空会社(ＦＩＧＡＳ)が持っている。ＦＩＧＡＳは、規模拡大のもう一つの例になる。旅客はどの空港に行きたいのか申告する。するとＦＩＧＡＳではそれを受け付けるが、しかし直接目的地には行けない。というのは、ルートの決定は毎日の飛行機の利用状況と最短の飛行距離がどれかによって決められるからである。私はＦＩＧＡＳに乗って、東フォークランド島のスタンリーからペブル島に帰るとき、チャーター島とサウンダース島のヒルコーブにあるマウントプレザント空軍基地に降り立ったことがある。飛行機が乗客をウエストポイント島に運び終わるまでサウンダース島で待たなければならなかった。ウエストポイント島の飛行場は、そこで降りない乗客をそこまで運ぶのには危険すぎると判断されたからである。牧場や海岸など着陸する場所があったとしても、それはとても難しいことなのだ！　ＦＩＧＡＳはこうした立ち寄り飛行は乗客にとって不便なことはよく知っている。しかし、定時飛行の方策を見つけるのは「難しい結び目を解くようなもので……この問題への現実的かつ実践的な解決策は広く行き渡っている」（フォークランド諸島政府、1998）のだという　政府はしばしば、島嶼地域の輸送に対して補助をしなくてはならない。完全に商業ベースに乗っている輸送手段はわずかなものでしかない。一九九六―九七年次、フォークランド諸島政府の航空輸送関係の歳入は八九万五七九ポンドで、これに対して政府歳出は一七六万五五一七ポンドであった。二〇〇〇―〇一年次の見積もりでは、歳入一〇一万二五〇ポンドに対して歳出一八四万七八二〇ポンドとなっている（フォークランド諸島政府、1998）。

輸送技術や配送システムが近年改善され、小さな島々での輸送の重要性が認識されてきたにもかかわらず、そうした島々の輸送システムは旧式で略式で、つまりあまり信用がおけないことが多い。定期的に島を旅したことのある人は誰でも、乗り物が時間に遅れたりホテルなどをキャンセルしたりして不満のたまった経験を持っていよう。だから世界中の島の住民が、輸送システムの改善を強く要求しているのである。アイルランドのマヨ郡にあるイニッシュビッグル島の住民は、隣の大きな島であるアキル島との間を、郵便物を運ぶカラという小船でしか行き来することができないので、ケーブルカーの建設を求めている。ケーブルカーの設備があるダーゼイ島の住民は、橋の建設を要求している。橋が架かっているアキル島の住民は鉄道を欲している。最近フェリーの便が改善されたトリイ島とクレア島では、航空路の開設を訴えている。航空路がすでにあり、規則正しいフェリーも運航されているアラン諸島では、飛行機の増便を求めている、といった具合である（Royle and Scott, 1996）。カナダのニューファンドランド島沖のフォーゴ島では、漫画の描かれたＴシャツを使ったキャンペーンが行われていて、今あるフェリーのサービスに代わる海中道路――おそらくフォーゴ島と本島との間にあるいくつかの小島を利用するもの――の建設を訴えている。そのうちの一つの「ジョン海中道路」を求めるＴシャツには、島の男が他ならぬイラクのサダム・フセイン大統領と肩を抱

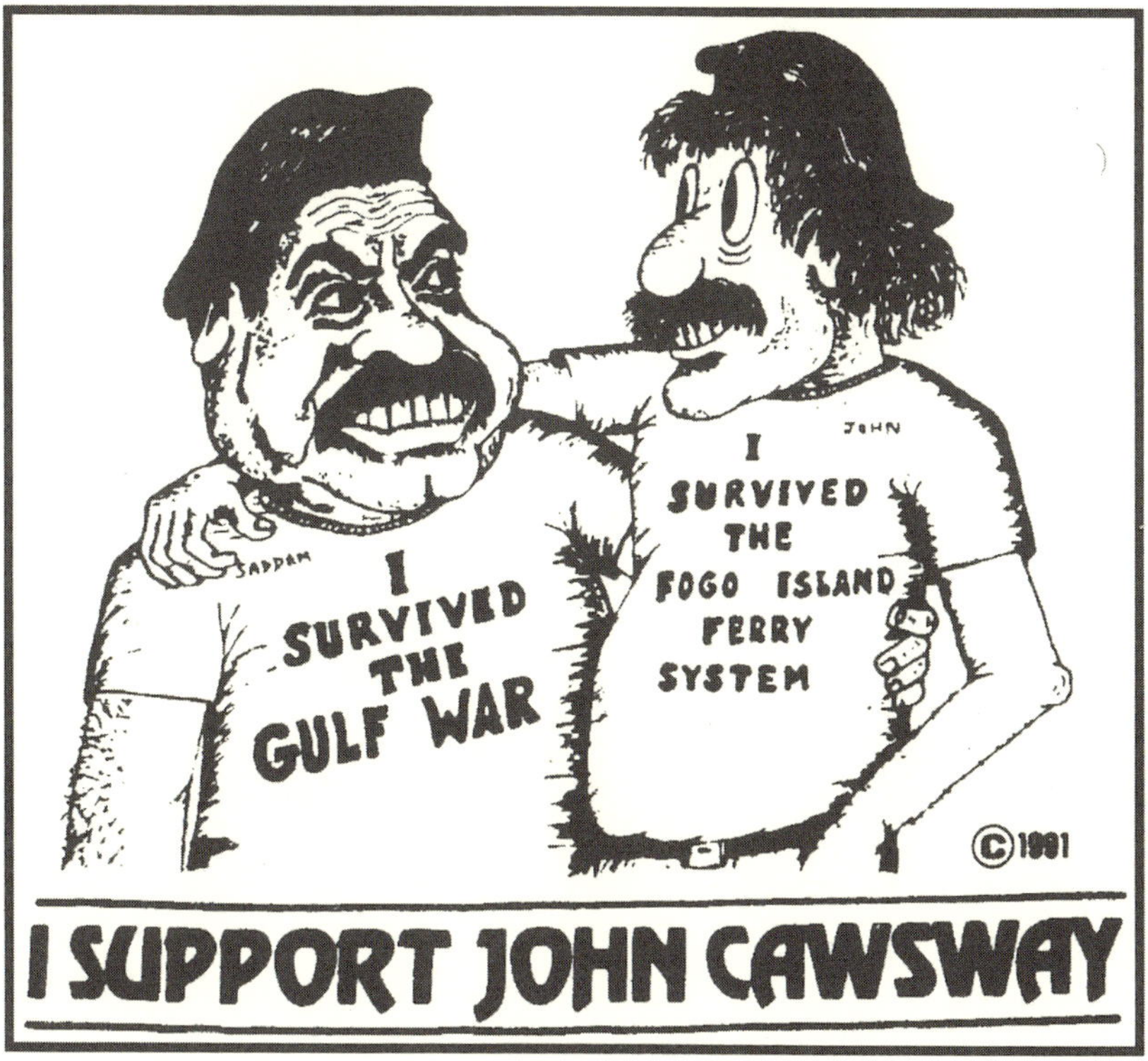

図6・2 カナダ．ニューファンドランド島沖のフォーゴ島．海中道路建設を求めるメッセージが描かれたTシャツ（G．フレイク作）の図柄（1995年）

き合っている漫画が描かれている。サダムは湾岸戦争で生き延びた、フォーゴ島の男もフェリーで生き延びてきた、というわけである（**図6・2**）。

一九八〇～九〇年代、数多くの島々を陸続きにするために多大な費用が支出されてきた。これらは、その建設コストの高さや、橋などが環境に及ぼす影響、それに陸続き化されることで島の利点が失われ、島が袋小路になってしまうなどの点について、議論を引き起こした。日本の北海道と本州を結ぶ青函トンネルは、最初の見積もりでは建設に一〇年間、六〇〇〇万ポンドかかるということだったが、実際には二四年の月日とおよそ三〇億ポンドの費用を要した末に、ようやく一九八八年に開通した。カナダのプリンスエドワード島に架けられたコンフェデレーション橋は、長さ一三・二キロメートル、総費用四億六〇〇〇万ポンドという建築物で、一九九七年に開通したが、費用のことはあまり知られていない（Begley, 1993）。プリンスエドワード島の住民の中には、今でも橋の建設に反対して抵抗している人たちがいる。財政的な問題は、橋の維持費のこととも絡んでいる。マレーシアのペナン島とマレーシア本土とを結ぶペナン大橋（一九八五年開通）の通行料金は、平均的な労働者の一日の賃金分である。スコットランドのスカイ島大橋（一九九五年開通）でも、通行料金の高さに議論が起きている。プリンスエドワード島では、橋と反対側にある港から季節運行のフェリーが出ているし、島発着の航空便も日に数便ある。しかしこれとは対照的に、スカイ島では本土との間の通年運行のフェリーが廃止され（季節運行は今でもあるが）たので、橋への抵抗運動も橋を使わずに行なうのは難しい。抵抗者たちは、橋の通行料金の支払いを拒否し、ある者は裁判まで起こしているが、皮肉なことに、彼らが事情聴取のためディングウォールの裁判所まで出かけるときは、橋を渡っていくのである（例えば *Independent*, 1996. 2. 10）。議論があるにもかかわらず、小さな島が陸続きになることは、経済的にも重要である。プリンスエドワード島への観光客数は、コンフェデレーション橋が開通した最初の年にそれまでより約三分の一増加した（Hamley, 1998）。同様に、一九八六年に長さ二六キロメートルに及ぶキングファハド海中道路が開通したバハレーンでは、観光客と小売業の売り上げが明らかに増えた。特にイスラム教の週末になると、島のホテルは満員になり始めた。デンマークでも、ユトランド半島からフュン島を経てシェラン島に至る道路と、シェラン島の東端に位置するコペンハーゲンからスウェーデンのマルメーに至る道路が二〇〇〇年に完成し、これがオーレスンド都市圏を形成した。この地域の約三〇〇万人の人口が、ルンド、コペンハーゲン、マルメーとつながって、ヨーロッパで八番目に大きな都市地域になったのである。

輸送によって島は発展もするし壊されもする。セントヘレナ島は、空港がないために経済的・社会的に大きなハンディキャップを負っており、どこへ行くにも数日はかかるという、世界でも取り残された地域の一つである。それで、島の住民などによる航空路開設の激しいキャンペーンが繰り広げられ、これは実現に漕ぎつけそうである。対照的にインドネシアのバタム島は、シンガポールのわずか沖合にあってシンガポールとは一時間もかからないフェリーの便や航空路で結ばれている。このためバタム島は一九九〇年代半ばころ、急速な工業化を経験することになった。このことについては第8章で再述しよう。

遠隔通信

島の生活は、遠隔地という桎梏に悩まされている。沿岸の島々は定義からいって周辺的存在だが、海洋上の島々はもっと隔離されている。周辺性という問題は、島への出入りに要するコスト高と不便さとからなる。こういう状況下では遠隔地通信の技術はまさに天からの授かり物である。一度設置されながら、遠距離のために実際に機能しないコミュニケーションのシステムもあった。実効コストは距離に比例するので、遠隔地間の電話使用料はローカルなそれよりも高くつくが、沿岸の島々ではこの点では近くの本土よりもその心配が少ない。アラン諸島からダブリンへ電話するコストは、ゴールウェイの町からかけるのとそう変わらないが、ダブリンに出かけたりダブリンから商品やサービスを郵便などで受けたりしようとすると、島からのコストは非常に高いものになる。もっと隔絶した島ではしかし、島からかける電話は、どんな場合でも長距離の料金になる。最近ではEメールやインターネットの技術が進歩してきたので、こうした距離の影響によるコスト高は影響が少なくなってきたかもしれない。

近代生活においては、遠隔通信は必須のものである。一九八三年に、ピトケアン島の住民が、外部との連絡を、定期的にコンタクトをとってくれるイングランドのサレーの短波ラジオ無線局に頼っているという新聞報道があった（*The Sunday Times*, 1983. 7. 24)。だが、こうしたその場しのぎの設備はもはや必要ではなく、少なくとも先進諸国の多くの島では近代的な遠隔通信のシステムが導入されている。こうしたシステムは、一面で、島がいろいろな活動分野において、あまり遠隔でない地域との競争に直面させられるということでもある。ビジネスの世界では、遠隔通信による活動が日に日に活発化してきている。電話などの手段や、コンピュータを家で接続して勤務することなど、だんだんと普通のことになってきている。小売もインターネット上でできるし、ある種の教育さえもオンラインで行われ得るのである。

雇用の革新的なタイプ、例えば顧客との物理的接触がないコールセンターなども、一般的になってきた。島の行政担当者たちは、これらの市場からの分配に与ろうと競ってきている。ここで島にとって有利なのは、経済的な問題としてつねに直面する給与レベルの低さが保たれているということである。だから、島の労働力が必要な技術を持っていれば、遠隔通信の仕事を導入できるのであり、それは珍しく隔絶性ということにあまり関係ないので、安く提供できるのである。かなり大きなスケールの島でも、アイルランドの二つの地域はこの新しいタイプの仕事により非常に恩恵を受けている。一九七〇年代に入るまで、アイルランドの電話のシステムはかなり原始的なものだったが、今では遠隔通信機器がものすごい勢いで導入されている。アイルランドは多くのアメリカ企業のバックオフィスとして大切なパートナーになり、例えばニューヨークの保険会社などがそうだが、この島の西部で遠隔地から操作している。これは主要なコールセンターを呼び入れるためではない。このレベルになると、労働者の能力に関して島というスケールの問題が利いてくる。しかし、少なくとも近代的な遠隔通信は島の生活と経済の重荷を軽減するのに役立っており、遠くの島に根拠を置きながら本土での仕事ができる人たちもいる。

遠隔通信の歴史において、いくつかの島は、その戦略的位置によって、明らかな役割を果たしてきている。カナダのノバスコシア州にあるケープブレトン島は、そこからJ・マルコーニが最初に大西洋を越えてイギリスのコーンウォールにメッセージを送った場所であり、この島にあるマルコーニが使った設備などは今では国立歴史公園になっている。マルコーニの関係者は、北アイルランドのアントリム郡のラスリン島でも働いた。大西洋上のアセンション島のような海洋島は、大陸間海底ケーブルの敷設に重要な役割を果たしている。アセンション島には、最初にケーブルが南アフリカから一八九九年に敷かれ、そこから大西洋を東西へ南北へと広がるケーブル網がイースタン・テレグラフ会社、後のケーブル・アンド・ワイアー社によって張り巡らされている。アセンション島は、後にはラジオ放送の中継地点となり、私がこれを書いている今でも、イギリスのBBCは世界への番組発信にこの島を利用している。だから、近代的な遠隔通信は島の生活の困難さを軽減する方法の一つであり、経済的な効果ももたらすといって差し支えないのである。

カナダの大西洋岸地域の島々では、遠隔通信への投資が、島の問題の多い経済状況を多元化する重要な方策だと目されている。プリンスエドワード島（PEI）では、だいたい第一次産業が中心で、ジャガイモを主とする農業とロブスターが主の漁業が行われていた。観光も重要な産業だが、この島の長い冬のため一二週間しかない夏の時期に限られる、季節的なものだった。島の行政担当者は、現存する産業部門の収益と雇用を最大限にしようと懸命である。「耕して島の問題を解決しよう」という言葉が政府の報告書に見られる（Round Table on Resource Land and Stewardship, 1997）が、しかし経済の多様化も必要とされる。その多様化のための、つまり第四番目の産業振興が、今進められている。一九八八年に、島にある小さな大学が大西洋獣医大学の地として選ばれ、これがもともとPEIにあった畜産業と結びついて、この島に高い給与と技術とビジネスとをもたらした。もう一つの重要なセクター（部門）が遠隔通信である。これはこの島の広大な農村地域にあっては潜在的に非常に重要である。島の住民の半数以上が農村地域の居住者で、島には二つの町――サマーサイドと主都であるシャーロットタウン――しかない。サマーサイドはかつてカナダ軍の基地があってかなりの雇用者がいた。基地が一九八〇年代に閉鎖され、残された諸設備が有効利用され航空電子産業が発展した。コンピュータなどの情報通信技術（ICT）への投資額は、一般に変革に結びついており、大学や、島の技術教育機関であるホランド・カレッジによって教育的必要も満たされている。現在では島には二八のコンピュータ・センターがあり、実質的に公共交通機関がない島でもすべての島民の手の届くところにそれらはある。一九九七―九八年次、地方政府は各家庭がコンピュータを購入（インターネットへの接続設備も含めて）できるよう必要な補助をするという計画を実行に移した。一九九八年一月、PEIはカナダの他の州に先駆けて、各学校にインターネット接続を含むコンピュータの導入を行なった。こうした投資はおそらく、建物の更新や維持など他の

図6・3　カナダ．プリンスエドワード島．学校のすべてのクラスでインターネット接続が可能になったことを示す漫画（1998年）

投資部門よりも優先して行われたらしいのは重要である。地方新聞の漫画欄には、他の部分が貧弱なのにコンピュータだけが立派な学校の姿が描かれた（図6・3参照）。

情報通信技術、つまり知識革命への投資は、このスケールの小さい隔絶された、カナダの中心部から遠く離れた島を前進させるための方法だと考えられた。農村開発公社の一つが、新しい計画について深く考慮していたのは、島のわずかなフランス語人口をどうするかということだった。フランス語を話す人たちは大部分が、一七四五年からこのノバスコシアに住み着いている人たちを追い出そうとするイギリスの決定から逃れてきた人たちで、その数約四〇〇〇人、島の南西部のウエリントン村周辺に集まって住んでいる。この地域はエバンジェリン地域と呼ばれ、これはアカディア脱出をうたったロングフェローの同名の詩からとられたものである。農村開発公社（La Société de Dévelopment de la Baie Acadienne）は、ウエリントンでのオフィスをアカディア大学と共用している。アカディア大学はこの地域のアカディアの人たちにフランス語による遠隔通信技術の質の高い教育を提供しており、雇用とビジネスとが到来するのを期待している。一つの可能性はコールセンターで、エバンジェリン地域はカナダの二つの公用語（英語とフランス語）に堪能な労働力を提供できるだろう。しかしここでも他の島々との競争がある。例えばノバスコシアのケープブレトン島南沖のマダム島には、もうひとつのアカディア人の集住地区があって、すでにコールセンターでバイリンガルの人たちを雇用している。PEIからノーサンバーランド海峡を隔てた対岸には、カナダで唯一公用語を二カ国語にしているニューブランズウィック州があり、ここでも集住しているアカディア人地域のためにICTにたくさんの投資をしている。農村開発公社はまた、伝統的な部門である観光施設にも投資をしている。しかし、PEIの農村地域では、他の島と同様にICTと遠隔通信技術の仕事は島の産業構成上大切な部門だとみなされている。PEIが克服すべき一つの問題は、島が伝統的に漁業と農業とを主産業としてきたという伝説にある。このため、島の若者たちは大人の体力に達するとすぐに労働力として雇われ、きちんとした読み書き能力をつける前に学校を離れてしまうという傾向がある。島の農村部では、識字率がカナダ全域の半分ほどしかない。多くの若者は現在では学校に在籍しているが、読み書きのできない親の家庭で育った子供たちの識字率の問題は今でも残っている。識字率が低いと、将来の知識社会やICT社会での生存が難しいので、これを改善するための、農村開発公社から一部補助を受けた新しいプログラムが実行されている（Royle, 2000a）。

ヨーロッパの島でも遠隔通信は進んできている。パリに本拠を置くユネスコの、島嶼開発に関する国際科学評議会の機関誌『インシュラ（*Insula*）』には、エストニアの島であるヒーウマー島の例が紹介されている。ヒーウマー島には国連の開発プログラムによる三つのインターネットセンターがある。この国の最初のセンターは、首都であるタリンの国立図書館に設置されたが、その次の三つはヒーウマー島に設けられた。

ヒーウマー島はこれらの「インターネットハウス」を偶然に得たのではない。エストニアでのインターネットブームが始まってから三年間、この島では郊外でこの種の装置の基盤整備を行なってきた。島の経済は下降気味で、農業はほぼ壊滅し漁業も危機に瀕している。ブームを呼ぶことが期待される自然ツーリズムも、この時点ではまだ始まってはいなかった。加えて、失業率は高く若者は職を求めて都市に流出していた。そして、先細りのフェリー運行はしばしば欠航することが多かった。おそらくこのことが最大の理由で、ヒーウマー島の人々はよりよいコミュニケーションの方策を熱狂的に求めたのである。発展の中心から遠く離れていると、……人々は取り残されてしまう。これらのバランスをとるために、新しい情報技術の採用が有利だったのである。

(Kokovkin, 1998, pp. 17–18)

ココフキンは続けて、新しい設備の優位さを説明し、それによってインターネットでヒーウマー島の情報を得たという観光客が増加したこと、遠くで働いていた「知的専門職従事者」たちが島に帰ってき始めたことを紹介している。その中にはエストニア人の小説家トヌ・オンエプルもいて、彼はヒーウマー島でも一番辺鄙なところに住みながらインターネットを使って仕事をしている。スウェーデン人のビジネスマンは、島に住んでバルト海を越えた向こう側と遠隔通信で連絡を取り続けている。ココフキンは少年時代の、テレビさえめったになかった当時を振り返りながら、こう結論づける。

村の子供たちが……インターネットルームに飛び込んでいってすぐにネットに接続するのを見るのは驚くことではない。彼らはまるでそれがいつも手元にあったかのようにコンピュータを操る。……そして他のネット、例えば漁業用のネット（網）などは風に吹かれて放ってある。

(Kokovkin, 1998, p. 18)

シンガポールでは、国土をエレクトロニクスで覆い尽くす計画がヒーウマー島よりさらに進んでいる。そのインテリジェントアイランド計画は、一九九二年までにICTと遠隔通信とで経済的な利益を最大限にするというものである。シンガポールは、高い人口密度と国内に資源がほぼ完全に欠如していることとで、人口を養うためにはつねに貿易とサービス業しかなかった。ＩＣＴはまさに最新の貿易の方法である。さらに近年では、シンガポール政府が「シンガポール・ワン」計画を推進し、八二〇〇万シンガポールドルを投じてシンガポール全域を結ぶブロードバンド・ネットワークを作ろうとしている。これは政府によるビジネスや仲介だけでなく、増加しつつある電子商取引の分野にも資するであろうし、テレショッピングや遠隔医療などのサービス活動にも役に立つ。

遠隔医療については、欧州委員会も「島嶼テレマティック・ヘルスサービス計画」を推進している。これは患者と医者双方に情報やデータを提供するだけでなく、遠隔通信によって診断や処置もできるようにすることで、島の健康サービスが昔から苦しんできた制約を取り除こうというものである。このプロジェクトはカナリア諸島で先行実験が行われている（*Insula*, 1998, p. 42）。近代のコミュニケーション技術は例えば、アセンション島に居るアイルランド人の歯科医が、彼が相談を受けている患者の病状のデジタルイメージを得ることをも可能にしている。彼は北アイルランドにいる仲間の医者にEメールでこれらの状況を送っているのである。

このように、島はＩＣＴによって社会的にも商業的にも大きな利益を得る。だから多大な投資がなされ、また各地で興味がもたれるのも驚くことではない。スコットランドのスカイ島では、スカイ遠隔通信センターがあって活発に活動しており、いろいろな活動の他に「アイランダー・マガジン」という世界中に流通している雑誌を発行し、島の問題についての議論を深めている。ＰＥＩでは、大学の島嶼学研究所がＰＥＩ自身だけでなく他の島のことについても研究している。一九九八年には北大西洋島嶼プログラムを作成して、この研究所から小島嶼情報ネットワークを発信し、世界中の小島嶼の情報を電子化するシステムを構築している。国際島嶼学会（ＩＳＩＳＡ）も、ＩＣＴ分野に関して観察を続けており、三年ごとに開かれるその大会が一九九八年にモーリシャスで行われた時、ＩＣＴと小島嶼のことについて議論を重ねた。

おそらくこのセクションの結論として最も適当なのは、一九九七年にスペインのバレアレス諸島中のメノルカ島で開かれた、島嶼開発に関する国際科学評議会とユネスコとによる「第一回持続可能な島嶼開発に関する欧州会議」に言及することであろう。この会議で「ヨーロッパ島嶼憲章」が採択され、そのうちの一つのテーマがコミュニケーションとテレマティックス（移動体通信）に関するものであった。

遠隔通信やテレマティックスの分野で、急速な技術的進歩をみせていることは、公的・私的両部門の島の経済に真の進歩をもたらすであろう。島々を情報社会として統合することは、資源のより合理的な利用および島嶼の伝統的な隔絶性の終息のためにも、急がれるべき挑戦でありまた現実的な目標でもある。(*Insula*, 1998, pp. 14–15)

サービス

小売業

サービスの提供は経済的許容限界による。もし商業サービスの可能範囲内に十分な人口がなければ、それは補助なしには存在し得ない。教育の問題に関しても、地方政府は、結果として子供の教育にかかる一人当たりの費用が高くなってしまわなければ、好意的に小さな島の学校を存続させる社会的理由を認めるかもしれない。このタイプの社会的サービスへの補助は、商業活動、とくに小売業の場合には同じようなわけにはいかない。しかし、スコットランドの島々では、多くの小売業が、商業的な小売業ではあるが共同体との係わり合いの深い歴史を持つ生活協同組合（Co-op）によって運営されている。マーシャル諸島のマジュロでは、すでに第3章で述べたように二つの多機能をもつ会社があり、より小さな島では有力なのが一つだけというところもあって、それが可能性のある参入者の妨げになっている。フォークランド諸島では、一九八二年の戦争で変化が激しくなるまでは、フォークランド諸島会社が小売業だけでなく他の土地所有や農場経営、船舶輸送サービスなどあらゆる面で卓越していた。

明らかに、高次の機能に比べて低次の機能のほうが、許容限界の狭い小さな島では供給されやすい。しかしパンや新聞といった古典的な日常生活品でも、もし島が小さくて遠隔地にある場合には、限られた供給しかできない。島ではいつも、地元の生産品を除けば、商品にそれを島に運ぶためのコストが上乗せされることになる。さらに、通常限られたスケールしかない島の市場の場合、規模の経済がもたらすユニットによるコストの軽減もなされえない。加えて、競争も十分ではないので、物の値段がより大きな市場で見られるほど引き下げられるということは期待できない。小さな島の小売業ではこういったことが合成されて、商品の供給を制限し、しかも高価にしているのである。だからアセンション島のように、週に二回しかフライトがないところでは、一軒しかないよろずやに置いてある新聞はたまにしか、しかも数日遅れのものしかないのである。このよろずやは典型的な島の商店で、いろんな種類のものが比較的高価な値段でおいてあり、それで顧客の要請にできるだけ応えている。この島や他の地元の島で買えない商品は、他の手段、つまり直接買いに行くか電話や郵便やインターネットで注文するかして手に入れなくてはならない。ほとんどがイギリス空軍のトライスターでやってくる観光客は、その同じ飛行機に軍事用や民生用の野菜などが一緒に積み込まれていることになる。ここでは、魚や数房のバナナ以外は島で供給できる食料がないからである。また定期的に訪れるコンテナ船もあり、これも食料や他の日用品を運んでいる。だから、ジョージタウンの町で新鮮なレタスを買うこともできるけれど、それはイギリス国内で買う値段にくらべると三倍もするのである。

大陸沿岸の島々では、フェリーの乗客はしばしば同じ船に箱詰めされた野菜やその他の商品が一緒に積まれているのを見ることがあるが、これは本土の港の商店に注文したものである。また、訪問販売や訪問サービスもある。旅行代理店や移動図書館の車、移動銀行さえ、例えば（アイルランドの）西部諸島ではしばしば見られる。つまり、供給者が自分で商売が成り立つ範囲まで出かけ、利益を得るのである。このような移動サービス販売は、提供を受ける島の人にとってはあまり価値のあるものではないが、しかしそれらは突然にやってくるので、仮に定期的だとしても島の人の選択肢は限られ、商品は非常に高価になる。必然的に、沿岸の島々での生活コストは本土のそれよりも高くつくことになるが、少なくとも島の人々は自分の欲しいものをいつも手に入れることができることになる。

これらの沿岸の島々では、小売サービスの提供は悩ましい問題ではあるが、教育や健康に関することとは違って、それが人々に島から離れる決断をさせる理由にはあまりならない。アイルランドのブラスケット島では、住民は対岸のディングルにある店まで買い物に行っていたが、それはミサに出席する時もディングルまで行かなくてはならないのと同じだった。マヨ郡のイニッシュタークー島でも、通常は商店が一つもないが、商品は人々の台所から買うことができる。人々は、島の生活の数多くの不便さのうちの一つとして、この小売の問題に適応し助け合い、その状況を受け入れているのである。

行政サービス

古いことわざに、「人生で、死ぬことと税金がかかることほど確実なものはない」というのがあるとおり、どんな島も住民から税金を集める行政システムに従属している。健康、教育、司法のサービスもまた、行政の権限である。政治的なレベルでは、島はすべて行政の枠組みに組み込まれている。クリッパートン島（フランス）やブーベ島（ノルウェー）のような遠隔地にあって無住の島でさえ、いずれかの国に帰属している。政治的な問題の検討については第7章に譲ろう。ここでは、小さな島々に日々の行政サービスがどのようにして提供されているかを見ていくことにする。沿岸の島々で従属的な地位にあるところでは、行政サービスはあるべき姿の通りには期待できず、住民は遠隔地でも可能な方法（郵便など）を利用するか、あるいは島から出て行ってそれを利用することになる。しかしその場合、行政のレベルは最低限のサービスしか提供できない小規模なものになってしまう。カナダのニューブランズウィック州グランドマナン島では、多機能の州政府ビルがあって、そこでさまざまな行政機関へ最低限の連絡ができるサービスを提供している。島の住民がより上級の行政機関に行く必要が生じた時は、自身でそこへ出向かねばならない。だから例えば裁判所などへは、こうした小さくとも独立的な島からでも、人がそこへ行かなくてはならないのである。下級裁判所のある島もあるが、そこでは上級の裁判所の機能は果たしていない。

図6・4　タークス・カイコス諸島．グランドタークス島の町コックバーンにある刑務所（1992年）

独立的な島では、事情が少し違ってくる。司法のような機能については、完全な行政的階層ができていてそれを利用できるが、医療や教育などではそうはいかない。独立した島嶼国家でも、複雑で特別な処置の必要な患者は、島から出て行かねばならない。さらに、後に詳しく議論するが、カリブ海の島々と太平洋の島々では、協力して大学教育を提供しているけれど、そうした教育を求める人たちは自分の島から離れて遠くへいかなくてはならない。こうした、島を、あるいは時に国を越えて見られる島の規模の限界を打ち破る方法は、法律制度に関してはほとんど適用不可能である。古くからのイギリス植民地は、今でもイギリス枢密院と結びついているところがあるが、遠くの独立的な地方は、彼ら独自の法律体系を施行している。訴訟手続きなどは、かつての植民地政府のやり方を受け継いでいるかもしれないが、しかしそれはその領域内だけで機能しているものである。イギリス植民地で自治領であるタークス・カイコス諸島の首都であるグランドタークスでは、小さな下級裁判所が、これも小さな最高裁判所の隣にある。そして、他の自治領と同じく、タークス・カイコス諸島には刑務所もある。

これはグランドタークスにあって（外見は）なかなか立派な建物であり、ミニチュアのようなコックバーンの町では有名な建物である（図6・4）。

自治的な島嶼国家では、政府や内閣、市民サービス、それに議会の建物も必要である。これらの設備は、小さな都市的地域にパリやローマ並みの行政機能をもたせることになる。一六〇九年以来イギリスの自治領であるバーミューダの首都ハミルトンは、その前の首都セントジョージから首都機能を移すために計画された。ここでは、上下両院の建物が、例えば裁判所などの他の高次機能を持つ行政部門のビルや大聖堂とともに立ち並んでいる。また内閣府や市民サービス機能を持った建物も同様である。多くの島嶼国家では、そのスケールからして、大臣は複数の部門を掛け持ちするケースが多い。バーミューダでは内閣のメンバー一三人の中に、工場・技術・住宅大臣と労働・家政・公安大臣がいる。ツバルでは一二人の大臣の中に家政・農村開発大臣と工場・エネルギー・通信大臣がいる。スペインのカナリア諸島やバレアレス諸島のように自治的な島では、全体的な議会棟はないがローカルな会議室がある。だから、バーミューダの国会議事堂がハミルトン市役所から指呼の間にあるのと同じく、マヨルカ島のパルマでも、バレアレス自治議会の建物が市役所から数百メートル離れたところにある。こうした行政的施設は主島に多くの機能と雇用を集中させており、結果としてできる小規模でも一通りの機能を備えた都市は、旅行者にとってはしばしば古風な魅力を備えたところになる。島という状況には、行政的機能を欠いたりまたそれがあっても限られた程度しかないものもあれば、一方で驚くほどそうした機能を備えた島も存在するのである。

健康と保健制度

次は健康の問題に移ろう。ここでも、主要な問題は島の規模とその隔絶性である。島にとっての隔絶性は、時に利点になることもある。というのは、隔絶性のゆえに病気が島まで達しないことがあるからである。だから第一次世界大戦後にインフルエンザが流行したとき、いくつかの島の住民はそれにまったく影響されなかった。しかし、島であるがゆえの、特に隔絶性にともなう問題も無論存在する（Cliff and Haggett, 1995）。定常的に人の移動に付随する病気の移動がある島では、伝染性の病気に対する免疫がその社会に形成される。はしかやおたふくかぜ、水疱瘡といった病気は、子供がかかるか、あるいはごくわずかの不運な人や歳をとって体の衰弱した人だけの問題である。しかし、隔絶性のために接触による免疫の形成がなされなかった島では、どこか他で流行したたいしたことのない病気でも、それが島に持ち込まれると問題を生じることがある。島の人々は、現在ではさほどではないとはいえ、かつては非常に隔絶されていた。だから、病気を持った外部の人との接触は、それまでその病気にさらされることのなかった人々に、重大な影響を及ぼすのである。したがって島の人々は伝染病の影響を受けやすい。これはかなり昔の話であるが、一八四一年に戦艦キュラソー号でピトケアン島を訪れた船医W・ガンは、そこで彼が見たインフルエンザの流行状況を、外部からの影響だとする考えをはねつけたものの、外部からの病気の侵入が外部者との接触による島社会の破壊と同じく恐ろしいことを書き留めている。

今でも彼らは接触性の伝染病に対する免疫がないが、しかしそれはそう長くは続かないだろう。船舶との接触の急激な増加は、そうした伝染病に加えて今はまだ知られていない病気の病原菌を持ち込むことになるだけではなく、彼らの今の質素な生活の仕方と道徳的行動にも変化を及ぼさせることになろう。現在、彼らの間では根太や発疹はめったに見られず、船が訪れることによる彼らの食生活の変化に由来する病気もない。これらの船との交易は古着の交換が主だが、恐ろしい伝染病である天然痘の危険は大きく増しており、すぐに彼らに広がるだろう。

（Royle, 2000b に再構成）

天然痘は船医であるガンにとってことのほか心配なことだったが、隔絶された集団はもっと軽微な病気、例えばはしかのようなものによっても多くの死者を出すことがある。こうした集団はもちろん島の住民に限らない。北アメリカでも南アメリカでも、先住民は早期のヨーロッパ人探検家によってもたらされた病気で打撃を受けた。その〝報復〟がある種の性病で、こちらはヨーロッパに持ち帰られた。島ではしかし、隔絶性の度合いが大きいため状況はより悪かった。西インド諸島の先住民は、ヨーロッパ人との接触の結果、ほとんどが生き残らなかった。ベオスック族はニューファンドランド島から一掃されたし、タスマニア島の先住民も絶滅した。病気ではなくて殺されたものも多かったけれども。

カナダの西海岸沖にあるクイーンシャーロット諸島（一七八七年にイギリスの船員G・ディクソンが渡島した時の船名からこう名づけられたが、現在はハイダグアイと呼ぶ）では、ハイダ族が最初の住民である。一八四〇年にセンサスの記録では六六九三人が一二の主要な集落に住んでいた。悲しいことに、ヨーロッパ人との接触によって、性病や結核とともに天然痘が持ち込まれたが、ハイダ族の人々はそれらに対して抵抗力を持たなかった。一八五〇年までに数千人のハイダ族の人々が死に、他の人々は島に取り残された。一九世紀の終わりころ、残されたハイダ人はわずか六〇〇人で、二つだけの集落に住んでいた（Dalzell, 1968）。モレスビー島南部にある廃村ニンスティンツは、見事なトーテムポールを持つハイダ文化の特に優れた遺跡であり、現在ではユネスコの世界遺産になっている。人々の、ヨーロッパ人たち――必ずしも彼らの武器に対してではなく、むしろその病気に対して――から自分たちを守る能力のなかったことを物語る、無言の遺跡として。幸い、外部からもたらされた病気によって島の人々が全滅するということは、今では過去の話になっているが、それでも問題はまだ残っている。セントヘレナ島は、船の便しかないところだが、しばしば伝染病が流行し、一九八六年には島の船が持ち込んだらしいウイルス性流感のため学校が閉鎖されなければならなかった（Bain, 1993）。

もう一つの、島の隔絶性による健康上の問題は、風土病やそれを招来する条件が、人々に定着する傾向があることである。O・サックスは、彼のミクロネシア旅行から生まれた『色盲の島とソテツの島』という奇妙なタイトルの本で、次のように述べる。

神経科医あるいは神経人類学者として私は、人々やコミュニティが、普通ではない風土病的コンディション——ピンゲラップ島やポーンペイ（ポナペ）島では遺伝性の完全色盲、グアム島やロタ島では進行性の神経退化——にどのように対処しているのかを注意して見て回った。（1996, p. xii）

これらの島に共通する条件は、環境条件と限られた遺伝子ということである。例えばトリスタン・ダ・クーニャ島では気管支喘息の遺伝子を保有する人の割合が高く、人口の三分の一が罹患している。いったい何がこの島や人々にこの病気をもたらすのだろうか？　もしその原因がわかれば、この病気に対する予防措置や治療方法に寄与できることになる。それで、アメリカの会社が現在、この島の人口について調べている（Coghlan, 1996 ; Zamel, 1995）。同じように、アイスランドの人口も病気の研究に利用されてきた。ここには隔絶化された、遺伝子の限られた人々の集団がある。さらに重要なことに、アイスランドでは健康や発生学にとってのよい統計データがあり、ノルウェーやイギリスの島やその他にルーツを持つ最初の定住者とその後裔たちの主要な者を個々人レベルまで記録した一一三〇年の『集落の書』があって、過去にまでさかのぼれるのである。この資料の活用によって、ある種の病気にかかりやすい遺伝的特質の解明が進むかもしれない（Hannibalsson, 1999）。

このような、いくつかの風土病に対するかかりやすさを除けば、現代の島々の健康問題は、島以外の地域のそれとたいして違わなくなっている。島も地域内にあって、その地域の健康に関する問題を共有している。他のアフリカの国々と同じく、モーリシャスでもマラリアの問題は非常に重要である。スコットランドの島の住民は、グラスゴーの市民と食生活が似ているので、グラスゴーの市民が抱える食生活に関連した健康問題を共有している。食生活に関連する個別の問題としては、マーシャル諸島の住民の糖尿病のことを、都市化や近代化との絡みで第5章で紹介した。

これらの問題は他の太平洋の島々、例えばトラック島でも見られる（Cameron, 1992）。しかしキリバスなどでは、健康に関する大きな問題は近代世界と同じで、呼吸器系の病気や下痢、心臓・循環器系の病気である。キリバス人成人の死因は主に心臓血管系疾患である。過去も現在も共通する島の人々にとっての健康上の問題は、やはり島嶼性によるもので、医療ケアの到達度ということであるが、これは次節で検討しよう。

島での医療供給制度

島という舞台に適切な医療制度を提供するのは、島が属する国民国家の責務である。イタリアやスペインの沖合の島の住民は、マドリードやローマの市民と同じ医療施設にかかることができるのを期待しているであろう。その一方で例えば赤道ギニア沖合にある島の住民は、本土の住民と同様に医療システムへの期待はあまり大きくはない。島の医療制度で肝要なことは、島にも適切なレベルの医療を届けることである。もし財政的なことが問題にならないのであれば、島の医療制度はいいものになる。フランス海外領の島々では、第二次世界大戦後、医療制度はかなり改善され、本土のそれと近いものになった。マラリアの制御ができたことで、死亡率が大幅に低下してきている。この結果、レユニオン島の住民死亡率は、一九五七年の一九％から一九八一年には六％へと下がり、平均寿命も一九五九年の五〇・五歳から一九八四年には七〇・五歳と、フランスの首都圏のそれと同じ水準にまで延びている。さらに、

> マルティニーク島では……一九六一年から七九年までの間に医者の数が二倍以上になり、死亡率は半分に低下した。レユニオン島でも同様に、医者は五〇倍に増え、幼児死亡率は九分の一か一〇分の一程度にまで下がった。
>
> （Aldrich and Connell, 1992, p. 147）

ニューカレドニア島でも、フランスがやはり効果的な医療サービスを提供している。ここでの主たる死亡原因は、現

在は近代的な温帯の産業社会と同じようなものになっている。

レユニオン島やニューカレドニア島では、人口が数万人規模であるため、十分な医療サービスを支えるだけの財政的基盤があるが、それでも必要に応じて患者を手術などのためニューカレドニアからオーストラリアへ空輸することがある。より小さな島では、それが先進諸国に属していても、もっと問題がある。人口が少ないと、医療サービスの供給コストに見合うだけの医療需要が発生しない。仮に医者や病院が必要なだけの人口規模があったとしても、それは島に特別高度な医療設備を配置するのに十分な理由ではない。医療行政に携わる人たちは、不完全就業になるところにスタッフを派遣したり、長時間遊ばせておくことになる器械を提供したりすることには、乗り気ではない。だから、いろいろな処置を必要とする島の患者は、どこか他の地で治療するために、時には強制的に島を離れることになる。こういったやり方は、コストがかかる――患者や、医療システム自体が移動のための費用を、たぶん行った先での住居費も含めて負担する――し、少なくとも患者にとっては不便でもある。また患者には、輸送の条件やその厳しさによっては危険でもある。船や飛行機による輸送は深刻な病気の場合には治療にとって困難なことが多い。もっと小さな島の場合には、医療サービスの提供がまったくなく、医者へ行くにも島を離れないといけない。その代わりに、巡回医療サービスが受けられるかもしれない。ドネガル郡のトリイ島では、冬の時期、嵐のために数日間、いや時には数週間も島への交通が遮断されると、一般開業医がヘリコプターで呼び寄せられる。看護婦は島に住んでいる。

あわやというときには、緊急医療用輸送措置（medevac）がとられることがある。アイルランドでは現在、有人島のすべてにヘリコプターの発着基地があり、海岸や船上に待機しているヘリコプターが緊急時には比較的短時間で島に出動できるようになっている。私もこのヘリコプターによる効果的な患者輸送を、一九九七年にマヨ郡のクレア島で目撃したことがある（**図6・5**）。この時の患者はビルの建設労働者で、屋根から落ちたのだった。

発展途上国の島々でも、財源に見合った形の同じような医療施設を持っている。キリバスではサウスタラワに病院があるが、そこでは整形外科の手術や重い心臓病の手術などは手順がわからないため行なえず、そういった手術は海

図6・5 アイルランド．マヨ郡クレア島からやってきた医療ヘリコプター（1997年）

を越えた別のところで行われなくてはならない。主島から遠い島々の住民は、ローカルな医師はいるが、いわば定期的に決まった手順としてサウスタラワを訪れることになる。しかしキリバスには国際的な寄付によって建造された医療船があって、外洋の島々を訪問している。これは、政府がサウスタラワで提供することのできる医療措置を補完している。キリバスの事例は、首都の患者と遠い島の患者とに同様の医療措置を提供することの困難さを示すものである。フォークランド諸島では、スタンレーに新しい立派な病院があるが、農村地域や遠くの島から通うのは難しい。政府の医療部門はこれらの島についても注意を払う必要があるので、一九九八年に西フォークランド島の農村の一つであるフォックスベイに、歯科医を常駐させるようにした。これは「西フォークランド島住民の歯科医療を可能にした明らかな改善策である」（Falkland Islands Government, 1998, および Royle, 1995）。

教育

教育は、その他の社会的過程と切り離すことはできない。

図6・6　アイルランド．ドネガル郡イニッシュボーフィン島の旧国民学校（1899〜1981）（1984年）

したがって第5章で述べたような主島で人口流入の生じているところでは，教育システムが他のことと同様にプレッシャーを受けていると感じている。例えばマーシャル諸島のマジュロ島では，生徒たちは交替で学校に通うが，これは設備が整っていないためである。他の島々では，問題はそのように子供が多すぎることではなく，逆に少なすぎることとそれが遠く離れた島にいることである。島の人々が受けられる教育サービスのレベルは，その国の教育に関する基準に大きく依存しているが，しかし島であることはしばしば直接，そうしたサービスをどれくらい受けられるかに関わってくる。

教育の場合も，明らかにスケールの問題が大きい。最も基本的な教育のレベルは小学校である。小学校に通う年齢の子供があまり多くない島では，（親は）短期間ではあっても，その島に住み続けるかどうかについて難しい判断を迫られる事態に陥る。親たちは，まだ一〇歳にも満たない子供が親元を離れてどこか他の地の寄宿学校に通うことには気が進まない。辺境にあって学校教育を受けることが難しい島の親だけが，子供がフェリーで日に二回，学校との間を往復するのを我慢するのである。

したがって、島にある小学校がいったん閉校の決定をされてしまうと、それは島に弔鐘が鳴り響くことになり、学齢期の子供を持つ親たちは必然的に島を離れざるを得なくなる。もし島の学校が、通う子供が一人もいなくなって閉鎖されるのなら、その島はすでに死んでいる。アイルランドのドネガル郡の沖合にあるイニッシュボーフィン島では、一八九九年から続いていた国民学校が一九八一年に閉校になり、島には現在、季節的にしか人は住んでいない（**図6・6**）。サウスウェールズの沖合のカルディ島の小学校は、二〇〇〇年に一〇〇年以上続いた歴史の幕を閉じたが、その時に二人の生徒が残された。校長は「学校なくしては、島は子供のいる家庭を引きとどめられないだろう」（*Independent*, 2000. 7. 21）ということを知っていた。島の住民も行政担当者も当然、島という舞台での小学校教育の重要さはよく知っている。それで、島の人々をその場所で支える政策があるところでは、そうした支えの一つの要素が、子供一人当たりの費用が大きくなるとしても、小学校を存続させることなのである。

私はかつて、アイルランド南部コーク郡のシェルキン島で、学校の休み時間に生徒たちが並んで教室に戻るところに出くわしたが、子供の数は小学校の典型的な規模の六人であった。北アイルランドで唯一つ人の住んでいる沖合の島、ラスリン島では、住民すべてがローマ・カトリック教徒であるため、地区のカトリック教会の教育システムの中に小学校が含まれている。一九八〇年代に、ある家庭が、議論の挙句この学校に子供を送り込むのを拒み、それとは違う教育システムで子供が教育を受ける権利を主張した。地方教育委員会では、その家庭が子供を対岸の主要港バリーキャッスルの学校に通わせるようにさせることができなかったので、代わりにラスリン島に二つのポータキャビン（プレハブ式移動住宅）を届けなくてはならなかった。一つは、その家族の学校として、もう一つは教員の住宅として。これにはかなりのコストを要した。

フォークランド諸島では、キャンプと呼ばれる農村集落で小学校教育が提供される必要がある。一九世紀終わりころには、一八八七年の学校調査で「国の島嶼地域における教育の状態は嘆かわしいものである」（Evans, 1994, p. 323参照）とされたのに、首都のスタンレーにおいてさえ固有の教育はまったく提供されていなかった。キャンプのうちでたった一つだけ学校を持っていたが、他の地域の子供たちは両親が教育しており、その両親も多くの場合、彼ら自身が十分な教育を受けた人たちではなかった。学校調査員のR・L・ブランドンは、興味深いことに、学校調査は「世界の同じような困難さをもった島の村々を調べるべきである」と示唆している（Evans, 1994, p. 324）。一八九五年になってようやく教育が規定に従って諸島中で始まり、フォークランド諸島政府はキャンプのために巡回教師を、週給五ポンドにフォークランドへの渡航費を付すという条件で雇い始めた。キャンプの集落はすべて農場で、それらは二つの大きな島、東フォークランド島と西フォークランド島の各地に分散していた。その他の数多くの島々には、キャンプが一つずつしかなかった。巡回教師はこれらの島々の農場で学齢期の子供のいるところを巡り歩き、二週間あまりの滞在中、交換条件としての宿舎と食事の提供を受けながら子供たちを教えた。当時は、諸島中で移動手段は馬の背しかなく、いくつかの遠隔地の農場には一年間に一人ほどの訪問者しかなかった。一九〇五年には、非常に交通の便の悪い二つの島、スピードウェル島とブリーカー島の子供は、巡回教師の訪問を受けなくてもいいことになった。教師たちは、農場から去るときに宿題を残し、両親にそれを責任をもってやらせるように指導していったが、しかしこういう形での教育が進むということが絶望的なのは広く知られたことであった。今日では、キャンプ教育課程が定められて、小学校在学年齢の子供たちはその提供を受けている。巡回教師は今でも雇用されている。一九九七年には巡回期間を八週間から六週間にするために、特別の人員が雇用されている。島内のコミュニケーションの進歩にともなって、農場では子供たちを近くの巡回教師のやってきた農場へ送り込む。キャンプ農場には学校専用の建物もある。キャンプでの教育システムは、巡回教師の不在時はラジオなどの遠隔通信技術を通じても行われ、このラジオ／電話教育担当の教師も一九九七年には雇用された。一年に三度、キャンプ教育課程では〝学級の壁〟と呼ばれる小冊子が作られ、そこにこれらの遠隔地にある農場の子供たちが自分の作品を掲載できる。農民週間の時には、キャンプの人々はスタンレーに行く伝統があるが、多くはその時に子供を連れてゆき、しばらくの間、子供たちを仲間のいる学校に通う経験をさせる。彼らのために、特別のプログラムや活動が用意されるのである（Falkland Islands Government,

1998)。

中等教育になると、それを適切なものにするためには一定数の生徒を一ヵ所に集めることが必要になる。小さな島々の親たちも、このことは承知しており、中等教育の学齢期に達した子供たちをどこか他の地に行かせそこで寄宿舎に入れるのはよくあることである。だからアイルランドの沖合の島では、ほとんどが中学校を持っていない。フォークランド諸島では、唯一の中学校であるフォークランド諸島コミュニティスクールがスタンレーにあって、キャンプからやってきた子供たちは寄宿舎として提供されている住居に住む。一般教育修了資格（GCE）のAレベルや大学教育になると、学生がイギリスの学校やカレッジに通う費用をフォークランド諸島政府が負担する。

アセンション島には学校が一つある。この島は小さくて遠隔地にあるので、初等教育を終えた後の教育を島外で簡単に安価で提供できないからである。そこで二隻のボートスクールがあって、一九九九—二〇〇〇年度には九七人の生徒に教育と、一六歳に達した子供には試験の便宜を提供している。試験は、この島がイギリスの海外領であるので、イギリスの一般中等教育修了資格（GCSE）試験を通るためのものである。子供たちは個人的な指導をたくさん受けるが、しかし教師たちは、子供たちがグループでの作業やディスカッションは苦手であると報告している。どの子供もAレベルをとるための第六フォーム（二年コースの進学準備校）に進むのを希望する場合には、島を離れなくてはならない。一九九九—二〇〇〇年度には、そういう子供が二人イギリスで学んでいる。

高等レベルの教育でも、小さな島からは離れて受けなくてはならない。島嶼国家としては大きな部類のフィリピンやインドネシアには、いろいろな大きさの島にユニバーシティやカレッジがある。その他の島では、せいぜい一つの大学を維持するくらいの人口規模しかない。例えばマヨルカ島には大学が一つあるし、小規模なプリンスエドワード大学（在籍学生総数約二九〇〇人、二〇〇の学科）はカナダの一州（人口一三万四〇〇〇人）にある。もっと小さいと、学科数一六というフェロー諸島大学（地域人口五万人）がある。近年のキプロスでは、島が二分されているという条件の下で大学教育も提供され、島の両側に大学の施設がある。南部のキプロス大学は一九九二年に最初の学生を受け入れ始めた。現在の建物はニコシアにあるが、将来のキャンパスが首都郊外のアタラッサに建設中である。北部の東地中海大学は、一九七九年に高等技術研究所として設立され、一九八六年に大学憲章を受け入れた。キャンパスはガジマグサ（ファマグスタ）にあり、トルコ高等教育庁が各コースを認可している。

しかし、時には高等教育を提供するだけの十分な人口を持たない島嶼国家もある。こういう場合には、規模拡大操作がなされる。いい例は二つあって、一つは西インド諸島大学（UWI）、もう一つは南太平洋大学（USP）である。UWIは英語圏のカリブ海諸国と南アメリカ本土のガイアナとが設立したものである。USPは英語圏の太平洋諸国が一二カ国集まって設立し、クック諸島、フィジー諸島、キリバス、マーシャル諸島、ナウル、ニウエ、ソロモン諸島、トケラウ、トンガ、ツバル、バヌアツ、そして西サモアがその構成員であり、これらの国はUSPのメインキャンパスに学生を送り込む資格を持っている。メインキャンパスは、最も人口の多い中心地であるフィジーのヴィティレヴ島にある首都スヴァに置かれている。このほかの島々にも外部キャンパスがあって、そこで遠隔教育システムにより学習する学生もいる。USPのスタッフは、地域中の島々を飛び回って学生の学習支援（テュートリアル）を行なっている。

遠隔教育は、最近設立された（一九九八年）イギリスのハイランド・アイランド大学でも教育方法の一部として採用されている。この大学はスコットランドの本土や島々に一三のキャンパスをもつ大学で、その中にはシェトランド諸島やオークニー諸島、ルイス島やスカイ島のキャンパスもある。加えてスコットランドのハイランドや島々に、サテライト（衛星）学習センターもある。これら設備はすべて、遠隔学習の便宜のための質の高い遠隔通信設備を備えている。

ハイランド・アイランド大学は、通常の大学のコースのほかに、周辺の農村地域や島嶼地域のために設けられた特別なコースを用意している。それらは環境と遺産研究、農村開発研究、海洋科学、ゲール語研究などで、ゲール語は古い言語で今では主に西部諸島やスカイ島で話されていることばである。このことは島の教育にもう一つの問題をもたらすことになった。それは島の教育には何がふさわしいかという問題である。遠隔地にある植民地島嶼では、研究対象や講義内容において、島それ自身よりも本国の首都にふさわしいようなものを負わされてきたかもしれない。近代では、地方の状況に見合った教育の重要さが認識されている。それでトリスタン・ダ・クーニャ島のある学校では、生徒にＧＣＳＥ試験の限られた科目だけを課している。それは英語や数学、それにトリスタン研究などである。高等教育のレベルでは、カナダのケープブレトン島にあるケープブレトン大学が、ローカルなコミュニティの研究をめざす数多くのコースを提供している。この大学はまた、アイスランドやスコットランド、北アイルランドのいくつかの大学とともに、北大西洋研究のプログラムにも加わっている。しかし一方では、地域経済の弱さのために、多くの島の住民が大学を卒業した後に移住して人生のチャンスを増やそうというだけの理由で、教育を求めているのも事実である。

この章では教育やその他のサービスに関することを述べてきた。島という状況の下では、これらのサービスの提供は、数々の改善策がとられてきているとはいえ、まだ問題が多い。また輸送という問題も、小さな島では死活問題であることも示してきた。遠隔通信に関してだけは、これらの島々でもその隔絶性という状況に関するトラブルはずっと少ないのであった。

第7章　政治と小さな島々

島の微力さ

世界の大国の中には、島国がいくつかある。インドネシアはおよそ一億九二〇〇万人の人口を有し、中国、インド、アメリカに次ぎ世界で四番目の多さである。人口の面では、日本（約一億二三〇〇万人）が世界第七位でフィリピン（約六四〇〇万人）は第一四位、イギリス（五八〇〇万人）は第一六位になる。面積でいうと、一九〇万平方キロメートルのインドネシアは世界で一五番目に大きい。グリーンランドはそれよりもう少し大きく、二二〇万平方キロメートルで第一三位になる。過去にはいくつかの島嶼国家が、その規模に見合った経済的・政治的な力をもっていた。イギリスは二〇世紀当初には世界のリーダー的存在で、地球表面の五分の一と人口の四分の一を支配していた。日本もアジアでは大勢力を誇り、その勢力範囲が二〇世紀にオーストラリアにまで拡大したことがある。第二次世界大戦の敗戦からの復興でも、日本はドイツと同じように急速な回復を見せ、二〇世紀末には世界でも強力な経済国になっている。

このように世界的に強力な島嶼国家があった一方で、多くの島々の政治的地位、とくに小さな島々のそれは、力の弱い、依存的な、さして重要ではないものである。スケールや隔絶性、辺境性などの問題が、通常は他の面と同じように小さな島々の政治的な面でのハンディキャップになっている。外部の力はいつも十分に経済的、政治的、そして時には軍事的にスケールアップして、その意志を島の人々に押し付けることができる。もし島の人々がそういう力に対して抵抗を試みようとすると、歴史が示すように、島への侵略の例がたくさん見られることになる。戦争になれば、小さな島々は非常に脆弱である。第二次世界大戦時、ドイツ軍に占領されたイギリスの領土は、イギリス軍が引きあげたチャネル諸島だけであった。それを防衛するのは無理だと認識したからである。

それら（チャネル諸島）は海からも空からも、フランスの攻撃を受けやすかった。これらを適切に守るのにはコストがかかるし、不適切に守るのは、島の人々をわけもなく戦争の恐怖と簒奪にさらすことになろう。

（Cruikshank, 1975, p. 23）

チャネル諸島の地方行政官と島民に対するキング・ジョージ六世のメッセージは、戦略的な必要から島を諦めることで、「この措置が現在の状況でとられることは島の人々の利益のためである」（Cruikshank, 1975, p. 32 から引用）というものだった。これとは対照的にイギリスは、他のヨーロッパの友好国の島については、ドイツにそれらを渡さないために管理下においたのであった。アイスランドやフェロー諸島がそうである。アメリカは同じ理由でグリーンランドを管理下においていた。

仮に実際に紛争が起こって、島の守備軍が海や、近年では制空権を失えば、地元の防衛軍や資源のもとに押し返され、それらは通常十分な物資と兵力とをもった敵の攻撃をはねかえすには不十分である。したがって、力のある勇敢な日本軍も、一九四五年の圧倒的なアメリカ軍の攻撃に対して、降伏を余儀なくさせられたのだった。稀には決定的な兵力をもった軍が島の征服に失敗することもある。この好例としては、一五六五年のマルタ大包囲攻撃作戦がある（第3章参照）。

フォークランド諸島の場合

侵略を受けた島の例は数限りなくあり、必ずしも過去のことばかりではない。一六七三年にオランダは、イギリスの東インド会社からセントヘレナ島を奪い取ったが、数カ月後に再び奪回された。それから三〇九年後の一九八二年、同じ大西洋でフォークランド紛争が起こり、歴史がまた繰り返されたのだった。

フォークランド諸島は、明らかに最初はイギリスによって〝発見された〟。というのは、それまで誰もその島に住んでいなかったからである。最初の発見は、一五九一年にJ・デービス船長のデザイア号によるものだったが、それ以前にもこの島は目撃されてはいた（Goebel, 1927）。この時は誰も上陸も定住もしなかった。たぶん最初の上陸者は一六八九年のイギリス人だったが、しかし最初に定住したのはフランス人で、貴族ブーゲンビル率いる私的な冒険隊が一七六四年に東フォークランド島のポートルイスに初めて住み着いた。隊は彼らがマロウィヌ諸島（彼らの出身地サン・マロに因んだ名称）と呼んだこの地をフランス領だと主張し、最初の建物である低層のオベリスクに王の頭を乗せたものを建てた（Philpott, 1996）。この島への定住に、当時南アメリカを領有していたスペインが、沖合の島も自分たちの領土だとみなして抗議した。フランス政府はこの問題の論争を好ましく思わず、ブーゲンビルに定住地を明け渡すよう圧力をかけた。一七六七年四月、ブーゲンビルはこの定住地とその権利とをスペインに売却し、一部を除いてフランス人の定住者は島から離れた。そのころ、これとは別にイギリス人がフォークランド諸島に定着し、一七六六年に西フォークランド島沖のサウンダース島にポートエグモントの町を築いた。イギリスとスペインがお互いの存在に気づいた後、ポートエグモントの守備隊は、一七七〇年にブエノスアイレスからやってきたスペイン軍との小戦闘に敗れた。この結果、イギリスとスペインとの間で戦争が起こる危険性が生じたが、実際には戦争は起きず、数々の戦略的企図の後、一七七一年にポートエグモントは再びイギリスのもとに戻った。一七七四年、イギリスは島を放棄したが、これは表面的にはコスト削減策であったものの、実際は「前もってなされた密約」の結果だったとゴーベルは推測している（Goebel, 1927, p. 409）。つまり、両国の顔をたてたわけである。イギリス人たちは、フォークランド諸島が「神聖なるイギリス、フランスそしてアイルランドの国王ジョージ三世王が排他的権利を有しこれを所有する」ものだと主張するため、ポートエグモントに飾り額を残した。アルゼンチンは、一八一六年のスペインからの独立宣言のとき、スペインの主張を引き継いだ。スペインは、一八一一年にすでにフォークランド諸島を放棄しており、定期的な利用、特に捕鯨に携わる人たちが利用し続けてはいたが、この当時諸島は無政府状態であった。一八二〇年、かつてスペインに占有されていたすべての領土の確保に熱心だったアルゼンチンは、フォークランド諸島に部隊を送ってその領有を宣言し、定住を始めた。後には、早期の冒険者たちが持ち込んだものが野生化していた家畜を利用し、それを資源の一つとした。新しい占領者と外国のアザラシ漁従事者との間にはしばしば紛争が起こり、一八三一年、三隻のアメリカの漁船が拿捕された。アメリカは、フリゲート艦レキシントンを送ってこれに報復した。住民の生活は、妨げられて混乱し、ほとんどすべての住民が島々を離れたため、諸島はもう一度中立を宣言した。一八三二年にアルゼンチンが引き返してきて、一八三一年以前から島に住んでいたイギリス人との間で戦闘になり、イギリス人たちは殺された。ここに至ってイギリス海軍は、戦艦クリオを秩序回復のため派遣し、諸島を奪回してアルゼンチンを追放した。しかしアルゼンチンは抵抗し、領有の主張を引っ込めなかった（Goebel, 1927）。

一八三三年一月、戦艦クリオが再獲得した時、諸島には九人だけが残っており、イギリス海軍の配給で支えられる必要があった。それから九年後、イギリスの総督代理R・ムーディは、彼の意に反した命令を出し、住民をポートルイスからそのころできつつあったスタンレーに移した。そしてスタンレーに格子状の街路をもった集落を作ったが、この町は今でも島の唯一の町として存在している。経済的には、ホーン岬を回ってくる船の食糧積み込み港になってゆき、後には各地から持ち込まれるヒツジの積み下ろし港として開放された。ヒツジはその後も数十年間、この島の

図7・1　フォークランド諸島．女王の誕生日を祝うイギリス人知事（1993年）

主要な貿易品目になった（Royle, 1985）。フォークランド諸島は二度の世界大戦時には海戦の舞台になった（第一次大戦時のフォークランドの戦いと、第二次大戦時のリバープレートの戦い）が、その後は一九八二年に世界中の新聞の見出しを賑わすまで、存在が知られることはあまりなかった。アルゼンチンはその後も領有を主張し続け、この諸島をマルビナス（初期のフランスの呼び方を受け継いだもの）と呼び、決して放棄しようとはしなかった。一九七〇年代には、イギリスがこの諸島の非植民地化の可能性を探ったが、それは住民の意図するところではなかった。しかし一九八二年、アルゼンチンのガルチエリ大統領が、政治の変化の遅さに我慢できず、また国内の政治的統合を刺激する必要から、この島への侵略を命令した。諸島にはイギリス軍が駐留していたが、それは形だけのもので、同軍とわずかな在郷のフォークランド諸島政府軍は、アルゼンチンのスタンレーへの侵入を防衛することはできなかった。世界中を驚かせたのは、サッチャー首相率いるイギリス政府がただちにタスクフォースを編成して諸島を回復し、再びイギリスの領土としたことであった（**図7・1**）。このイギリス首相による決断は、最初の侵略の時よりもずっと多くの国内政治消費を要した。〝フォークランド要因〟は、一九八三年のイギリス総選挙でサッチャーの保守党が勝利したことの大きな要素となった。イギリスは、アルゼンチンの軍艦ヘネラル・ベルグラーノを撃沈させて制海権を回復し、最初はアルゼンチンの戦闘機によって数多くの船を失ったが、後に制空権も得た。アルゼンチン軍はスタンレーの防衛に主力を傾けたものの、イギリス軍は四一七年前のマルタへのイスラム軍による侵略の故事に倣って、より防御の弱い場所を攻撃し、そこから敵方の主力部隊へと向かった。島にいたアルゼンチン軍が本国と切り離されると、その後は一方的に敗戦へと向かっていった（例えばStrange, 1985を参照）。

今世紀のフォークランド紛争などの事例からは、二つの点が指摘される。一つは、島というものは、特にそれが外部の援軍から切り離されると、侵略から守るのが困難だということである。二つ目は、島の住民は、しばしば、外部勢力による政治ゲームにはほとんど関心を示さないということである。

内部と外部の植民地主義

右のようなポイントは、第3章で示したように島が植民地主義にとらわれていることによって補強される。植民地主義はしばしば、かつても今も内部からのものであり、例えば島内の集団が、まさに島と大陸本土との関係のような力関係になっていることがあるからである。イギリス諸島の中でも、主島のうちの小さい方のアイルランドは、島の一部が一九二一年に政治的独立を得るまでは、大きい方のグレートブリテン島に何世紀も支配されていた。経済的に独立したのはもっと遅かった。アイルランドはやむをえず、後にEUとなる組織に一九七三年に加盟したが、その時は圧倒的に優勢な貿易相手でありその通貨を自国のものにもしなくてはならなかったイギリスと一緒にであった。アイルランドは、EUの共通通貨ユーロを通用開始の一九九九年から採用したが、イギリスはまだ採用していない。アイルランドのユーロ導入は、小さな島嶼国家の独立を真に表明し象徴するものだった。

内なる植民地化は、一八七九年以降の日本による沖縄およびその南部に連なる琉球諸島の領有においても見られる。

沖縄は日本の領土の一部であるが、そこには多数の外国の軍隊が駐留していて、島の五分の一がアメリカ軍基地として使用されている。外国の基地が存在し続けていることは、日本人が沖縄という貧しく最辺境の地で、しかも唯一日本文化の領域ではない地域を軽視している象徴だと指摘する人もいる（Desmond, 1995b）。

こうして、日本やイギリスの島々の中にも、優勢な中心地域が弱い島という辺境に対して行なう内なる植民地主義を見て取ることができよう。しかし、こうした力のある島嶼国も、いつも外部の政治的コントロールからの自由を維持し続けてきたわけではない島嶼国家の仲間に入るのである。四つの大きな島嶼国家でさえも、外部勢力によって支配されていた時期がある。インドネシアは、一九四七年に、第二次世界大戦後のヨーロッパ諸勢力からの独立が恐ろしい勢いで進んだ波に乗って独立を果たすまで、オランダの東インド会社の植民地であった。フィリピンも、強大な勢力の植民地であった経験を持ち、一五六五年からはスペインの、そして一八九八年にアメリカに手渡されてからはアメリカの植民地だった。独立したのは一九四六年で、しかしアメリカはフィリピンの島々に植民地宗主国同様の存在としてあり続け、それが終わるのは一九九二年の巨大なスービック基地の完全撤収によってであった。イギリスも、実際にはそうではなかった連合王国を再構築するまでは、数世紀にわたって自治を続けてきたが、しかしそれ以前にはヨーロッパの勢力によって統治されてきた。ローマ人やバイキング、アングロサクソン人、そして最も近くはノルマン人に、である。この「最も近い」侵略が一〇六六年であったことは、イギリスでさえも、つねに独立し外国のコントロールから自由であったわけではないということを否定しない。ウェールズもアイルランドもスコットランドも、イングランドにより支配されてきたし、その侵略を共有もしてきた。ローマ人はアイルランドもスコットランドも統治はしなかったけれども、「ハドリアヌスの壁」が、今でもグレートブリテン島を横断して存在し、ローマ人の勢力が存在したことの証拠になっている。

日本は、どんな島国もそういうものを主張できるような自由な歴史を歩んできたが、しかし最近、第二次世界大戦敗戦後、短期間だがアメリカの政治的コントロールのもとにおかれたことがある。沖縄を含む日本の一部は、一九七二年まで返還されなかった。

沿岸の島々は、対岸の本土国家の単なる一部であることが多く、その政治史も本土と共有している。しかしそこは島の特性で、時に違った歴史をたどることがあり、特に第4章で述べたように、島が他の勢力により、戦略的な位置にあるとか踏み石になるとか考えられた場合にはそうである。ザンジバルはいつも政治的にタンザニアと結びついてきたわけではない。バレアレス諸島もつねに本土のスペインと政治的に結びついてきたのではない。これらの島々はいつも自治的な存在だったわけではない。ザンジバルはアラブの商業基地であり、ドイツ領であり、そしてイギリス領であった歴史をもつ。バレアレス諸島は中世に自治を確立していた時期があるが、その時も他の地中海の島々と同じく外部勢力にとっての駒であった。ムーア人とローマ人が島を占拠した時期があり、これらの占拠の名残は、今でもマヨルカ島の景観に残っている。隣のメノルカ島にはすばらしい港があって、これも島がかつてイギリスからフランスへと譲渡されたことを物語っている。現在は、自治の程度はさまざまだとしても、これらの沿岸の諸島は対岸の国民国家に属している。だからスペインの首相は、国際条約に調印する時、マドリードを代表すると同じようにバレアレスも代表しているのである。通常、沿岸の島々は最も近い対岸の本土の勢力に属している。しかし例外もあり、数世紀にわたるギリシャとトルコとの敵対・競争関係を反映して、トルコの沿岸にある島々がギリシャ領であったりする。ボーンホルム島はデンマーク領であり、最も近くにあるスウェーデンの領土ではない。

海洋島の多くは、現在では独立しているが、それらが植民地宗主国の庇護から抜け出すのには長い期間を要した。ほとんどが完全な植民地で、今でもその状態のところもある。フィジーは今では独立してフィジー諸島共和国という国家になっているが、一八七四年にカコバウ王からイギリスのビクトリア女王に無償で譲り渡された。フィジーからマーシャル航空で行けるのがツバルとキリバスで、今は両方とも独立国であるが、かつては両者でイギリスの植民地ギルバート・エリス諸島を構成していた。マーシャル航空の飛行機はさらに、マーシャル諸島へと飛ぶが、ここはアメリカ領になる前にはドイツや日本の領土だったこともある。そのアメリカの信託統治領から最近、独立したのだった。フィジーの南東にはトンガがあり、ここは植民地ではなかったがイギリスの保護領だった。フィジーの東へはニュージーランド航空でクック諸島に行ける。同諸島は今でも、となりのトケラウと同様ニュージーランドの行政区域である。さらに東のフランス領ポリネシアは、名前の通りフランス領である。ニュージーランド自体へ飛ぶと、ここは以前イギリス領だった。フィジーから北西へはナウル航空で、ナウル自身は今は独立国だが、以前はイギリスとオーストラリア、ニュージーランドの共同保護領であり、BPC（イギリス・リン鉱委員会）が統治するという形をとっていた。太平洋の国々では二つしか、リン鉱石を利用していなかったが。これは国際連盟の指令による委任統治であり、というのは一八八八年からナウルはドイツ領であったからである。フィジーの西はバヌアツで、ここはかつてのイギリス・フランス両国の共同統治領ニューヘブリデスである。パプア・ニューギニアは、独立以前は複雑な政治的帰属の歴史をもち、ドイツ、オーストラリア、イギリスが領有していたことがある。ニューカレドニア諸島付近は今でもフランス領で、ウォリス・フォートナ諸島がフィジーの北西にある。それらの隣がサモア諸島である。サモアはかつてのドイツ領で、その後ニュージーランドの行政下に入り、それから独立した。サモア島は現在もアメリカ領であり、グアム島や北マリアナ諸島と同じである。ミクロネシア連邦共和国とパラウは、アメリカの信託統治領から独立した。遠く離れた島々には、オーストラリア領（ロードホウ島、ノーフォーク島）やニュージーランド領（ケルマデック諸島、チャタム諸島）、アメリカ領（ジョンストン島、ウェーク島（これはマーシャル諸島も領有を主張）、ハウランド島、ベーカー島）がそれぞれ存在する。はるか北はハワイ諸島で、一九五九年以来アメリカの一州になっているが、その前はアメリカ領で一八九三年以降アメリカ海軍が領有していた。他にも、現在イギリス領になっている太平洋の島々があり、世界で最も小さな行政区域とされるピトケアン島には人口が五〇人しかいない。その東には一連の島々が続き、イースター島（ラパニュイ）、サライゴメス島はチリ領になっている。

大西洋には、アイスランドから始まって南に伸びる一連の島々があり、これらは大西洋中央海嶺が作り出したものである。アイスランドは、その議会史が九三〇年のアルシング（全島集会）にさかのぼる島だが、近代になって一九四四年以降に独立を勝ち取ったところで、それまではノルウェーおよびデンマーク領であり、第二次世界大戦中はイギリスが管理していた。その北にあるスバールバル（スピッツベルゲン）諸島はノルウェー領で、ロシア人居住地も存在する。ベアー（ビエルン）島とヤンメイエン島はノルウェー領で、フランツジョセフランド諸島はロシア領である。アイスランドの南のロッコール島は、第1章で見たように、いまだに議論はあるが誰かが所有している。アゾレス諸島はポルトガル、セントポールズ岩はブラジルが領有している。それに続く一連の火山島で、今は海嶺から引き離されているのがアセンション島からセントヘレナ島を経てトリスタン・ダ・クーニャ島に至るイギリス領の島々で、ここにはナイチンゲール島やゴフ島が含まれる。さらに海嶺を下ると、南極に至る前に無人のブーベ島があり、これはノルウェー領である。ブーベ島の西には、サウスジョージア島、サウスサンドウイッチ諸島、サウスオークニー諸島などの無人島があり、特にサウスジョージア島は多くの捕鯨国に基地として使われていたが、今はイギリス領で、これにはアルゼンチンのクレームはあるものの、フォークランド諸島と同じである。大西洋海嶺の南アメリカ大陸沿いには、ブラジル領のたくさんの島がある。トリニダーデ島、マルティンヴァス島、フェルナンドゥノロナ諸島などである。カリブ海北部外縁には、以前はイギリス領だったバハマや、タークス諸島、カイコス諸島——これらは正確にはカリブ海諸島ではなく大西洋上の島というべきであるが——があり、両者はいずれも、バーミューダ島と同じく今もイギリス領である。アメリカの東海岸沿いにはアメリカ領の島々の連なりがある。一番北にあるのがマシアスシール諸島で、これにはカナダも所有を主張している。カナダにも大西洋諸島の領有がある。ケープブレトン島は、カナダの独立以前にはフランス領とイギリス領の時期があった。カナダ領の大西洋の島で最大なのはニューファンドランド島で、ここも一九四九年まではイギリス領だった。さらに北には世界最大の島グリーンランドがあり、かつてはデンマーク領だったが今はデンマークの自治領である。これはスコットランドとアイスランドの中間にあるフェロー諸島も同じで、どちらも独立への動きがある。大西洋のアフリカ側沿岸にはいくつかの沿岸島があり、南アフリカの悪名高いロッベン島はかつてN・マンデラが幽閉されていた島である。ギニア湾の島々は旧スペイン領で今は赤道ギニアに属するアンノボン島とビオコ（フェルナンドポー）島である。サントメ・プリンシペとカーボベルデ諸島はポルトガルから独立した。海岸近くには、スペイン領のカナリア諸島とポルトガル領のマデイラ島がある。グレートブリテン諸島の政治的ステータスについてはすでに述べた。

地中海には、独立した島嶼国家はマルタとキプロスの二つしかない。両者とも、さまざまな外国勢力に占領され支配されてきた。キプロスを領有したことのある国々のリストは、第3章で掲げた。キプロス北部は、一九七四年の侵略以来、いまだにトルコの支配下にある。

こうした考察が、ここでは述べなかった太平洋の島々やカリブ海の島々、インド洋およびその分岐であるペルシャ湾内の島々についても可能であろう。これらの海域には、独立した島々とまだ独立していない島々、かつて植民地だったところとバハレーンのように最近まで保護領だったところなどが混在している。現在も植民地のところもある。総じて、世界の島々の政治地図は込み入っているが、一つだけ共通するのは、すべての島々が、過去も現在も外部勢力のコントロール下に置かれている、ということである。島の力は弱い。

島――外部の支配と依存

強者が弱者をコントロールし操作する方法は、戦争だけではない。島はずっと植民地に甘んじてきたが、現在でも外国の支配を受けており、これはネオ植民地主義である。投票をすれば少数派の島の住民は負ける。島の経済はまるごと買い占められる。島々全体が売買されることもあり、デンマークは一九一七年バージン諸島の三島――セントトーマス島、セントジョン島、それにセントクロックス島――をアメリカに売却した。デンマークは国の財政的負担を除去でき、アメリカは戦略的拠点を得たのであった。島が交換されたこともある。一八九〇年のザンジバル合意により、イギリスはヘルゴランド島をドイツ領のザンジバル島と交換した。最近では、一九八九年に正体不明の日本企業か個人が、デンマーク政府からフェロー諸島を、島の再建費用を含めて買い取ろうとしたが、これは実現しなかった。一九八七年には、当時、アパルトヘイト政策のために世界中ののけ者にされていた南アフリカのいくつかの企業が、イングランドのマン島の自由貿易港を得ようと試みたが、そうなっていれば島は経済的にも政治的にも彼らにとって非常に重要になっていただろう。一九九三年、イタリアの『コリエーレ・デラ・セラ』紙からの情報として、マフィアがベネズエラ沖のオランダ自治領アルバ島の陸地の六〇%以上を買い占めたと報じた。報道によれば、マフィア一族は支配的政党の選挙キャンペーンを財政的に援助したという（*Independent*, 1993. 4. 5）。近代世界であっても、力の弱い島を悲しませるのは企業かもしれない。一九九〇年代後半、アメリカが支配するWTO（世界貿易機構）で、EUによる西インド諸島からのバナナ輸入制限措置の廃止をめぐって、アメリカとヨーロッパの間でかなりの論争があった。事の真相は、広く考えられているところによると、中央アメリカおよび南アメリカに大規模なプランテーションを展開し利益を上げているアメリカ系の多国籍企業が、WTOとアメリカ政府に圧力をかけたからだということである。これを「腐ったバナナの腐敗臭」（*Independent*, 一九九七年九月一四日付）という見出しで皮肉った記事もあった。そしてこの議論は、一九九九年初めに開かれた欧州議会にも影響を与えた（*EP News*、1999. 3, p. iv）。セントルシア島やセントビンセント島、それにドミニカでは、伝統的に輸出の半分をバナナが占めていた（Ferguson, 1998）。島をチェスの駒に喩えたのを真似て、セントルシア島の商工業・消費者問題担当大臣は「グローバルに見れば、私たちはちょうど巨大なチェス盤の上の、今にも襲いかかる瞬間を待っているキングやクイーンやルークに取り囲まれたたった一つのポーンなのだ」と語った（*Time*, 1999. 7. 26）。

小さな島はスケールの小ささのため、島を離れたところで商品をやり取りするような経済活動にはわずかしか参画できない。島の持つ意味がほとんど無いがゆえに、経済活動の操作への発言権もなく、どこか他の業者の利益のためになされる決定に従うだけのレベルである。だから、仮にある国際的なホテル・チェーンが、自社のためにある島からの資本撤収を決めたとすると、島の被る経済的損失は、副次的な効果を除いたとしても計り知れないのである。もちろんこれは、グローバリゼーションのなせる業であり、大陸でも島でもどこでも、国際企業の移り気には悩まされている。しかし、島のスケールの小ささと資源の少ないことが、島を特別に外圧に対して弱いものにしている。モーリシャスがその好例である。この島は、新しい国際的分業により利益を受けていて、多国籍企業が工場労働者の労働力の安価な場所を探しているのに遭遇した。その結果、モーリシャスは相対的に有望な地域になった。島の行政では今、適切な教育システムと多言語を話せる労働力を安価に提供してきたことが、外国企業を島に引きつけたのだと楽観視している。しかし話はそう簡単ではあるまい。外国企業は、もし労働コストが上昇するようならいつでも、他の労働力の安価なところへ移ることを明言しているからである。かくしてモーリシャスは、その主要な経済活動の一つを外国に支配され、労働を抑圧されるという結果を見せているのである。

このように、島が多様化した経済を持たず一つの輸出品目に特化しているところでは、外部者への依存はほとんど完全なものである。この古典的なケースは、一九六〇年代半ばにイギリスの郵便局で、手紙類を縛る材料をセントヘレナ島産の紐からゴムバンドに切り替えたことである。セントヘレナ島の生産経済は、紐生産用の原材料としての亜麻の生産増大に向けられており、契約が更新されなかった時に島の経済は破壊したのであった（第10章参照）。

島が、完全に独立した形ではなくとも、意思決定の方法を得たときは、面白いことに島の人々がより利益を得ると考えることよりも、外部によって押し付けられた決定に逆戻りすることがある。グリーンランドは一九七二年、デンマークのEEC加盟とともにEEC圏内になった。一九七九年にグリーンランドスタイル、つまり地元ルールにより領土内自治権を確立し、一九八五年には誕生したばかりのEUを脱退した。これにより彼らのもつ漁業資源を配分するのを防ぐためであった。

外部の力の援助に依存する島は、その援助が外部勢力の支配に結びつくことに気づくかもしれない。どんな援助も、決して利他主義的な観点からなされるものではない。援助する側は、国連での政治的な支持を求めている。援助を取引に結びつけ、島の商品を買い付けようとしているのである。

島——冷戦と基地

東西冷戦の期間には、島はとりわけアメリカとソ連（および東側諸国）からの干渉に対して弱かった。干渉は表面的には通商や援助という形をとって行なわれた。バヌアツのあるココナツ農園所有者はこう述懐する。

もし植民地宗主国がここでの影響力を維持しようと考えるなら、ココナツ経済は温存されるだろう。バヌアツは、誰とでも寝る女のようなものだ。顧客は列を作って並んでいる。（Evans, 1992, p. 18）

ソ連がキリバス周辺海域での漁船団の操業を申し出たのは一九八五年の八月で、それは政治的勢力拡張を意図したものだったが、見かけ上は年に一二〇万ポンドの入漁料を払うという提案だった。一九八五年の早期、ソ連は同じような提案をソロモン諸島に対して行ない、失敗していた。それで、漁業権とともに沿岸基地の便宜を捜し求めて、同じ提案をバヌアツやフィジー、トンガに対して行なったのである。アメリカやオーストラリア、ニュージーランドの圧力を受けたキリバスは一九八六年にソ連との協約を更新せず、他のどの国もモスクワとの協定に同意しなかった。一九八六年一〇月、トンガの首都ヌクアロファでの一週間にわたる協議の末、これらの地域に、補償として五年間の経済援助と年間一二〇〇万ドルにのぼる開発計画パッケージを施行することが合意されたが、これには年二〇〇万ポンドのアメリカのマグロ産業からの資金が含まれていた。アメリカ・マグロ漁船協会は、アメリカ政府の後ろ盾があったが、一九七〇年代の海洋法条約で島嶼国に対して宣言された二〇〇カイリ（三六〇マイル）排他的経済水域のことを認識していなかった。

インド洋海域では、セイシェルにソ連が軍事的拠点を確保したとの噂が流れた。しかし一九八四年、A・レネ大統領はこれを否定し、ソ連製のミサイルはセイシェル自身の防衛用のものであり、駐留する北朝鮮軍はセイシェル軍の訓練を行なっているのだと主張した。この話は一九八七年に再び持ち上がったが、この時も否定された。確かにレネ大統領はソ連に、彼らの望んだ喫水の深い海軍軍港の使用を認めなかった。そのころ、アメリカは同諸島のマヘ島にトラッキングステーションを保持しており、その対価として一九九〇年代初めで年間二四〇万ポンドが支払われていた。それより早い一九八一年に、南アフリカがセイシェルと友好関係を結ぼうとしてマヘ島に傭兵を送り込んだ。これらの島々にマフィアが関与しているとの主張もなされたことがある（*Independent*, 1992. 6. 9）。

アメリカもまた、それが自国の領土であろうとなかろうと、自身の地政学的理由により島を利用――あるいは誤用――してきた。世界中の島々に、アメリカ軍の基地があったし今もある。その多くはアメリカ以外の領土にある。キューバのグアンタナモ湾にはカストロ政権以前からアメリカ軍基地があり、この基地は冷戦中のキューバのミサイル危機のときも、アメリカがキューバの共産主義政権に対して数十年間に渡りボイコットしていた間も、活動し続けてきた。かなり最近まで、アメリカ軍基地があった、あるいは現在もある地域は、バーミューダ、タークス・カイコス諸島、沖縄、フィリピン、ディエゴガルシア島――インド洋にあるイギリス領の島――、マーシャル諸島、グリーンランド、アセンション島といったところである。これらすべてが、今はアメリカ領ではない。多くはかつてもそうではなかった。しかしこれら地域の為政者たちは、アメリカが戦略的目的のためにこれら地域を使用することに抵抗できなかったし、そうすることを良いとも思わなかった。一番議論のあるのはディエゴガルシア島である。この島では、アメリカの要請を受けて、イギリスが一一五一人の住民を強制的に移動させた。同島の住民は、一九世紀に島のココナツ農園で働かせるために連れてこられた人々の末裔であった。一九八〇年代に、アメリカは五〇〇〇万ドルをかけて潟湖を浚渫し滑走路を延長した。それ以後、ディエゴガルシア島はアメリカの最も有力な基地になっている。イギリスの領土であるこの島を、イギリス人も含めた民間人が訪れることは禁じられている。兵士四三人からなるイギリス海軍第一〇〇二部隊が、この島の法と行政について責任をもっており、行政はアメリカ軍兵士三五〇〇人の中から犯罪者を逮捕したりしている。二〇〇〇年にはアメリカ軍がイギリスに、ディエゴガルシア島へのアクセスを改善する

図7・2　グリーンランド，クルサック島．基地閉鎖で放棄された設備（1999年）

作戦の一環として、ポラリスミサイルを一一万ドル値下げすることを提案した。同じ年にイギリスで、島を強制的に退去させられた旧島民の一部が、不法な退去命令だったと提訴した。イギリス政府は、彼らは契約労働者であるとの立場をとった。高等法院は住民に有利な判決を下した。

島にあったいくつかのアメリカ軍基地は、閉鎖された。バーミューダ島、グリーンランド島東沖のクルサック島（図7・2参照）、フィリピン、タークス・カイコス諸島などの島々の基地である。フィリピンのスービック湾海軍基地とクラーク空軍基地は、大量の基地労働者を抱えていた。多くのフィリピン人は基地の存続を望んだが、結局、政府と国民の誇りが打ち勝ち、一九九二年一〇月、アメリカはスービック基地をフィリピン政府に明け渡した。その前年、クラーク基地はピナトゥボ火山の噴火による降灰で使用できなくなっており、それでアメリカも諦めたのだった。アメリカ軍はフィリピンや他の太平洋上の基地から偶発的事件で退却するための準備をしていた。一九八〇年代、アメリカは、西太平洋にある自身の信託統治領パラオをもっと利用しようとしていたが、パラオ政府は一九七九年に非核地帯を宣言していたので難しかった。アメリカの対パラオ関係のあり方については、島の間でも国際的にも批判があがっている（*Independent*, 1991. 1. 6）。

アメリカは、沖縄でも撤退への圧力を受けている。「アメリカは国へ帰れ！」というのは、ある新聞の見出しである（Desmond, 1995a）。問題のある部分は、冷戦後の沖縄においてアメリカ軍の存在が大きすぎることにある。第二次世界大戦以降一九七二年まで、アメリカ軍が広大な領域を占領していた。沖縄本島の二〇％以上をアメリカが管理下においており、その半分はかつての耕地であった。アメリカは一九九五年には二万八〇〇〇人の兵士を沖縄の一二の基地に駐留させており、日本全体では四万五〇〇〇人で、韓国のそれが三万七〇〇〇人である。さらに、アメリカの軍人および軍属が関係する犯罪の問題がある。一九九五年にアメリカの海兵隊員が起こした一二歳の少女レイプ事件で、反アメリカ感情は最高潮に達し、そのあと沖縄の全人口の八％に当たる八万五〇〇〇人が、アメリカの駐留に抗議して宜野湾市で集会を開いた。レイプ事件の後、大田昌秀沖縄県知事は、アメリカ軍の撤退を政治的優先課題とし、基地への土地利用許可の更新を問題化させた（South China Morning Post, 1996. 5. 15）。東京の日本政府は知事に協調路線を命じた。拘束力をもたない住民投票が一九九六年に行われ、八九％がアメリカ軍撤退に賛成した（「アメリカの敗北」はこのときの新聞の見出しである（Kunii, 1996））。この後、日本の首相は東京で、沖縄の苦境を無視して、四七〇〇万ドルの援助とアメリカ軍施設五カ所を閉鎖または移転させることを約束した（Gibney, 1996）。二〇〇〇年までに、わずかに名護市にあった一カ所の基地が移転しただけである。名護市は、奇しくも二〇〇〇年七月にG８が開かれたところで、日本の大蔵省はこれに五億ドルを出費した。大田昌秀は、このときもはや知事ではなかったが、腹を立てながら、これは「住民の感情や願望に敬意を払うのではなく金で魂を買おうとする行為だ」と批判した（*Independent*, 2000. 7. 21）。その年の七月初めに起こった海兵隊員による二つの不適切な事件もあり、地元の反感は再び高揚し、二万五〇〇〇人の沖縄の人々は、最大の基地・嘉手納基地の周りを人間の鎖で取り囲んで、G８に対する抗議の行動を示したのであった。

おそらくこうした問題を避けるために、そして自分たちのために住民をどけてくれるような同盟国は再び出現することはないだろうとの思いで、アメリカはいくつかの島を直接の管理下においてきた。例えばグアム島は、中央太平洋の島々からは切り離されて治められていて、他とは違い独立を志向することもなく、アメリカがこの島の軍事利用を続けるかぎり、アメリカの自治領でもない地域として存在し続けるだろう。プエルトリコの主島にあるルーズベルト海軍基地や、狭い海峡をはさんで反対側にあるビエケス島の基地は、重要だが議論の多い軍事的地域である。ここでは一九九九年に基地反対運動があり、その騒動で死者が出た。しかし、そうした悲劇にもかかわらず、独立していないプエルトリコはアメリカの基地を撤去させることはできないだろう。ハワイにも基地がある。ハワイは、一八九三年にアメリカ海軍が武力で奪い取り、地方の指導者であった時のリリウオカラン女王を追放したあと、一九五九年からアメリカの一州となった。ハワイをただの領域から州に変えることについては、一九五〇年代半ばに議論があったが、それはある部分、ハワイが共産主義に対して開放的だったからである。J・S・サーモンド上院議員（当時も、そして九〇歳になった現在も）が、このときの議論を振り返って述べている一節を、G・ダウズが書き留めている。

ハワイに関する価値の破壊は、古い起源の文化という表現を取りながら、しかし根底には生物学があった。ハワイは決してアメリカの真の一州とはなりえない。決して同化できない実態として、国家の政治的母体が拒否するであろうと思われた。「世界にはたくさんの伝統の影と混合があるが両極端は二つだけだ……われわれの社会は、少なくとも今のところは、西洋の文明や文化や伝統が最高潮に達した実例だといってよかろう。その対極にあるのは東洋の伝統で、主なことはすべて違う――劣っているという必要はないが、しかし結果的に出来る社会を構成することになる個々人の考え方のプロセスからして違うのだ」。

(Daws, 1968, p. 388)

サーモンド議員は続けて、キプリングの「東は東、西は西、二つは決して相まみえることはない」という言葉を引用した。ハワイはこのように太平洋にある列島なのに、サーモンドにとってはそれがアメリカになるにはあまりに遠い存在だったのだ。しかし、こうした見方は現実の前には重要性をもたず、アメリカは「世界の強国であるから、特別に太平洋圏には深く関与し、そしてハワイは必要不可欠の前線基地だった」(Daws, 1968, p. 386)。沖縄やフィリピンの場合とは違って、ハワイ諸島では地元政府がアメリカ軍に対して撤退を要求するような圧力は存在していない。現在より独立的な状況を願い、そのための運動をしているカ・ラフィ・ハワイのような組織もあるが、ハワイの先住民は総人口の一三%しかいなくなっているのである。

紙幅に余裕さえあれば書き留めておきたい島の話は、まだたくさんある。例えばキプロスとマルタに対するイギリスの姿勢である。マルタの話はもう一つの島の力のなさを象徴するもので、一九六七年にイギリスがマルタの基地の縮小を開始し、ついに一九七九年に撤収したのは、マルタの島民の意志に反するものだった。マルタの経済は、働き口を失って混乱に陥り、イギリスとマルタの政治的関係は厳しい緊張に至ったのである (Blouet, 1989)。

島とその政治的地位

政治的には、島々はまったく従属的な状況にあるものから完全な独立状態にあるものまで、さまざまである。かつてはすべての島が従属的だったことはすでに見てきたとおりであるが、ここでは島の現在の状況について述べていこう。

限定的なローカル自治

小さな島々は、特に大陸縁辺部にあって近くに他の島がないような場合、最も近い本土の政治単位に組み込まれる傾向がある。北アイルランドには、行政の最小単位としての地方政府領域があり、例えば沖合の無人島ラスリン島はモイル地域議会の範囲にあたることになる。アイルランド共和国では、島々の端が当該郡議会の末端にあたるが、島にはコミュニティの活動を除いては、ほとんど例外なく政治的な力は与えられていない。郡政府の中には、域内に数多くの島を抱えていて、島でのできごとを監督する特別委員会を設けているところもある。マヨ郡やコーク郡がそうだが、そうした枠組みでも、アイルランドの島々の人々を十分に満足させるようなものではない。アイルランドの島々の人たちは、共通して島の政治的無力さに直面しており、そのことが自覚された一九八〇年代に、いくつかの島の生協の先導で、あちこちの島の人たちが共同歩調をとり始め、島嶼議会（Comhdhail na aOilean）と名づけられた圧力団体を結成した（Royle, 1986）。この議会の要求の一つは、アイルランドの政治組織を、島々を全体として認識するようなものに調整せよというものだった。最初の組織はなくなったが、考え方は受け継がれ、後継グループとしてのアイルランド島嶼議会（Comhdhail na aOilean na hEirann）が結成されて、アイルランドの島々のできごとを監督する常設委員会の設置を達成するキャンペーンを行なって成功した。委員会の使命に関する発表は、次のようだった。

島の社会的・経済的・文化的発展をサポートすること、島のユニークな文化的・言語的遺産を保護すること、ふさわしいレベルの公共サービスに島の人々がアクセスでき、国の経済的・社会的生活にもフルに、また活発に参加できるようにすること。

（Department of the Taoisearch, 1996 の扉部分より）

現在では、このプロセスはもう一段階進んで、同委員会には芸術、遺産、ゲール語（アイルランドの言語）、それに島嶼の各長官が存在する。その一方でアイルランド島嶼議会も活動を継続し、二〇〇〇年には五〇人をヨーロッパからイニッシュエール島に招いて、ヨーロッパ全体の島々による圧力団体結成へと動き出した。

より政治的な力をもった島もあるが、それは島の規模が大きいか、あるいは適切なグループを作っているかがその理由である。イギリスの島々でも、アングルシー島やワイト島はそれぞれが一つの郡である。シェトランド諸島やオークニー諸島、西部諸島は、スコットランドの島嶼領域になっている。マン島やチャネル諸島（ジャージー島やガーンゼイ島（これにはアルダーニー島などの小島を含む）といった地方行政官管轄区域を除いて）は、イギリスではあるが連合王国の範囲ではなく、イギリス王冠のもと、より地方が責任を持っている。アメリカのワシントン州には、島嶼郡であるサンホアンアイランズ郡がある。オーランド諸島はフィンランド領だが、スウェーデン語地域で自治州である。他のヨーロッパの島嶼群で自治的な組織になっているのは、スペインのバレアレス諸島とカナリア諸島、ポルトガルのマデイラ諸島とアゾレス諸島、それにイタリアのシチリア島とサルディニア島、フランスのコルシカ島などである。

より大きなスケールでは、カナダの二つの地方（プリンスエドワード島とニューファンドランド島）とオーストラリアの一つの州（タスマニア島）が、島である。ニューファンドランド島はカナダ本土のラブラドール州の行政のあり方とはかなり違っている。この島はカナダの標準的な姿に比べると開発が遅れているが、ラブラドール州は、多くは先住民が住んでいる鉱山集落や沿岸集落を例外とすれば、ほとんど未開発である。ここには力関係が働いている。強力な方が相対的に弱い方を監督しているのである。この場合には、島の方が相対的に力が強いので、支配的な役割をもっている。この他のカナダの大きな島は、州ではない。北部の島々は、州にするには非常に遠隔で人口もまばらである。しかし東部にあり、プリンスエドワード島に匹敵する大きさと人口をもったケープブリトン島は、ノバスコシア州の一部ではない。この島は本土であるノバスコシアとは違った歴史をもつ。カナダの領有を巡っては、イギリスとフランス両国の長い競い合いがあった。結局、一七六三年のパリ条約の規定でイギリスの植民地になることに落ち着いたが、島にはハイランド・クリアランスで故郷を追われたスコットランドからの大量の移民がおり、これらの人々の生活と島の資源の有効利用のために、一八二〇年にノバスコシア州に編入された。カナダやオーストラリアのこうした事例は、島が連邦国家の州になるためには歴史的な条件が必要だということを示している。ニューファンドランド島もプリンスエドワード島もタスマニア島も、国内の州の中では貧しく、人口の規模でも最も小さい部類である。

国家的なスケールになると、首都を沿岸の島においている国は世界で二つしかない。デンマークと赤道ギニアである。第3章で説明したように、島の方に政治力があるこの二つのケースは、その歴史的な発展の仕方による。大陸部と島嶼部とを領域内にもつ他の国々では、首都は本土にある。この場合には、実際は島嶼国であるマレーシアやギリシャも含む。

独立的でない島々は、限られた政治的地位に甘んじることが多く、本土がそれらに覆いかぶさるような力を持っている。これはしばしば敵意を生じさせ、本土のくびきから逃れて自由になりたいと願う島では、独立への要求が数多くなされることになる。カナリア諸島やバレアレス諸島では、スペインからの独立を模索している圧力団体があるグループの行動を通じて暴力事件を起こしてきている。コルシカ島では、独立を求める活動が堕落し、FLNAなどフランス統治に反対するグループの行動を通じて暴力事件を起こしてきている。また、最近の動きとして、仮にイギリスがEMU（欧州通貨同盟）に加入すると、マン島は協調課税が島の金融サービス産業を危うくしかねないとの理由でEMUを脱退するだろうといわれている。

多島国家もまた、脱退の圧力を受けてきた。西インド諸島連盟というのは決して成功しない。西インド諸島中の最も小さなスケールであるネヴィス島の市民は一九九八年に、セント・キッツアンドネヴィスから脱退すべきかどうかを問う投票を行なった。脱退派が多数を占めたが、それを実行するために必要な六〇%のレベルには至らなかった。太平洋では、ブーゲンビル島の住民が、民族的にはソロモン諸島人なので、独立国パプア・ニューギニアの一部であることに満足してはいない。一九八九年にちょうどこの島に関しての問題が起こり、それは島の環境が銅鉱山によって破壊されたためであった（Connel, 1997）。暴力で鉱山は閉鎖され、国の政府への暴力は、島の経済封鎖を引き起こした（Fathers, 1992）。アンジュアン島の住民は一九九七年、コモロ諸島からの脱退を望み独立を宣言したが、主島であるグランドコモロ島から軍隊がやってきて鎮静化された。一九七四年、諸島四番目の規模のマヨット島は、フランス領として残ることを主張して、他の島々の独立への動きへの歩調を合わせるのを拒否した。政治的には違ったレベルだが、一九九三年からスターテン島はニューヨーク市からの離脱のプロセスを開始した。これは地元の力をより発揮するためである。また豊かな島々フロリダ・キーズのうちの一つであるキービスケーン島は、マイアミデード県からの離脱を試みているが、これも自身の計画している法の制定のためである。

この節では、島の従属性が島の政治構造に関しては必ずしも安定したものではないことを示してきた。このほかの不安定要因は、島の分割であるが、これを次に見ていこう。

分割された島

島には地理的全体性が付与されており、したがって島は普通一つの政治的単位として扱われる。つまり島は、独自の地位を保っている場合でも、またより大きな政治的単位に従属している場合でも、政治的に分割されることは通常はないということである。カナリア諸島はスペインの自治的地域として二つに分かれているが、各島嶼グループはそれぞれ一まとまりの島嶼群になっている。しかし、いくつかの例外があって、それにはローカルな場合と国単位での場合とがある。例えば、新しいカナダの新準州であるヌナビュートは、北極圏のビクトリア島とメルヴィル島を縦断する境界を有し、境界の向こう側はノースウエスト準州のままになっている。だがこの両島にはほとんど人が住んでおらず、島としての経済や社会が機能しているとは言いがたい。もっと不可解なのはスコットランド西部の陸塊がルイス島とハリス島に歴史的に分割されてきたことで、両島は一九七〇年代まで別々の行政区域――ルイス島はロス・アンド・クロマティ、ハリス島はインヴァネスシャーに属していた。七〇年代のスコットランド地方行政再編成に当たって、この政治的分割は終わりを告げ、両島は西部諸島島嶼協議会を構成するアウターヘブリディーズ諸島に加わった。

ルイス・ハリス島の隣の島、グレートブリテン島の統合についても、完璧を期すために少しだけ触れておこう。とはいってもこの島は小さい島とは言えないが、グレートブリテン島もかつては分割されていた。一二七七年以降ウェールズは、文化的な違いはたくさん残しながらも政治的にはイングランドに吸収されたし、スコットランドも一六〇三年、国王ジェームス六世がイングランド国王ジェームス一世になった時に連合王国に加わった。スコットランドはウェールズよりもイングランドとの違いを保持していて、独自の法律や教育のシステムがある。スコットランドもウェールズも、ともにスポーツなどでは競争相手で、例えばラグビーやフットボールではそれぞれがイングランドとは異なるナショナルチームを結成する。しかし、こういった事柄は、文化的な面や一般的なイメージに関しては重要ではあっても、政治的にはあまり意味がない。付記するが、クリケットではウェールズやスコットランドの選手も、連合王国の唯一のナショナルチームであるイングランドチームに選ばれてプレーする。一九九九年、スコットランドとウェールズはさらに自治的になり、それぞれがスコットランド議会、ウェールズ議会を持つようになった。どちらの議会でも、選挙ではナショナリストのメンバーが多数の議席を占めたが、彼らには力がなく新しい構成の議会も独立には達していない。ウェストミンスターの連合王国議会（下院）は他を圧する権威を有し、グレートブリテン島は国民国家レベルでの政治的統合を果たし続けている（連合王国のもう一つの部分、北アイルランドについては後述する）。

実際のところ、島が別々の国民国家に分かれているケースは非常に稀だが、こうした稀なケースは島の政治的経緯の一部であるので、ここで触れておこう。事例は、ボルネオ島、キプロス島（事実として）、ヒスパニョーラ島、アイルランド島、ニューギニア島、サンマルタン／シントマールテン島、フエゴ島、そしてチモール島の八カ所である（図7・3参照）。これらの島の分割状況は、ほとんどすべてが植民地の結果である。ボルネオ島は、広さ七四万三一〇七平方キロメートルにわたる巨大な島で、植民地化される以前はそこを支配したものはいなかった。さまざまな勢力間での競争の結果、南部はオランダ、北部の大部分は少なくとも名目上イギリスの手に渡った。これらの地域は、それぞれがインドネシアおよびマレーシアの一部として後に独立の方向に動いたが、第三の国家が石油埋蔵の多い地域にブルネイとして出現した。ブルネイは、一九八四年の独立まではイギリスの保護を受けた王国領だった。ニューギニアでも同様に、植民地化以前は数多くの部族が林立するところだったが、ある時から三つの勢力に分かれ、西部のイリアンジャヤはオランダが、南東部のパプアはイギリスが、そして北東部のニューギニアはドイツが、それぞれ

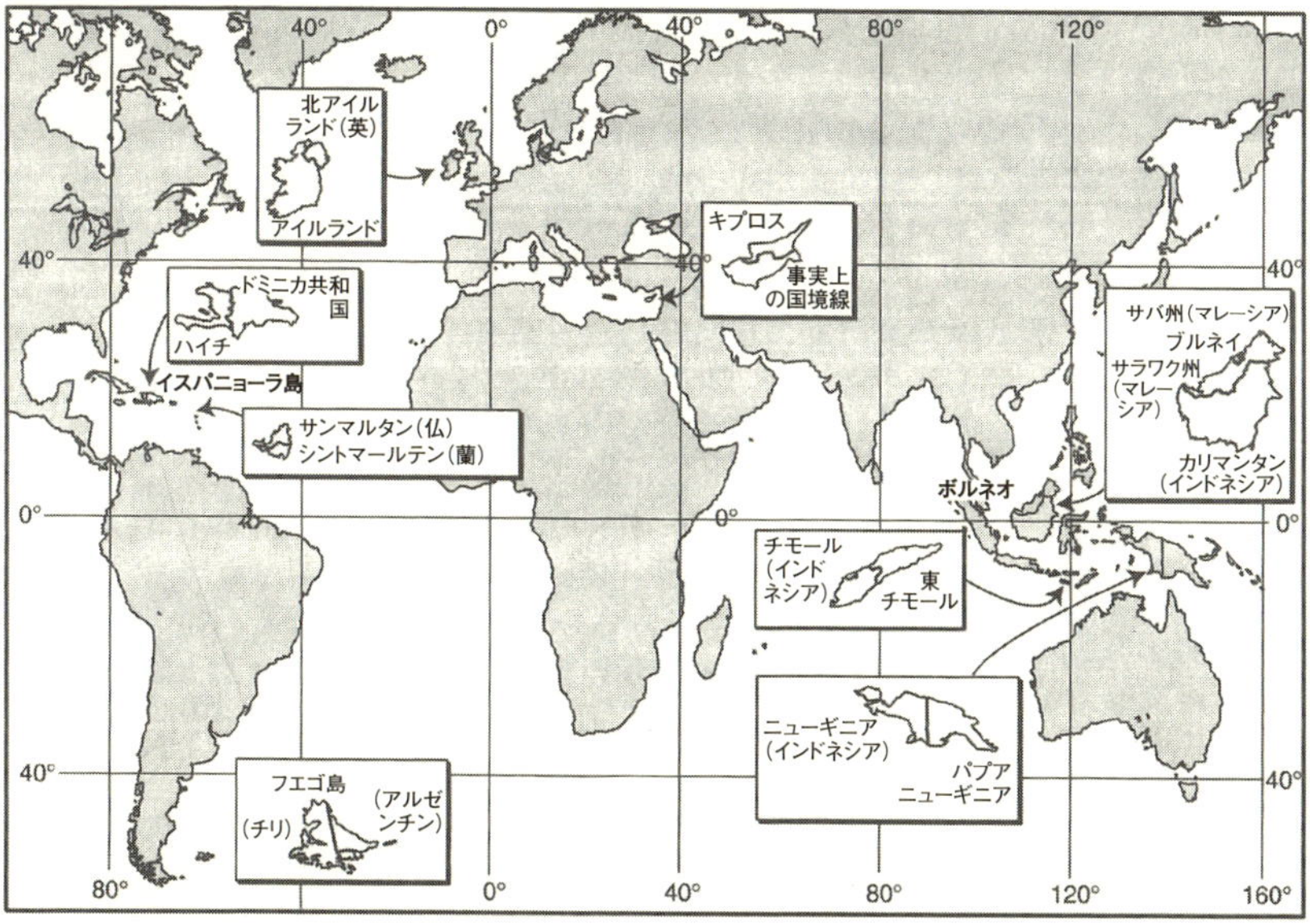

図7・3　分割された世界の島々

の植民地とした。ドイツは第一次世界大戦に敗れて帝国を失い、ニューギニアは一九一四年から二一年まではオーストラリアの、それ以後四五年まではイギリスの、行政下になった。一九四五年から、ニューギニアはパプアと合体してパプア・ニューギニアとして一九七五年に独立した。イリアンジャヤは今はインドネシアの領域であるが、他のインドネシアの領域が一九四九年に独立したのに、イリアンジャヤは一九六三年まではオランダが保有していた。

インドネシアにも三分割された島がある。チモール島である。この島の東側はポルトガルの植民地東チモールだったが、一九七四年にポルトガル帝国が分裂に近い状態になり市民戦争での革命が進行して、海外へ向ける目をそらしていた時、東チモールはインドネシアの侵略を受けた。インドネシアの専制は多くの議論を呼び、死者がたくさん出た。カトリックの東チモールとムスリムのインドネシアとでは、精神的な交流がほとんどなかった（例えばBarbedo de Magalhaes, 1992を参照）。一九九九年、多くの動揺の後、国連の監視のもと、東チモールで住民投票が実施され、独立への意向が確認された。それでもまだかなりの戦闘が続いたため外国の干渉を招き、特にオーストラリアによって、インドネシア軍は追放された。東チモールは今、おそらく独立への方向を歩んでおり、そうなるとまた島は再び分割されることになる（実際、独立した）。

ヨーロッパの植民地宗主国の行動によって、カリブ海のヒスパニョーラ島も、西部の旧フランス領のハイチと東部のかつてのスペイン領で今のドミニカ共和国とに、形の上で分かれている。これと似たようなのが、もっと小さい西インド諸島の島、サンマルタン島（フランス語読み）／シントマールテン島（オランダ語読み）で、両者の利害がぶつかって島が二分されている。北部はフランスのウートル・デ・メール・グアドループ県であり、南部はオランダ領アンティル諸島の一部になっている。植民地主義は、南アメリカ大陸南端にある無住のフエゴ島にもあって、ここはアルゼンチンとチリとに分かれている。他の分割されている島と同じく、フエゴ島にも植民地化に抵抗するような勢力が存在しなかった。この島の内部の国境は、もとの植民地時代のそれであり、まっすぐな線が南北に引かれていて、ちょうどニューギニア島を分けている線と似ている。

さて、次はアイルランドである。アイルランドの分割についての長い歴史は、どちらかというと小さな島を扱っている本書にはそぐわないが、完璧を期すためにはここで語っておかなくてはならない。話の要点は、またしても島の微力さである。現在のこの島の分割状態のもとになったのは、一七世紀のアルスターへの植民である。これにより、島の北東部には主にスコットランドからプロテスタントが流入し、ゲール人とローマ・カトリックが多数を占める他の部分とは対照的になった。アイルランドは、島の支配に対してしばしば反乱を起こし、特に一六四一年と一七九八年の反乱が有名だが、一八〇一年からはイギリスと議会が合同し、固く結びついてきている。一九世紀から二〇世紀初めにかけてはしばしば反乱がおき、それは一九一六年のダブリンでのイースター蜂起で最高潮に達した。第一次世界大戦後は、イギリスもアイルランドの多数派——カトリックとゲール人たち——の存在と政治的独立とを否定することはできなくなり、一方でアルスターのプロテスタントたちを加えた一つの独立したアイルランドを作ることも不可能だった。それで、分裂は避けがたいものになり、アルスターの九州のうち六州が北アイルランドとして連合王国に残り、他はアイルランド共和国として独立したのである。しかし、分裂はアイルランドに平和と安定をもたらすものではなかった。二〇世紀の終わりの三〇年間は、数々の「トラブル」が相次ぎ、北アイルランドおよび他地域で死者や暴力事件を経験した。今、本書を執筆している最中にも、アイルランドの統治を平和的に進める方策が模索されている。

キプロスの分割は、意図的に覆い隠されている。この原因は普遍的に見られる民族紛争である。この島は、地中海の東端にあるという戦略的な位置により、長い間ギリシャおよびトルコ両国からの影響が重なり合う地域であった。そして結局はこの両国に民族的起源をもつ人々が人口のほとんどを占めるようになり、ギリシャ系が多数派になった。一九六〇年のイギリスからの独立に際し――イギリスが最後の、そして最も長期にわたる植民地宗主国であった――キプロスは行政を共有する力があったが、トルコ系の人々は差別されていると感じ、不満を募らせた。一九七四年、キプロス政府を攻撃するクーデターが起こり、表向きは自民族系の人々を守るという名目でトルコ軍が侵入してきた。キプロスの後見諸国は国連が停戦を呼びかけるまでこれを調停することができず、トルコは島の三分の一を領有してしまった。人口の入れ替えが行われ、トルコ系キプロス人と本土のトルコ人たちは北部に、ギリシャ系キプロス人は南部に住むようになった。この境界線は事実上の国境になり、トルコだけが北部を治める北キプロス・トルコ共和国の正統性を主張している（図7・4）。島の二つの地域を仲裁しようという試みはたびたび行われてきたが、いまだかつて成功はしていない。

理論的には一つの政体だが、実態は分裂している島もある。スリランカがそれで、かつての植民地の通例として、人口が多様な民族によって構成されるようになった。そして、シンハラ人（約一一八〇万人）とタミル人（約二〇〇万人）との間に亀裂が生じ、シンハラ人が独立後の島の政治を牛耳るようになった。タミル人たちは集住している島の北部と北東部に、独立したタミル・イーラムを作るよう圧力をかけてきた。一九七〇年代に暴動が起こり、数千人が死んだ。スリランカは外部からの干渉にも悩まされ、一九八七年から九〇年にかけてはインド兵七万人があまり成功

図7・4　キプロス．ニコシア．トルコの主張する北キプロス共和国の国境（1993年）

しなかった平和維持軍として駐留し、彼らの中からも死者が多く出た。

以上、世界の分割された島々の簡潔な記述から明らかになったのは、それらがいずれも外部からの干渉の後に分裂したということである。それが植民地化であったり、移民であったり、侵略であったり――時にはこれら三つが重複したりしていて、いずれもまたしても島の微力さを表わしている。

領有が争われている島

これまで述べてきた分割された島は、係争――しばしば暴力的な――の末に分割されるようになったものである。その結果できた境界線は、世界中に受け入れられ、変化の兆しはない。私の知る限り、ボルネオ島やフエゴ島やヒスパニョーラ島やニューギニア島を一つにまとめるために闘っている人は一人もいない。イリアンジャヤにはインドネシアからの独立を欲する人たちがいるが、ニューギニアではそのようなことは話題にも上っていない。しかし、その一方でキプロスやアイルランドのように、分割後も政治的統一をめぐる抗争が収まらず、死者も出ているところもある。これからわかるのは、島は経済的な観点からはいつも魅力的なところとは限らないが、いまだに係争の対象になっているということである。論争の多くはよく知られ、しかも長い間続いているもので、それが今日でもトラブルを引き起こしている。キプロスやアイルランドやチモールがそうで、これらはすでに紹介した。これらのほかに言及し光を当てるべきは、新しい政治的カテゴリーである領有が争われている島である。

ここでは、過去に起きた係争の結果、その土地の政治的反目だと世界に認識されているようなものは触れない。コルシカ島は、今は複数の国によって争われてはおらず、コルシカ島人でそれを不愉快だと思う者がいるかもしれないが、世界的にフランスの一部であると認められている。そうではなくて私たちはここでは、スペインがイギリスに対してジブラルタルの領有を主張しているように、その領有が国際的な議論となっている島のことを取り上げよう。このような例は数多くあり、中には友好的な関係の国々の間でのものもある。「国際境界研究ユニット」ではインドネシアとマレーシア間の、プラウシパダン島とプラウリジタン島の領有をめぐる論争を扱った出版物を発刊した（Haller-Trost, 1995）。また六カ国が領有を主張しているスプラトリー諸島の問題（Dzurek, 1996）があり、『島々の論争と海洋法』と題された一般的なテキスト（Smith and Thomas, 1998）も発行されている。さらにアメリカとカナダはともに、ニューブランズウィック州（あるいはメーン州）のマチアスシール島の所有権を主張している。メーン湾内の海洋境界は、この両国間で長い間議論になっている（Ricketts, 1986; Burnett, 1990）。フランスはミンクィア島をイギリス領のチャネル諸島の一部だとは認めていない。ウェーク島は、マーシャル諸島の人々にとっては自分たちの島々の一部だが、そこに基地を保有すアメリカ人はそうは考えない。マーシャル諸島はこのことを前面に押し出せないでいる。というのはアメリカが、彼らがまだ「自由友好関係」を保っている国で、アメリカからの援助を必要としているからである。

こういった論争は、多くの場合あまり重要ではないけれど、しかし深刻な問題が生じているケースもある。ギリシャとトルコは、ともにNATO加盟国でありながら、友好的な関係にあるとはいえない。もっともこの二〇年間ほどは、両国ともに被害を受けた地震のあとでお互いに助け合ったように、関係はだいぶ改善されてきてはいる。この両国間の争いの一つの理由が、イミア島（ギリシャ側からの呼称）またはカラダク島（トルコ側からの呼称）の領有をめぐる係争である。この地域には一〇〇〇ほどの岩礁と小島があるが、いずれも無住である。これらの所属については、一九四七年にエーゲ海南東部のドデカニサ諸島がイタリアからギリシャへ譲渡された時から、不明瞭なままだった。トルコはそう主張する。ギリシャ側の見解は、これらの島々は一九四七年からギリシャ領になったというものである。これらの岩礁をめぐる争いは、最近の一九九六年一月、海軍兵力を出動させる騒ぎになった。トルコの軍艦フィゲンアカト号が一九九五年のクリスマスの日にこれらの島に着岸し、ギリシャは島の領有を確固たるものにするため兵力を指し向け、トルコもこれに同じやり方で応えたのである（*Turkish Daily Press*, 1996. 7. 19）。これにかわってギリシャ正教の司祭が島に行き、ギリシャ国旗を掲げたが、これはトルコのメディアグループにより引き下ろされ、トルコ国旗が掲げられた。翌日にはギリシャ軍が到着した（*Independent*, 1996. 2. 1）。紛争にならなかったのは、二〇隻の軍艦が含まれていたためだったが、ギリシャのヘリコプターが事故で墜落したりし、状況はほとんど戦争状態だった。しかしアメリカの政治論争仲介役R・ホルブロックがこの状況を冷却させたのだった。

フォークランド諸島の領有をめぐるイギリスとアルゼンチンとの紛争はよく知られており、この章の最初でも取り上げたが、いまだに紛争はくすぶっている。一九九八年、K・ドッドはこの論争を「終わりのないもめごと」と評したが、多くの島民にとってはアルゼンチンとのビジネスはもう終わったのだった。ポイントはしかし、アルゼンチンのクレームが今でも続き、それがはねつけられているということである。ドッドは、一九九〇年代にイギリスがこの諸島の防衛のために年に約六七〇〇万ポンドを費やしたと記している（Dodd, 1998, p. 623）。一九九九年七月には漁業に関してアルゼンチンとの間で良好な調整ができて、アルゼンチンの市民は彼ら自身のパスポートでフォークランド諸島に渡ることができるようになり、また一九九六年一〇月より、チリからフォークランド諸島への航空路がアルゼンチンに立ち寄るようになったと報じられた。この発表がなされると、スタンレーの町には、フォークランド諸島政府が説明する合意事項の報道に反して、街頭で抗議する人々が現れた（Falkland Islands Legislative Council, 1999）。「終わりのないもめごと」は実際そうなのである。

もう一つの論争は、スプラトリー諸島での軍事的な関わりと死者についてである。この南シナ海の地域には、一八万平方キロメートルを越す海域に二三〇あまりの砂州やサンゴ礁が散在している。これらの島々は基本的にはサンゴ礁であり、そのうちのいくつかは高潮位時にも海上に顔を出して、時々漁業関係者が避難用に利用することがあったが永住している者はいなかった。それにもかかわらず、六カ国がその一部または全部の島々の領有を主張している。すなわち、ブルネイ、マレーシア、フィリピンの各国が一部を、中国、台湾、そしてベトナムが全部を自国のものだと言っている（**図7・5**）。こうした領有に関する論争があることは、一九九二年のマニラおよび一九九四年のバン

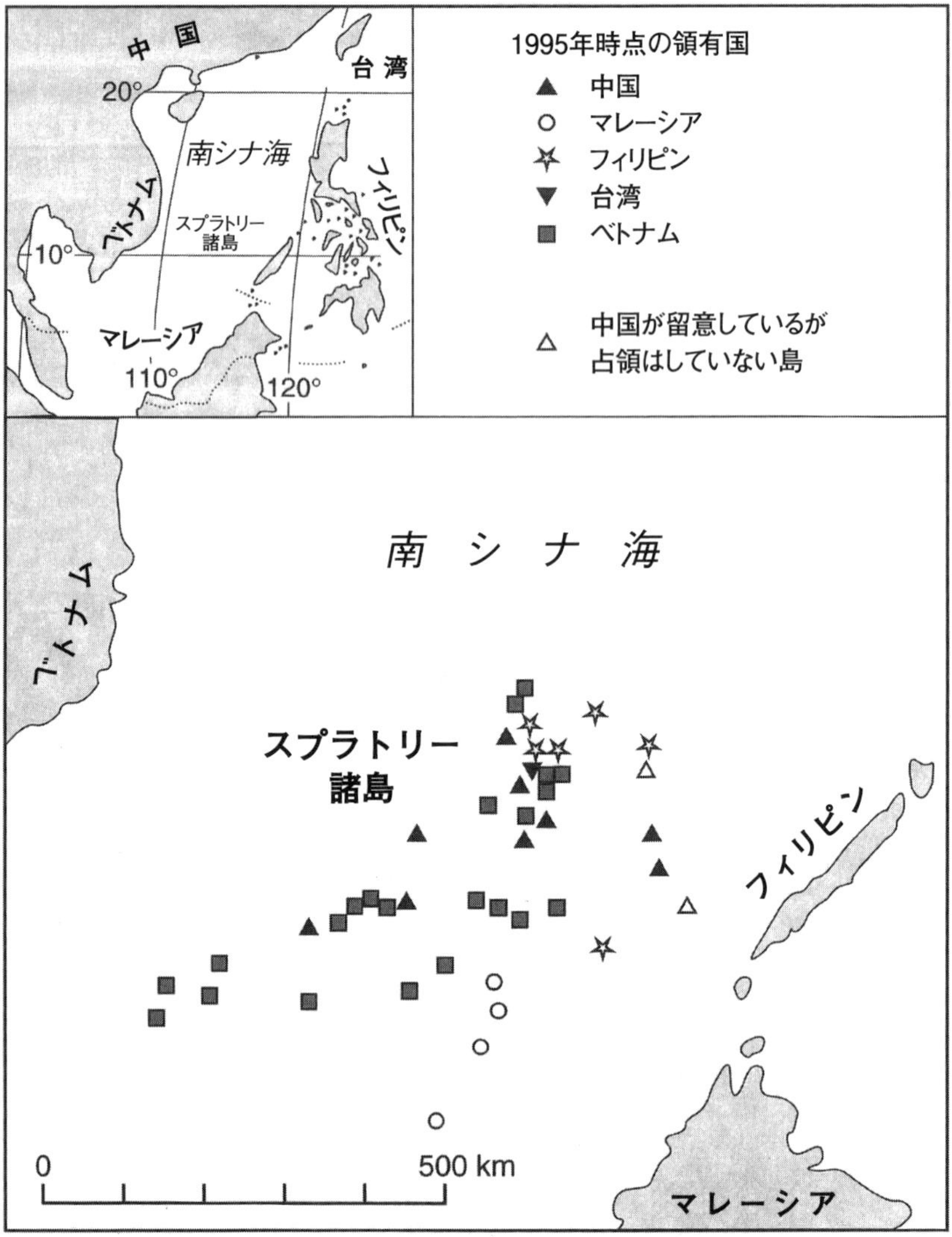

図7・5　南シナ海．スプラトリー諸島をめぐる領有紛争

コクで開かれたこの地域の政治的まとまりであるASEANの機能を発揮させるための主要な課題になっている。島々は、近代になって最初はベトナムを通じてフランスの影響を受け、第二次世界大戦中は日本が占領した。日本は一九五一年のサンフランシスコ講和会議で所有の主張を取り下げた。ブルネイ以外の五カ国は軍事力でいくつかの島を占拠し、海水面上の空間を確保するための建造物を砂州上に作ったりした。他の国はこうした冒険に対して武力で反撃し、戦闘が起こった。一九八八年に中国がベトナム船三隻を沈没させ、ベトナムから六つのサンゴ礁を奪った。七七人が亡くなった。一九九四年、何人かのフィリピン人漁民が中国の戦艦に拿捕された。一九九七年、フィリピンの漁民と国会議員が砂州上に国旗を掲げ、中国はこれを主権の侵害だとして抗議した。一九九八年、中国はミスチーフ環礁（中国では美済礁）に二つのコンクリートの要塞まがいの建物を、フィリピン人を排除するために建て始めた。そこ（フィリピンにとってはパンガニバン礁）はフィリピンの二〇〇カイリ排他的経済水域内にあるというのに。防衛大臣のO・メルカドは、中国の、海の上の長城建設による〝緩やかな侵略〟を恐れた。中国はスプラトリー諸島の領有を、明朝時代の総督チェン・ホー（鄭和）が一五世紀早期にこの地域を何度も航海していることを根拠に主張し、建造物は漁民が建てたのだと言った（McCarthy, 1999）。中国は一九九二年、スプラトリー諸島のいくつかを開発するというベトナムとマレーシアの共同提案に対抗して、尖閣諸島の釣魚島とスプラトリー諸島とパラセル諸島の領有を宣言する法律を通した。他の国々との間には、深刻な論争があった。

中国は一九九六年に、日本の若者同盟が灯台を建てた、無住で領有権をめぐる論争中の尖閣諸島に、もし日本の右翼グループがさらに上陸するようなら、〝深刻なダメージ〟があるだろうと警告した。第二次世界大戦後はアメリカがこの島々を施政権下においていたが、一九七二年に日本に返還されたもので、しかし中国と台湾がともにこれを非難していた。島々には台湾も（釣魚台諸島として）領有を主張してきた。台湾人は漁民たちを脅かして灯台を撤去させた。一九九〇年、二隻の台湾船が上陸しようとしているのを日本の巡視船がやめさせた。一九九六年の事件では、香港の中国人が島に行って灯台を壊そうとし、その時ある団体の船が沈没した。この結果として、日本製品のボイコットが香港で起こった。

中国は一九七四年に、同じように台湾とベトナムが領有を主張しているパラセル諸島（西沙諸島）を奪った。ベトナムは一九九四年、スプラトリー諸島（ツロン・サ）とパラセル諸島（ホアン・サ）の領有を再確認する決議案を可決させた。東アジアでは、日本にも韓国との間に竹島の領有をめぐる論争がある。

他では、一九六九年にフットボールの試合をめぐって戦争になったことで有名なホンジュラスとエルサルバドルとの間で、メアングエラ諸島の領有をめぐる論争がある。カタールとバハレーンは一九八六年にファシュトアルディバル礁に関して戦火をまじえ、このときには二九人の外国人が捕虜になった。論争はサウジアラビアのファハド国王によって仲裁された。カタールとバハレーンはまた、ハワール島の帰属についても争っている。ペルシャ湾ではイランが、アラブ首長国連邦の二国との間で、アブー・ムーサー島の領有および大ツンブ諸島と小ツンブ諸島の領有を争っている。一九九五年にはエリトリアとイエメンが大ハニシュ諸島と小ハニシュ諸島の領有をめぐり争い、両国は死傷者に苦しんだ。

いったいなぜ、人々はこのような断片的領域のために死んだりするのだろうか？　それは、今日では島がその政治的所有者に領海の権利を提供するからである。こういう領海を持つと、そこの海洋資源にアクセスすることができる。水産資源だけでなく、最近大陸棚で発見されているマンガン塊のような鉱物資源、また場所によっては石油の埋蔵もある。スプラトリー諸島付近の海域では、すでに石油の探索が進んでいる。これらと、釣魚島／尖閣諸島およびパラセル諸島周辺では、二一世紀も一触即発の状態が続くだろう。

国家の権力が絡んでくるもっと国際的に重要な論争は、ロシアとアメリカの間の島々と、ロシアと日本の間の島々である。ロシアは、今になって、一八六七年にアメリカに一エーカー二セントという値段でアラスカを売り渡したことを後悔しており、もう一つの適正に名づけられた島ウランゲリ島の返還を主張している。ロシアと日本の論争は七つのクリル（千島）諸島、択捉、国後、色丹の各島、それに四つの島からなる歯舞諸島についてである。クリル諸島はカムチャツカ半島から北海道に向かって延び、ロシアはこれらの日本の最も近い島々を、一九四五年の日本の降伏後、占領した。一八世紀にロシアの毛皮猟師が最初にこれらの島々の先住民アイヌと接触した時から、両国間ではクリル諸島の所有権をめぐって論争してきた。一八七五年の条約では、クリル諸島は日本、サハリン島はロシアに、それぞれ与えられた。日本はつねに、一九四五年のロシアの強奪の法的正統性を争っており、一九五六年にロシアが国後島と歯舞諸島の返還を申し出たにもかかわらず、この論争の結果としてロシアとの平和条約の締結を拒んでいる。一九九二年には再び日本に同じ提案がなされたが、この時は日本の援助とパッケージになった提案だった。一九四八年までに日本人の居住者一万七〇〇〇人は、意に反してロシアにより強制的に島を退去させられた。一九九一年の住民投票では残ったロシア人島民の七五%に当たる二万五〇〇〇人が、島々が日本領になることに反対したが、この地域の指導者たちは、もし彼らの母国ロシアにとっての厚遇であるなら島々を返還する用意がある。ある新聞の報告では、「島の住民はだれも、日本とロシアの外交官の考えの中に住民の利益を大きくするようなことがあると期待してはいない」ということである（*Independent*, 1992. 7. 2）。ここでも再び、島の微力さが見られるのである。

〝植民地〟としての島

一九九八年、アルドリッチとコンネルは属領に関する広範な研究を『最後の植民地』というタイトルで公刊した（Aldrich and Connell (1998)）。この本が出版された以上、これから限られたスペースで述べようとする植民地としての島についての事柄は、余計なものになってしまうことを免れない。しかし、本書の目的のためには、島の島嶼性による一つのかなり共通する政治的位置が「植民地」であることに触れないわけには行かない。「植民地」という言葉には、非白人の人々を対象とした白人による略奪的専制という含意がぬぐえない。しかし今日世界に残っている植民地のほとんどは、そうした状況ではなく、多くはその従属的地位により利益を得ている。実際、今日では植民地という言葉はほとんど使われておらず、その代わりに「海外領」という言葉が選択される。だから、この言葉は今では、かつての植民地で現在のイギリス属領を指すものとして一九九九年の政府白書でも用いられているのである（Foreign and Commonwealth Office, 1999）。

アルドリッチとコンネルの前掲書では、最後の植民地の決定的リストは存在しないとしている。アメリカ国務省は一九九八年、永続的居住が見られる四三の属領の存在を認めた（Christopher, 1999 のウェブサイト p. 327 からの引用）。これについて前掲書では五四カ所が取り上げられているが、彼らの選択には問題もある。例えば、ほとんどの人がスペインの中の自治的地域と認めるカナリア諸島（衒学的に言えば二つの自治的地域）を含めている。その一方で、ノルウェーに対して従属的であるスバールバル（スピッツベルゲン）諸島は含まれていないし、南極海にある無人のノルウェー属領ブーベ島あるいはピーター一世島も入っていない。どの属領が含まれるべきかの詳細は、本当は重要なことではない。書物であれ現実の世界であれ、最後の植民地という言葉から引出せるのは、こうしたカテゴリーに含めることが考えられるのはいずれも島だということである。巨大な帝国は過去のものとなり、分割されて数多くの国民国家になった。珍しい例外として今日まで残っているのは、島である。島は、それを保護するものがなければ、現代世界においては非常に小さく非常に弱く、守るのも難しいため、大都市の力への依存以外に道はない。あるいは、大都市の力がそれらの地位を支持されるように変えるには、島が有用でありすぎるのかもしれない。本土の方が従属的であるという二つの例外は、一九九九年にリストからはずされた。アメリカが管理権を譲渡したパナマの運河地帯と、一五五七年から租借されていたのをポルトガルから中国に返還されたマカオである。

島が植民地のままでいる場合は、何か障害があるからである。一つは自尊心の欠如、〝自由を求める国〟という概念の欠如である。小さな島ではアイデンティティの感覚が強く生じ、それは実際、人工的で不安定な国民国家、例えば植民地主義によるアフリカなどよりもずっと強い。スーダンには国民的アイデンティティはほとんど見られない。ルワンダのフツ族とツチ族とは、私がかつてジャマイカで見た看板に書かれていた「一つの心、一つの民族」という国民国家を称揚したフレーズのようには決してならない。フォークランド諸島のケルパー人は、民族的な意味では自由ではないにもかかわらず、自分たちが何者か（そして何者でないか）をよく知っている。国民的なアイデンティティについてという意味では、ナイジェリアの市民は自由ではない。

最後に独立した島嶼国家は一九九四年のパラオであるが、『最後の植民地』のリストから卒業したところは他にもあるかもしれない。フランスは脱植民地化には無関心な国で、数多くの独立に成功した属領をもっていた。他にも独立への圧力のある島で、政治的な動きがあると、それらにはしばしば暴力がつきものだった。一九八五年にグアドループで一人の人が爆弾で亡くなったが、この時はこの島で少なくとも独立賛成の運動が二つあった。一九八〇年代半ばころのニューカレドニアの状況は非常に深刻だった（Connel, 1988）。土着の民族でカナカとして知られるメラネシア系の人々が、島では少数派の四三％、一五万人しかいなかった。彼らのほとんどが独立に好意的だった。多数派は主にフランスから最近定住した人たちで、この人たちはフランスのままでいることを望んだ。二つの勢力は暴力的対立に陥った。フランスは、将来の状態を決める住民投票を一九八七年に行ない、多数を占める現状維持派が九三％を得て勝利した。しかし問題の解決には程遠く、独立賛成派のカナカ社会主義解放戦線（ＦＬＮＫＳ）は投票をボイコットした（Aldrich and Connel, 1992 の第8章を参照）。この問題の再考のためには長い冷却期間が必要だと決まったが、独立派のリーダーのＪ－Ｍ・チボウは一九八九年に暗殺された。最近になって論争が再開し、一九九八年四月、カナカ人とフランス系の定住者とは、「独立への住民投票の結果よりも優先的に、権力を次第に委譲するためには一五年から二〇年の期間がかかると予想されるパリでの取り決めに調印した」（*Fiji Daily Post*, 1998. 5. 2）。フランス領ポリネシアでも独立への動きはあり、タビニ・フィラアティラというグループは一九九五年に非常に活動的になったが、これはフランスが島を核実験のために使用することへの抵抗という意味もあった。グリーンピースのスポークスマンは「独立の問題と核への抵抗とは結びついている」と言明した（*Independent*, 1995. 9. 9）。

このほかに例えばスペインのバレアレス諸島やカナリア諸島でも、独立への動きはある。デンマークでも、ボーンホルム島にナショナリストの集団ボーンホルム・フレミテドがある。一九九九年に極小国家の国際会議がフェロー諸島で開かれたが、これによってフェロー諸島でも、少なくともデンマークからの独立への可能性を探ろうとする活動があることがはっきりした。一九九九年には、フェロー諸島とシェトランド諸島の間の北極海で石油探索が始まったと伝えられた。フェロー諸島側で産出される石油は、確かに独立への動きを助けることになるだろう。彼らの生活水準を維持するためにはデンマークからの相当な補助が必要だという問題はあるとしても。とはいえ、定住している四万七〇〇〇人がそのまま島々に残るとしても、たいした金額にはならないのだが。

プエルトリコ、バーミューダ、グアドループ、レユニオン、ニューカレドニア、ケイマン諸島、マルティニーク、フランス領ポリネシア、アメリカ領バージン諸島、アメリカ領サモア、フェロー諸島、そしておそらくグリーンランドも、これらの島々は、そのうちのいくつかが独立しているように、なんとかやっていけるレベルにあるといえよう。マーシャル諸島、ミクロネシア連邦、キリバス、ナウル、セントビンセント、セントルシア、そして特にツバルといった島々は、名目的には独立しているが、経済的・社会的問題や、資源や環境の問題に悩んでいる。おそらくこれが、多くの海外領の島々が近年、自分たちの地位を変えようとしない理由である。それらの島々は、政治的自由は得られなくとも、上記のような問題に悩むこともないからである。この、頭か心臓かという議論は、東チモールの政治的将来についての一九九九年の住民投票の準備段階でも、再び取り上げられた。カナダの主要な国民的新聞に、M・ギーの、自治の程度問題はあるとしても東チモールにインドネシアに残るようアドバイスする論説が載ったことがある。ギーがそういう理由は、主として経済的な面に関してであった。

独立……は、暗闇で飛び跳ねるようなものである。東チモールの独立国家は、世界地図の上では小さなシミでしかない。唯一の重要な輸出品はコーヒーである。一人当たり経済生産高は、一九九七年に一三八米ドルでしかなく、この地域でも最も小さいものの一つである。独立はインドネシアからの経済援助の終わりを意味する――地元では総予算のうちの四〇分の一しか賄えない。だから東チモールは国際社会の恩恵の中に身を投じなくてはならない……。血の海を見ずに独立への希求を満足させるためには、現存する国家内に留まることしかない。われわれがカナダで連邦制と呼ぶシステムのもとでの。（*Toronto Globe and Mail*, 1999. 8. 25）

ギーへの返答は、彼のアドバイスに反して実施された住民投票ではなく、D・ウェブスターからの手紙によってなされた。それは、グローバル化した世界では経済単位のスケールはあまり問題ではなくなってきているので、東チモールも、トラブルを抱えたインドネシア経済に〝拘束される〟よりは、それから離れた方が豊かになる希望を持てるというものだった。しかし、最も大切なのは〝心〟の問題である。「東チモールには人間の自由についての、人を鼓舞させる物語がある」のである（*Toronto Globe and Mail*, 1999. 8. 28）。

しかし、属領では東チモールの人々が苦しんでいるようなトラウマから抜け出せていないことは認めるとしても、支配するのは指導者である。フランス領アンティル諸島では、最近の住民投票で独立に投票した人は五％に満たなかった。オランダ領アンティル諸島でも、一九九三年から九四年にかけて、現状維持派がかなりの多数派であった。シントユースタティス島では九一％、サバ島では八八％、ボネール島では八六％、そしてシントマールテン島で五九％というように。一九八六年に独立へ歩みだすためにオランダから離れたアルバ島は、それ以来コースを変えた。バーミューダ（一九九五年）やプエルトリコおよびアメリカ領バージン諸島（一九九三年）でも近年、統治問題に対して国民投票が実施され、それぞれ属領であり続ける方が多数だった。バーミューダでは三対一、アメリカ領では一〇対一という比率であった。バーミューダ政府は（アルバ島と同じように）独立のため憲法論議を始めていたが、「その結果としての経済的・政治的状況に直面して方向を転換した」（Christopher, 1999, p. 328）。もしプエルトリコの地位に何か変化があるとしても、それはたぶん独立国になるのではなく、アメリカの五一番目の州になることであろう。これより早く、同じような住民投票が、インド洋のココス・キーリング諸島で実施された。これらの島々は一八八六年に、これビクトリア女王からクラニーズ・ロス家へ私有世襲領地として下賜されたものだった。J・クラニーズ・ロス船長が一八二〇年代にこの島々を最初に占領したからである。二七の島々は一九五五年からオーストラリア領となったが、同家の所有であることは変わらなかった。オーストラリアは一九七八年に、この島々を三五〇万ポンドで買い、固有の通貨（豪ドル）を導入したのが最初の変化であった。一九八四年四月、クラニーズ・ロス家がココナツのプランテーションで働かせていた契約労働者たちの末裔で島に住む数百人に対して、オーストラリアへの統合か自由連合か、あるいは独立かという選択肢が示された。末裔たちは、国連の監視下で行われた投票において、自由連合という中間点さえ選択せず、圧倒的にオーストラリアへの統合を支持したのだった。

J・マッケルロイは植民地としての島の利点をあげているが、それらは次のようなものに他ならない。

政治的同盟関係にあることに付随する実質的な社会－経済的利益……自由貿易制の選択……有利な援助と社会福祉への補助、島外にある首都へのよいアクセス……多くの場合、島外の労働市場から移民という形で労働者を集められること、援助に裏付けられたインフラと通信の整備、相対的に良質な保健および教育システム、自然災害からの救済、コスト負担の少ない防衛費、そして島内部の潜在的抵抗勢力からの防御。

（1998, p. 33; Royle, 1992も参照）

カリブ海諸国の統計による比較を通じてマッケルロイは、一人当たりＧＤＰや電力消費、自動車および電話の保有率などに関して、独立島嶼よりも属領島嶼の方が勝っていることを明らかにしている。同様に、人口規模や社会的・教育的指標についても、非独立島嶼の方がすぐれている。「これは小さな驚きだが、脱植民地化のプロセスは、カリブ海地域の小島嶼では足踏みして」おり、小さな島々ではあちらこちらで、「植民地永続の時代」に入っているという（McElroy, 1998, p. 33; Connel, 1994も参照）。このことは、『最後の植民地』で、植民地時代はおそらく決して終わることはないであろうと結論づけられたのと軌を一にするものである。グローバリゼーションは、いずれにせよ独立ということへの関心を薄れさせるのであろう。

人々は植民地の存在を受け入れることの不正に対して抵抗するであろう。しかし多くの属領で、同じような宣言が明瞭なレトリックによる技巧としてなされるであろう。それは、グローバルな経済に対して不均衡の少ない結びつきを達成し、統治や自治や文化的アイデンティティを強めることではあっても、政治的独立を求めることではない。形式的な政治的独立は、現代ではほとんど意味を持たない。「最後の植民地」はポストモダンの将来を具体化するものになるであろう。(1998, p. 251)

こうした見方は、Christopher (1999) にも表れており、彼は、いまだ植民地として残るところが独立することの経済的および政治的議論は「現状維持へと向かう傾向がある」(p. 328) と記している。実際、それが強制されたタークス・カイコス諸島では、独立するよりも、塩の交易を通じて歴史的な交渉のあるカナダの領域になれたらどうかということが示唆されているのである。さらに一九九三年には、ピトケアンの島民がイギリスの統治に不満で、フランス領になることを願っているという、より深刻な示唆があった。

独立国家としての島

島の政治的地位として最後の可能性は、独立することである。それ自身で独立した島は、ほとんどない。ほとんどの島嶼国家が、諸島で、数百あるいは数千の島々からなっている。こうした状況下では、小さな島は、それが属する島嶼国家の力の中心地とも、大陸沿岸の島々が本土の力の中心に対して持っているのと同じような独立的関係を持っ

図7・6　ジャマイカ独立30年を風刺する戯画
（提供：『ジャマイカ・デイリーグリーナー』紙，1992年8月20日付）

ている。多くの島の場合政治的独立は、経済的独立も世界へのより大きな影響力をもつことも必要とはしない。小さな島嶼国家はしばしば、その影響力を強めようとする地域的なあるいは国際的なグループの一員になっている。南太平洋のような島嶼地域における経済に関しては、多くの国々が、独立後も古典的なＭＩＲＡＢ経済（第8章参照）になっている。ミクロネシア連邦を調査したキャメロンは、「ＭＩＲＡＢ社会を避ける太平洋的やり方があるだろうか？」と見ている（1992, p. 150）。彼の結論は、「アメリカとの契約に基づく移民は、現在の〝ＡＢ〟に〝ＭＩＲ〟を付加するものであろう。資本が労働に向かうのではなく、労働が資本に向かうように。もう一度言うが、独立は、それが形式的には現実であっても、あくまで名目的なものであるに過ぎない」というものである（Cameron, 1992, p. 167）。

独立した島も、それが植民地であった過去から分裂した社会を引き継ぎ、独立後も面倒な政治的分裂を抱えている。その古典的な例がフィジーであるが、他にも類例はたくさんあり、二〇〇〇年早期にモルッカ諸島（香料諸島）ではイスラム教徒とキリスト教徒の間で多くの暴力事件が起こった。問題はまた、小さな社会ではカリスマ的指導者が専制的になりすぎる可能性があることからも生じる。アフリカの脱植民地化以後の歴史が示すように、これは島についてだけの問題ではないが。ハイチの「パパドック」デュバリエ大統領は、島のたぶん最も有名な例であろう。最後に、小さな島々は、そのリーダーたちが小さな島の経済の運営に関する深刻な問題に直面した時に、政治的に闘争するのかもしれない。『ジャマイカ・デイリーグリーナー』紙に載った漫画（図7・6参照）は、このことを例証している。

かくして島は、その政治的地位にかかわらず、基本的な地理的制約から逃げることはできない。それは次章で取り上げる、現代における島の経済に関する問題である。

第8章　島で暮らすこと——現代の島の経済

資源への依存

通常は、面積の広い国ほど、いろいろな種類の資源を持っているものである。地質的に多様であれば、天然資源の種類が多いはずである。こうした国々は、いくつかの気候帯にまたがっており、土壌の種類も多様でさまざまな農業が可能である。一方、小さな島々は面積が限られているため、気候的にも土壌的にも多様さを持ち合わせず、限られた居住空間に適する作物しか栽培できない。いくつかの島、特に火山島は、標高の点で非常に多様な姿を示しているのは事実である。その好例がカナリア諸島のテネリフェ島で、面積わずか二〇六〇平方キロメートルでしかないのに、島にある火山ピコ・デ・テイデ（三七一八メートル）はスペインの最高峰でもある。このような島は気候帯も多様で、したがってさまざまな農業の可能性をもつが、しかし面積が限られていることは作物の絶対的な生産量が少ないことを意味している。島は主要な生産地にはなれず、もっと生産量の多い他地域の市場の価格と条件を、そのまま受け入れるしかないのである。例えばイギリスの西部諸島の飼羊農家は、国全体のヒツジ肉や羊毛の価格を左右するほどの生産量をあげることはできないので、競争力をつけたい島の生産者は、比較優位に立てる一つまたはいくつかの生産物に力を集中しなくてはならない。「一つのバスケットにすべての卵を入れる」やり方（第3章で述べた）である。市場での価格下落や家畜の病気など、供給側に問題が生ずると、島の経済への衝撃は大きなものになる。小さな国々、特にアイスランドを扱った著書の中でオラフソンは、多くの小国がマイナスの経済成長であることを明らかにした。そして彼は、分析の結果から次のように警告する。

小国は、限られた第一次産品および半加工品輸出への依存による輸出価格と収入の不安定さに対して、準備をしておく必要がある。（1998, p. 86; Potter, 1993も参照）

このようなリスクは、必ずしも理論的なものではない。カナダのプリンスエドワード島（ＰＥＩ）の農業は、ジャガイモ生産に特化している。一九九一年に、ウイルスが蔓延してこの島のジャガイモの収穫に影響し、農業経済は打撃を受けた。それでも同島は、一九九八年にはまだ、失われた市場を少しでも回復させようと努めていた。同年一月、島の首相Ｐ・ビンズは、メキシコでのＰＥＩの種イモ市場を再開することを表明した。

もう一つの問題は、資源の枯渇である。太平洋の島ナウルのことを想起しよう。この島には豊かなリン鉱石の資源があった。しかし、ほぼ一世紀にわたる採掘の結果、ナウルの国土の表面は月世界のようになってしまった。今では中央平原は掘削されつくし、サンゴ礁の頂点だけが残る景観を呈していて、およそ一五〇メートル幅の海岸部分にしか植生は見られない。この島は豊かだったが、一九七〇年代のリン鉱石価格のピーク時に、ほとんどが海外での壮大な投資に費やされた。またその富は人々を広く幸福にするものではなかった。地元での食糧生産はほとんどなく、多くが加工食品に依存し、そのため肥満などの健康問題が広く見られるようになった。一九九二年、ナウルはオーストラリアを相手取り、環境破壊とリン鉱石の市場価格以下の支払いしか受けなかったことをめぐって国際司法裁判所に提訴し、翌九三年に一億三〇〇〇万アメリカドルを受け取ることで和解した。破壊された島の回復を期待するものは誰一人としていない(Richardson, 1993)。多くのナウル人は海外に住んでいる。資源の枯渇は鉱業経済に影響するだけではない。これについては次節で見てみよう。

ニューファンドランド島の事例

カナダ東部の島ニューファンドランドは、一九九〇年代早期まで資源に依存した経済であったが、その依存対象——魚、もっと正確に言えばタラ——の資源再生産能力を超えた過剰捕獲によって、経済が壊滅的になった。この地域の海洋資源を求めて、早くからヨーロッパ人の移住者が多く、さまざまなヨーロッパの国々が、海洋資源を求めて競争してきた。最初はスペインが、次いでポルトガル、バスクなどがやってきた。ラブラドール州南部とケベック州東部の五つの集落を結ぶ道路の終点に当たるレッドベイという孤立した集落は、かつては非常に重要なヨーロッパ人集落だった。この村がバスク人の捕鯨活動の中心だったのは一六世紀半ばころのことで、一種の防御壁になる沖合の島々、サドル島周辺海域で捕鯨は行われていた。バスク人の関心はクジラのストックが減少すると明らかに減退していった。後に東カナダ大西洋州になる他の地域では、イギリスとフランスの両ヨーロッパ勢力が、ニューファンドランド島周辺海域での操業を続けていた。両国とも漁業資源の探索を行なったが、ニューファンドランド島を魚の加工(乾燥および塩漬け)地として利用したのはイギリスで、フランスは加工を船上で行なう傾向があった。ニューファンドランド島は結局、イギリスの所有となり、カナダから分かれたが、一九四九年にニューファンドランドとラブラドールとがカナダ連邦への参加を住民投票で決めるまで、イギリス領だった。フランスは現在、海外領としてサンピエール、ミケロン両島を保有するだけになっているが、これら両島の漁業による利益はフランスのものになっている。

ニューファンドランド島自体は大方が荒れた土地である。気候は厳しく土壌も薄い。ほとんどが沼地や水溜りや森林であり、わずかに恵まれたいくつかの部分、例えばアヴァロン半島やポルト半島のポルト付近で農業が営まれてい

図8・1　カナダ．ニューファンドランド島のアウトポートであるロングアイランド（1995年）

る。都市と呼べるのは、最東部のアヴァロン半島にある良港に面した首都のセントジョンズだけである。他の地域にはいくつかの鉱業町があるが、いずれも内陸部である。ガンダーには空港があり、かつてはヨーロッパに最も近い北アメリカの空港として、大西洋横断航空路のよく知られた中継点であった。ステファンビルには昔、アメリカ軍の基地があった。ディアーレイクは水力発電所のそばにできた町で、グランドフォールスウインザーとコーナーブルックは、製紙業の町である（Norcliffe, 1999）。ニューファンドランド島の集落の大部分は、海沿いにある漁業集落である。そのうちでもボナヴィスタやグランドバンクはかなり大きな集落で、数千人の人口を持つ。グランドバンクには今でも、かつて周辺の海が島にもたらした富の贈り物としての、ビクトリア朝のすばらしい建築物がある。これ以外の集落はいずれもアウトポート（外港集落）と呼ばれる小さな漁村で、人口も数百人規模である（**図8・1**）。アウトポートは完全に海に面していて、そのうちのいくつかは、より漁場に近いフォーゴ島やチェンジ諸島などの沖合の島にある。ニューファンドランド島の海岸には、まだ道路が通じていないところもある。島には今日でも骸骨のような道路網しかなく、主要な道路は、島をセントジョンズから最南西端のチャネルポート・オ・バスクまで縦断するトランスカナダ高速道路であり、チャネルポート・オ・バスクからは、ノバスコシア州のケープブレトン島に渡るフェリーが出ていて、その先はもう北アメリカ大陸である。トランスカナダ高速道路からは、いくつかの海岸集落やアウトポートに通じる何本かの支線道路が走る。これらの道路網が達していない集落や沖合の島にある集落は、どこへ行くにも最初はボートかフェリーに乗らなくてはならない。かつては一八九八年にできた鉄道もあって、今のトランスカナダ高速道路と同じようなルートを通っていたが、一九八八年に廃止されてしまった。

アウトポートが密集する小さな湾内には、限られた数の船しか繋留できない。さらに、漁場に達する時間的経済のため、アウトポートは漁場から数キロの範囲内でなくてはならない。人口が増えて沿岸部の空間や漁場の資源へのプレッシャーが高まると、新しいアウトポートを他の地に探さなくてはならなくなる。絶頂期にはこうした集落が一〇〇〇カ所以上あった。ローカルな資源が減少し始めると、アウトポートシステムは決して安定したものではなくなり、人々も移住を迫られた。一九四九年から五四年までの間に、五〇ほどのアウトポートが住民から見捨てられた。一九五三年から、ニューファンドランド島政府はこのような集落住民の移転に取り組み始め、他の一一〇の集落の移転に対しても援助をした。一九六七年から七五年までの間に、政府の援助はニューファンドランド再定住プログラムとして正式なものになり、さらに一五〇のアウトポートが援助の対象となった。同プログラムでは、七七のアウトポート集落が成長可能な中心地として認定され、社会的経済的機会を提供されて、そこが再定住の対象地になった。一九六五年から七二年までに合計一万九一九七人が、連邦政府からの六五〇万カナダドルと地方政府からの三〇〇万カナダドルの補助を受けて移住した。しかしこのプログラムは完全な成功をおさめたわけではなかった。成長可能な中心地とされたところで提供される経済的機会はあまり効果がなく、もとの集落に再び戻ってしまう人々も現れた。Rowe (1985) ではこのプログラムを、漁業用語で表現している。「われわれは釣り上げられたのだ」(p. 119)。これもまた島の微力さである。この近代化プログラムは、当時のニューファンドランド島政府首相のＪ・スモールウッドの発案で、彼は島々を二〇世紀の世界に無理やりにでも引きずり込もうとしたのだった（Rowe, 1985; Matthews, 1978–9）。スモールウッドにできなかったのは、アウトポートの海への依存度、ことにタラへの依存度をうまく低めることだった。悲しいことにこの海域のタラのストックは激減し始めていた（MacKenzie, 1995）。ヨーロッパの船による周辺の海域での過剰漁獲のためである。カナダ政府がニューファンドランド島周辺海域に二〇〇カイリ漁業専管水域を設定するまでは、カナダの船も（そしてサンピエール、ミケロン両島からのフランス船も）過剰漁獲を行なった。こうした状況が一九九二年に非常に深刻なレベルに達したため、カナダ連邦政府はタラ資源の回復を図る目的で二年間のタラ漁のモラトリアムを宣言しなければならなくなった。「漁業は終わった」というのは、これを伝える『タイム』誌の皮肉な見出しであった（Fedarko, 1993）。最近の辛辣な論説であるNorcliffe（1999）では、皮肉ではなく「破壊的」とか「探索」とか「採掘」といった言葉を用いて、ニューファンドランド島周辺の資源の利用と乱獲を描いている。「ハイテク技術による漁業の乱痴気騒ぎ」というのが、タラ漁についての彼の表現であった（p. 107）。しかしタラのストックは回復せず、モラトリアムは本書執筆の時点でも、最初の宣言からは数年が経過したのにまだ続けられていて、ニューファンドランド島周辺海域での商業的なタラ漁はいまだに許可されていない。この海域では他の魚種の探索も行われ、また加工プラントも輸入魚類を用いて細々と操業を続けている。しかし、かつてタラに頼っていた約二万五〇〇〇人の漁民や沿岸の労働者たちのほとんどは、解雇されたり失職したりして、代わりに主にＴＡＧＳ（大西洋底魚スキーム）からの援助に依存している。

残念ながらニューファンドランド島の例は、島の経済が単一の生産物に依存しすぎたことの古典的なケースである。生産物が失われると、経済の大部分が惨めな閉鎖に追い込まれる。ニューファンドランド島では、タラに代わるべきものを求め、多様化を模索している。一つの方向が知識産業である。もう一つは観光業で、島民が土地を離れた結果としての島の原風景の復活に、投資がなされている。また隔絶された島ゆえの豊かで特徴のある文化遺産もあって、それらは古典的音楽の中にすぐれたスタイルで表現されている。新しい一つの重要な部門は石油産業で、東海岸沖のハイバーニア油田がその中心である。一九九九年までにハイバーニア油田に関連する産業部門は州のGDPの五％に達し、漁業や水産加工部門のそれが三・八％であるのと好対照になっている。ハイバーニア油田はまた、多くの石油および関連産業従事者が、ハイテクなど他にも転用可能な技術を身につけるという副次的効果ももたらした。石油産業は、ニューファンドランド島にとって有望な経済多様化の方策であるが、しかし同州はいまだにカナダで最も貧しい州である。Norcliffe（1999）は、ニューファンドランド島がカナダで最も出生率が低く出移民の比率も高いことに加えて、社会的コストが高いことが危機を招いていると指摘している。

継続的な資源利用

もし島が依存していた経済部門が失われてしまうと、代わりを見つけなくてはならない。ニューファンドランド島での、タラから上述のような諸部門への経済多様化の闘いのように。代わりが見つからなければ、人口の流出は必然である。いくつかの島では、代わるべき資源の利用によって持続的な経済の運営がなされている。ここでは、二つの事例を検討してみよう。

フォークランド諸島の事例

第3章で説明したように、フォークランド諸島の経済は、一九八〇年代までは船舶への物資補給と牧羊とに支えられていた。当時、牧羊場への投資は不十分で、ウール製品による収入は合成繊維に押されていた。一九八七年、フォークランド諸島政府は、近隣の排他的漁業専管水域での漁業権ライセンス（許可証）の販売を開始した。この海域での操業——主要な魚種はマツイカであったが——を望むものはだれでも、フォークランド諸島政府からライセンスを買わなくてはならなかった。フォークランド諸島の経済は、現在もこの漁業ライセンス販売に多くを頼っている。最近では政府収入の五〇%以上が、漁業部門からのものである。諸島の最近の発展の多く、例えば一四〇〇万ポンドにのぼるコミュニティスクールの計画——これには公共図書館やスポーツセンターも含まれる——などは、諸島政府の拠出金によるものであって、イギリスからの補助ではない。フォークランド諸島の経済の中心は再びスタンレーに移り、この町は近年、少なくともキャンプからの農業労働者の脱出によるものではない成長を見せている。

フォークランド諸島の住民は、スペイン人や日本人、韓国人などへの漁業ライセンス販売に経済が依存することの危うさと、過剰漁獲や不法漁獲が漁業資源を害することを、よく承知している。こうした問題への対処として、諸島では一九九七年に、特別な漁業監視船M・V・ドラダ号の採用に踏み切った。一九九九年には、諸島政府首相が台湾からの密漁船に関連して、地元の船は武装されるだろうと述べた（*Independent* 日曜版、1999. 4. 9 のA・ガーの記事による）。さらなる問題は、年毎に漁獲高に差異があることである。漁業収入は例えば一九九六—九七年次から九七—九八年次の間に、二三〇〇万ポンドから一八三〇万ポンドへと減少した。

新しい資源が見つかって、漁業権ライセンスへの過剰な依存の問題が軽減されるという希望があった。それは石油で、フォークランド諸島は堆積性海盆にあたるためであった。諸島の住民は二〇〇〇人しかおらず、これらの人々を裕福にするのは容易なことに思われた。しかし、本書執筆の時点で、探索調査はまだ有望な鉱脈を発見しておらず、石油はいまだ次代のフォークランド諸島経済を支える可能性でしかない。この間、諸島政府は、「財政計画へのより慎重で厳格なアプローチ」が必要で、漁業収入により形成された積み立ての取り崩しは「とても責任を持てない」やり方だと言明した（Falkland Islands Government, 1998, p. 5）。経済の多様化へのプログラムもある。これはフォークランド諸島開発公社の使命で、一九八二年のフォークランド紛争の時期よりも現在は、海外からの諸島への投資熱が高まっていることがこれを助けている。一九九七—九八年財政年度、同公社は、カルシウム含有海草類からの肥料生産、肉牛集団飼育の確立、固有の畜殺舎の設立といった仕事に取り組み、諸島産牛肉の市場での可能性を高めることに努めていた（Falkland Islands Government, 1998）。未加工の羊毛を輸出する代わりに、諸島内で付加価値をつけた製品の生産を試みる「フォークランド諸島製セーター」の発展も見られている。観光業にも力を入れ、船でのクルーズと陸上でのツアーが催されているが、後者の場合は、諸島に到達するまでが大変で費用がかかる。畜殺舎は二〇〇〇年に完成し、フォークランド諸島からの肉の輸出ができるようになり、農業省は島の製品すべてに有機栽培であることの証明書の発行を始めた。冷涼な気候は殺虫剤を必要とせず、農民たちは広い農場で、かつて近代的――集約的な無機農業――とされたやり方ではない農業を行なってきたのだった。

タークス・カイコス諸島の事例

持続的な経済のもう一つの例は、タークス・カイコス諸島である。この諸島の経済は、初めサウスカイコス、ソルトケイ、グランドタークの各島での海塩製造が主であった。諸島は標高が低く、部分的に塩田が掘られていて、格子状の堤防が内部ではつながった平らな底の浅い盆を形成し、これらを互いに分けることができるようになっていた。海水が塩田に入ってきて堤防の背後に溜まると、この地域は日差しが強く、平坦で樹木のない島々を吹きぬける風も穏やかなので、水分が早く蒸発するのに理想的なのだった。析出された海塩は、かき集められ（ちなみに、グランドタークス島の最高のホテルの名前はソルトレイカー（塩をかき集める人の意）ホテルという）、大部分がカナダの漁業地域に運び出されて、魚の保存、例えば塩漬けのために用いられた。島々での製塩業は、初めバーミューダが仕切っており、そのためイギリスの影響圏内にあった。タークス・カイコス諸島は今でもイギリスの海外領になっている。三つの製塩の島、タークス諸島の島二つと、カイコス諸島の島々のうち一つは、これら島々の経済のエンジンの役割を果たしている。グランドターク島にはコックバーンという町があり、自治的なコロニーで幅広い活動機能をもつ主要な集落である。カイコス諸島の他の島々はほとんど無住で、いくつかの漁家が根拠地にしているだけである。

製塩産業は一九六〇年代に終わりを告げた。魚の貯蔵技術、特に缶詰製造と冷凍法とが、塩漬けにとって代わったためである。タークス・カイコス諸島の主要産物である塩の価格は暴落し、塩田は用がなくなった。そして島々は取り残された。ソルトケイ島は現在、ユネスコの世界遺産に指定されて、最盛期の面影をとどめてはいるが、製塩産業の閉鎖から経済的に立ち直ることはできていない。グランドターク島はいくらかうまくいっているものの、これはコロニー行政の中心だったことと、ここにアメリカ軍の基地が二カ所(北部基地と南部基地)あったからである。後者には第二次世界大戦中にアメリカ軍が建設した空港がある。基地の存在は多くの地元の雇用を生み出し、一時は諸島の経済の頼みの綱として、製塩産業にとって代わったこともあった。また、このためにグランドタークス島が、諸島中で最も有力になったのであった。一九七〇年代に基地は閉鎖され、北部基地は、もう使われなくなった醜い塩田跡とともに見捨てられた景観を呈している。南部基地は、空港のそばの建物が政府のオフィスとして再利用されている。

幸運にも、代わるべき機能が今日、いくらかタークス・カイコス諸島を救っている。一つの要素はオフショアファイナンスで、これがおよそ三〇〇人の雇用とGDP七~八%に貢献している。しかし、本章の後半で見るように、これには問題がないわけではない。諸島は温暖ですばらしい海岸を持ち、しかもマイアミからわずか七五分のフライトで到達できるところにある。観光業は諸島の集落地理を再編成させた。というのは、新しい経済の舞台になったのが、長い間未利用だったカイコス諸島だったからである。特に、プロヴィデンシャル島(普通はプロヴォと呼ばれる)は、諸島の経済のエンジン役としてグランドターク島に取って代わった。この島にはサービスセンターのダウンタウンがあり、一通りの小売業や他のサービス業もある、一九八四年に空港近くに建設された町である。島の海岸線沿いには、一九八〇年代に多くのホテルが多国籍企業により建設された。埠頭などのマリーン施設が、島の優れたダイビングの場所としての優位さを生かすために建設されてきており、たくさんの行楽客がダイビングやスポーツフィッシングをするためにボートで漕ぎ出す。ゴルフコースも作られ、島の他のところはオリーブ色の低い木々しか生えない景観なのに、そこだけは驚くほど人工的な緑色の場所になっている。プロヴォには建設ブームと観光産業に関する仕事を求めて島民が集まってきて、今では人口も一万五〇〇〇人(一九九九年)ほどになり、だいたい一〇〇〇人くらいしかいない他の島々に比べると、最も人口の多い島になった。この人口と経済の力強さは、タークス・カイコス諸島のほかの島々の経済状態とはまったく違っている。プロヴォの住民の中にはハイチからの不法移民がおり、ホテル群やビーチからは離れたところにあるみすぼらしい住宅地ではハイチ系の方言が聞かれる。ハイチ人たちは、

飛行機でやってきて、ビザも持っている者もいるが、ほとんどが夜陰にまぎれてボートで渡ってきた人たちである。彼らは、未来を求め故国に残してきた者たちに仕送りをするためにやってくる。

（*The Turks and Caicos Times*, 1999. 4. 25）

政府は一九九九年に、こうしたハイチ人の仮小屋集落が島のイメージを損なっているとして強硬な措置をとることを決め、一斉手入れを開始した。地方紙は、一五家族が占有するビーチリゾートやスパから徒歩圏内のプロヴォのクレメントヤード集落のことを、「人の排泄物で強烈な悪臭がし、ごみは腐敗し、建物の隅にはハエが群がりガラクタがうずたかく積まれている」と報じた。ハイチ人の住居所有者たちは改善を勧告され、プログラムのアシスタントディレクターは、部局に「増員がなされたら」再び同じ集落に手入れすると約束した（*Turks and Caicos Weekly News*, 1999. 4. 15）。

もちろん、経済をいまだに一つの産業に依存しているタークス・カイコス諸島にとっては、不安定なビジネス（第9章参照）である観光業を発展させて市場でのシェア維持のための投資を続けることは必要である。最も新しい提案は、今でも人口のほとんどいないイーストカイコス島が、大部分がスレートからなるためクルーズ船での観光に便利なので、これを活用しようというものである。年に六六〇隻以上のクルーズ船と一六〇万人の観光客が来島できるようにするための施設が計画され、そうなると島のほとんど半分以上にブルドーザーが入ってしまうことになる。新たに七〇〇〇人の雇用が創出され、列島の将来はこれによって保証されるという。実際、労働力の不足と相当数の移民

とが見込まれ、これは必ずしも社会的問題と無縁ではない。陰の開発者のビル・グレニエ・オブ・ページブルック社は、この提案について地方紙でかなり厳しい尋問にさらされ、その結果は一九九九年初めの『タークス・カイコス・ウィークリーニュース』紙に数回にわたって掲載された。計画が大規模なため、環境問題への影響も懸念され、塩気のある沼沢地やマングローブの湿地への影響とともに、特にバラ色のフラミンゴやイグアナやカメなどの生態への影響が懸念されている。しかし、経済的な意味では、現在の地域経済にとって観光業は生命線でもあると考えられているので、島の生態系のある程度の損失は必然的な犠牲だとも承知されている。インタビューの中でデベロッパーは、次のように強調している。

もちろん私たちは島を破壊するつもりはありません。島とその環境は、まさに私たちが発展を促進させようとしているものなのです。

（*Turks and Caicos Weekly News*, 1999. 4. 15）

開発の基本的なポイントは、経済的利益のために観光産業を規模拡大《スケールアップ》することにある。

港湾の目的の一つは、お金を落としていく観光客を呼び込むことだ。……（だから）利益が上がってお金を生み出すような港にしなくてはならない。一つの飛行場よりも一つの船荷が、今必要なのだ。

（*Turks and Caicos Weekly News*, 1999. 4. 15 ; *Independent*, 1998. 12. 5も参照）

これまで、タークス・カイコス諸島とフォークランド諸島というまったく異なる二つの事例を見てきた。両諸島とも、数年間にわたって一連の経済をカバーすることができた島々であった。しかし、どちらも現在の経済の原動力が、中期的には不確かなものだということに気づいている。これらの小さな島々では、長期的に保てる経済的方向性を発展させるための努力が不可避である。両諸島とも、まだイギリスからの独立を果たすには十分な実力をつけていない。特にフォークランド諸島では、独立を達成するためには経済以外の問題があるのだけれど。

スケール問題の克服——規模拡大

島の人々は、経済的な問題を乗り越えるためにさまざまな戦略を駆使してきた。その一つが、生産やサービスの規模を拡大するということである。イギリス西インド諸島航空は、英語圏カリブ海諸島に多数の路線を持っている。マーシャル諸島航空とナウル航空は、それぞれの地元の島々を結ぶだけでなく、キリバスやツバルなどの島嶼国間も結んでいる。トランス・バレアレス海運会社は、スペインのバレアレス諸島の島々すべてへの航路を保有し、カレドニアン・マックブレイン社は、第6章で説明したように、スコットランドのヘブリディーズ諸島やクライド諸島への航路の大部分を提供している。他の活動においても、同じような規模拡大の試みが見られる。西インド諸島のクリケットのナショナルチームなどは、スポーツにおけるこの例である。教育では、西インド諸島大学や南太平洋大学の事例がある。貿易や政治の世界では、カリブ共同体（Caricom）や太平洋諸島フォーラム（Pacific Islands Forum. South Pacific Forum が二〇〇〇年に改称）などが、地域的な政治機構の例である。

しかし、本章では経済に関する政策を議論してきているので、ここでは島の協同組織の発展について好例を見ていこう。

島の生活協同組合

生活協同組合は、例えばアイルランドやスコットランドの小さな島々なら、どこにでも存在する。その意図は、生産者が協同して規模の経済のメリットを最大にしようというものである。すべての農業者が一緒になって肥料を注文すれば、個人で購入するよりも各自のコストはずっと低くなる。協同組合は他にも効果的なマーケティングを行ない、個々の農業者が個人では購入できない高価な機械を組合で買ったりしているが、そういう場合はメンバーが輪番で機械を使うことになる。地元で専門家が作る製品を扱う協同組合もあり、スコットランド西部のスカルペイ島の繊維製品の協同組合がその例だが、しかし小さな島々ではしばしば、生活協同組合は一般的で多方面にわたるビジネスを展開している。アイルランドのゴールウェイ郡のアラン諸島は三つの島からなるが、真中にあるイニッシュマーン島は、一九九一年のセンサスで人口が二一六人だった。この島の協同組合は、多方面ビジネスで年に数十万ポンドの収益をあげている。組合は、政府の支援で一九七〇年代に設立されたが、創設間もないころ設立者は次のように語った。

> 二年前、この島は死んでしまうと予想されていた。最後の結婚式が島であってから、また誰かが島に帰ってきてから長い時間がたち、……水道もなく電気もない島は……アラン諸島だけになった……。（それが）去年は結婚式が三組あり、……五家族が島に戻ってきた。……私たちはまだことを始めたばかりだ。観光客を呼んだり商業をしたり輸送したりする計画だってある。
>
> (Johnson, 1979, p. 71 からの引用)

この協同組合は使命と意志をもち、そしてより重要なことは、個々のメンバーのもつ資源をスケールアップして、全員の利益のためにインフラ整備に投資できたということである。例えば電気の導入、コミュニティホールの改築、上水道の敷設、サマースクールの計画（お金を払った訪問者にアイルランド語を教えるというもの）、フットボール場の建設、電話交換システムの導入、遠隔通信設備の整備、そして島の空港滑走路の舗装といったことが行われた。もう一つめざましく発展したのは繊維関係の工場で、一九七六年に小さな粗製の小屋から始まったものである。これが一五人の雇用――島の労働力人口に比すると大きな数字である――を生み、今では専用に作られた建物の中で行われている。工場で生産するのは、もちろん少量でビジネスとしてもわずかな、もし巨大な市場で競争しようとしたら不利なものである。しかし、この島の協同組合の方針は、高級商品市場での取引である。こうしてこの小さなビジネスからの利益は最大限化され、評判を得て再度の注文をもたらすビジネスは、ブランド名を確立しつつある。これらは単なるセーターではなく、イニッシュマーンのセーターなのである。マーケティングの際には、隔絶された島のロマンと、アイルランド語地域であるという遺産とが、重要な役割を果たしている。著者も最近、この島を訪問した時にセーターを買ったが、袋とラベルには、それらのセーターがロンドンやパリ、東京、そしてアラン諸島で取引されているとうたわれていた。これは、後に述べる島のブランド化の例である。

アイルランドに戻ると、多くの島の生活協同組合が、全アイルランド島嶼の圧力団体（Comhdhail na nOilean）に刺激されて活発に活動している。この団体は、組合結成の初期段階に援助をし、またアイルランド政府に海外の島の事情に目を向けさせる役割を果たしているのは、第7章で見た通りである。

スケール問題の克服――規模縮小

第3章で説明したように、島の人々はしばしば、限られた資源の利用のために複数の仕事に携わることを余儀なくさせられる。多くはパートタイム的な仕事で、他の地域ならフルタイムの仕事になるようなものばかりである。したがってそれぞれの仕事は、島という状況の下ではスケールダウンされることになる。トリスタン・ダ・クーニャ島の人々は、普段は陸上でのサービス業的な仕事についているが、海の状態がよくなって「ボートデー」と呼ばれる日になると、多くの人々が普段の仕事を中断してしまう。屈強な男たちは漁師になって魚を採り、それが終わると島の水産会社で漁獲物を加工する。ボートデーはそう多くはないため、島の人たちはそのあとまた、いつもの仕事に復帰するのである。島の人口もボートデーも――そして魚自体も――あまり豊富ではないため、こういった人たちは専業の漁民にはなれず、漁業も、島の経済にとって見逃せないほどに重要だとはいえ、スケールダウンしてパートタイム的に行われている。

仕事に関してのスケールダウンは、サービス業でも見られる。好例が、インナーヘブリディーズ諸島中の小さな島、ギガ島に住むマックスポラン氏で、彼は少なくとも一四以上のパートタイム的な仕事に就いているが、それらはどれも、大きな主島だったら専門的職業となるものばかりである。しかしギガ島では、これらがスケールダウンされて、一人の多彩な技術をもつ男の仕事になっているのである。マックスポランの仕事とは、店の店員、郵便局長、ガソリンスタンドの従業員、葬儀屋、緊急時のドライバー、タクシー運転手、港の係員、警官、そして消防署員などである（**図8・2参照**）。彼は二〇〇〇年にリタイアしたが、その目を見張る活躍ぶりが『タイムズ』紙（2000. 4. 24）で紹介された。

もちろん、スケールダウンするといっても限度があり、小さな島では島内で特別なサービスを提供できるほどの規模さえない場合もしばしばで、そういうサービスは島外に行って受けなくてはならない。島外への買い物行動から医療まであらゆるものについてそうである。

図8・2　スコットランド，ギガ島にあるマックスポラン氏のビジネス店舗（1999年）

スケール問題の克服——島のブランド化

ブランドを作り出すというのも、島の経済の戦略としてよく採られるもう一つの方策である。島に個性的な商品や生産物があれば、そしてそれらが島に関連するものであればなおさら、その少量生産品は優良品マークをつけて高価で売れる。一九八六年にポルトガルのマデイラ島で作られたワインの六〇％が、樽のまま輸出され、ほとんどがフランスやドイツで料理用ソースの原料に利用されていた。しかし、この島にはマデイラ酒の故郷だというブランド・アイデンティティがあった。マデイラ酒は特別なブドウから作られる多様なワインで、エストゥファというユニークな樽の中での「加熱法」で作られる。このプロセスが特徴のある製品を生み、それがマデイラ島の特徴でもあった。エストゥファは、長い航海の間にワインを保存するために開発された方法で、島から市場にワインを送り出すために必要なプロセスだった。マデイラワイン用のブドウ生産者にとっては、ハイブリッド種のブドウから作られるワインが、結局はドイツのソースになってしまうのは機会を逸することなのだった。島の政府の下部機関であるマデイラワイン機構は、この低品質の生産物を、マデイラのブランドを年に三五〇万リットルから五〇〇万リットルに生産量を増加させ、より多くのワインを、樽のままではなく瓶詰めにして輸出することで、島の付加価値をつけようとした。

もう一つの例は、チャネル諸島のセーターである。これは単なる昔からのセーターではなく、ジャージー島とガーンゼイ島のオリジナル製品だった（セーターは、「ガーンゼイ島」が訛って「ガンゼイ」と呼ばれているところもあった）。またアイルランドのアラン諸島の名前をとったアラン・セーターもある。島外の生産者はこれらの島で作られるセーターに似たものしか作れないが、島の生産者は純正の製品を作れる。ガーンゼイ島とその属島オールダニー島の製品は非常に高価で、ガーンゼイのブランドで売れる。一六世紀以来この島で作られてきた、オイル・ウールから作られる伝統的なセーターで、特徴のあるデザインになっている。インターネット取引だと、サイズにもよるが、一着あたり九五～一四五米ドルである。「フォークランド諸島の」セーターのことは、前に述べた。こちらはまったく伝統的なものではないが——そのデザインはBBC放送のテレビ番組「ザ・クローズショウ」でコンペの対象になったものである——、しかしこちらもまたブランド化された商品になって高価で売れる夢がある。

ハリス島とルイス島の織工たちは、単なる布ではないハリス・ツイードを織っている。これは「もともと島の住民たちが、刺すような雨や荒れた大西洋から吹き込んでくる風に耐えるために作ったのが発展したもの」(MacGillivray, 1989)である。これには、世界で最も古い登録商標の一つである球形のシンボルが、品質を保証するものとしてつけられており、他の地のツイード製作者はハリス・ツイードを作ることはできないのである。

この他のスコットランドの島の特色ある生産品には、ブランド・ウイスキーとリキュールがある。スカイ島のドランブイというウイスキーは、ボニープリンス・チャールズなど島々のすべてのロマンティックな歴史を宣伝販売のために利用している。スカイ島の少し南にはアイレイ島がある。ここでもウイスキーを造っているが、それはよくある類のものではなく、有名なアイレイ島のシングルモルトで、ラフロイグ、ボウモア、アードベッグ、ラガヴーリン、カオルアイラ、ブナハーヴン、ブリックラディックといった銘柄である。これらのブランド・ウイスキーは、特別なウイスキーとして、プレミアつきの価格で販売されている。だから、イギリスで高収入の階層の人々がよく読む『フィナンシャルタイムズ』紙(1998. 8. 30)に、アードベッグについての論説が載ったほどである。ラフロイグは一番宣伝しているウイスキーで、最もピート香のするウイスキーだという評判を得ており、ボトルには「オオムギの麦芽はピートの火で乾燥され、このアイレイ島だけにあるピートの煙がラフロイグにことのほか豊かな香りを与えている」と書かれている。もしあなたが地元のバーに行って、ウイスキーをといって注文しても、高くないラフロイグを飲むことはできない。これらアイレイ島のモルトウイスキーは、名の知れたブランドで、だから(その名前を)指定して注文しなくてはならないのである。有名なブランド製品で知られる島々は、もちろんその評判を観光にも利用している。アイレイ島へ行く人々の多くは、ウイスキーの蒸留所を訪れる目的をもっている。スケールアップのことに戻ると、アイレイ島の蒸留所は、隣のジュラ島の蒸留所とともに、「アイレイ・ジュラ・ウイスキー街道」と名乗っている。他のスコットランドの島でも、ブランド化されたモルトウイスキー市場に参入するため、蒸留所を復活させている。アラン島では一九九五年に蒸留所がオープンした。アラン島のシングルモルト「スコットランドの新しい魂」が最初にできたのは二〇〇一年のことで、その時までをしのぐために、蒸留所はブレンドウイスキーを売り、どこか他でできたモルトを売り込んだのだった。

オフショアファイナンス

二〇世紀後半に、銀行業・金融業はグローバルなビジネスになった。一九六〇年代からの国際的資本流動の自由化、特に変動為替相場への移行とコンピュータや遠隔通信の発達が、重要な役割を果たした。小さく自治的な島々の中には、銀行・金融産業の分野で主要な役割を演じているところがあり、このため「オフショア・バンキング」や「オフショア・ファイナンスセンター（ＯＦＣｓ）」という用語が一般的に使われるようになった（Hampton, 1996; Hampton and Abbott, 1999）。これらの島々は、法的独立性、つまり会計上の規制を自由に定められるという特色を利用して、富裕な個人や企業が島を使うと有利になるように、例えば課税負担を軽減するといったことを行なっている。島が、有望な地域や富裕な人々がアプローチしやすい位置にあることも役立っている。かくしてチャネル諸島やマン島では、イギリスや北ヨーロッパに対してオフショア・ファイナンスの便宜を提供している。マン島銀行は一八六五年の設立だが、最初にマン島登録会社に登録したと主張している。これがこの銀行に安定性と伝統を与えている理由だが、しかしマン島銀行のマーケティングでは、銀行が島にあるということも強調され、「マン島政府・マン島議会（Tynwald）（九七九年設立）が作り出している経済的および政治的安定性」、マン島議会の「地域内の問題についての法的自由」、そしてマン島が連合王国の財政的規制の外にあって「低課税の伝統を発展させてきたこと」などをうたっている（Isle of Man Bank, 年次不詳)。

小さな島々はこのように、魅力的なＯＦＣｓの環境を作り出そうと努めている。しかし、イギリスの島のもう一つのＯＦＣｓの例であるジャージー島に関しては、ハンプトンとクリステンセン(偶然にも二人ともジャージー島の人である)はむしろ、小さな島という状況が外部者によって利用されていないのではないかと考えている。小さな島の悲しさである。

ジャージー島がＯＦＣとして明白に成功したのは、純粋に低課税や厳格な銀行の信用(実際には銀行の秘密保持)によるものではなく、イギリス政府が政治的に黙認しているためであると思われる。公式の島の歴史(States of Jersey, 1993)とは逆に、判断がよかったのではなく、結果が幸運だったのであろう。一九六〇年代から、小さな島の経済が「発見される」と、それが次第に国際金融に利用されてきたのであり、金融センターとしての発展を計画的に達成してきたのとは違う(1999, p. 1620)。

Hampton and Christensen (1999) は、ジャージー島のＯＦＣがこの島のＧＤＰに最も貢献していること、そして労働力の二〇%を吸収していることを指摘している。小さい島の通例として、一つの産業に依存しすぎるのは危険であるとし、続けて著者らは、一九九六年に島の議会が有限責任者の一員になって政治的危機を招いた二六〇〇万米ドルに関して、ジャージー島の財政部門に生じた一連の問題を分析している。彼らの結論は、このようによく整備され国際的にも認知されたＯＦＣであっても、時に「調整の失敗」(p. 1619) があるというものである。こうしたことから、西欧の民主主義国内では次のような考え方が広がりつつある。

説明責任、透明性、誠実さといったものに欠ける。オフショア・ファイナンスセンターは、たとえその最も精密なものであっても、いったいいつまで存在し続けられるか怪しい。もっと疑問なのは、新しいＯＦＣを、いわゆる「国際金融センター」になることを熱望する小さな島々に創設することである。

(Hampton and Christensen, 1999, p. 1635)

今では広く知れ渡っているように、この市場へのさらなる新規参入者がいるかどうか不確かなだけでなく、すでに過剰な数のOFCsが存在しているのである。新規参入者の中には、市場でのシェアを確保しようと努めているものもあるが、それは長い歴史を持つ既存のOFCとの競争である。過剰な競争や単なる貪欲さは、なぜ禁制の行為が裁判の対象になるのか、そしてOFCsをマネーロンダリングに利用した無節操な投資家が数多く訴えられていることの証左である。「一兆ドルのダーティマネーが水に浮かんだタックスヘブンに保有されている」(*Independent*, 1996. 9. 11) というのは、すべてのOFCsがいつも最高のものだとは限らないという疑いを読者に持たせた新聞の見出しであった。それに付随する論説では、注意深く、最近のオフショアファイナンス産業が一般に監視される程度が弱く規制もあいまいであるとはいえ、すべてのセンターが必ずしも胡散臭いというわけではないとも記されている (例えば Aldrich and Connel, 1998 を参照)。国際社会も、しだいにこのオフショアファイナンスに対しては干渉を強めてきている。一九九九年に国連は、オフショア・フォーラムを開催し、これを監視する最も良い方法を議論した。その一年後、OECD (経済協力開発機構) は不正な課税競争の問題を取り扱い始め、二〇〇〇年にはマネーロンダリングが行われている一五の国や地域を列挙したブラックリストを公刊した (Financial Action Task Force on Money Laundering, 2000)。ある新聞の見出しには「ロシアとイスラエルが犯人だ!」と書かれたが (*Independent*, 2000. 6. 23)、実際は両国はブラックリストに載った大陸の五カ国のうちの二つであるに過ぎない (この他にはレバノン、リヒテンシュタイン、パナマである)。これ以外の国や地域はすべてが島で、バハマ、ケイマン諸島、クック諸島、ドミニカ、マーシャル諸島、ナウル、ニウエ、フィリピン、セントキッツとセントネイビスとセントビンセント、そしてグレナダといった島々である。新聞の報告では、チャネル諸島とマン島は、監視下にあるOFCsの「灰色リスト」の中に数えられていた。ヨーロッパのレベルでは、EUが課税の保留を含めた課税協調の方向に歩み始めている。これはイギリスの三つのオフショアセンターであるガーンゼイ島、ジャージー島、マン島にとっては、困難な状況になる可能性を秘めている。ジャージー島の議員は、もしEUが連合王国に島への財政的規制方針の変更を要求するならば、その時には独立のための住民投票を行なうという計画を描いている。

北アメリカでも、カリブ海諸島でのマネーロンダリングに関心が集まっている。一九九九年二月、カナダ騎馬警察の一二人ほどのメンバーは、タークス・カイコス諸島警察のメンバーとともに、マネーロンダリングの疑いのあるグランドタークス島のオフショア銀行の捜査を行なった。島の弁護士たちは、カナダ警察がグランドタークスの証拠書類の箱を持ち去ろうとしたのを何とか食い止めたが、島の銀行家たちは、タークス・カイコス諸島警察はカナダ警察と同じようなやりかたはできなかっただろうと言っている。これも島の力のなさである（*Turks and Caicos Weekly News*, 1999. 4. 15)。タークス・カイコス諸島が発行した二〇〇〇年の宣伝用資料では、同諸島のフィナンシャルサービスコミッション（FSC）が、現在は諸企業の規制を行なっていると強調している。

> FSCは、銀行業、保険業、投資活動、および企業規制など、オフショア部門を完璧に監視している。新しい法制度の下、FSCは企業経営者や代理人、投資信託管理者らにライセンスを与え始めようとしている。FSCはかつて、TCI（タークス・カイコス諸島）をフィナンシャルサービスセンターとすることに努めていたが、現在ではその機能は純粋に調節下にある。……TCIが連合王国の海外領であることによる安定性と信頼性は、もう一つの推進要因である。最近、英国政府と島政府との間で結ばれた調節基準と法制度についての取り決めは、あたたかく歓迎されている。
>
> (International Media Corporation, 2000, p. 2)

ここから読み取れるメッセージは、OFCsの市場が今では新規参入者には閉ざされていること、そしてその一方で、既存の業者たちは評判を回復するために努力しているということである。最も成功しているOFCsであるバーミューダでは、市場の特別な部門についての専門的知識、特に保険業についての知識を早期に獲得し、それにより有利さを享受してきた。バーミューダは、今では、社会的政治的経済的安定性とともに、そうした専門的知識によって成り立っている（Royle, 1998）。一九九五年、バーミューダの有権者は住民投票でおよそ三対一の比率で独立を拒否した。これについて、そうした決定は「財政的安全」のためであるとする意見がある（*Independent*, 1995. 8. 18）。

島と世界労働市場

現代の世界では、その進む道を、新しい国際労働分業として知られる分野に参加することに見出している島々もある。グローバリゼーションの進展により、国際的企業はコストを抑え利益をあげるために、各種部門ごとに最適な立地を捜し求めている。したがって、研究開発部門と組み立て・加工部門とは、同じ場所で、いや同じ国内でさえも、存在する必要は必ずしもなくなっている。安価な労働力を提供する国々は、大量の労働力の投入が要求されるこうした部門に関して、その立地地点として選ばれやすい。このように見ると、安価な労働力を提供できるかぎりにおいて、島は新しい国際労働分業に参加できることになる。小さな島も不可能ではないが、より大きな島がこの場合には主要なプレイヤーである。

一九五〇年代から台湾は、安価な労働力のもとで工業化の開始に成功し、低価格の生産物について定評を得るようになった。しかし今ではこうした定評を覆すかのように、エレクトロニクス産業の主要な担い手になっている。最近ではさらに、工業化の進展につれて、国内生産よりはむしろ国際企業との連携を強めている。安価な労働力をもつ島々は、今日のグローバル化した世界では、マレーシアはむろん中国とさえ競争しているのである。しかし、島が適切な技術をもった労働力を豊富に提供できる限り、競争力は持続すると思われる。以下に述べるモーリシャスやインドネシアのバタム島の例でわかるように、こうした場合には、島であることが積極的な効果になりうるのである。

モーリシャスの事例

インド洋に浮かぶモーリシャスは、島としての典型的な政治と歴史をもつためにいろいろなエスニックグループが存在し、言語もヨーロッパ系やアジア系の言語が数多く保持されている。政府の公用語は英語だが、通商用語（リンガフランカ）はフランス語であり、インド亜大陸や中国系の市民たちはアジア系の言語を話す。こうした多言語をもつ労働力は、グローバルに活動する企業にとっては魅力になっている。さらに、複雑な歴史のためモーリシャスはヒンドゥー教徒が多数派の島になっている。そして、投票行動はエスニックな比率を反映しやすいので、ヒンドゥー教が支配する政党が、独立以来この島の政治を主導してきている。これにより、モーリシャスは政府が安定し、それは他のアフリカ（モーリシャスは〝アフリカの〟島である！）の国々にはない特徴となっている。アフリカで、独立以来抗争なしできた唯一の国なのである。政治的安定性は、国際ビジネスにとっては魅力である。モーリシャスでは、優れた教育システムを作り上げてきたので、人々はよく教育され識字率も高い。一九五〇年代から六〇年代の社会変化で、女性がしだいに家庭外での仕事に関心を抱くようになり、そのため比較的低報酬でも働く人々が増えて、供給可能な労働力が増加した。さらに、もう一つの島嶼性の側面が、モーリシャスを人口についての古典的な苦しみに直面させることになる。一九四〇年代からのマラリアによる死亡率の低下である。このことが、出生率と総死亡率の上昇と並行して起きたため、島の伝統的な経済、すなわちほとんどすべてを砂糖の生産に依存していた経済が支持できる限界を超えた、人口の急増につながったのである。イギリス植民地から独立した政府の権威筋は、二つの方法でこれに対処しようとした。一つは急進的ではあるがよく計画された家族計画を採用して、出生率を低下させること、もう一つは経済の多様化を推進させることであった。

経済の多様化は、主に三つの方法で行われた。一つは島が熱帯に位置することとすぐれた風景とを利用した観光業、二つ目にこの島がインド亜大陸に結びついている――そこの踏み石の位置にある――ことを利用したオフショアファイナンス、そして三つ目が工業化であった。インドとの結びつきについては、一九八三年に両国間に二重課税の回避条約が調印されて、モーリシャスのオフショア施設を通じたインドへの外国投資が魅力になった。最近の新聞の見出しには、「モーリシャスはインドの友人であり続ける」とある（Bikoo, 1997, p. 2)。工業化については、上にあげたような特徴、つまり島嶼性に基づく特徴が重要であった。モーリシャスは繊維産業に特化し、H・ジョーンズの記憶すべきフレーズである「パジャマ共和国」（1989a）になった。島は輸出加工地区になり、島の生産物ではない原材料を島で加工して島以外に商品を輸出するようになった。モーリシャスは敷地と労働力を提供したのである。一九九七年までに輸出加工地区はこの島の輸出の六九％を占めるようになった（Selwyn, 1983; Jones, 1989b; Alladin, 1993; Royle, 1995)。

バタム島の事例

国際的な製造業にフルに加わっているもう一つの島が、インドネシアのリアウ県にあるバタム島である。この島には、工業化の主要素となるべき労働力供給がもともとあったわけではなかった。鍵はむしろ、そこが島だったことにある。バタム島は巨大なインドネシア列島の周辺に位置し、シンガポールのわずか二一キロメートル沖合にある。このことが、リアウ県とシンガポールと、それにマレーシアのジョホール地域で形成する成長の三角形に、バタム島を参加させる要因になったのである。バタム島の役割は、シンガポールに不足している土地を提供すること、そして国の余剰労働力をバタム島でのビジネスにまわそうと熱心だったインドネシア政府が設定した財政的枠組みが、好都合だったこともある。シンガポールは空と海からのアクセスの条件がよく、また商業・金融関係者が地域に利益をもたらすすぐれた金融システムと企業者とをもっていた。なかったのは土地と安価な労働力で、バタム島は前者を提供でき、後者を獲得できたのである。

バタム島は、工業化する以前はシンガポールの避暑地だった。一九八〇年代と九〇年代に、バタム島の遊休地が産業施設で埋まり始めた。三つの巨大な工業団地が建設され、交通や他のサービスなどインフラへの投資も行われた。工業団地はおおむね自己完結的であった。最も大きなバタミンド工業団地では、独自の発電所をもち、上下水道施設やショッピング地域、レジャー施設、住居地域、それにモスクも建設された。バタム島民のある者はここで働いたが、工業化以前の島の人口はわずか一五万五〇〇〇人程度しかなく、それは地元の経済規模に見合ったものだった。したがって労働力がインドネシアの他地域から集められ、世界を代表するようなAT&T、フィリップス、ファルタ、シーバといった国際企業による加工工業に従事したのである。導入された労働力は、工業団地内の住居地域に住んだ。

バタム島の経済構造の変化の結果、伝統的な社会も変化し、景観も全面的に再構築された。建物などほとんどなかったところに貯水池やその他のインフラ建設が計画され、人口は七〇万人にまで急増している。環境保護にはほとんど関心が払われなかったが、そうしたことは二〇世紀後半のインドネシアの近代化のラッシュにあっては主要な問題ではなかった。バタム島の位置、つまり周辺でありまた陸地が限られたものであることは——それが労働力の導入とその厳格な管理を実現させたのだが——まさに島嶼性であり、それが経済の変化の鍵となったのであった(Grundy and Perry, 1996; Royle, 1997 またインドネシアの開発システムが、他の島、例えばバリ島に応用された様子についてはMitchell, 1994を参照)。多国籍企業にとって二〇世紀後半のインドネシアが魅力的だったことの一つは、いくつかの紛争に至った問題はあったとしても、政治的経済的におおむね安定していたことだった(Evers, 1995; Server, 1996)。安定性は、西欧の諸政府が市民の自由や人権について賞賛するような形でいつも保たれているとは限らないが、しかし多国籍企業はこの点ではより実利的な態度をとる傾向がある。一九九〇年代後期のアジアの金融危機に際して、インドネシアでも政治的動揺があり法や秩序に変化が見られ、そして悲しいことにいくつかの島では民族的暴動が起こった。こうした不安定な状況は、ビジネス投資家の嫌うところである。インドネシアの首都ジャカルタでのあるコメントには、この問題がそのタイトルに的確に表わされている。「グローバル都市から危機の都市へ。ジャカルタ首都圏地域の経済的混乱」(Firman, 1999)。バタム島の、継続的に産業化を拡大しようとする計画は、危機に瀕している。

自己援助・外部からの援助・そしてMIRAB経済

これまでの各節では、小さな島々が現代の世界で生き延びるために、それぞれの状況下でさまざまな属性を利用してきたことを示した。しかし、多くの島は単独では生き延びることができないため、外部からの何らかの援助を必要としている。こうした援助はしばしば、国レベルあるいは地域レベルの開発計画という形をとる。カナダ東部の島（そして州でもある）プリンスエドワード島（PEI）では、数十年間にわたり地域開発政策が、連邦政府および地方政府により施行されてきた。この島はカナダ大西洋岸に位置するので、開発を主導する最も新しい機関であるカナダ大西洋改善局（ACOA）の支援のもとにある（Savoie, 1999）。過去何年間も、トップダウン式の大規模開発計画が実施されてきたが、最近はそれから脱却する傾向にあり、各コミュニティの、島の住民自身のエネルギーと自己信頼とを活用するボトムアップ式の経済発展計画を支援しようという方向に進んでいる。島にある四つの農村開発機構（RDCs）に対する啓発が、その移行の形である。RDCsはコミュニティグループや個人から発せられた開発のアイディアを、個々人が採用できるような形に作り直す。好位置にある中央開発機構は、管轄区域にコンフェデレーション橋があるので、いくつかの観光プロジェクトもあって個々の顧客の要望にも応えているが、主に産業ユニットとして機能している。アカディア湾発展機構（La Société de Dévelopment de la Baie Acadienne）はより周辺的なエバンジェリン地域で機能しているが、ここの住民はアカディア人でフランス語話者であり、工業面ではあまり多くは期待できないものの、観光施設や小売業、オフィス、教育、そしてIT計画などを扱っている。ここではさらに、観光客をもっと呼び寄せるためのゴルフ場を作ろうとしていたらしいが、こうした開発はPEIではほとんど例がなく、連邦政府や地方政府からの財政的援助が受けられずに失敗してしまった。世界的な標準ではPEIの人々は豊かで、一人当たりGDPも一九九八年には二万二〇九一カナダドルにのぼった。しかし、カナダの水準ではこれは低いものであり、国民平均の七五・三五％でしかない。ＰＥＩともう一つのカナダ大西洋岸の主要な島であるニューファンドランドのケープブレトン島は、国内では相対的な貧しさに苦しんでおり、島の経済を援助し続けることは必要なことだとみなされている。ＰＥＩでは一九九六年に連邦政府から四億カナダドルの所得移転をうけたが、これはカナダ政府が島々に支出する総額一二億三四〇〇万カナダドルの一部であった。これに対する連邦政府の歳入は六億三一〇〇万カナダドルであり、総人口一三万六五〇〇人に対してこの差額の六億三〇〇万カナダドル、一人当たりにすると四四一七・五八カナダドルが支出されていることになる（Province of Prince Edward Island, 1999）。ＰＥＩや他の島では高額の地域開発計画が自己信頼を鼓舞しているが、しかしそれはまた、外部からの援助を要するものである――エバンジェリン地域のゴルフ場は外部からの基金が得られなければ実現しないであろう。

もっと貧しい国の島では、それが受けられているかどうかはともかく、かなりの援助が必要である。こうしたカテゴリーに属する島々の多くは、ＭＩＲＡＢ（MIgration, Remittance, Aid and Bureaucracy）経済として知られている。この術語は、例えばBertram and Watters（1985）が南太平洋の微小国家に対して用い、Aldrich and Connell（1998）が特にトケラウやニウエ、クック諸島に対して用いているが、その意味を説明するのは易しい。島々は、その人口を維持することに非常な努力を払っているが、結果としては移住者が多い。南太平洋の島々の住民は、かなりの比率でニュージーランドのオークランドに住み、西インド諸島に出自をもつ数百数千の人々がイギリスに住んでいる。移住者はしばしば故郷にいる家族に送金（remittance）し、こうした所得移転が島の経済で重要な役割をもっているのである（シドニーに住むフィジー諸島出身者の送金に関するStanwix and Connel（1995）の研究を参照）。資金援助は、国際機関やかつての植民地宗主国（時には現在のそれも）からもある。例えば国連では一九七〇年代から、開発途上にある島嶼国の援助についての研究とプログラムを行なってきており、現在は国連貿易開発会議（ＵＮＣＴＡＤ）を通じて開発途上の小島嶼国（ＳＩＤＳ）が直面している諸問題に関与している（Encore, 1999）。一九九八年に、マーシャル諸島ではアジア開発銀行と日本政府およびイギリス政府の資金援助を受けた開発計画が実施されている。日本とイギリスは、それぞれかつての植民地宗主国である。官僚制（bureaucracy）とは、こうした国々には、より大きな先進諸国にあるような通常の役割を果たす民間部門が規模の面でも技術の面でも未発達なので、国家が関与する部門が極めて大きくなる状態のことである。キリバスでは、国が一九九〇年代中葉から、学校や図書館だけでなく交通システムやサウスタラワのホテル、放送システム、銀行などを所有し経営している。

ＭＩＲＡＢ経済は、島に限ったわけでもない。レソトはたぶん、多くの島国よりも送金に頼っている国である。イギリスには、西インド諸島に出自を持つ人々に加えて、インドやパキスタンなどの大陸国家からの数十万の移民とその後裔がいる。しかし、移住したインド人やパキスタン人の比率は、ジャマイカ人やトリニダードトバゴ人、セントキッツ人の比率に比べればわずかなもので、送金やその他のＭＩＲＡＢ経済の要素は、インドに比べてセントキッツのほうがはるかに大きいのである。

結論

本章では、小さな島の国々の経済が、地元にある資源をもとにして成り立つために奮闘努力している様子を見てきた。幸運にも持続可能な経済のありようを見つけられている島もあるが、この他にはグローバル化する製造業への参加者として、安価な労働力をもとにＯＦＣｓとして成功している島、生産物のブランド化に成功している島などがあった。しかし、島の問題はだんだんと大きくなっているように思われ、多くの島では外部からの援助を必要としている。次章では、近代世界の島が経済的な問題に対処するためのかなり普遍的な対策について、考えてみたい。それは観光開発のことに他ならない。

第9章　夢の島——観光は島の問題解決への万能薬か？

序　論

観光業（ツーリズム）は、いまや世界最大の産業である。ツーリズムとは、「⑴ 娯楽のために旅行すること、⑵ 旅行者に旅行やサービスを提供すること」（American Heritage Dictionary of English）というのが辞書の定義である。この定義は、ツーリズムがビジネスであること、つまりツーリストからお金を引き出すものだという側面をよくとらえている。小さな島に影響を与えているツーリスト産業のほとんどが、休日を過ごすためのツーリズムであるので、本章ではこれについて考えてみる。世界的に見て、休日の旅行はどちらかというと裕福な人々の活動である傾向が強い。先進諸国の多くの人たちが、いまや毎年の夏に一～二週間の休暇をとることは当然の権利だと考えており、中には冬のスキー旅行まで、自分たちの毎年の生活サイクルに組み入れている者もいる。先進諸国ではまた、裕福な人々は娯楽としての旅をする。あまり豊かでない人たちもしばしば旅行をするが、それは仕事や、時に宗教的な目的であり、自由に使えるお金もあまり多くない。国民の所得が増してくると、人々は、必ずしも外国旅行をするとは限らないとしても、休暇を取り始めるようになる。アメリカ人はかなりの比率で国内に留まり、だから相対的に少ない人たちしかパスポートを持っていないが。対照的に日本人は最近、休暇になるとあちこち海外旅行に出かけるようになった。夏の休暇の時にはとくに、島が旅行先になる。

島にとってのツーリズムがもたらす利益

ツーリストは、例えばトリノの自動車工場やトロントにあるオフィスでお金を稼ぐ。そのお金が、休暇を過ごすために使われる。工場やオフィスで働く人々がクレタ島やセントビンセント島や、その他ツーリストが滞在する場所で食べたり飲んだり買い物をしたり宿泊したりして家から離れて楽しむことが、それらの場所の経済を潤すのである。ツーリズムに関わって働く島の人々は、このようにして外国の工場やオフィスによって支えられ、また直接ではないにしても彼や彼女のいる島の資源によっても支えられている。小さな島々で、資源の少ないところでは何ができるのだろうか？　島自身は、単にツーリズムの行われる場所であるに過ぎない。一つの典型例が、北海にあるヘルゴラント島である。

ヘルゴラント島の事例

ヘルゴラント島は、北海に浮かぶドイツ領の島で、面積一六〇ヘクタール、約一七〇〇人の住民の生活は、ほとんど完全にツーリズムに依存している。伝統的には漁業の島であったが、一九世紀後期ころから事情が変わった。当時この島はイギリスに属しており、その経済状態が植民地政府の年次報告で判明する。一八七〇年代中葉、この報告は漁業には触れず、海水の「癒し効果」（タラソテラピー）の流行を利用した初期のツーリズム・ビジネスのことが書かれている（Royle, 1989）。ドイツがヘルゴラント島を手に入れたのは一八九〇年で、この時イギリスの持っていたザンジバル島と交換したのであった。島の微力さの古典的な例である（第7章参照）。そして、ツーリズムを発達させていった。その後、両大戦時にはこの島は戦略的な重要性を持った。だからイギリスは第二次世界大戦の終結に際して島の領有を主張し、島がドイツに返還されたのは一九五二年のことであった。ドイツは島に人口を再配置したが、これはいくぶん国民的プライドによるもので、この北海の石だらけの小島に一九五〇年代のクラシックな街を作ったのだった。経済も再建する必要があった。資源のないこの島にとっては、かつての産業であるリゾート以外に何ができただろうか？　海水による治療は、そのころ流行していたが、ヘルゴラント島ではこの他に、もう一つのツーリスト活動を用意した。それが、日帰り客の市場を利用した免税のショッピングである。観光客は主に、ドイツとデンマークからやってきた。大部分が船でドイツ本土か、近くの休暇用の島であるシルト島からだった。ツーリストたちは小型帆船――大型のクルーズ船は着岸できない――から上陸すると、最初に島を歩いて一周する（反時計回りに。船から小島に上陸した人たちは、どういうわけかいつも右向きに行動する）。これは約一時間あまりを要し、その後小さな街へ行って、ツーリスト用にこの島だけに持ち込まれた飲み物や商品を買い、それを携えて再乗船するのである。ヘルゴラント島で使われるお金の多くが、島からは持ち去られ、商品の供給者やどこか別の地に本拠を置く旅行会社の利益となるのである。このプロセスは「漏洩」と呼ばれ、環境や社会がほとんど外部者の利益のために使われる島にとっては迷惑な話である。しかし、小さな島にとってツーリズムは普通の活動になり、地元に資源がないことの問題をいくらかでも解決する手立てであり、またいくらかのお金と雇用とが島にももたらされるのである。

商品・サービス・そして雇用

ヘルゴラント島や他の休暇滞在地を訪れる客たちは、滞在中に消費したり持ち帰ったりする商品やサービスを必要としている。ツーリズムに携わる島や島の住民は、彼らの要求を満たすよう努力している。島での生産品の中に、島のビールやその他の地元の食料品、工芸品や繊維製品などがあると、さらに好都合である。このような場合、ツーリストは都合のいい購買客でもある。というのは、彼らは商品を求めて旅をするので、島の生産者は商品を島から搬出するというコストのかかる面倒なことのリスクを負わなくてすむからである。島での生産はたいていが小さな規模であり、しかもそれを島外の市場に送り出すときに避けがたいコストがかかるので、島は本土の生産物と満足に競争できないことがしばしばある（第8章参照）。島にやってくる観光客に生産品を販売するというのは、だから食品については地元の味になじめない観光客もいるとはいえ、理想的な状況なのである。マヨルカ島には郷土料理があって、例えばマヨルカ風スープ（ソパ・マヨルカ。スープというより野菜のシチュー）やフリート（ジャガイモや豚肉、特にその内臓と、野菜や香草の炒め物）などは、観光客が楽しみにしているものである。しかし、大衆市場で大勢の観光客が集中するところでは、飲み物や食べ物に、普段家で食べたり飲んだりしているのとは違うもの、つまりハンバーガーや「おふくろの味の茶菓」とは違うものを求める客たちに、それらを提供する必要がある。

ツーリストの要求は、伝統的な食物提供をゆがめることもあり、島の農民は、それで利益が大きくなるならば、元からの生産システムをツーリスト用のソフトなフルーツやサラダ用野菜栽培に変えることがある。どこか他の地の大規模な生産者が儲けることもあり、マヨルカ島ではツーリストが消費する新鮮な牛乳の多くはスペイン本土のアストリアス地方から運ばれてくる。しかし、少なくとも売れる機会ということで言えば、つねに届けられるというのではないにしても、ツーリズムは島での農業生産者に新しい市場を提供していることになる。

ツーリストはまた、工芸品の市場も形成する。地元に技術者がいると、ツーリストの要求はその伝統的な技術を保存するのを助けることさえある。太平洋のマーシャル諸島では、主に女性の手により地元の材料から編み籠と壁掛けを作る伝統的技術がある。こうした製品は家庭で一年もかけて制作されるもので、稀にしか観光客の来ない、来るとしても主島のマジュロにしか行かない諸島であっても重要な収入源である（Marshall Islands Visitors Authority, 1997）。ツーリストはまた、有名な「スティックチャート」（木の枝やコヤス貝で作った海図）――太平洋を航海する地元の海人たちへの航海術の教育のために使われる――の市場も形成する。GPSなどの近代的技術が発達して、こうした伝統的なものはもはや実用には供されなくなったが、チャートを製作する技術は、それが観光客用の模造品的なものだとしても伝承されているのである。もちろん、このようなことは真の文化の継承ではないと非難する人もいよう。しかし、ツーリストの要求——観光客がこうした海図を空港のギフトショップの壁からはずし買っていく——がなければ、もはや製品は作られず、もっと悪い結果になっていただろう。

ツーリストはいろいろな分野での雇用機会を島にもたらす。実際、第8章で述べたタークス・カイコス諸島のプロヴィデンシャル島では、島の陸上での就業機会が地元の供給労働力以上になって、入移民の必要さえ生じている。雇用機会の例としては、ツーリストの宿泊施設の建設やその他のインフラ、例えば下水道施設や空港拡張工事などがある。もし、休暇を過ごす島の人口が観光シーズンに二倍、三倍になると、インフラはピーク時の需要に間に合うように建設されなくてはならない。改善された上下水道施設や交通設備が必要で、それは地元の需要だけでは供給されないものであり、こうした投資はもう一つの島の住民へのポジティブな利益なのである。

さらにツーリズムは、直接的な雇用も生む。ホテルの従業員、レストランのスタッフ、バスやタクシーの運転手、店員、バーの従業員などである。こうした仕事は、いつもいい給料が支払われるとは限らないが、しかし農業や漁業など島での伝統的な仕事に比べると、割がいいと思われている。こうしたことがあると、仕事を見つけるためや、より好い機会を求めて島から離れることを考えていた若者を、島にとどめておく助けにもなる。出移民に悩む島では、人口の維持に役立つかもしれない。

観光客輸送とクルージング

いくつかのよくある島の問題、例えば周辺性や隔絶性などは、ツーリズムに関する限りあまり問題とはならない。実際には、休暇の過ごし場所としての島すべてが、外国からのツーリストの日帰りまたは週末用の目的地になれるわけではない。たとえばベルギー人が、ちょっとした休みの日にクルマを運転してフランスへ出かけるというのとはわ

け が違う。週末にモーリシャスに行く人は、レユニオン島から行く人たち以外はほとんどいない。しかし、長い休暇の時の観光旅行となると、島の隔絶性は問題ではなくなる。国際的ツーリズムの多くは飛行機を利用してなされるので、ロンドンのカップルが、スペイン本土へ行くためにマラガ空港に着くのと、休暇をマヨルカ島で過ごすためにパルマ空港に降り立つのとは、距離や価格は違うとしても実効的には大差ない。島にとって必要なのは、ツーリスト供給地からの直行チャーター便であり、クルマや列車での旅行を希望する人たちの来訪が不可能になるだけで、本土のホリデーリゾート地と同じレベルで競争ができるのである。

自前の空港を持たない島は、ツーリズム市場に参入するために努めて空港を持とうとする。マルタ共和国には三つの有人島——マルタ島、ゴゾ島、コミノ島——があるが、ゴゾ島では自島内に空港を作ろうと懸命である。実際にはこれはほとんど不要と考えられる。マルタ島のルカ空港には定時便やチャーター便が数多く発着し、ゴゾ島に行きたい人はだれでもマルタ島を北へドライブして、たくさん出ているフェリー——短時間でゴゾ島に着く——に乗ることができるし、ルカ空港からゴゾ島のヘリポートまでのヘリコプターも運行している。しかしそれでも、ゴゾ島のツーリスト産業は、ゴゾ島へは行きにくいと思われていること、それに途中のマルタ島に奪われている多くのチャンスがあることとで、不利になっていると考えている。飛行機の長旅の後で、どうしてかなりの距離をクルマの運転に費やし、さらにフェリーに乗らなくてはいけないのか、と。マルタ自身にはルカ空港の近くのスリエマやセントポール湾にいい宿もあるというのに？　ピアス（1987）は、ツーリスト用宿泊施設のほとんどが、中心になる都市や空港の近くに固まって存在する傾向があると指摘している。だからゴゾ島は長期滞在のツーリストを獲得することができないのである。もし島に直行する航空便があれば、休暇の一部を割いてゴゾ島の太陽と砂浜を求めて滞在し、そこで食べたり飲んだりし、あるいはそこから日帰りでマルタ島にで出かけるという観光客を引き止めるのは容易だろう。

国際ツーリズムでもう一つ重要な部門は、船のクルーズであり、クルーズ船で島に旅するのは休暇の過ごし方としては欠かせないものである。船が島の港に着岸すると、クレジットカードをもった観光客たちが吐き出される。バー

図9・1　バーミューダ島ハミルトン市のフロント通りに着岸したクルーズ船（1994年）

ミューダ島のハミルトンでは、巨大なクルーズ船がフロント通りに横付けされ、船のタラップから最も近い商店街までは二〇メートルほどしかない（**図9・1**参照）。実際ここでは島々は、本土の海岸リゾート地とくらべて、隔絶性が極端でさえなければ、何ら変わりはない。クルーズ船市場は、休暇の過ごし方としては成長しつつある部門で、多数の島をもつ地域ではこの市場は規模拡大のよい機会を提供している。例えば地中海やカリブ海の数多くの島々に立ち寄る休暇を提供することは、各島が個別に市場を持たなくともよく、少なくとも市場に関しては、規模の経済が享受できることを意味する。クルーズ船の乗客もまた、トイレなどの設備の整った宿泊施設とともに島に到達できるので、島がこれらの施設を用意する必要もない。多くの島にとって、クルーズ船は観光産業が歓迎する要素なのである。一九九〇年代半ばころ、フォークランド諸島では、陸上からの観光客は年に二〇〇人ほどしかいなかったが、クルーズ船でのそれは六〇〇〇人にものぼった（Royle, 1997）。島にほとんどクルーズ船が訪れることのない、大西洋上のセントヘレナ島のようなところもある。だが、巨大なクイーンエリザベス二世号は、セントヘレナ島のジェームズタウンを訪れた。小さな首都のパブや博物館や工芸品店にとってその日は忙しい日であり、たくさんのお金が地域の経済のために落とされた。このような規模のツーリストの流入には、それを収容できる宿泊施設がないと島はやってゆけないが、この場合は船が提供してくれる。セントヘレナ島は、ツーリストの目的地としてはそれほど知られてはいないが、バーミューダ島はそうではなく、その市場は重要な商取引のために注意深くデザインされている（Royle, 1998）。バーミューダ島は孤立しているので、カリブ海の島々へのクルーズのように、毎日いろいろな島に立ち寄るような目新しさは提供できない。バーミューダ島の島民は、だから黙々と、大西洋上の小さな列島へのクルーズを、そこですべてが事足りる楽しい経験だとして売り込むのである。

夢の島と他の魅力

その他の点でも島は、本来もっているロマンティシズムにより、本土の競争相手といい勝負をしている。ツーリストにとって、肉体的にも精神的にも、分裂した小さな陸地に行くこと以上に解放されることがあるだろうか？　これに、第1章で述べた夢の島という考えを付加すれば、島は非常に魅力的な目的地になる。いくつかの旅行会社は、島を売り出しのポイントにしている。もし島がかなり豊かな大陸の縁辺にあれば、さらに都合はよく、特に気候が暖いとなおさらである。例えばヨーロッパにとっての地中海の島々、北アメリカや富裕なラテンアメリカにとってのカリブ海――アメリカの湖とも呼ばれる――の島々である。オーストラリア周辺やアジアの島々にも、ホリデーアイランドがある。タイのプーケット島やフランス領ポリネシアのタヒチ島がそうである。アフリカのホリデーアイランドであるモーリシャス島（Wing, 1995; Brown, 1997）やセイシェル諸島には、隣り合う開発途上の大陸からよりも、長期間滞在するツーリストの来訪の方が多い。

バトラーは、島の魅力を次のように見ている。

アピールの本質には関係なく、心理的、地理的、経済的、気候的、身体的そして時には利便さによって、多くの島、特に小さな島々はツーリストの目的地となっている。

(1993, pp. 71–2)

一九七〇年代にパシフィック航空は、ロマンティックな南太平洋の「天国のような島々」と題した広告を行なった。用いられたポスターには、あらゆる島が同じ大きさで、みんな高い島として描かれ、トンガや（当時の）ギルバート・エリス諸島（今はキリバスおよびツバル）のような環礁でさえも、高い島として描かれていた。一番小さく描かれているのは、かなり端の方にあるニューギニア島で、実際にはこれが最も大きな島である（**図9・2**参照）。これはメンタルマップであり、地理的現実ではなくロマンティックなイメージに基づくものである（Rapoport, 1977）。しかし、こうしたメンタルマップや現実とは違う描写、例えばどちらも海辺の観光地であるジャマイカをNegrilとしたりハイチをLabadeeとしたりすることで、島はお金を得る、あるいはお金が島でできるので

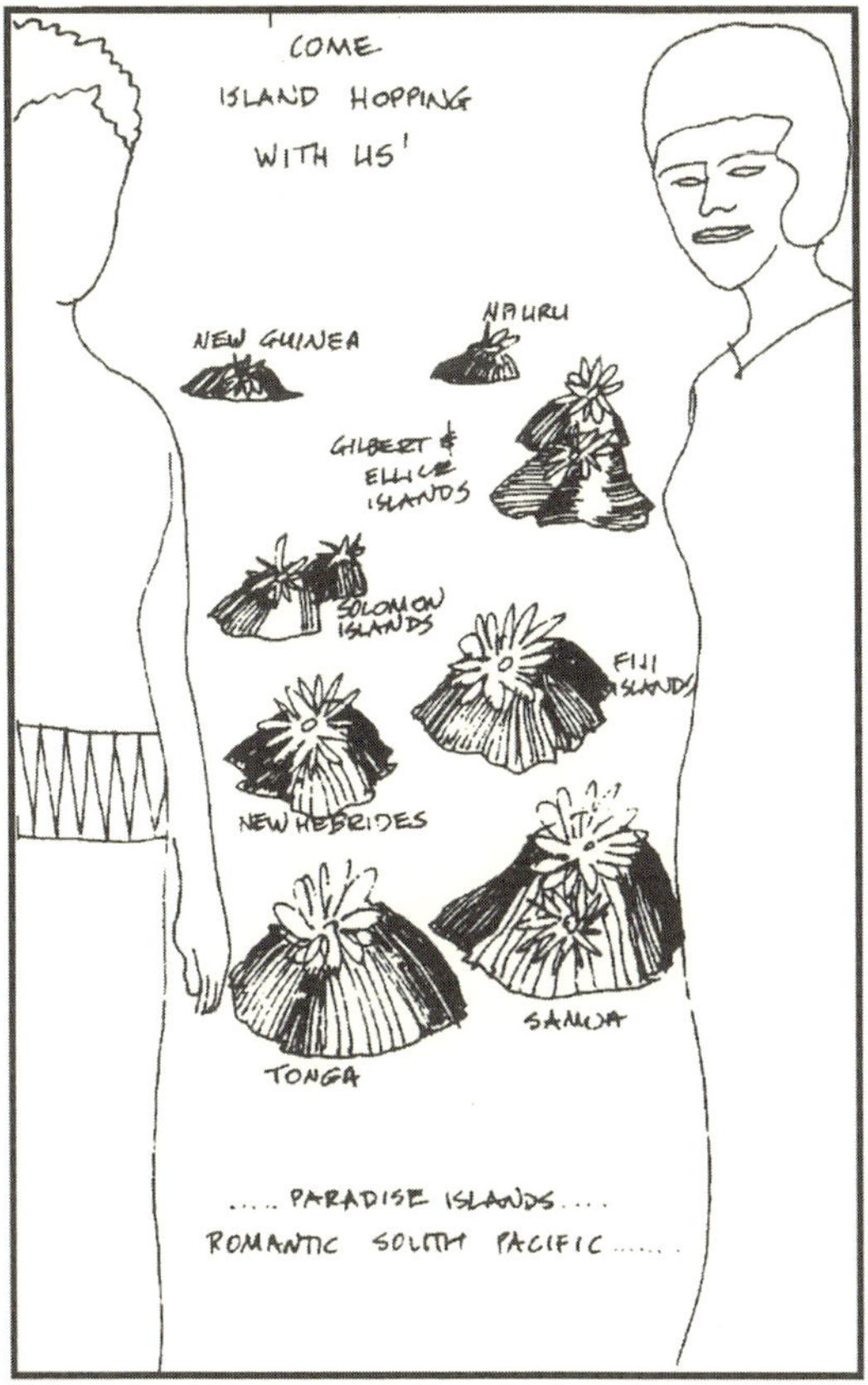

図9・2　1970年代からあるエアー・パシフィック社の広告（提供：エアー・パシフィック社）

ある。もちろん遺漏はあって、すべてのお金が島に留まるわけではないけれど。飛び地（enclave）やイメージを持たない島はどうするか？　それらは持っているものを最大限に利用する必要がある。一九八九年のグレナダは、一九八四年に起こったアメリカの侵攻のネガティブなイメージを払拭しようとつとめていた。

それは困難な闘いである。というのも、政治的な問題は人々の意識の中から消え去っても、ネガティブな連想は潜在的な観光客の心の中に残り続けるからである。

（*Independent*, 1989. 10. 28）

戦争が一度遠くへ去って安全になると、それは島にとって利用できるものにもなる。太平洋の島々ではこうしたことはよく見られる。ソロモン諸島は、二万人ほどの死者を出したガダルカナル戦の地であるが、今では次のように売り込んでいる。

第二次世界大戦観光、名を上げたかつての勇士に売るためのヴィンテージもののコーラの瓶、サンゴ礁に覆われたたくさんの難破船、そしてもちろん、一〇〇万ドルのハリウッド映画のロケ地。

（*The Sunday Times*、1999. 2. 28）

小さな島は、持っているものを何でも売らなくてはならない。ニュージーランドの南端にあり、国で三番目に大きい島であるスチュワード島を訪れるのは、ローカルな航空路線が思い起こさせてくれるように、自分がなぜここに来たのかといえば「行けるところで一番南にある」という以外の理由ではない。

対照的に、地中海やカリブ海では、島のツーリズムは実際非常に大きなビジネスになっている。マヨルカ島はスペインでも最も富裕な地域の一つである。バレアレス諸島はＥＵから地域への援助を受ける資格がない。マヨルカ島の一人当たりGIP（GDPと同じ）はEU内でも中位の、例えばイギリスなどと同じくらいの額に上る。イギリス海外領であるバーミューダ島は、ツーリズムとオフショアバンキングに特化している島だが、宗主国であるイギリスよりもかなり豊かである。そのGDPの三分の一と、雇用の三分の二は、ツーリズムから発生している（Conlin, 1995; Royle, 1998）。

規模の経済を最大化するために、第8章で述べたような島嶼経済の通常のかたちをとる島々は、精力的にツーリズムへ参入しなくてはならない。Liu and Jenkins（1996）は、島の人口規模とその観光業がGDPに貢献する比率とは比例関係にあることを示している。それによると、「より小さな国（島）ほど……観光業の発達によってそれが占める比率が高くなる」（p. 100）という。またしばしば、問題の多い伝統的な経済に代わって、「明らかに輸出の多様性にも関係する手段になっている」（p. 99）ともいう。一つの例がセントルシア島で、この島では最近、バナナから観光業の振興へと多様化した（Dam, 1996）。一九九七年にはクルーズ船の来訪が三七％増え、一九九八年にはさらにそれが一七％増加し、訪れる観光客も四〇万人になった。ツーリスト産業は今ではおよそ一万二〇〇〇人を雇用し、これは全労働力の一七％に当たる。こうした観光業への傾注が他の島々でも見られることは、Briguglio, et al.（1996）やLockhart and Drakakis-Smith（1997）が明らかにしている。Butler（1993）は、ほとんどすべてのカリブ海諸島の国々がBryden（1973）の基準で言うと「ツーリスト国」だと記している。

まとめると、次のようになる。

多くの国々、特に小さな島国は、収入と雇用とを維持し増加させるためと外貨獲得のために、国際ツーリズムからの収入に極端に依存している。これら小さな国々の多くが、収入と雇用とをある程度のレベルで作り出す資源に取って代わるべきものを発展させるのには、多大な困難が経験されるであろう。（Archer, 1996, p. 14）

しかし、島という状況では、ツーリズムは障害なしにはありえないことは銘記されるべきであり、バランスのとれたアプローチを採用するためには、われわれはこの問題も考えなくてはならない。例えばLockhart（1997）や、SIDS（発展途上の小島嶼国）のツーリズムのもつ両刃の剣的衝撃を考察したDeda（1999）を参照してほしい。

島という状況でのツーリズムの問題点

ツーリズムと島ということでは、多くの問題がある。経済的利益に限っても、ある意味でそれは幻想で、島で使われるお金のほとんどは、島の産業を牛耳る巨大な国際企業へと漏れ流れていく。提供される仕事は多くが低技術のもので、払われる給与も少なく、将来の見込みさえないことがよくある。またそうした仕事はしばしば島の住民を観光客に対して卑屈にさせ、それがまた恨みを呼ぶことになる。著者はかつて、プリンスエドワード島のコミュニティ開発に従事する労働者から、かなり怒った調子で言われたことがある。それは、彼としては担当地域の人たちには、ホテルなどの部屋係にだけはなってほしくないというものだった。ツーリズムによって引き起こされる環境への負荷も、明らかに存在する。これは、エコツーリズムや「代替ツーリズム」戦略によっても必ずしも軽減されはしないことが、セントビンセント島に関する研究（Duval, 1998）で明らかになっており、そこでは代替戦略によって分散したツーリストが「広い地域の環境破壊を増加させた」ことが記されている（1998, p. 54）。この節では、ツーリズムの問題点について検証してみよう。初めは過度の特化からである。

過度の特化の危険性

ツーリストとの商取引は額としてはそう多くはないが、種類が多くなる。外国から来るツーリストには、好奇心から旅行する人たちが含まれる。こういう人たちは、異国の文化に漬かりたいと思っている——「漂泊者」というのは彼らに対して使われる言葉である。一方その対極に「陽光願望者」ともいうべきグループがあり、彼らの目的は温かさに浸ることであり、ローカルな文化に対しては、なじみのある商品やサービスを異なった貨幣で購入するという程度のものに限られる。ヤングアダルトは、子供や家族連れやリタイアした人たちよりも、さまざまに幅の広い商品や活動を欲している。富裕なツーリストは、高水準の商品や宿泊施設を求める。宿などは安くていいという人もいる。施設の提供者は、休日経験のどれかに専門化しなくてはならないし、このように分裂した市場の目的のために、マーケット戦略を絞らなくてはならない（Jefferson and Lickorish, 1988）。その代わりに、幅広い年齢や関心を持つ人たちに適するアトラクションの供給を狙うこともできる。島という規模が限られた状況下では、しかし後者の戦略を成功させるのは難しいかもしれないが、ツーリズム産業という多様な欲求への力学においては、専門化する戦略は問題をはらんだものかもしれない。

ターゲットを絞って売り込む戦略を、長期にわたって維持しようとしてきた島もある。アメリカのマサチューセッツ州にある人口約一万人のマーサズヴィニヤード島は、この一つの例である。「トップクラスの人々が住む、ビッグマックのない島」（*Independent*, 1996. 9. 11）というのが、この島のハイステータス観光を言い表した評言である。他にも、「ハリウッドの半分ほどだが、ニューヨークの香りのするワシントンのすべて」（Walker, 1996, p. 4）というのもある。アメリカのJ・F・ケネディ元大統領の息子が、一九九九年にこの島の上空を飛行していた時、飛行機が壊れて彼とその仲間が亡くなったのがこの島である。ケネディ・ジュニアは、「一九九〇年代の標準的な素封家」（Walker, 1996, p. 6）でマーサズヴィニヤード島のパトロンであり続けた人物だと描かれている。この事故の三〇年前にも、「素封家」一族のケネディ大統領の弟であるE・ケネディが悲しい事故にあい、島のチャパキディック橋のところでの秘書M・J・コペクニのミステリアスな溺死に遭遇し、これがもとで大統領になろうという彼の野望がついえたのだった。いろいろなものの値段の高価なことが、マーサズヴィニヤード島を他に類例のないものにしており、旅行者たちは日帰り旅行で島に来て上流階級の人々を観察することはできても、その数はフェリーに与えられるライセンスによって管理されている。夏には常時一〇万人ほどが島に観光にやってくる。この島でのツーリズムは、遠い過去の時代に島を支えていた捕鯨や漁業に取って代わる産業なのである。

マーサズヴィニヤード島は、ツーリズムの不安定さにもかかわらず繁栄してきた。不安定さというのは、一時的な熱狂があってもその社会的な認証が失われると、ツーリズムは新しいトレンド的な場所を求めるためである。ツーリストを論じた作品には、ツーリズムの目的の流行のダイナミックな性質について数多くの段階モデルが示されている（最もよく知られているのはButler（1980）であろう）。市場でのシェアを失った島は、例えばバリ島がそうしたように（Connel, 1993）、時折そのツーリストの生み出し方を装い直して新しくアピールするものを打ち出さねばならない。ツーリストの島は、実際それが起こることを望んではいないし、起こると大変なことになるのでそうした事態を避けるために懸命の努力をしている。バーミューダ島では、ツーリズム以外にオフショアファイナンスもあって、危険の分散がなされているにもかかわらず、政府当局がつねにツーリズムへの過剰な関与を懸念している。バーミューダ島の観光局はツーリスト産業の記録のコピーを集め保存していて、そこには顧客への質問票調査が含まれており、それによってツーリズム・ビジネスを続けていくためには何が要求されているかを考えているのである。一九九〇年代早期には、湾岸戦争による不況の影響でアメリカ人の国際旅行客が減少したことを受けて、島でも来訪者数が二〇％減少した。バーミューダはすぐに、政府が何をすべきかを調べる行動を開始した。答申の主要点は、閉鎖したホテルを近代的な設備にすることと、観光の時期を拡大することなど、既存資源の活用の強化ということだった（Government of Bermuda, 1994; Royle, 1998）。

マヨルカ島の事例

マヨルカ島は、最近売り込みの必要になった島である。ここでのツーリズムは、他のヨーロッパの観光地と同じく、ためらいながら始まった。作家のG・サンド（1804–76）は『マヨルカの冬』という作品の中で、彼女と愛人の作曲家F・ショパン（1818-49）とが一八三八年から三九年にかけての冬にこの島に行ったのが最初の観光客だったと主張している（Sand, 1998）。後に、ツーリズムがエリートの活動からより一般的なものになると、マヨルカ島は観光地として成功し、両大戦間にはツーリズム、特にパルマや南部のポルトクリストを訪れるクルージングは島にとっても大切なものになった。当時マヨルカ島は質の高い、エキゾチックな観光地と目され、このことが一九二〇年代にA・ディールによって利用され、彼はポルトポリェンサの町からの船でしか行けないフォルメントル半島のホテルに、王や有力者たちを招いて楽しませた。彼はまた、もちろん裕福な商人も連れてゆき、彼のホテルをパリのエッフェル塔の脇の明かりで宣伝したりした。一九三六年に始まったスペイン市民戦争と、その後の第二次世界大戦が、こうした安直なツーリズムを終息させた。一九五〇年代後期までに北ヨーロッパ諸国が富裕さを増し、それにより市民の中に外国での休暇をとることができる者が現れはじめ、これに輸送技術、特に航空機の利用が進歩して、マヨルカ島のような島にも簡単に行けるようになった。最初はどんな外国旅行もエキゾチックなものであり、イギリス人やドイツ人たちにとっては、休暇にワイト島やシルト島へ行くよりもマヨルカ島へ行くほうが社会的な認知度の高いものになった。そして一九六〇年代になり、記憶に残る音楽もあったが、またもちろん環境への害悪も見られるようになった。都市景観の拡大により恐ろしいほどの破壊が生じたのから、大衆ツーリズムの際限のない発展によって世界中のあちこちが損傷を受けることまでが、見られたのである。マヨルカ島も例外ではなかった。パルマ湾の美しい水際には安っぽいホテルが林立し、海岸のあちこちに観光地が出現した。大衆向けの安っぽいツーリズムがやってきたのである。イギリス人に対してフィッシュアンドチップスやイギリスのビールや、そして実際「お袋の味の茶菓」を売る店が見られるようになった（**図9・3**）。ディールもたぶん、こういうことは嫌っただろう。彼のホテルは依然高価なままだが、今ではバスで行けるようになった。マヨルカ島はお金を得た。一人当たりの使う金額は少ない人たちでも、数さえ十分ならかなりの額になる。来訪者数は、一九五〇年の一〇万人から一九九〇年には六五〇万人にまで増加し、一九九八年には七五〇〇万人になろうとしている（**表9・1**）。

図 9・3　スペイン，マヨルカ島．パルマノヴァの海岸の大衆ツーリズム（1995 年）

表 9・1　バレアレス諸島への観光（1960 年～ 98 年）

年	訪問観光客数（人）	歳入（百万ペセタ）
1960	399831	n/a
1965	1080545	n/a
1970	2274137	75907.1
1975	3435799	94699.8
1980	3550639	97813.5
1990	6068700	584966.0
1997	9242400	700000.0
1998	10142900	n/a

出典：バレアレス諸島観光局の刊行物から得られた情報．

注：1997 年のバレアレス諸島への観光はこの島の GDP の 60% を生み出した．
1997 年にバレアレス諸島の観光業が稼ぎ出した金額は，スペイン全体の 20% にのぼった．
1998 年にマヨルカ島だけをとると 729 万 7900 人が空路で，そして 14 万 3000 人が海路で訪れた．

マヨルカ島には「お袋の味の茶菓」よりも他にすることがあった。そしてそれは時々、新聞にほのめかされていた。例えば「パッケージされた、壊れていない島」（*The Times*, 1985. 8. 3）といったように。島の内陸部には、大衆ツーリズムの観光客たちはほとんど行かないが、そこでは個性的な市場町が豊かな農業地帯の中に残っており、北に延びる山々は威容を誇っている。しかし、ほとんどの人々にとって、マヨルカ島は単なる大衆向けのツーリズムの地としてしか認識されていないようだ。マヨルカ島の観光の成功が大量の観光客の誘致と市場シェアの結果だとしても、これはとても危険なやり方である。マヨルカ島の落ちた評判は、ヨーロッパの消費力の高い人々の多くを遠ざけてしまい、彼らは交通インフラの発達とともにどこか他の地へ行くことを選択するようになって、もっと東にある地中海の島や、カリブ海の島などに行き始めた。そして他の休暇地域の売り込み戦略は発展し続け、マヨルカ島に今も来る昔からの顧客も、より遠いところへ行けるようになり始めた。かつてマヨルカ島に行っていた人たちは、今ではその代わりにフロリダに行く。マヨルカ島は不況になり、「一九八〇年代半ばには危機的なポイントに達した」（Bruce and Cantallops, 1996, p. 241）。**表9・1**からは、例えばバレアレス諸島全体の数字ではあるが、一九七五年から八〇年までの間の、ほとんど成長していない時期が示されている。これはButler（1980）の言うツーリズムの段階モデルの最後のステージに該当するものである。ツーリズムはマヨルカ島の経済にとって好都合だったが、それは売込みが必要なものになってしまったのである。

> 単純にツーリストの数を増やす目標はもはや自明なものとしては見出せず、ツーリズムによる収入と雇用の増加という改められた目標が……活発に提案されてきている。バレアレス諸島は、大衆ツーリズムの地であり続けているが、加えて高級な観光地になることを狙い目指すべきであろう。
> （Bruce and Cantallops, 1996, p. 248）

地方自治政府が定めた数多くの条例で、環境を保護するとともにツーリズム体験の品質の向上のため、新しいホテル建設の抑制と既存ホテルの近代化が図られている。

宣伝戦略も、今では環境とツーリズム生産の品質に主眼が置かれるようになった。旧来の大衆観光地パルマノヴァを含む地域の首都カルヴィアでは今、カルヴィアが質の高いツーリズムを提供していることを公言する旗が掲げられている。サイクリングやネイチャーウォーク、ハイキング、ゴルフなどのあらゆるアウトドア活動が奨励されている。マヨルカ島は環境にやさしい場所であることを示すグリーンのイメージを育成しようと努めている。再売り込みにより、少なくとも報じられているようなイメージが変わったことは確かである。一九九九年の「マヨルカ島は、もはや安くて薄汚れたパッケージツアーの代名詞ではない」(*The Sunday Times*, 1999. 6. 13)。こうした再売り込みは、前記したように、より多数の観光客を呼び込むためではなく、いろいろな階層を含んだ、より多額を消費する富裕な社会集団の割合を高めるためのものである。しかし、地元の大学に籍をおくJuaneda and Sastre (1999) は、観光市場におけるドイツ人とイギリス人の異なった人々が要求していることについての研究にもとづいて、市場のいろいろな部門が同じ戦略に同様に反応すると考えるやり方に対して注意を促している。ツーリストの数を増やすことは、この地域にとっては一般的な戦略ではなかった。一九九八年一一月、この地域の総人口の一〇分の一に当たる六万人の人々が、パルマで新しいツーリズムの発展に終止符を打つよう要求した。数多くの島々と同様に、マヨルカ島でも今では、一つの産業への依存度が危険なくらいにまで高まってしまっている。ツーリズムという一つのバスケットにすべての卵を入れるやり方は、まだ変わってはいないことは、きちんと見つめられる必要がある (Royle, 1996; Bull, 1997)。

環境へのツーリズムの影響

もう一つの問題は、ツーリズムが島の環境に与える影響のことである。多くの島には、年間の合計だと居住人口よりも数多い人たちが押しかけている。これは、島のインフラが巨大な人口増加にあわせて整備されなければならないことを意味する。宿泊施設やレクリエーション施設の整備は、相対的に易しい。「人口増加」がもっと問題なのは、自然的システムに対してであって、例えば下水道や廃棄物や上水道需要といったことである。マヨルカ島では、一九九〇年代後期に新しい焼却炉を建設したが、年間に三万九〇〇〇トンものゴミが発生することから、瞬く間に処理能力を超えるようになってしまった。ツーリストは暖い島を好み、特に休暇で滞在している間に雨が降る可能性が低いことを願うものである。したがってヨーロッパでは、地中海の島々が、長く乾燥した夏の後に降雨期である冬がくるので、ツーリズムには理想的なのである。しかし、環境への障害になるのは、水の需要が降雨の最も少ない夏季に最大になることである（Busuttil, et al., 1989）。これはツーリストが水道の水をたくさん飲むためではなくて、暑さと湿気のため毎日シャワーを浴び、当然ながらトイレを何回も使うからである。島では、降水を溜めておける量が少ない。河川は短く、地表面に川がないところもある。湖も、あったとしても小さく、例えばクレタ島には深さはあるが小さな淡水湖が一つあるだけである。地下水の供給はあるが、ここでも島であることの困難さがつきまとい、過剰な地下水の汲み上げは地下水面を低下させてしまい、島の縁辺部から帯水層に塩水が入り込むという問題が起こる。さらに、島の農民が生産物をツーリスト向けの野菜や果物にしようとすると、より大量の農業用水の需要が生じてしまう。暑い地域にある島では、確かに灌漑が必要なのである。

水の供給に悩んでいる島の一例が、カナリア諸島のテネリフェ島である。

> テネリフェ島とそのリゾートは、ツーリズム産業を支えるインフラは相当整ってはいるが、深刻な問題に悩んでいる。それは水の供給とゴミの収集と処理、コミュニケーション、ヘルスケア、騒音、そして公衆の安全のことである。
>
> （McNutt and Oreja-Rodriguez, 1996, p. 264）

テネリフェ島のここ数十年間の水不足の問題のため、一九三八年、六〇年、六七年にそれぞれ広範な行動が計画された。しかし、ようやく一九七九年になって島が主要なツーリストの目的地になり、水に関してツーリズムと農業部門との間でより競争が激しくなったとき、この困難な問題との闘いが始まったのだった。それは一〇箇所の貯水池で三二四万立方メートルの水を溜めるという計画で、問題を少しでも解決するために、一九八〇年から建設が始まり、完成は一九九〇年代早期までかかった。費用の二一〇〇万アメリカドルは、地域の自治政府とマドリード政府とが分担して支出した。貯水池の役割は雨水を溜めることで、大部分は農業用だが、ツーリズムや都市部への水供給も使えるようになっている（Higham, 1992）。McNutt and Oreja-Rodriguez（1996）は、テネリフェ島の環境へのさらなるダメージを限られたものにしようという「ツーリスト・キャッピング」政策に対して、支持を表明している（1996, p. 280）。

ツーリストが要求する近代的な施設の一つが、ゴルフ場である。暑い地域の島のゴルフ場では、芝生をよいコンディションに保っておくために莫大な量の水が必要である。私が一九八六年に最初にキプロスを訪れた時、ゴルフ場の近くに灌漑施設があって、その水は下水処理場からやってきているのだという注意書きが、英語とギリシャ語と、それにトルコ語で書いてあったのを覚えている。マヨルカ島の環境保護団体は、この島でかつて計画されたゴルフコースが四〇もある（Mallorca Daily Bulletin, 1991. 4. 2）が、それらがすべて建設されることはないだろうと見ている。一九九五年には、巨大な抗議の垂れ幕がマヨルカ島内陸部の市場町であるサ・ポブラの通りに掲げられ、それには、水は人々のものであってゴルフ場のものではないと書かれていた（図9・4参照）。

ツーリストが砂浜など傷つきやすいエコシステムのところを歩き回るだけでも、問題になる。カナダのケベック州にあるマレレイヌ諸島では、島々の多くの部分が砂州でつながっており、道路はこれらの細くて傷みやすいところを通っている。だから、交通路を守るためには、砂州部分が浸食されたり洗い流されたりしないようにすることが大切である。それで、例えばカップオメルレス島とハーヴオーベール島との間の道路には、砂浜に行くための駐車場が、そこを人が歩かないようにするために橋でつながっている。環境問題はもちろん、観光地化した地域全般に共通する問題だが、第2章で見たように、島は特別に傷つきやすいエコシステムなのである。

近年になってツーリズムに参入しようとしている島は、過去の歴史から学ぶことができる。一つの面白いケースが

図9・4　スペイン，マヨルカ島.「水は人々のもの，ゴルフ場のものではない」と抗議する横断幕（1995年）

フォークランド諸島である。ここでクルージングが重要なものになっていることはすでに述べた。これらは基本的に、南極クルーズの船が途中でスタンレーに立ち寄るのである。過去の南極探検家がそうであったように、ここはたぶん最後の寄港地であり、島は踏み石になっている。通過する客たちは、人口せいぜい二〇〇〇人ほどの小さな町スタンレーで時々混雑という問題を起こす。しかし、本当の問題は、これらの観光客が町中を歩き回って島の生態系を破壊したり、将来の観光資源と目されているところを破損させたりして環境を破壊することへの恐れである。それで、クルーズ船からのグループについては上陸できるところが厳格に管理され、観光客の存在が害を与えると考えられる場所からは遠ざけられている。陸上のツーリストはもっと自由に歩き回れるが、その数も年間にせいぜい五〇〇人を限度として制限されている。今のところこれに達する数の観光客は来ていないが、将来的にはこの数を越えることになるであろう。

島の社会へのツーリズムの影響

マーサズヴィニヤード島については、「古くからの住民でひねくれた人は「私はツーリストではない。ここの居住者であり、質問には答えない！」と書かれたTシャツをこれ見よがしに着ている」と報じられている（Walker, 1996, p. 4）。こうした不調和は、島の社会道徳や伝統に支えられた経済がツーリズムによってかき乱される時、深刻な問題を生じさせることになる。こういうことは恨みも生む。ハワイの先住民であるカラフイはハオル（白人）が島にやってくるのを歓迎しないが、それはツーリストの行為が彼らの環境や伝統的社会を損なっているからである。ツーリストが期待するようなアロハスタイルの衣装を脱ぎ捨てる者もいる。

開発途上世界の島々に潜在的にあるこうした衝突を回避する一つの方法は、そこでだけは地元民が決まった衣装を着ているような海岸の飛び地の中にツーリズムの場所を制限することによって、ツーリストと地元民とを分断してしまうことである。例えばハイチ島では、クルーズ船が着く港であるラバディと島の他の地域との間に、高さ三メートルほどの壁が設けてある。セントルシア島には、施設の完備したリゾートが一〇カ所以上あるが、そこは滞在者以外は立ち入り禁止で、客にもリゾート地域以外には行かないよう勧めている。こうしたやり方は、他に自分でもツーリスト用施設を持っている地元民などに恨みを生じさせている。

こういうリゾートは地元の経済になんら貢献していない。食べ物はすべてアメリカから持ってくる。籐製の家具はマレーシアからだ。そこで働く者以外の島の住民とは親しくしない。そして最悪なのは、お客に、世界のどこか他のところでも経験できるような、作られた休暇体験しか提供していないことだ。

（*Independent* 日曜版、1998. 11. 1 の、セントルシア休暇村職員C・ハントへのインタビュー）

私は昔、ジャマイカの田舎の、ある鶏肉屋で食事していた時のことを思い出す。そこにアメリカ人のカップルがレンタカーから降りてきて、食べ物を頼んだ。彼らはネグリルかオチョリオスあたりの閉じ込められたリゾートから、決心してジャマイカの何かを見ようと逃げ出してきたのだ。しかし彼らは、地元の通貨を持っていなかった。リゾートにいる限り、そんなものは必要ないのだった。彼らは鶏肉の値段をたずねた。答えは（ジャマイカの）ドルで示された。商売人はアメリカのドルを受け取っただろうか？「大丈夫さ！」という返事がすばやく返ってきた。手渡された米ドルはジャマイカドルと同じ枚数で、商売人は実質的な儲けを得たのだった。アメリカ人は騙されたわけだが、しかし地元の通貨が何であるかも知らずに島を旅しようとする者は、そうなっても当然であろう。そして、こういう人たちがその国を見ようとする人たちなのである。

ツーリストと島の遺跡や遺産とのかかわりのほとんどは、商業的に粗悪化された島の伝統である。モーリシャスのホテルのセガダンス、フィジーでの火の中を歩くショウ（見世物）、台湾の山地地域での先住民のダンス展示など、みなそうである。デュバルは、これと同じようなカリブ海地域の「伝統」を示すというセントビンセント島の展示を、「文化の商品化」であり「ステージ用の正統性」だと呼んだ（1998, p. 53）。Dann（1996）は、セントルシア島のグロスアイレットでツーリスト用に毎週金曜日に行われるカリプソ・スタイルの西インド諸島風ジャンプを研究した。彼はセントルシア島民に、観光客が島民の文化に与える影響について質問し、結果は入り混じったものであることを発見した。ある者はツーリズムを、彼らの文化を表現する有意義な場所を提供するものだと考え、またある者はツーリズムを地元の人や地元の文化を混乱させるものだと考えていた。

沖縄の持続的ツーリズムに関する論考の中で、嘉数（1999）は次のように警告する。

もし私たちがツーリズムの発展を厳しい市場経済メカニズムの中に放置しておくならば、最終的にそれは大量破壊的ツーリズムに堕し、島のツーリズムがまさにそれに依存している地元の文化や環境という資産を破壊してしまうことになるだろう。（1999, p. 20）

社会的な問題は、ツーリストの行為によって引き起こされる。特に、大衆や若者たちや「飲んだくれ」のツーリストのたまり場になったような島ではそうである。若い女性に対するいたずらもあり、犯罪が多くドラッグの問題もある。酔っ払いの喧嘩や傷害事件もある。島とはしばしば、保守的な社会である。禁止事項をすべて置き去って解放された北ヨーロッパの休日を過ごす人たちの前にさらされるのは、島の人たちにとって恐ろしいことなのである。「私はやつらが嫌いだ。本当に嫌いだ。イギリス人はブタみたいに振舞う。やつらはなにものも尊敬しない。やつらは何にも知らないんだ」(*Guardian*, 1998. 9. 1に掲載されたイビーサ(スペイン領バレアレス諸島西端の島)のホテルの受付係の述懐)。「休日を過ごす島とは、イギリス人にとっての凶暴さのこと」とは、ある論説の見出しで、そこにはイビーサが「その文化や環境を強姦され、(しかし)それでもまだイギリス人顧客の残忍さにショックを受ける資格がある」と書かれている(*Independent*, 1998. 8. 3)。ドイツとイギリスのテレビでは、ともに一九九八年に、自国の若者たちのイビーサでの行ないを「祝福する」番組を放映した。こうしたツーリストの行為がプレッシャーになったのだろう、一九九八年八月、イビーサの副領事だったイギリス人M・バーケットは、イビーサでの「母国人の暴虐ぶりに辟易して」(*Guardian*, 1998. 9. 1)その職を辞したのだった。公平のために記しておくなら、新聞ではまた、ただ「ごく一部」のイギリス人が問題を起こしているだけだとの、『ディアリオ・デ・イビーサ』紙のリポーターの発言も報じてはいる。

ツーリズムが伝統的な島の経済に与える影響

島の農業が、新しい市場の開拓という意味ではツーリズムの恩恵を受けていることはすでに記した。しかし、ツーリズムが労働力の獲得競争をしているような場合、島の農業や他の伝統的経済活動は被害を受けていることもある。島の人々自身は農業をあきらめている。マヨルカ島やガーンゼイ島の農業は、今では少なくとも労働力の供給を外国人労働者に頼っている。アイルランドの島イニッシュモアでは、現在はツーリズムが経済の牽引車であり、第一次産業はもはや行われておらず、古いやり方も失われてしまった。この島では、「土地に目印をつける」(第4章で詳説した）耕地システムが苦労して導入されたのであるが、これも大きな影響を受けた。今ではこれらの耕地は放棄され、農業が暇仕事以外のものではなくなっている。今ではもはや文化遺産の残存として祝われている場所の一つ、ダン・アラン・ヘリテージセンターの一九九七年の展示番号七番は、ところどころにあるジャガイモ畑が、かつて重要な収穫物だったことを誇示するかのようになっている。現在では、近代的なツーリズムのおかげで、この島は明らかにうまくいっており、実際、アイルランドのすべての島の中でイニッシュモア島は経済的な意味では一番成功していて、人口も維持されている。しかし、他の例えばイニッシュタークのような伝統的な島の住民は、明らかに経済的には貢献しているにもかかわらず、ツーリズムがイニッシュモア島の社会と伝統とを変えてしまったと顔をしかめている。これは外部の人間のロマンティックなナンセンスである。なぜならこれは、イニッシュモア島のような島は変わるべきではなく、その伝統のままであるべきだということだからである。アイルランドの海岸部には数多くの島が散りばめられ、人口減少が島のすべての社会で終わって、伝統的なやり方では他と同じような基準で人口を支えられなくなるまでは、疑いなく伝統的社会は維持されるからである。イニッシュモアのような島は、適応するか死を待つかのいずれかしかなく、人口がまだ今では普通ではなくなった農業や漁業によって基本的に維持されるのはイニッシュタークのような島だからである。しかし、イニッシュモア島がツーリズムに売り渡したコストは、この島自身を博物館にしてしまった。地元民は、ミニバスの運転手になったり、彼らの生来の言語であるアイルランド語を話さない、多くの場合第二言語である英語さえ話さないツーリストに見せるための観光馬車の御者になったりして、生活の糧を得ている。彼らの両親や祖父母がかつて生きていたように。

クルサック島の事例

この章の結論として、最も小さく最も遠隔地にある島々のコミュニティの一つが、ツーリズムによって日々の生活の基盤に影響を受けている様子について考えてみよう。それは、グリーンランドの東海岸沖にあるクルサック島である。グリーンランドにある八〇ほどの集落の多くが、実際はグリーンランド本土自体にはない。通常は大きな陸塊であるほど有利な集落相互の接続性に関しては、グリーンランドには単純にあてはめられない。グリーンランドのどの二つの集落も、道路で結ばれてはいないのである。主島の大部分がまったく居住不可能な地域であり、探検の専門家でもなければ氷に覆われた陸地には旅行者は立ち入れない。いくらかは有利な——そして植生もある——南部にだけ、わずかに農業が行われている。その他の集落は、首都のヌークやいくつかの軍事地域からの行政サービスも受けられない、ほとんどが海洋資源に依存する集落である。こうした状況の下では、集落の立地選択は土地に対する関わりではなく、どの土地なら海に一番アクセスしやすいかということになる。こうして、しばしば島が集落の立地地点に選ばれるのである。実際、首都名のヌークとは半島になったという意味であり、まるで本土から突き出た半島のようなところに位置している。グリーンランド東部には、他から離れてかなり最近になってできた集落であるイトコルトルミットがあるが、それ以外は南東部に集落が六カ所あっておよそ一四〇〇人のイヌイットの人たちが住んでおり、それと一つの町アンマッサリクがありここにもほぼ同数の一四〇〇ほどが住んでいる。

クルサック島は人口約三五〇〜四〇〇人で、すべてが今は一つの村クルサック、かつてカプ・ダンと呼ばれたところに住んでいる。島にはもう一つ村があったが、そこは廃村になった。クルサックには東グリーンランドで唯一の空港がある。砂利道の滑走路は、もともと冷戦時代に、今はもう撤退したアメリカ軍の早期警戒基地として作られたものである。この空港からヌークやアイスランドに飛ぶ便があり、その他の集落へのヘリコプターも飛んでいる。だからクルサックは、東グリーンランドのアクセスポイントなのである。このために、クルサック島はこの地域の観光客の大半を引き受けている。観光客は主に、レイキャビクからの日帰りツアーでやってくる。

アイスランドから来るツーリストには裕福な人が多く、クルサックへのツアーは毎年夏、週に六回もある。クルサックには三四のベッドルームをもつホテルが空港の近くにあるが、大部分のツアー客は日帰りで、標準的なプログラムに従って行動する。プログラムには、空港からクルサックの村までの未舗装の道を散策することや、伝統的なグリーンランドのドラムダンスを見ること、カヤックの実演を見ることなどが含まれている。ツーリストは、歩くかまたはボートで昼食をとりにホテルに行き、その後レイキャビクに引き返すのである。クルサックから数時間の飛行で着くレイキャビクは、クルサックを見た後ではずっと周辺的でも田舎でもないように思えるらしい。

ツーリズムはクルサックの経済にお金と仕事をもたらしている。村には一軒の商店があり、地元の人が雇われている。これはツーリストとの商売のおかげである。同様に、イヌイットの女性たちはツーリストに売るための工芸品をこしらえて待っているが、これも直接の恩恵である。しかもここでは中間搾取もない。骨の彫刻を売る人も同じである。ボートに乗せる人も支払いを受ける。ドラムダンサーもそうである。しかし、この島で使われるお金のすべてが、地元に残るわけではない。空港に関係するほとんどの仕事はバイキングの格好をした人たち（例えばデンマーク人やアイスランド人）の手に渡り、イヌイットの人たちの手には入らない。ホテルのスタッフも主としてデンマーク人やアイスランド人である。ビュッフェ・ランチはデンマークでの値段と同じだし、食材は輸入される。

ツーリズムはクルサックでもその社会や文化に影響を与えている。しかし、アイスランド航空のガイドは、旅行者に、地元の人が最初につけた値段は固定されたもので、だから値切ったりする必要はないし、売買は双方にとって損のない行為だと説明する。ドラムダンサーは、確かに芸術を粗悪化している。ダンスはコンテクストからは切り離されたものだし、伝統的なシンボリズムも失われているが、しかし彼はそのパフォーマンスを楽しんでいる。他の大人たちはもっと控えめだが、彼らも外国人の出現に戸惑っているようにはみえない。子供たちはツーリストの存在を楽しんでいる。ガイドは、案内しながらイヌイットの幼児としっかり手をつないでいて、二人の間には明らかに親密さと相互信頼が見て取れる。子供たちは、いつでも写真撮影に応じてくれる（**図9・5**参照）。これはある種のゲームであり、見返りを期待する風は見られない（これと対照的にイヌイット人はポーズをとることにあまり協力的ではない）。村の伝統的な経済生活は、そのまま続いており、地元の人たちはかなりアザラシ漁をしている明らかな証拠もある。こ

図 9・5　グリーンランド，クルサック島．イヌイットの子供たち（1999 年）

れを嫌う観光客もおそらくいようが、それはクルサックの人たちがどのようにして生活してきたかを理解しない人たちである。

クルサック島にも、ツーリズムがもたらした変化がある。仕事の口はいくつかできた。結果として村に落ちるお金も確かに増えた。値切らない習慣や、空港付近のホテルの位置を村からは見えないところにするなど、ツーリズムの影響を最小限にする注意も払われてきた。その一方で伝統主義者たちは、ドラムダンスがツーリスト用の見世物になりさがったと感じたり、裕福な外国人たち——幾人かはアザラシ一頭に匹敵する値段のカメラを提げている——の毎日のパレードが愉快ではないと感じたりしているかもしれない。村には無住の家が何軒かあって、それらはたぶん、二一世紀のアザラシ漁が直面する将来性を悲観した出移民の家であろう。また、ホテルや空港の従業員といった有利な仕事の口は、イヌイットの人たちには与えられていないことも、指摘する必要がある。しかし現在のところでは、クルサック島は依然、グリーンランドのアザラシ漁の島であって、ツーリズムはむしろ付加的なものである。他の小さな島々の中には、逆にツーリズムにもっと影響を受けた島がある。おそらくクルサック島の島民たちは、ツーリズムがアイスランドによってよく管理されている幸運な例なのであろう。アイスランドの人々は、もともと福祉やコミュニティサポートに関心を持ってきた人たちだからである。

結　論

ツーリズムは、どこでも両刃の剣である。リゾート地を害することもあれば、それによって人々の生活が支えられることもある。環境や社会がともに繊細な地である島という状況のもとでは、ツーリズムは危険を含んだ活動である。しかしながら、小さな島に典型的な資源の限界性のもとでは、よそで稼いだお金をそこで使うというツーリズム特有のユニークな特徴は、近代世界の島にとっては普遍的な万能薬のように思える。だから、宣伝ビラには、自ら「未発見の島々」と称しているカナダ西部のジョージア海峡にあるデンマン島やホーンビー島へ急げ！と書かれるのである。しかし、デンマン島やホーンビー島の人々は、彼らの故郷の何を「未発見」のままであってほしいと考えるのだろうか？　近代世界のもう一つの共通性であるメディアは、何らかの方法で彼らは発見されるとみるだろう。ギリシャには、「あなたが探さなければわからない隠れ場所」といわれるレスボス島、ハルキ島、レロス島、リプシ島、アスティパリアイア島、セリモス島、ニシロス島、レフカス島、リムノス島などが今もある（*Independent*, 1987. 2. 28）。さらに、「ツーリストの行かない場所などほとんどなくなった今の世界でも、フィリピンにはまだ、探検すべき見捨てられた場所がある」というのは、パラワン島への旅行を読者に薦める記事の一節である（*Independent* 日曜版、1998. 11. 1）。別の論説は、少なくともプロセスを正直に書いている。「ツーリズムはキューバを発見したが、それはわずかな部分だけ。だからその風景がまだ汚されず、人々が親しみやすいうちに、島へ行こう！」（*Independent*, 1994. 10. 29）。もしあなたがそこへ行かなかったら、風景や人々はそのままだったに違いない。別の論説では、「スタン・アボット社は北極の島スピッツベルゲンの野性の香りを語り、なぜあなたがあなた自身でそこへ行くべきではないかを説明する」というのもある。実はこの論説の終わりには、通例のように、そこへ行く旅行の詳細を示した囲み記事があった（*Independent*, 1992. 11. 7）。しかしながら、島の人々は生活しなくてはならず、好意的な島民でさえ風景で暮らすわけにはいかない。だから私たちは、イビーサ島のナイトクラブの用心棒が、二人の上半身むき出しの男たちが酔っ払って反吐を吐いているのをみてつぶやいた、「あいつらは病気なのさ。違うかい？　やつらが暴力さえ振るわなければオーケーなのさ。あいつらがいなけりゃ、俺の仕事もなくなるんだから。そうだろう？」」（*Guardian*, 1998. 9. 1）を結論とすることにしよう。

第10章　結論――セントヘレナ島、再び表舞台に

序　論

結論にあたるこの章では、これまでの記述をまとめる必要がある。それにはおそらく二つの方法があろう。一つは、取り上げてきたテーマを繰り返しながら要約するやり方であり、もう一つは各テーマが影響しあっている一つの島を取り上げて詳細に見ながら、それらのテーマを実効的に結び付けて考察することである。ここでは、後者のやり方をとることにしたい。それはまた、一つの島を詳細に考えることでもある。個々のケーススタディが部分的にしか行われず、島嶼性のほんの一側面――スケール、孤立、資源利用など――を選んで述べなければならなかったこれまでの各章では提示することができなかった長期的な問題を考えるためにも、有効であろう。

あらゆる島が、これまで説明してきたような島嶼性の制約を何らかの形で受けているが、それは各島の状況によってさまざまに異なっているというのが、私の主張したいことである。この章では、島嶼性のあらゆる側面が現れている小さな島について考えてみよう。取り上げるのは「究極の島」、南大西洋に浮かぶセントヘレナ島である（**図10・**

1参照)。ただし、セントヘレナ島が典型的な島だというのではない。たぶんそのようなことはない。むしろ、セントヘレナ島は「極端な」島であり、島嶼性が歴史や環境や社会や経済のあらゆる面において重くのしかかっている島なのである。

セントヘレナ島の地質とエコシステム

セントヘレナ島は中央大西洋海嶺から生まれた島であり、起源はアフリカプレートと南アメリカプレートが衝突するところから火成物質が湧き出たことに由来する。だからこの島は火山島なのであるが、しかし海嶺上にあって現在でも活発に活動しているアセンション島やトリスタン・ダ・クーニャ島やアイスランド島とは違って、セントヘレナ島は今ではそうした火山活動の遺跡になっている。島は形成後、地殻運動によって運ばれて、海嶺のアフリカ側に近いところに位置している。景観は、地質上の特徴からも岩だらけで、海岸線は険しく近づきがたい。そこから平原状の内部が広がり表面は海抜およそ四〇〇メートルで、しかし山もあり、最高峰のダイアナズピークは海抜八二〇メートルである。南緯一六度付近にあるセントヘレナ島は熱帯に属するが、海抜高度がかなりあるのと周囲の海の影響を受けて、気候は割合に穏やかである。気温と降水量については、海抜高度との関連で比較的乾燥(年降水量一五〇ミリ程度)し冷涼な海岸部と、山地の影響で年降水量が一二〇〇ミリを超す湿潤な内陸部とに分かれる。海岸には植生がほとんどなく、生産力のある土地ではない。起伏が平坦になる高度四〇〇メートルの線から上は、十分な雨があり土壌も形成されているので耕作が可能であり、セントヘレナ島の可耕地は四〇〇メートルの等高線から上の地域とよく対応している。このように全面積一二一平方キロメートルのうち、生産が可能なところはかなり小さいので、これがこの島の利用に関して重要なポイントになっている。

セントヘレナ島は非常に孤立している。最も近い陸地は一一三〇キロメートル北西にあるアセンション島で、最も

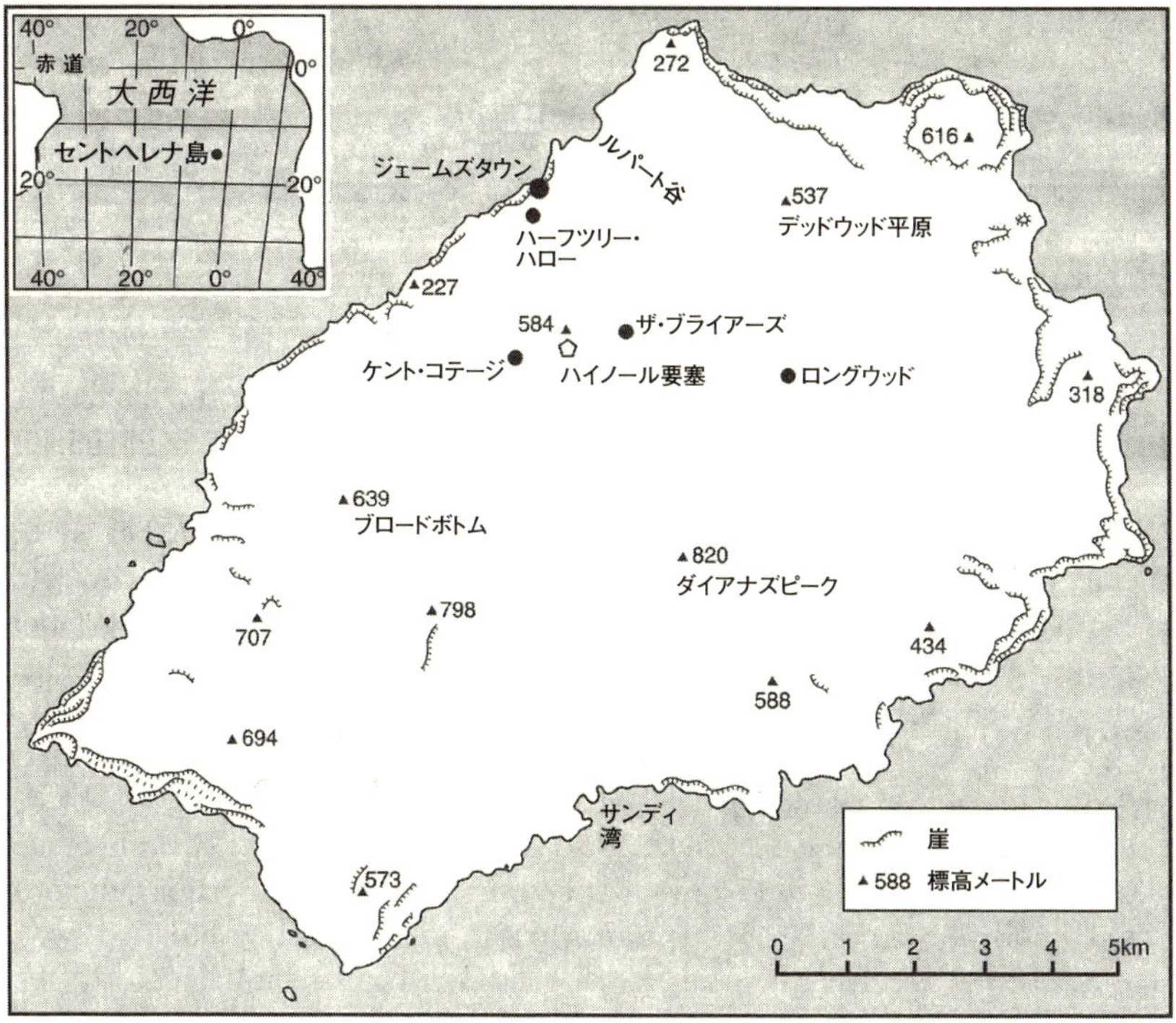

図10・1　セントヘレナ島

近い大陸となると、アフリカのアンゴラ海岸が一八四〇キロメートル東にある。南アメリカのブラジルはもっと離れていて、およそ二八八〇キロメートルの距離がある。このためセントヘレナ島は、島嶼タイプの生物地理学的状況を呈し、動植物相は限定されている（例えばカエルやヘビやトカゲの類は存在しない。ただしヤモリは存在する）とともに、いくつかの固有種が存在する。セントヘレナ島には、ドードーのような壮麗な固有種はなく、あまりに隔絶されているためにガラパゴス島のような生物学的関心を惹くことはなかった。しかし重要な動物種もいくつかはあり、特に固有のセントヘレナチドリ（Aegialitis sanctae-helenae）はしばしば、そのひょろ長い赤い足をもつ外見とは違ってむしろ優美さに欠ける姿を見せている。また固有の植物種は九種類あって、これには三種のキャベツツリー――雄（Senecio leucadendron）、雌（Senecio prena thiflora）、黒（Melanodendron integrifolium）を含む（Brown 1981）。多くの種は導入されたもので、例えば次のように、島の役に立つ目的で持ち込まれたものである。

ムクドリ（Gracula religiosa）はインドから、一八二九年に家畜をマダニから守るために導入された。果実に与える損害は押しなべて見られるが、家畜に与える利点はそれよりも大きい。

(Goose, 1938, p. 425. また Ashmole and Ashmole, 2000 も参照)

セントヘレナ島の生物種に人間が加わったのはずっと遅かったが、しかしそれが島の環境、とくにエコシステムに与えた影響は驚くほど大きく、最初から害のあるものだった。一五〇二年にこの島を発見したポルトガル人はヤギを飼ったが、その目的は通過する船の乗組員がヤギを捕獲して食糧とすることだった。野生のヤギは、環境、とくに植物相については、回復不能なほど影響を与え、一九八〇年代後半に最終的な数がほぼ四〇〇頭ほどに管理されるようになるまで、島の自然植生に影響を与え続けた。数世紀にわたる耕作も自然のエコシステムに影響し、ロンドンのキューガーデンが島に救済のための調査探検を実施した。セントヘレナ島は、ハリケーンの脅威も、そして海抜八〇〇メートル以上の地域では特に地球温暖化の影響も、受けていない。しかし、そうではあっても島の環境の繊細さは随所に見られる。加えて、瀕死状態にあるセントヘレナ島経済の救世主として計画されている空港の建設予定地であるデッドウッド平原が、島固有のセントヘレナチドリの主要な繁殖地でもあるという脅威は、過ぎ去ってはいない。

人口と経済の歴史――島の物語

セントヘレナ島には先住民と呼ぶべき人々はいない。島はずっと無人であり、おそらくは絶海の孤島であったがゆえに、一五〇二年にポルトガルのホアン・ダ・ノヴァ提督の船が発見するまでは、誰にも知られていなかったと思われる。ポルトガルはこの島を聖地として、そしてインドからの帰りの航海船への物資供給基地（「食糧の再積み込み」として知られる）として利用した。島に最初の住民が船から降り立ったのは、一五一三年の航海の時であった。その人はF・ロペスといい、ポルトガルとインドとの間の抗争がゴアで起こったとき、そこから脱走してきたのだった。彼は罰として、鼻と耳と右手と、それに左手の親指を切り落とされていて、ポルトガルに連れ戻されると何をされるか想像もできないほどだった。ロペスは、再発見されてリスボンに名士として帰国するまで一〇年間、この島で生き延びた。彼は教皇に会ったとき、島へ帰りたいという希望を伝えた。そしてセントヘレナ島に帰り、一五四五年まで、家禽だけとともに生き続けた。

今日のセントヘレナ島の住民は、その後にどこかから連れてこられた人々の末裔である（**表10・1**参照）。彼らは混血が進み、文字通りの尋常でないるつぼの状態になっている。「新しく生まれる子供のそれぞれが、驚くべき遺伝子の再選定である」（Bain, 1993, p. 31）。遺伝子は、ヨーロッパ人移住者のものもあれば、一七世紀以来イギリスの東インド会社によって連れて来られた人々のものもある。アフリカからは奴隷として、また後には奴隷からの脱走者としてやってきたし、インド人と中国人は労働者として連れて来られた。島を通過した客や海兵たち、それにナポレオンの幽閉地と

表10・1　セントヘレナ島の総人口の推移（1683年～1998年）

年	総人口（人）
1502	発見
1683	500
1723	1110
1814	3507
1851	6914
1881	5059
1891	4116
1901	9850
1911	3520
1921	3747
1931	3995
1946	4748
1956	4642
1966	4649
1976	5147
1987	5644
1991	5399
1994	5270
1998	4900

出典：セントヘレナ統計年鑑
注：1901年に人口が急増しているのは，この島が南アフリカ戦争でとらえられたボーア人たちの収容所としての利用が始まったからである．

図10・2　セントヘレナ島．ナポレオンの住居だったロングウッド・ハウス（1990年）

しての利用に関連する人々、さらに南アフリカ戦争当時のボーア人脱走兵もいた。初期の移民たちのほとんどは、東インド会社の食糧積み込み基地としての利用に関連する人たちであった。すべての場所が一つの会社の完全な経営によるということは、島のスケールのなせる業である。東インド会社は、孤立した島で住民がいなかったので労働者を導入した。当時も今も、島には船が着岸できないため、船は沖に停泊してそこから旅客や物資を小船に積み替えて運ぶのである。東インド会社の時代は、これらの船は手漕ぎであり、島には数百人の労働力が必要だった。ここに、その経済的な機能が戦略的な位置であること――これはよくあることだが――に依拠する島があったのだった。

セントヘレナ島の経済の歴史は、本質的に島嶼経済の歴史であった。一八一五～二一年には、ナポレオンの幽閉にともなう大きな需要の増加があって、島は繁栄した。ナポレオンの死後、再び「再積み込み」が島の主力産業となり、年間に一〇〇〇隻の船が島を訪れた。しかし、技術の変化がこの産業に終止符を打つことになった。船内での食糧貯蔵方法の改善や、より頑丈なエンジンつきの鉄鋼船が木造帆船に取って代わったことで、船が「再積み込み」のため

表10・2　セントヘレナ島訪問船のタイプ別一覧（1752年～1995年）

年次	訪問船数	戦　争	商　船			捕鯨船	囚人船	その他
			帆　船	蒸気船	RMS			
1752	30							
1774	39							
1793	133							
1802	169							
1815	186							
1823	193							
1830	367							
1834	475							
1840	737							
1845	475							
1850	1008	27	916	0	0	27	38	0
1855	1100							
1860	1044	23	938	14	0	64	5	0
1865	850	23	753	38	0	35	1	0
1870	807	24	672	45	0	66	0	0
1875	604	25	507	41	0	31	0	0
1880	563	26	450	41	0	46	0	0
1885	450	25	363	40	0	22	0	0
1890	211	12	157	26	0	16	0	0
1900	171	4	96	71	0	0	0	0
1910	51	7	8	33	0	3	0	0
1920	37	5	2	30	0	0	0	0
1930	38	1	1	36	0	0	0	0
1940	59	25	0	34	0	0	0	0
1950	26	1	0	25	0	0	0	0
1960	39	1	0	29	0	0	0	9
1970	73	11	0	39	0	0	0	23
1980	26	0	0	2	14	0	0	10
1990	27	0	0	0	15	0	0	12
1994	39	0	0	0	21	0	0	18
1995	30	0	0	0	18	0	0	12

出典：セントヘレナ統計年鑑
注：1. 空欄は情報なし
　2. ヨットは含まれない
　3. RMSは国営郵便（ロイヤルメール）の郵便船のこと．南アフリカまでは直行便で，そこから島への定期便に積み替えられる
　4. その他にはタンカーなどが含まれる

に島に寄港する回数がずっと少なくなった。そして何よりも、一八六九年のスエズ運河の開通によって、インド洋からヨーロッパへ行く船が喜望峰を経由する必要がなくなり、南太平洋を航海する船の数が激減したことが大きかった（**表10・2**参照）。

セントヘレナ島はまた、一八三九～七四年にイギリスが奴隷貿易を禁止したことに関連する戦略的な価値をもっていた。奴隷船から解放されたアフリカ人たちは、故国に帰れるようになるまで、しばしばセントヘレナ島のルパート谷に滞在していた。一九〇〇～〇二

年の南ア戦争の間、イギリスが島を再び軍事目的で利用したが、この期間を除けば島が戦略的拠点として利用されることはなくなったため、セントヘレナ島の経済は瀕死状態になった。島民はみな貧しかったが、二〇世紀初頭の植民地提督W・アーノルドの熱心な努力で、公衆衛生問題が改善された。これによりアーノルドは、セントヘレナ島民の不滅の賞賛を受け、ジェームズタウン中心部にある記念碑には、「セントヘレナ島がこれまでに持った最良の友」という彼への献辞が刻まれている（Royle and Cross, 1995; 1996）。アーノルドは、健康と福祉の問題を改善するためには雇用状況を良くすることが必要だと考えていた。それで、ギャラウェイ知事が導入しようとしていた革新的改革を支持した。それは、ニュージーランドの亜麻栽培を導入して、島で再び耕作を行なうことだった。亜麻は大部分が島内の工場でロープや細紐を作るのに用いられ、セントヘレナ島の可耕地のほとんどすべてに亜麻が作付けされた（Northcliffe, 1969）。例えば第一次世界大戦中の状態は、次のようなものだった。

> セントヘレナ島民は、植物を植えることに無頓着になり、亜麻以外の作物を育てることを諦めてしまった。彼らは多くの金銭を得たが、その大部分はかなり値の張る食糧品——亜麻ブーム以前は彼ら自身が作っていたものだった——の購入に費やされた。
>
> (Gosse, 1938, p. 349)

亜麻生産は、「一つのバスケットにすべての卵を入れる」古典的な島のシナリオになった。「卵」は亜麻が島の経済の中心であった六〇年間、特に大戦時には軍隊がロープや細紐を必要としたため無傷であり、それは良き時代だった。しかし一九六六年、セントヘレナ島の細紐の最大の顧客だったイギリス郵政省が、それまで手紙類をまとめるのに使用していた細紐を、ナイロン製の紐とゴムバンドに置き換えることを決めたため、セントヘレナ島唯一の注目に値する産物の市場が壊滅した。すべての「卵」が壊れてしまったのである。

現在の経済的状況——大西洋のＭＩＲＡＢ国家

亜麻の需要が途絶えてから、セントヘレナ島はずっと生産的な経済をもたなかった。最近、この島を訪れた作家のＨ・リッチーは、イギリス政府がセントヘレナ島の経済を誤った方向に導いたと強く批判している。彼の主張では、イギリスの海外局は「何年も何年も何年も肥料を撒き続けて、まったく何も成果を挙げられなかった」(Ritchie, 1997, p. 227)（現在はイギリスの海外領は、外務省と国際開発部の管轄になっている）。基本的にセントヘレナ島は、自身だけで自らを支えていくことができない。一九九〇年代には、輸入額が輸出額の数十倍にも上った。リッチーはこれを次のように記している。「セントヘレナ島には六〇〇〇人が住んでいるが（一九九八年のセンサスでは四九〇〇人）、それだけの人を私はどうしても見かけることができなかった」(1997, p. 223)。

計画されていることはある。今でも魚類（主にマグロ）——冷凍魚や干し魚、あるいは缶詰——が最大の輸出品だが、ほかにコーヒーやハチミツも輸出されている。コーヒーはブランド商品であり、セントヘレナ島コーヒー社を通じて販売されている。観光産業もあって、クイーンエリザベス二世号をはじめ、クルーズ船が寄港する。また、地元のビジネス開発や外部からの投資も奨励されている。しかし商業は、島であるという状況から一定の規模が必要なことによって形成されているソロモンという一企業が独占している。この会社は現在、政府が八四％出資しているが、比率は低下しつつある。政府系企業による商業の独占は、食糧品や一般小売品、農産物、船舶輸送、および保険までに及んでいるが、商業部門での自営業者や中小企業の発展を阻害している。

セントヘレナ島政府は、その魅力を外部の投資家に対して次のように売り込んでいる。

・強力な政府のサポート

・ＥＵ産品への自由なアクセス
・高品質の輸出品が増加している実績
・投資家への税制面の優遇策
・政治的リスクの低さ
・自由為替制度
・教育された労働力
・図抜けた生活の質

（Chief Secretary, 1998）

外部の投資家にはおそらく魅力的に映るだろう。一九九四年から九六年までの間に、セントヘレナ開発局には潜在的投資家からのアプローチが一六件あった。コーヒーとハチミツの輸出は、さらに拡大する希望がある。漁業は、外部私企業であるアーゴスの参入で機構の再建が進んでいる。いくつかの公営部門も、私有化されるであろう。目下のところインターネットへの接続料金は高いが、電子関係のビジネスは、いくつかの仕事を提供することができた。島での酒造業も再開されるはずである。観光業も奨励され、重要な部門にと期待されている（*St Helena Strategic review*, 1996）。リッチーは前記のように言っているが、かってもそうだったように、計画も希望も実行組織もあるのである。しかし、少なくとも衝撃を和らげる空港がなくては、セントヘレナ島の地理的な、および島嶼であることの制約は、島が自立した経済を発展させることに対して重くのしかかるであろう。だから、セントヘレナ島は外部から支えられなくてはいけないのである。こうした外部からの支えの一つが、島を離れて働く人々からの仕送りである。島外で働く人々は、一九九九年の時点で、多くがセントヘレナ島の属島であるアセンション島で働いていた。その数はおよそ六〇〇人で、セントヘレナ島人はアセンション島の軍関係および商業関係の公共部門の労働力となっている。また、約四〇〇人が、労働力が不足しているフォークランド諸島におり、約三〇〇人がイギリス本土にいて働いている。さ

表10・3 イギリスによるセントヘレナへの援助（1979年～1995年）　単位：英ポンド

年	予算補助	船舶助成	開発助成	技術支援	総 計
1979–80	1299	1540	510	407	3756
1980–81	1631	1300	396	536	3863
1981–82	1835	1737	776	577	4925
1982–83	2392	1710	855	635	5592
1983–84	2722	2322	1722	566	7332
1984–85	3229	2185	1432	901	7747
1985–86	3664	2064	2836	1467	10031
1986–87	3421	1484	3351	1602	9858
1987–88	2240	1303	2918	1547	8008
1988–89	3543	3543	1338	1552	2265
1989–90	3904	1685	2191	1986	9766
1990–91	3477	2760	1407	2008	9653
1991–92	3424	920	1398	2187	7929
1992–93	3526	1589	1614	1930	8659
1993–94	3496	1071	1051	2364	7982
1994–95	3225	965	965	2364	7531

出典：セントヘレナ統計年鑑

注：上記に加えて1987年から91年の間に3174万4000ポンドが新しい政府船R.M.S. セントヘレナを提供するために支出された．1997年から98年にかけては，予算補助各年3.2万ポンドおよび船舶助成各年1.3万ポンドを含む総額26万ポンドが支出された．

らに、政府の持ち船である戦艦セントヘレナ号の乗組員が九〇名いる。したがって、本国への移住を難しくしているイギリス国籍法が機能しているにもかかわらず、セントヘレナ島の労働力の約二五％が、島を離れたところで職を得ていることになる。彼らのセントヘレナ島経済への貢献は、年に二〇〇万～三〇〇〇万ポンドにものぼる。すなわち、MIRAB経済（第8章参照）のうちの、MI（移住）とR（仕送り）とがそろっていることがわかる。

セントヘレナ島は、金額が近年では減少傾向にあるとはいえ、イギリスからの巨額の補助を必要としている。この島は、イギリス海外領の中で唯一、いまだに地方財政のバランスを維持するための補助金を受けているところである。また同様に、技術協力基金や開発援助、そして船舶補助金も支給されている。それらの補助金を合計すると、一九九〇年代には年額五五〇万～九七〇万ポンドにもなった。セントヘレナ島政府の年予算額の三〇％がイギリス政府からの補助金であり、そのほとんどが資本投下である。したがってＭＩＲＡＢのＡ（補助金）もこれでそろったことになる（表10・3参照）。

一九九〇年に行われた調査では（Royle, 1992）、島の若い人たちには起業のつもりがほとんどないことがわかった。働くことを期待されている人たちのほとんどが、圧倒的に雇用者であり、労働力の八四％が政府に雇用されていた。こういったことは、小さい島で雇用のパターンが「経済発展に貢献するためというよりも家計を維持するために、仕事の口や活動が創出され維持されている」（Aldrich and Connel, 1998, p. 91）ところでは、ごくありふれた話である。政府はまた、より規模の大きな経済ならば民間が担うような部門についても、関わらねばならない。例えばそれらは、電力や水道の供給、銀行業（島には政府貯蓄銀行が唯一つだけある）、メディア（ケーブルアンドワイアレス社が供給する遠隔通信やテレビは違うけれども）といったものである。これがＭＩＲＡＢ経済のＢ（官僚統制）にあたり、これですべてがそろったことになる。セントヘレナ島は、大西洋にありながらも、太平洋諸島のＭＩＲＡＢ経済の古典的なケースなのである。

微力さ

ロペスが去った後、時々ポルトガルへの航海に耐えられないとみなされた病気の水兵が島に上陸させられたりしたが、ポルトガルはセントヘレナ島を恒久的に占有しはしなかった。だから、他のヨーロッパの国がたまたまセントヘレナ島を発見した時、それはどこにも属しない島であるとみなされ、それらの国は島を利用し始めた。一六〇一年にはスペインとオランダとの間で、島に関しての小競り合いも起こった。オランダは一六三三年にセントヘレナ島の領有を主張したが、恒久的に占有することはなく、そのために一六五九年にイギリスの東インド会社がこの島を、インドから帰ってくる彼らの会社の船の再積み込み基地として利用する目的で管理下におさめることができたのだった。「セントヘレナ島はイギリスの会社《ママ》にとって、インドとイギリスとの間の直接ルート上にあって水や食糧を供給できる唯一の避難地になった」(Keay, 1991, p. 250; また Schulenburg, 2001 も参照)。オランダとの論争はまだ続いており、イギリス人たちはセントヘレナ島から一六七三年の元旦に追放されたが、これも侵略に対して抵抗できない島の微力さの典型であった。それから三〇九年後に、同じ大西洋にあるフォークランド諸島で起こった軍事行動と同じく、イギリスは反撃して再侵略のため上陸し、セントヘレナ島の軍隊はこれに抵抗できず、六カ月弱でイギリスが島の管理と占有を回復したのだった(Goose, 1938)。東インド会社は他の植民地競争勢力との争いに備えて要塞を建設したが、その時からイギリスのこの島の管理に対しては、異議を唱えるものはなかった。島の管理権は一八三四年に東インド会社からイギリス王室に移った。

微力さが意味するのは、島が軍事的脅威に対して抵抗できないことだけではない。セントヘレナ島では、住民からの影響力がないことと、おそらくはより重要な問題に関わっていて官僚などの配慮が住民に対して届かなかったことが、最近も続いている。これは前記の一六七三年の事件と無関係とは思えない。島の再征服後、チャールズ二世国王はセントヘレナ王室憲章を発行したが、それには次のような趣旨の記述があった。すなわち、セントヘレナ島に居住する者、またその子孫、そして島で生まれた者はすべて、イングランドをはじめさまざまな島などイギリスの主権の及ぶあらゆる土地に生を享けそこにとどまる限りにおいて、自由、特権、課税の免除、等々の権利を有する、と。

この憲章はその後も撤回あるいは廃止されることはなかったが、しかし一九八一年にイギリス国籍法が制定されて以降、保証されたそれら権利のすべてを奪われたのである。この法律は、イギリス植民地の市民からイギリスでの居住権を奪い、彼らのパスポートはその時から、イギリス海外領の市民として発行されている。表明された目的が何であれ、これは明らかに、一九九七年の香港の中国への返還によって、望まないレベルの移民がイギリスに押しかけるのを回避するために議会を通過させた法律である。香港を選びだすことは、おそらくイギリス政府が中国人に対して反感を持っているという攻撃を遠ざける狙いがあった。それで、他の植民地がこの立法に巻き込まれたのである。これらとは違う好意的な調整が、ジブラルタルと一九八三年の紛争以後のフォークランド諸島に対しては、いつも適用されている。この二つはイギリス植民地の中で白人人口の多いところであり、これら二つの島が法律から適用除外されたのは人種的な理由からだと見る者もセントヘレナ島にはいる。これはおそらく真実ではないであろう。ジブラルタルは当時、EUとの関係で一定の地位にあり、市民が他のEU圏内に行くことを禁止することは受け入れがたい事情にあった。フォークランド諸島に関しては、その島々に住む人々がイギリス人だということを根拠に戦争を戦い、彼らを二級扱いし続けているのだから、政治的にも特別扱いをしないわけにはいかない。セントヘレナ島の人々がイギリス帝国から権利を付与され、イギリス国家への忠誠が示されているにもかかわらず、彼らの意思にまったく反した扱いを受けてきたことは、まさに考慮されない島の微力さの悲しい実例である。法律は、余剰人口の簡単なはけ口を閉ざした。労働許可を得た者だけがイギリス本国での職に就けたからである。すべての訪問にビザが必要になった。イギリス国籍法はセントヘレナ島民にとっては悪名高きものになった。島への旅行者はそのことを非難されるようになった（Winchester, 1985；Ritchie, 1997；また Wigglesworth 1998 も参照）。圧力団体も結成された。最も有名なのはセントヘレナ島の司祭によって作られたものだった。彼の職務リポート『セントヘレナ、失われたイングランドの県』には、この法律の廃止が力強く主張されている。一九九九年一月、イギリスの新聞は、一九九七年に労働党政権ができてすぐにロンドンで開かれた属領に関する会議を承け、半ページを割いて刊行される白書を予見しながらこの問題を伝えた。論説はセントヘレナニュース編集者のJ・ドラモンドの文章を引用して結論としていた。

イギリスへの大量の人口流入も、島からの人口流出も、おそらくはあるまい。セントヘレナは基本的にイギリスの一部分であり、セントヘレナ島民は基本的にイギリス人である。彼らが市民権を取り戻すことは、安全保障の問題である。

（*Guardian*, 1999. 1. 6）

白書が刊行された時、実際にそれは、新しく命名された「イギリス海外領」の人々に市民権を回復することを慫慂していた。

われわれは慎重に方策を検討した。そしてイギリスの市民権――それに居住の権利――が，それをこれまで持たず，持つことを希望しているイギリス海外領の人々に付与されるべきであると決定した。

(Foreign and Commonwealth Office, 1999, paragraph 3.7)

(この提案は，キプロスの国家軍事基地地域とインド洋のイギリス領には適用されなかった。) 必要な法制の通過が二〇〇一年には期待されている。島を離れる人の数はほとんどないであろうというドラモンドの信念が，その時試されることになる。別のところでも彼は，その見方を繰り返し述べている。「決して島を離れない人もいるだろう。すぐに島に戻りたいと思う者もいるに違いない」。しかし，この発言を引用した記事の筆者は，別の見方をしていた。

島は，熟練技術者や専門職従事者の流出で深刻な打撃を被るであろう。こういった人々はイギリス本国でトップに立てるからである。残されて今以上に孤立するのは，風采のあがらない漁民と労働者たちであろう。

(Hawthorne, 2000, p. 43)

孤　立

セントヘレナ島が経済の不振から抜け出す一つの方法は，ツーリズムを大いに振興することかもしれない。島にはビーチはないが美しい景色があり，首都のジェームズタウンには，古いジョージア朝式の建築や要塞がある（図10・3参照）。利用に値するナポレオンの伝説があり，これには彼の居宅だったブライアズとロングウッドの二カ所を含

図 10・3　セントヘレナ島．ジェームズタウンの町（1990 年）

むが、後者は今でもフランスの領域である。ロングウッド邸は沈床園をもち、ナポレオンの最初の墓は、今は空っぽだが、これらは第一級の観光資源である。さらに、セントヘレナ島は「まったく遠いところ」であり、ツーリストの異国趣味を魅了するところである。しかし、外部投資を奨励するセントヘレナ島政府の文書では、「短期間の休暇ではセントヘレナには行くことができず、休暇のほとんどが島へ往復する時間に費やされる」（Chief Secretary, 1998, p. 14）ことを認めている。もしもっと観光客を呼ぼうというのなら、島のインフラももっと整備する必要がある。しかし、ツーリズムに関しての主要な問題は、輸送システムである。セントヘレナ島には空港がない。島と外部世界とを結ぶのは唯一、郵便船セントヘレナ号（六七六七トン）だけである。この船は、年にだいたい四回の周航を行なう。典型的なのは、イギリスのカーディフを発ってカナリア諸島、アセンション島を経由し、セントヘレナ島に着くというものである。それから船はアセンション島で働く予定のセントヘレナ島の住民を乗せてアセンション島まで往復した後、イギリスに戻る前にケープタウンに寄港する。年に一回は、セントヘレナのもう一つの属島であるトリスタン・ダ・クーニャ島にも立ち寄る。船には一二八のベッドがあり、一九九〇年代後半には年に数百人の観光客をセントヘレナ島に運んで、島の経済に貢献していた。しかし、こうした装備では船の収容能力の限界から運べる観光客の数はほとんど増加の余地がなく、船自体も年に数回しか航海できず、またベッドもその多くが、観光客よりもセントヘレナ島民に売られているのである。

郵便船セントヘレナ号はセントヘレナ島民にとっては非常に重要である。だから、一九九九年に経営陣の反乱があって、この船の運航を経営しているカーナウ船舶会社の社長が辞任に追い込まれたとき、イギリスにあるセントヘレナ島の刊行物には、「反逆者に後ろから刺されて、ベルはカーナウ社を辞した」（St Helena & South Atlantic News Review, 一九九九年一〇月号）という見出しが躍ったのである。観光客のみならずセントヘレナ島に行こうとする者すべてにとっての問題は、一隻の船だけにコミュニケーションを依存する危険性が、船の故障などのときに表面化することである。これは単なる理論的な可能性というだけではない。一九九九年一一月に、郵便船セントヘレナ号が島へのクリスマス用の積荷を登載中にエンジン故障を起こし、深刻な事態になった。船はのろのろとフランスのブレスト港に入り、検査のため数日間を要したが、この間に南大西洋の島々ではいろいろな噂や代替案が会話のほとんどを占めることになった（著者はその時アセンション島に滞在中だったのである）。それは、二隻の船がセントヘレナ号の代わりにチャーターされるというものだった。どうして二隻なのか？　郵便船セントヘレナ号は、かなりの数（一二八人）の乗客と積荷（二〇〇〇トン）とを同時に載せる能力のある、現代の船舶の世界では実際ユニークな船なのである。だから、ヨーロッパ・南大西洋航路でアセンション島への物資供給に雇われている動力船スチュアート号などでは、乗客を乗せる能力が十分ではない。

スチュアート号は一七人しか乗せることが認められておらず、しかもその数のうちには乗組員を含むのである。アセンション島への客は、主に飛行機で到着するか、またはセントヘレナ島から郵便船セントヘレナ号でやってくる。対照的にこちらは、普通の旅客船なので貨物搭載能力に欠ける。それで、二隻をチャーターしたうち、一隻が乗客用でもう一隻が貨物用ということなのである。空港のないセントヘレナ島では、島から離れるには船しかない。すでに見たように、一隻だけしか船がないというのは、非常に脆弱なライフラインしかないということである。船の故障がありうるという危険性は、ビジネス客や観光客はもちろん、セントヘレナ島住民にとっても、意気消沈させられることである。一九九九年のクリスマスとミレニアムの祝賀行事は、ほとんどが物資不足により延期を余儀なくさせられたのであった。

ツーリズムに話を戻すと、配送システムの問題に対する解答の一つが、クルーズ船である。しかし、ここでもまた、セントヘレナ島の驚くべき隔絶性が逆風になる。アセンション島まではおよそ二日間の航海で着く。ケープタウンまでは五日かかる。ケープタウンから五日かかること、そして島周辺の海域では、北回りの船も南回りの船も横波を受けて時に三〇度も船が傾くというのは、どう見ても魅力というには程遠い。

セントヘレナ島でツーリズムを振興させようとするなら、島に空港を作ることが唯一の方法であろう。その場合の建設予定地は、デッドウッド平原が選択されている。セントヘレナ航空会社という、航空機を飛ばす計画をもった会社もある。イギリス政府およびセントヘレナ島政府の双方がこの計画を支援しているのだが、基金がない。イギリス政府はこれまでも年間数百万ポンドを島につぎ込んできたし、一九八〇年代後半から九〇年代前半には船の新造に三二〇〇万ポンドを支出したので、空港建設のための資金拠出には消極的である。セントヘレナ島政府には、空港建設の意思はあるが資金がない。民間からの資金拠出も、島の規模が小さくしかも隔絶しているということで、冒険する魅力に欠ける。この本を書いている時点で、イギリス政府は、アセンション島の新しい民間資金活用のあり方を調査している。もしその目的が増加するツーリズムに対して開けてくるなら、おそらく大西洋の二つの中心、つまりアセンション島とセントヘレナ島での休暇活動が可能になるだろう。アセンション島と共同して市場を開拓すれば、セントヘレナ島へのツーリストの数を増やすことができ、空港建設の財政的リスクをより少なくできるだろう。二〇〇〇年には、空港を再建する計画が再びもちあがった。

セントヘレナ島空港は、もちろん社会的・環境的な面でネガティブな面ももつ。社会的には、遠隔地の社会がより無作法で薄情な外部世界に晒されることになることであり、環境的には空港のために土地と居住空間が失われることである。しかしこれらの否定的側面を考慮したとしても、空港建設がセントヘレナ島の生活と経済とを変革させる唯一の方法であることに変わりはない。船舶輸送を改善するとか定期的寄港回数を増やすとかいったやり方では、状況のほんの表面だけを緩和できるに過ぎない（Royle, 1995）。

すでに説明したように、わずかなヨットとクルーズ船以外は、すべての物と人は郵便船セントヘレナ号でやってきてそれで帰ってゆく。客はいろいろで、知事もいれば、稀にはイギリスで長い収監生活を送る島の犯罪者や、南アフリカかイギリスで医療処置を受ける患者もいる。そして船が去ってしまうと、島の人々や島の社会福祉システムは、何が起ころうとも共同して事に当たらねばならないし、緊急の援助が島の外部からやってくるにしても何日もかかることになる。もちろん重病患者が出たときなどは、セントヘレナ島の隔絶性は生か死かの問題になる。一九九九年の末、セントヘレナ島のある少女が非常に珍しい病気になった。彼女には緊急手術が必要で、それは島のジェームズタウンの病院では設備上無理なものだった。ラジオで彼女を南アフリカまで運ぶための船を呼ぶ放送が大西洋中に流される間、彼女は兄弟からの緊急の輸血で生き延びた。幸運にもある船が来島することができて、輸血すべき血を使い果たした兄弟たちとともに、全員が新しいパスポートを支給されて、ケープタウンの病院に運ばれたのだった。

スケールと依存

セントヘレナ島の隔絶性は、島の社会のあらゆる面に影響を及ぼしている。先住民はいないので、土着の言語や習慣はなく、誰もが、明らかなアクセント上の特徴はあるとしても英語を話すし、言語のある面では、一七世紀に移住者がやってきてその後多くが隔絶されてきた影響を反映しているといわれている。混血の程度も非常に進んでいることはすでに触れた。島の社会が機能する仕方は、ある点で島の規模により、他の点では隔絶されてきたことに依存している。島は、いろいろな点において、基本的なことを提供する地方部（country）と、より高次のものを提供するジェームズタウンとの二重構造になっている。医療面でもそうで、六つの地方診療所とジェームズタウンの病院とがある。教育も、最近同じような構造に仕組みが改められ、小学校と中学校は島にいくつもあるが、シニアスクールは大きなものが一つだけ、ジェームズタウン郊外にプリンスアンドリュー校がある。ジェームズタウン（図10・3参照）は主要な中心地で、政府もここに存在し、ほかに高次の商業機能や刑務所もある（二〇〇〇年一月時点で三人が収容されている）。すべての地域で、普通にみられるはずの多段階のサービス供給が見られないのは、島のスケールが小さいためである。島の外のサービス供給者は、しばしばその最高次のものを含んでいる。島には医師が三人と粗末な設備の歯科医が一人いるが、彼らでは行えないような手術が必要な患者は、先述の少女の場合よりはもう少し制御されたやり方で、島の外に送り出される。例えば眼科の手術などがそうで、これは普通セントヘレナ島ではできない。高等教育を受ける学生は、島外に送られる。既述のように刑期の長い犯罪者も、島外に送られる。高次の商品は注文を受けて島外から運ばれる。行政上の高次の用務も、島外居住者により担われる。一九九〇年、国務長官や医療部長、他の二人の医師、政府エコノミスト、教育長官、プリンスアンドリュー校校長、セントヘレナ島司祭などの重職のうち、教育長官と司祭だけがセントヘレナ島人だった。政府のシステムも、もちろん島外居住者のイギリスの知事が選挙された司法議会の助言を受けて指揮している。こうしたトップレベルの職務を島外居住者が占めていることには、しばしば反感が募り、一九九八年、政府内で島の開発問題をめぐって激しい議論があったが、結局知事が勝利した。メディア、とくにラジオ放送と新聞も、政府が管理しており、これも議論を呼んでいる（Ritchie, 1997）。しかし、セントヘレナ島の人々はこうした体制の変革を模索しようとはしていない。最近の政治的要求としては、完全なイギリスの市民権を獲得することが主で、イギリスから距離を置こうということではない。セントヘレナ島は経済の力が弱く、独立した国家として機能するだけのスケールも持っていないというのが、広く行き渡った認識である。

隔絶性の利益——監獄としての島

セントヘレナ島を語る際に、この島の監獄としての利用に触れずにそれを終わるわけには行かない。この島について一つの広く知られた例は、この島が、ナポレオンが一八一五年のワーテルローの戦いに敗れた後一八二一年に死亡するまでの間、幽閉されたところだということであろう。ワーテルローの戦いの前にナポレオンがエルバ島の監獄から脱出したあとで、この島に送られたということは、セントヘレナ島という島が世界の舞台での一つの場所であることを印象づけ、隔絶された島が貢献できる積極的な意義の一つを実証することになった。それが、監獄としての利用である。実際、イギリスは後に再びセントヘレナ島に、ズールー族の王子や体制に異を唱えるバハレーンの政治家を幽閉したが、もっと重要なのは南アフリカ戦争時の一九〇〇年から〇二年までの間、ボーア人の戦争犯罪者キャンプにしたことだろう。収容されたボーア人は、島の住民の倍の数にのぼった。セントヘレナ島が監獄に適した地であることは疑いなかった。船に荷を積み込んだりボートをハイジャックしようとしたりした者はいたが、誰も逃げ出すことはできなかった。しかし、この時にも島の存在の問題はあり、島の自然のシステムはこのような人口増加とは協調できなかった。ボーア人はしばしば新鮮な水がないといって問題を起こし、とくに身体を洗う水のことが問題になった。貧弱な衛生が恐ろしい問題を引き起こし、多くの罪人の死亡は、衛生問題からくる伝染病によるもので、とくに腸チフスが多かった。イギリスは人工的淡水化施設の改善を始め、当時の金額で五〇〇〇ポンドの支出を余儀なくさせられた。しかし、それが完成する前に戦争が終わり、残ったボーア人たちは本国に送還された（Royle, 1998）。究極の島セントヘレナは、監獄にするためにデザインされた島であるかのように見えるが、ここでも島嶼性の制約が問題を難しくしていたのだった。

結論——セントヘレナ島、再び表舞台に

セントヘレナ島は、それが極端なものだとしても、島嶼性の基本的制約を実例として示している。島嶼性とは、隔絶性、規模の小ささ、依存性、環境的脆弱さといったことがらである。セントヘレナ島民と島外にいる為政者たちとがともに闘い、しばしばそれから派生する問題に打ち負かされてきたのは、驚くには当たらない。小さな島というのは、骨の折れるところである。あまりに骨の折れるところであるため、島の人々は、これまでの一五〇年間以上にわたって、そこからの脱出を試みることさえあきらめてきたのである。小さな島はまた、特別なところでもある。人々は、より自然を身近に感じ、あるいはそこからすべて逃走するというロマンティックな考えをもったりする。しかし、休暇なら別として、希望はするけれども島嶼性の制約からは実際に逃げ出すことはできない。島についての古典的な小説『サンゴ礁の島』の作者であるR・M・バランタインは言う。

とうとう私たちは太平洋のコーラルアイランドにやってきた。私は、島の一つを通った時に見た、純粋で真っ白でまばゆいばかりの海岸と緑のヤシの木が、陽光に輝いて明るく美しく見えた光景を、決して忘れないだろう。そして、一つの島に上陸したのにまるで三つの島にいるように思えた。完全な幸福の島を見つけたような気分だった。

(1902, p. 15)

ドラマはもちろん、そのあとすぐに展開し、「完全な幸福」は運ばれては来なかったけれど、彼らの希望は実現する。『サンゴ礁の島』はフィクションだが、しかし、バランタインの、島の夢と実際の小さな島の厳しい現実というパラドックスは、本当に聞こえる——実際、この二つが並置されていることは第1章で検討した。そしてもちろん、

それはセントヘレナ島でも当てはまるのである。

セントヘレナ島で著者は、一九八〇年代に風力発電の実験が行われたが失敗したという話を聞いた（公平のために言えば、風力発電を実行するための投資はその後もずっと続けられている）。これより早く一九〇九年に、社会事業家であったA・モズレイは、サバの缶詰工場を開設した。

［彼は］新しい漁船を買い、漁具も買った。漁師たちと契約し、工場が建てられ、新しい機械類が注文され、サバを詰め込むはずの空の缶も数千個がそこにあった。そして、そこにはサバがなかった！　以前はサバが捕れないなどということはなかった。専門家にさえ説明がつかなかった。……工場は閉鎖され、セントヘレナ島を救うもう一つの企ては失敗した。

（Gosse, 1938, pp347–8）

このほかにも、セントヘレナ島では開発行為で無に帰したものは数多い。セントヘレナ島で著者は、島の生活にバランタインのいう「完全な幸福」まではいかずとも、少なくともそれが繁栄するようにと企てられた計画がしばしば失敗することを要約した"SHWA"という頭文字が、使われるのを聞いた。SHWAとは、「セントヘレナ島は再び勝つ（St Helena Wins Again）」という意味である。

訳者あとがき

本書は、islophilia（島への愛着）を隠さずislophile（島の愛好者）を公言する人文地理学者スティーヴン・ロイルの著書 *A Geography of Islands* の全訳である。ロイルは長く北アイルランド・ベルファストのクイーンズ大学で人文地理学を教え、本書の原著執筆当時はLecturerであったが、のちにProfessor of Island Geographyに就任し、四十歳台の終わりにはアイルランド地理学協会の会長を務めた。現在は、同大学名誉教授である。また一九九四年に設立された国際島嶼学会（ISISA）の設立メンバーの一人でもあり、二〇〇八年には王立アイルランドアカデミーの一員に選出されている。

ロイル自身の語るところによると、ケンブリッジ大学を卒業後、レスター大学で都市の歴史地理学に関する博士論文を執筆していた一九七四年、夫人とともにアイルランド島南西端にあるダーゼイ島へ旅行した際、当地の集落の荒廃ぶりに強い印象を受け、島の集落がなぜそうした衰退に至ったのかの理由を考えるようになったこと、そして偶然にもその一年半後の一九七六年初めから、ベルファストのクイーンズ大学にポストを得て、以後四十年以上アイルランドで過ごすことになったことが、研究対象としての小さな島々に魅了される契機になったという。[*1] 本書はロイル最初の自著と言えるものであり、副題がsmall island insularity（小さな島の島嶼性）となっていることからもわかるように、条件不利地域とされる小さな島々の苦境に対する温かなまなざしを持ち続け、ヒューマニズムに立脚する自身の地理学を構築した労作である。

いうまでもなく島は、規模の大小や有人か無人かなどを問わなければ世界中にあまねく存在し、地球上に住む人々によく知られてきた。とはいえそれは、あまりにも身近ですぐ手に届くところにあるがゆえに、島とは何か、人類の生活にとって島はどのように位置づけられてきたのか、といった普遍的な問題意識は、存外形成されてこなかったといえる。本書の持つ特色の第一点は、そうした島（島嶼）への普遍的関心にある。その集大成が、多くの具体的事例を踏まえたうえでそこから帰納的に対象の持つ特徴を、比較という眼を通じて描き出す方法に依拠する人文地理学という学問に携わる地理学者によってなされたことには、大きな意味があるといえよう。

本書は全10章からなる構成で、第1章はまず、島の定義、すなわちどのような陸塊の実態を島と称するか、という古くて新しい問題が論じられる。ただしこの定義には世界で共通するものは存在しない。オーストラリアまでが大陸で、グリーンランドより小さい陸塊を島と呼ぶというのはあまねく受け入れられている基準といえるが、問題は小さな陸塊のほうで、こちらはまったく収拾のつかない状況である。ロイルは世界各国での実例を紹介しながらも、「大はグリーンランドから始まり、小は意味のある枠組みはない」とさじを投げている。したがって、何が島かは定義不能であるため、世界に島はいくつあるのかという問いも、島に住む人の数はどれくらいなのかという問いも、実はその答えを正確に算出することはできないのである。[*2]

近年では島が、一九九四年発効の国連海洋法条約に規定された排他的経済水域（ＥＥＺ）画定に重要な役割を持つようになって、島を根拠とする経済的あるいは軍事的権益についての争い（本書第7章でも触れられている）が表面化するケースもしばしば起こり、島の定義という問題はいっそう複雑化してきている。そんな島であるが、島はこれまで数々の優れた芸術的想像力をかきたて、小説や戯曲の舞台となり、時には理想郷として、また時には現実生活の息苦しさからの逃避地として認識され、科学者には明瞭な「小規模実験空間」としての魅力を与えてきたとされる。第2章は、島の形成に関する自然地理学的メカニズムと島のエコシステムを構成する動植物の特質についての記述で、地理学者ロイルの面目をうかがわせる章である。

第3章以下が本書の核心部分に当たる。描出されているのは、島を舞台として営まれてきた人間生活、ということになろう。島嶼性（insularity）という用語は、もとは生物学の術語だったといわれ、読者には聞き慣れないものであろうが、いうなれば島であるがゆえに課されてきた桎梏の総称である。ロイルはそれを、島の小規模性、隔絶性、辺境性などと具体化させながら、過去から現在まで島がどのような利用のされ方をしてきたか、島で生きてきた人々が遭遇した実際的困難はどのようなものであったかなどを、豊富な実例を目配りよく提示させながら論じている。[*3]「チェスの駒」、「ＭＩＲＡＢ経済」、「すべての卵を一つのバスケットに入れる（経済）」など、今日ではかなり知られるようになった比喩的フレーズ（すべてがロイルの造語というわけではないが）が、世界中の島での生活の現状を効果的に整理する役割を果たしている。第7章では、特に近年、国際政治の荒波の中に投じられて話題を呼んでいる島の政治的役割が語られ、第8章では同じく現代における島の経済的地位と、オフショアファイナンスなど新しい問題が論じられている。

第9章では、そのタイトルに見られるように、島がかつて苦しみ現在も苦しんでいる資源と機会の限界性、経済的不安定さを劇的に解消する切り札として期待されている観光についての議論がなされている。観光地として成功したいくつかの島の事例が検討されているが、しかしロイルの見立ては、それは両刃の剣だというものである。島の観光地化は、往々にして島の伝統的な社会や経済のあり方に大きな変革を迫るものであり、観光客獲得競争の激化と観光客の移り気に耐えなければならない浮き沈みの激しい状況が生み出されるという。

本書の結論に当たる第10章では、ロイル自身が「最も印象深い島」、「究極の島（the ultimate island）」[*4]だと語る南大西洋の孤島セントヘレナ島を舞台に、そこに見られる諸問題を通じて島嶼性の集約的な再整理がなされている。

ところで、本書には読者にもおなじみの日本の島々もいくつか登場している。第2章で火山性弧状列島として日本の島々全体が取り上げられているほか、鉱山（炭鉱）の閉山による人口移動（出移民）の例として長崎県の高島と端島（軍艦島）、インフラ建設費用の高騰例としての青函トンネル（島としては北海道）、領有権に関する思惑の対立が紛争を招いている東シナ海の島々や尖閣諸島などである。沖縄の島々に関する記述もある。これについては一八七九（明治七）年のいわゆる琉球処分から始まって、第二次世界大戦後の沖縄へのアメリカ軍基地の極端な集中についても触れており、沖縄が「内国植民地」化しているという的確な指摘がすでに一七年前に一人のイギリス人地理学研究者によってなされていたことには驚かされる。

さて、本書の著者ロイルは、四〇年勤めたクイーンズ大学を退職した後、鹿児島大学国際島嶼教育研究センターの訪問教授（visiting professor）として、二〇一五年九月から翌年三月までのおよそ半年間、鹿児島に滞在した。この間、同研究センターの用意したさまざまなプログラムを精力的にこなし、時には奄美大島やトカラ列島の島の学校で中学生や高校生に授業をしたり、九州や沖縄の島々を新たに訪れて見聞を深めたり、韓国の島にまで足を伸ばたりしている。半年間の活動の成果は、Royle（2016b）の論考に結実しているが、その基本的構成は、二〇〇一年の本書で提出した島に関するいくつかの問題点を再提出し、そこに滞日中の新知見――日本の島の具体的現実についての――を対照させるという形になっており、いわば日本の島々の最新状況を題材として本書の内容をブラッシュアップした内容である。日本の島々に関心のある方は、ぜひ同論考にも直接当たってみていただきたい。

本書を通じてまず驚かされるのは、なんといっても著者の博捜ぶりであろう。登場する島々は、ほとんど世界中至る所に及んでいる。ロイル自身は本書を「世界の島々のカタログを作ろうとしたものではない」（本書第1章）としているが、その一方で、本書執筆時には（世界の）三二〇の島々を踏査していたが、二〇一六年時点ではそれが八六四島にまで達したとも書いている。[*5] こうしたコレクター的趣味は、あまり学問的ではないと思われるかもしれないが、ロイルの islophilia を如実に示す証左であるとともに、実は地理学者にかなり共通する志向であり資質なのである。

翻訳に当たって苦労したことの一つは、そうした島々の名称をどのように日本語表記するかという点であった。英語で書かれた原著なので、英語での読み方をカタカナで記すことを原則としたが、一部の島名については日本語で書き慣らわされている表記を用いている場合もあることをお断わりしておきたい。
本書でロイルは、島を研究する学問をIsland Studies（島嶼研究）としているが、近年では一九九四年に提案されたNissology（島嶼学）という名称が、しだいに定着し始めている。[*6] 島の研究はこれまで数多くの学問分野でなされてきた。その意味でもともとが学際的な性格を色濃く有している。日本でも一九九八年に、さまざまな分野から島にアプローチしてきた研究者や行政担当者、島の住民らを糾合して、日本島嶼学会が設立された。本訳書は、その日本島嶼学会の設立二〇周年を記念して企画されたものである。刊行の実現に当たっては、同学会の歴代会長や理事各位より多大な支援を受けた。訳者としてここに深い謝意を表するとともに、また難しい状況の中で出版を引き受けていただいた法政大学出版局の郷間雅俊氏にも厚く御礼申し上げたい。人文地理学者による島嶼学入門という趣の内容である本訳書が、日本の島嶼学研究発展の礎の一つとなることを、訳者として心より願うものである。

二〇一八年六月

中俣 均

注

＊1 Royle (1999, p. 1). Royle (2017, p. 160) など。
＊2 このことを前提にすると、嘉数（2017: v）によれば「世界には三〇〇〇万〜四〇〇〇万の島があると推定され……、そのうち五％弱が「有人島」だという。なお現在の日本では、海上保安庁による「高潮時の周囲〇・一キロメートル以上の陸地で本土と一体化したものは除く」という定義が公式には用いられ、それにより総務省統計局『日本統計年鑑』に示された六八五二島が日本の島の総数とされている。

＊3　日本では、一九五三（昭和二八）年に「離島振興法」が議員立法により制定（十年間の時限立法）され、今日まで六度の延長を経て継続発効してきているが、制定時に掲げられた島の特質は、環海性、狭小性、隔絶性、そして後進性という四点であった。

＊4　Royle（2016a, p. 8）.

＊5　Royle（2016b, p. 5）.

＊6　嘉数（2017: v–vi）。

引用文献

Royle, A.S（1999）：From Dursey to Darrit-Uliga-Delap : an insular odyssey. *Irish Geography*, 32–1, pp. 1–8.

Royle, A.S（2016a）：Islophilia, Island Research and the Research Centre for the Pacific Islands. *South Pacific Newsletter*, no. 27, pp. 5–11.

Royle, A.S（2016b）：Japan and a geography of islands. *South Pacific Studies*, 37–1, pp. 1–28.

Royle, A.S（2017）：Retrospect and prospect, Stratford, E.（ed.）: *Island Geographies*（Routledge,London）, pp. 160–9.

嘉数啓（2017）：『島嶼学への誘い――沖縄から見る「島」の社会経済学』（岩波書店）。

著　者

スティーヴン・A. ロイル（Stephen A. Royle）

1952年イングランド生まれ。ケンブリッジ大学セントジョンズカレッジで地理学を専攻し，レスター大学でPh.D.を取得。1975年から北アイルランド・ベルファストのクイーンズ大学で地理学を教える。現在は同大学名誉教授。アイルランド地理学協会会長など歴任。本書のほか主な著書に，*Enduring City: Belfast in the Twentieth Century*（Boal, F.と共著．Blackstaff, 2006），*The Company's Island: St Helena, Company Colonies and the Colonial Endeavour*（I.B.Tauris, 2007），*Islands: Nature and Culture*（Reaktion Books, 2014）などがある。

訳　者

中俣 均（なかまた ひとし）

1952年新潟県生まれ。1976年東京大学理学部卒。1980年東京大学大学院理学系研究科博士課程中退。島根大学助手，法政大学専任講師，同助教授を経て1993年法政大学文学部地理学科教授。現在，法政大学沖縄文化研究所所長，日本島嶼学会会長も務める。博士（理学）。専攻は文化地理学・島嶼地理学。主な編著書に，『国土空間と地域社会』（朝倉書店，2004年），『空間の文化地理』（朝倉書店，2011年），『渡名喜島――地割制と歴史的集落景観の保全』（古今書院，2014年）などがある。

島の地理学
小さな島々の島嶼性

2018 年 8 月 30 日　初版第 1 刷発行

著　者　スティーヴン・A. ロイル
訳　者　中俣 均
発行所　一般財団法人 法政大学出版局
〒102-0071 東京都千代田区富士見 2-17-1
電話 03 (5214) 5540　振替 00160-6-95814
組版：HUP　印刷：平文社　製本：積信堂

ISBN978-4-588-37714-3

島名索引

ア 行

アイオナ島　Iona　33–34, 59, 62, 65
アイスランド島　Iceland　12, 14, 32, 38–39, 44, 104, 127–28, 165, 174, 176, 183–84, 220, 274–75, 277, 280
アイリングラプラプ島　Ailinglaplap　118
アイルサクレイグ島　Ailsa Craig　33
アイルランド島　Ireland　14, 18–21, 26, 29, 32–33, 43–45, 59, 61, 65, 67, 93–94, 104–07, 109–11, 114, 116–17, 121–23, 125–27, 141, 144–45, 148, 152, 157, 159–60, 167–70, 172, 174, 178, 180–81, 193–94, 198, 200–01, 203, 231–33, 235, 272–73
アイレイ島　Islay　236–37
アウターヘブリディーズ諸島（西部諸島）Outer Hebrides　2, 22, 24, 52, 93, 197
アスティパリアイア島　Astipaliaia　278
アセンション島　Ascension Island　1, 38–39, 46, 50–51, 71–72, 152, 157, 159, 172, 184, 189, 280, 288, 294–96
アゾレス諸島　Azores　62, 184, 195
アバヌエア島　Abanuea　54
アブー・ムーサー島　Abu Musa　208
アメリカ領サモア　American Samoa　212
アメリカ領バージン諸島　United States Virgin Islands　212–13
アモルゴス島　Amorgos　23
アラン諸島　Aran Islands　21, 104–11, 148, 151, 232–33, 235
アラン島　Arran
アリューシャン列島　Ajutian Islands　37
アルカトラズ島　Alcatraz　67
アルダーニー島　Alderny　195
アルダブラ島　Aldabra　48, 52
アルバ島　Aruba　186, 213
アングルシー島（インズモン）　Anglesey（Ynys Mon）　194
アンジュアン島　Anjouan　80, 196
アンスト島　Unst　26
アンノボン島　Annobon　11, 60, 185
アンボン島　Ambon　139
イースター島　Easter Island　40, 103, 144, 183　→ ラパニュイ
イースデール島　Easdale　26
イーストカイコス島　East Caicos　229
イギリス領バージン諸島　British Virgin Islands　29
イニッシュエール島　Inishere　105–06, 194
イニッシュターク島　Inishturk　160, 273
イニッシュビッグル島　Inishbiggle　148
イニッシュフリー島　Inishfree　19–20
イニッシュボーフィン島（ゴールウェイ郡）Inishbofin（Co Galway）　94–95
イニッシュボーフィン島（ドネガル郡）Inishbofin（Co Donegal）　126, 169, 170
イニッシュマーン島　Inishmaan　105–06, 232–33
イニッシュムレイ島　Inishmurray　125
イニッシュモア島　Inishmore　21, 105–07, 109, 272–73
イビーサ島　Ibiza　272, 278
イミア島　Imia　204
イロイロ島　Iloilo　59
インナーヘブリディーズ諸島　Hebrides Inner　23, 33, 59, 234
ヴィティレヴ島　Viti Levu　173
ウェーク島　Wake Island　183, 204
ウエストポイント島　Westpoint Island　147–48

ウエストマン諸島　Westman Islands　39
ウォジェ島　Wotje　137
ウォリス・フォートナ諸島　Wallis and Fortuna　183
ウジェラン環礁　Ujelang　74
ウトリック島　Utrik　74
ウビン島　Ubin　62–63
エイグ島　Eigg　26–28
エイストロイ島　Eysturoy　44, 92
エイリアンアイガス島　Eilean Aigas　26
エイリアンショナ島　Eilean Shona　27
エイリアンライ島　Eilean Righ　26–27
エオリエ島　Aeolian Islands　35, 82
エギルセイ島　Egilsay　141
エジット島　Ejit　74
エトロフ（択捉）島　Etorof　208
エニウェトク環礁　Enewetok Atoll　73–74
エニュー島　Eneu　74
エバイエ島　Ebaye　86–87
エリスカイ島　Eriskay　27, 146
エリス島　Ellis Island　66
エルゲラプ環礁　Elugelap　73
エルバ島　Elba　299
エルメス環礁　Hermes Atoll　41
オアフ島　Oahu　30, 41
オークニー諸島　Orkney　28, 48, 61, 93, 141, 146, 173, 194
オーランド諸島　Aland Islands　195
オーレスンド島　Oresund　150
‘オーロラ諸島’　‘Aurora Islands’　10–11
沖縄島　Okinawa　70, 76, 180–81, 189, 191, 193, 271
オランダ領アンティル諸島　Netherlands Antilles　200, 213

カ 行

カーグ島　Kharg Island　80
カーテレット諸島　Cartret Islands　54
ガーンゼイ島　Guernsey　194, 235, 240, 272
ガダルカナル島　Guadalcanal　129, 258
カッティロ島　Kattilo　29
カップオメルレス島　Cap aux Merles　268
カナリア諸島　Canary Islands　81, 157, 162, 185, 195–97, 210–11, 219, 267, 294
カハー島　Caher　20
カプ・ダン　Kap Dan　274
カラダク島　Kardak　204
ガラパゴス諸島　Galapagos Islands　31, 48–49, 52, 281
カリブ海諸島　Caribbean　80, 184, 231, 240, 259
カルディ島　Caldy Island　65, 170
キービスケーン島　Key Biscayne　197
ギガ島　Gigha　27, 234
キクラデス諸島　Cyclades　23
北マリアナ諸島　Nortern Mariana Islands　70, 183
キプロス島　Cyprus　2, 78–79, 100, 128, 172, 185, 193, 198, 201–03, 268, 293
キューバ島　Cuba　70, 189, 278
キリティマティ島　Kiritimati　73
キリ環礁　Kili　74
キルグレイ島　Killegray　27
ギルバート諸島　Gilbert Islamds　76, 90
グアドループ島　Guadeloupe　25, 200, 211–12
グアム島　Guam　70, 165, 183, 192
クイーンシャーロット諸島　Queen Charlotte Islands　164
クック諸島　Cook Islands　60, 173, 183, 239, 246
クナシリ（国後）島　Kunashiri　208–09
グラハム島　Graham Island　11　→ フェルディナンド島
グランドコモロ島　Grand Comore　196
グランドマナン島　Grand Manan　160
グリーンランド島　Greenland　12, 15, 44, 175–76, 184, 187, 189–90, 212, 274–77
クリスマス諸島　Christmas Island　73, 75 → キリティマティ島
クリッパートン島　Clipperton Island　160
クリル（千島）諸島　Kurile Islands　208–09
グルイナード島　Gruinard　72
グルーネイ島　Grunay　27
クルサック島　Kulusuk Island　190, 273–77
クレア島　Clare Island　19, 59, 148, 167–68

グレートコープランド島　Great Copeland 122
グレートバリアーリーフ　Great Barrier Reef 42
グレートブラスケット島　Great Blasket Island 32, 122–25
クレタ島　Crete 98–102, 250, 267
グレナダ島　Grenada 25, 76, 80, 239, 258
グレナディーン諸島　Grenadines 129
クレ環礁　Kure Atoll 41
クワジェレン環礁　Kwajelein Atoll 70, 74, 86, 138
軍艦島（端島）　Gunkanjima 117
ケイマン諸島　Cayman Islands 212, 239
ケープブレトン島　Cape Breton Island 103–04, 140, 152, 155, 174, 184, 223, 246
ケルゲレン島　Kerguelen 39
ケルマデック諸島　Kermadec islands 183
ケレーラ島　Kerrera 146
香料諸島　Spice Islands 139, 216
コープランド諸島　Copeland Islands 122
コール島　Coll 58
ココス・キーリング諸島　Cocos Keeling Islands 213
ココナツ島　Coconut Island 30
ゴゾ島　Gozo 117, 118, 254
コッカトー島　Cockatoo Island 68
ゴフ島　Gough Island 184
コミノ島　Comino 254
コモロ諸島　Comoros Islands 79–80, 196
ゴラ島　Gola 125, 144
コルシカ島　Corsica 195–96, 203
コルフ島　Corfu 115
ゴレ島　Goree Island 67, 98

サ 行

サウスオークニー諸島　South Orkney 184
サウスカイコス島　South Caicos 227
サウスサンドウイッチ諸島　South Sandwich Islands 184
サウスジョージア島　South Georgia 10, 184
サウスタラワ　South Tarawa 90, 130–34, 136, 167–68, 247
サウンダース島　Saunders Island 147, 177
サドル島　Saddle Island 221
サハリン（樺太）　Sakhalin 209
サバ島　Saba 213
サモア　Samoa 23, 183
サライゴメス島　Sala y Gomez 183
サラ島　Sarah Island 68
サルディニア島　Sardinia 195
ザンジバル島　Zanzibar 66, 68, 76, 96–98, 182, 185, 250
サンタカタリナ島　Santa Catalina Island 26, 46–47
サンドイ島　Sandoy Island 92, 142
サンバルテルミー島　St Barthelemy 25–26
サンピエール島　Saint-Pierre 118–19, 221, 224
サンマルタン島／シントマールテン島　Saint-Martin/Sint-Maarten 198, 200
シェトランド諸島　Shetland 12, 26, 45, 92–93, 146, 173, 194, 212
シェルキン島　Sherkin Island 141, 170
シコタン（色丹）島　Shikotan 208
シチリア島　Sicily 11, 35, 78, 99, 195
ジャージー島　Jersey 194, 235, 238, 240
シャグ岩　Shag Rocks 11
ジャマイカ島　Jamaica 10, 95, 128, 210, 216–17, 247, 257, 270–71
ジャルート環礁　Jaluit 86, 135
ジュラ島　Jura 23, 146, 237
ジョンストン環礁（島）　Johnston Atoll/Island 72–73, 183
シルト島　Sylt 251, 263
シンガポール島　Singapore 58, 62–63, 150, 156–57, 243
シントユースタティス島　St Eustatius 213
スオナ島　Swona Island 48
スカイ島　Sky 17–18, 150, 157, 173, 236
スカルペイ島　Scalpay 232
スケリッグマイケル島　Skelig Michael 20, 65
スコマー島　Skomer 45–46
スターテン島　Statten Island 13, 196

スタッファ島　Staffa　27
スチュワート島　Stewart island　258
スチュワード島　Steward island　27
ストラドブローク島　Stradbrooke Island　68
ストレモイ島　Stremoy　44, 92
ストロンボリ島　Stromboli　35
スバールバル島　Svalbard　59, 184, 210
スパイク島　Spike Island
スピードウェル島　Speedwell Island
スピッツベルゲン島　Spitzbergen　59, 184, 210, 278　→ スバールバル島
スピナロンガ島　Spinalonga　98
スプラトリー（南沙）諸島　Spratly Islands　204–08
スリエマ　Sliema　254
スルツェイ島　Surtsey　12, 39
セイシェル諸島　Seychelles　25, 29, 39, 63, 79, 134, 188–89, 256
西部諸島（アイルランド）　Western Isles　159
セーブル島　Sable Island　45
セブ島　Cebu　59
セリモス島　Pserimos　278
尖閣諸島　Senkaku　207–08
セントアグネス島　St Agnes　33
セントキッツ島　St Kitts　239, 247
セントキルダ島　St Kilda　52–53, 93–94, 114, 124
セントクロックス島　St Croix　185
セントサ島　Sentosa　62
セントジョン島　St John　185
セントトーマス島　St Thomas　185
セントニニアン島　St Ninian's Island　45
セントビンセント島　St Vincent　129, 186, 212, 239, 250, 260, 271
セントヘレナ島　St Helena　1–2, 9, 11, 46, 50, 67, 71, 112, 147, 150, 164, 177, 184, 187, 255–56, 279–301
セントポールズ岩　St Paul's Rocks　38, 184
セントマイケル島　St Michael's Mount　65
セントルシア島　St Lucia　25, 79, 186, 212, 259, 270–71
ソエイ島　Soay　48
ソコトラ島　Socotra　46
ソシエテ諸島　Society islands　15, 42
ソルトケイ島　Salt Cay　227–28
ソロモン諸島　Solomon Islands　12, 48, 129, 173, 188, 196, 258

タ 行

タークス・カイコス諸島　Turks and Caicos Islands　161, 189–90, 215, 227–30, 240, 253
ダーゼイ島　Dursey Island　126–27, 141, 148
台湾島　Taiwan　66, 205, 207–08, 226, 241, 271
高島　Takashima　117
タスマニア島　Tasmania　52, 68, 164, 195
タネラモル島　Tanera Mhor　27
タハア島　Tahaa　16
タヒチ島　Tahiti　15–16, 23–24, 29, 41–42, 129, 144, 256
タボルチョ島　Taborcillo　29
タマナ環礁　Tamana　90–91
タランゼイ島　Taransay　22–24
タロア島　Taroa　69
ダンモライグ島　Dun Moraig　26
チェンジ諸島　Change Islands　222
チモール島　Timor　198–99, 203
チャーター島　Chartres　147
チャタム諸島　Chatham Islands　183
チャネル諸島　Channel Islands　29, 93, 95, 176, 194, 204, 223, 235, 237, 239
釣魚台　Diaoyutai　207
ツロン・サ礁　Truong Sa　208
ツンブ諸島　Tunb Islands　208
ディエゴガルシア島　Diego Garcia　70, 189
ティレー島　Tiree　58
テティアロア環礁　Tetiaroa　15, 29
テニアン島　Tinian　70
テネリフェ島　Tenerife　81, 219, 267–68
デビルズ島　Devils Island　67
テブア・タラワ島　Tebua Tarawa　54
デンマン島　Denman Island　278
トウアモツ諸島　Tuamotu Archipelago　129

トケラウ諸島　Tokalau　120, 173, 183, 246
ドデカニサ島　Dodecanese　204
ドミニカ島　Dominica　186, 200, 239
トラック島（チューク環礁）　Truk State　166
トリイ島　Tory　148, 167
トリスタン・ダ・クーニャ島　Tristan da Cunha　32, 38–39, 67, 112–14, 120, 144, 165, 174, 184, 233, 280, 294
トリニダーデ島　Trinidade　184
トリニダード島　Trinidad　9, 247
トンガ島　Tonga　76, 173, 183, 188, 257

ナ 行

ナイチンゲール島　Nightingale Island　184
ナウル島　Nauru　81, 131, 173, 183, 212, 220–21, 231, 239
ニウエ島　Niue　173, 239, 246
西インド諸島　West Indies　10, 69, 93, 128, 139, 164, 173, 186, 196, 200, 231, 246–47, 271
西サモア　Western samoa　173
西フォークランド島　West Falkland　64, 168, 171, 177
ニシロス島　Nissiros　278
ニューカレドニア島　New Caledonia 25–26, 38, 166–67, 183, 211–12
ニューギニア島　New Guinea　198–200, 203, 257
ニューファンドランド島　Newfoundland 2, 118–19, 148–49, 164, 184, 195, 221–25, 246
ニューヘブリデス島　New Hebrides　183
ネヴィス島　Nevis　196
ネッカー島　Neckar　29
ノースロナルゼイ島　North Ronaldsay　48, 58
ノーフォーク島　Norfolk Island　68, 183
ノシベー島　Nosy Be　25

ハ 行

バージン諸島　Virgin Islands　185
ハード島　Heard island　39
バーミューダ島　Bermuda　69–70, 84–85, 96, 162, 184, 189–90, 212–13, 227, 240–41, 254–56, 259, 262
パール環礁　Pearl Atoll　41
ハイダグアイ　Haida Gwai　164　→クイーンシャーロット諸島
パウモトス島　Paumotus　23
ハウランド島　Howland Island　183
バガール島　Vagar　44
パガルー　Pagatu　11, 60　→アンノボン島
バタム島　Batam Island　150–51, 241, 243–44
バックセイ島　Vacsay　27
バナバ（オーシャン）島　Banaba　131
ハニシュ島　Hanish Island　208
ハボマイ（歯舞）諸島　Habomai Islands 208–09
パラセル（西沙）諸島　Paracel Islands 207–08
パラワン島　Palawan　278
ハリス島　Harris　197, 236
バリ島　Bali　244, 262
バルカノ島　Vulcano island　36
ハルキ島　Halki　278
バレアレス諸島　Balearic Islands　157, 162, 182, 195–96, 211, 231, 258, 264–65, 272
パロス島　Paros　59
ハワール島　Huwar Island　208
ハワイ島　Hawaii　30, 41, 49, 76, 81, 183, 192–93, 270
パンガニバン島　Panganiban　207
バンクーバー島　Vancouver Island　96
バンダ諸島　Banda Islands　57–58
ヒーウマー島　Hiiuma　155–56
ピーター一世島　Peter I island　210
ヒヴァ・オア島　Hiva Oa　23
ビエケス島　Vieques Island　192
ビオコ島（フェルナンドポー）　Bioko　60, 185
東チモール　East Timor　79, 199–200, 212–13
ビキニ環礁　Bikini Atoll　72–74
ビクトリア島　Victoria Island　197

ヒスパニョーラ島　Hispaniola　198, 200, 203
ピトケアン島　Pitcairn Island　24, 140, 144, 151, 163, 183, 215
ビルケンバウ島　Birkenbau　130
ヒルタ島　Hirta　48, 111
ピンゲラップ島　Pingelap　165
ファシュトアルディバル礁　Fasht al-Dibal　208
ファンガタウファ環礁　Fangataufa　73, 75
フィジー／フィジー諸島　Fiji／Fijii islands　9, 60, 80, 118, 131, 138–40, 173, 182–83, 188, 216, 246, 271
プーケット島　Phuket　25, 256
ブーゲンビル島　Bougainville　54, 177, 196
ブーベ島　Bouvet　38, 160, 184, 210
フエゴ島　Tierra del Fuego　198, 200, 203
フェルディナンド島　Ferdinandea　11–12
プエルトリコ島　Puerto Rico　128, 192, 212–13
フェルナンドドゥノロナ諸島　Fernando de Noronha　184
フェルナンドポー島　Fernando Po　60–61, 66, 185　→ ビオコ島
フェロー諸島　Faroe Islands　1, 44, 92, 142, 172, 176, 184, 186, 212
フォークランド諸島　Folkland islands　10, 30, 64, 67, 71, 80, 82–83, 147–48, 158, 168, 170–72, 177, 178–80, 184, 205, 211, 225–27, 230–31, 236, 255, 269, 288, 291–92
フォーゴ島　Fogo Island　148–49, 222
フナフティ島　Funafuti　134
プラウシパダン島　Palau Sipadan　204
プラウリジタン島　Palau Ligitan　204
プラスリン島　Praslin　25
フランス領アンティル諸島　French Antilles　213
フランツジョセフランド諸島　Franz Josef Land　184
ブリーカー島　Bleaker Island　171
プリンスエドワード島（カナダ）　Prince Edward Island（Canada）　1, 13, 17–18, 43, 149–50, 153–54, 172, 195, 220, 245, 260
プリンスエドワード島（南アフリカ）　Prince Edward Island（South Africa）　51
フルマーレ島　Hulhumale　54
ブレックホウ島　Brelqhou　29
プロヴィデンシャル島（プロボ）　Providenciales（Provo）　228, 253
ベアー（ビエルン）島　Bear Island（Russia）　184
ベーカー島　Baker Island　183
ベティオ島　Betio　130–31
ヘルゴランド島　Heligoland（Helgoland）　185
ベル島　Bell Island　29
ペンバ島　Pemba　65
ホアンフェルナンデス諸島　Juan Fernandez Islands　21
ホエルセイ島　Whalsay　92
ボーツウェインバード島　Boatswain Bird Island　50
ホーリィ島（スコットランド）　Holy Island（Scotland）　27–28
ホーリィ島（リンディスファーン）　Holy Island（Lindisfarne）　12, 65, 78
ホーンビー島　Hornby Island　278
ポーンペイ（ポナペ）島　Pohnpei　165
ボーンホルム島　Bornholm　182, 211–12
ボネール島　Bonaire　213
ボラボラ島　Bora Bora　26, 42
ボルネオ島　Borneo　82, 198, 203
ホルムオブハイップ島　Holm of Huip　27–28
本州島　Honshu　3, 76, 149

マ 行

マーサズヴィニヤード島　Martha's Vineyard　261–62, 269
マーシャル諸島　Marshall Islands　42–43, 54, 63, 69–70, 72–74, 76, 79–80, 83, 85–87, 90, 118, 130–31, 133–38, 144, 158, 165, 169, 173, 182–83, 189, 204, 212, 231, 239, 246, 252
マーレ島　Male　54, 134
マウイ島　Maui　41

マウピティ島　Maupiti　42
マウピハア島　Maupihaa　42
マグダレン諸島　Magdelen Islands　45　→　マデレン島
マクドナルド島　MacDonald Island　39
マクナブズ島　MacNab's Island　95
マサティエラ島　Masatierra　21, 52
マシアスシール島　Machias Seal Island　184
マジュロ島　Majuro　54, 63, 74, 83, 85–87, 130, 133–34, 135–38, 158, 169, 252
マダガスカル島　Madagascar　25, 48–49
マダム島　Ile Madame　155
マデイラ島　Madeira　185, 195, 235
マデレン島　Isle de la Madeleine　45
マヌアエ島　Manuae　42
マヘ島　Mahe　189
マヨット島　Mayotte　196
マヨルカ島　Mallorca　2, 77, 81, 84–85, 93, 129, 141, 162, 172, 182, 252, 254, 258, 262–69, 272
マライタ島　Malaita　129
マラン島　Ile aux Marins　119
マリアナ諸島　Marianas　37
マリオン島　Marion Island　51–52
マルケサス島　Marquesas　23
マルタ島　Malta　2, 77–78, 117–18, 128, 177, 180, 185, 193, 254
マルティニーク島　Martinique　166, 212
マルティンヴァス島　Martin Vaz　184
マンドー島　Mando　13
マンハッタン島　Manhattan　13, 58, 96
マン島　Isle of man　186, 194, 196, 237, 239–40
ミケロン島　Miquelon　118, 221, 224
ミスチーフ環礁　Mischef Reef　207
ミンクィア島　Les Minquiers　204
ミンゲイ島　Mingay　27
ムルロア環礁　Mururoa Atoll　75
メアングエラ島　Meanguera Island　208
美済礁　Meijijao　207
メジャット島　Mejato　74
メノルカ島　Menorca　69, 157, 182
メルヴィル島（オーストラリア）　Melville island（Australia）　68
メルヴィル島（カナダ）　Melvile Island（Canada）　197
モーリシャス島　Mauritius　9–10, 39, 48–49, 56, 62–63, 70, 79, 118, 139, 157, 165, 187, 241–43, 254, 256, 271
モーレア島　Moorea　23, 42
モトゥ・オネ島　Motu One　42
モルッカ（マラク）諸島　Malaku　139, 216
モルディブ　Maldives　43, 54, 80–81, 134
モレスビー島　Moresby Island　164
モロカイ島　Mmolokai　41
モンサンミッシェル　Mont St Michel　12, 65
モンセラット島　Montserrat　118

ヤ 行

ヤンメイエン島　Jan Mayen Island　38, 184

ラ 行

ライアテア島　Raiatea　16
ラスリン島　Rathlin Island　26, 145–46, 152, 170, 193
ラタック環礁　Ratak Chain　42
ラパニュイ　Rapa Nui　103, 144, 183
ラム島　Lamu　25
ラム島　Rum Island　27, 140–41
ラリック環礁　Ralik chain　42
ランカイ島　Langkawi　25
ランゲイ島　Langay　27
ランベイ島　Lambay Island　29
ランペドゥサ島　Lampedusa　80
リーパリ島　Lipari　35
リトルバーネラ島　Little Bernera　27
リプシ島　Lipsi　278
リムノス島　Lymnos　278
琉球諸島　Ryukyu islands　180
リンディスファーン　Lindisfarne　65　→　ホーリィ島（リンディスファーン）
ルイス島　Lewis　146, 173, 197, 236
ルイング島　Luing　146
ルソン島　Luzon　37
ルトランド島　Rutland Island　94, 126

ルニット環礁　Runit　74
レスボス島　Lesvos　278
レフカス島　Lefkos　278
レユニオン島　La Reunion　10, 39, 56, 139, 166–67, 212, 254
レロス島　Leros　278
ロウノケ島　Roanoke Island　96
ロードホウ島　Lord Howe Island　52, 183
ロッコール島　Rockall　14–15, 184
ロットネスト島　Rottnest Island　67–68
ロビンソン・クルーソー島　Robinson Drusoe Island　21　→マサティエラ島
ロンゲラップ島　Rongelap　73–74
ロンゲリック環礁　Rongerik　74

ワ 行

ワイト島　Isle of Wight　194, 263

参考文献

第1章

進展する科学の文脈の中で島の重要性を理解するためには，Darwin と Wallace の書物が必読である。またこれに関する最近の議論のためには，Grove と Grant の本が役に立つ。島の文学ということでは Defoe の『ロビンソン・クルーソー』が最も重要であろう。島の住民の生活をリアルに描いたものとしては，グレートブラスケット諸島を舞台にした自伝三部作のどれかを読んでほしいが，著者とって好きなのは，O'Sullivan の作品である。文芸評論に関しては Loxley を参照したい。また島の発展について幅広く見渡しているのは Lockheart, Drakakis-Smith and Schembri の編著である。

Baum, T.（1997）'The fascination of islands: a tourist perspective', in D.G. Lockhart and D. Drakakis-Smith（eds.）*Island tourism: trends and prospects*, Pinter: London, pp. 21–36.

Barrie, J.M.（1909）*The admirable Crichton*, Upcott Gill: London.

Christie, A.（1934）*Murder on the Orient Express*, Collins: London.

Christie, A.（1939）*Ten little niggers*（sic）, Collins: London.

Christie, A.（1941）*Evil under the sun*, Collins: London.

Crossley-Holland, K（1972）*Pieces of land: journeys to eight islands*, Victor Gollancz: London.

Darwin, C.（1842）*The structure and distribution of coral reefs, being the first part of the geology of the voyage of the Beagle*, Smith, Elder: London.

Darwin, C.（1844）*Geological observations on the volcanic islands visited during the voyage of the Beagle*, Smith, Elder: London.

Darwin, C.（1859）*On the origin of species by means of natural selection, or the preservation of favoured races in the struggle for life*, John Murray: London.

Defoe, D.（1719）*The life and strange surprising adventures of Robinson Crusoe of York, mariner*, modern edition（1983）Oxford University Press: Oxford.

English Association（1915）*Poems of today*, Sidgwick and Jackson: London.

Golding, W.（1954）*Lord of the flies*, Faber: London.

Grant, P.（ed.）（1998）*Evolution on islands*, Oxford University Press: Oxford.

Grove, R.H.（1995）*Green imperialism: colonial expansion, tropical island Edens and the origins of imperialism, 1600–1860*, Cambridge University Press: Cambridge.

Gutsche, A. and Bisaillon, C.（1999）*Mysterious islands: forgotten tales of the Great Lakes*, Lynx Images: Toronto.

Hanssen, H. (1996) 'Paradise for sale', *Geographical Magazine*, 68, 10, pp. 44–5.
Huxley, A. (1932) *Brave new world*, Chatto and Windus: London.
Johnson, R. (1992) 'Eigg's for sale', *Sunday Times Magazine*, 1992, pp. 63–70.
King, R. (1993) 'The geographical fascination of islands', in D.G. Lockhart, D. Drakakis-Smith and J. Schembri (eds.) *The development process in small island states*, Routledge: London, pp. 13–37.
Loxley, D. (1990) *Problematic shores: the literature of islands*, St Martin's Press: New York.
Lummis, T. (1997) *Pitcairn Island: life and death in Eden*, Ashgate: Aldershot.
More, T. (1516) *Libellus vere aureus nec minus salutaris quam festiuus de optimo reip. statu, deq[ue] noua insula Vtopia*, T. Martin: Lovain (first translated into English in 1551; modern edition, More, T. (1996) *Utopia*, Phoenix: London).
Mulholland, R. (1998) 'Island shopping', *Independent Magazine*, 1 November, pp. 60–3.
Nordhoff, C. and Hall, J.N. (1932) *Mutiny on the Bounty*, modern edition (1983), Corgi: London.
O'Crohan, T. (1978) *The islandman*, Oxford University Press: Oxford. (First published as Ó Criomhthain, T. (1929) *An tOileánach*, Oifig an tSoláthair: Baile Átha Cliath.)
O'Flaherty, L. (1932) *Skerrett*, Wolfhound Press: Dublin (1982 reprint).
O'Flaherty, L. (1937) *Famine*, Wolfhound Press: Dublin (1979 reprint).
Orwell, G. (1945) *Animal farm*, Secker and Warburg: London.
Orwell, G. (1949) *Nineteen eighty-four*, Secker and Warburg: London.
O'Sullivan, M. (1953) *Twenty years a'growing*, Oxford University Press: London. (First published as Ó Súilleabháin, M. (1933) *Fiche blian ag fás*, Clólucht an Talbóidigh: Baile Átha Cliath.)
Peckham, R.S. (2001) 'The uncertain state of islands: nationalism and the discourse of islands', *Journal of Historical Geography*, forthcoming.
Poe, E.A. (1838) *The narrative of Arthur Gordon Pym of Nantucket*, Harper and Bros: New York.
Ramsay, R.H. (1972) *No longer on the map: discovering places that were never there*, Ballantine Books: New York.
Reynolds, J. (1995) 'Land of ice and fire', *Geographical Magazine*, 67, 11, pp. 38–9.
Royle, S.A. (1989) 'A human geography of islands', *Geography*, 74, pp. 106–16.
Samye Ling Tibetan Centre (n.d.) *Help us buy Holy Island as a place of prayer and retreat*, Samye Ling Tibetan Centre: Eskdalemuir.
Sayers, P. (1974) *Peig: the autobiography of Peig Sayers of the Great Blasket Island*, Talbot Press: Dublin. (First published as Sayers, P. (1936) *Peig*, Clólucht an Talbóidigh: Baile Átha Cliath.)
Schulenburg, A.H. (2001) '"Island of the blessed": Eden, Arcadia and the picturesque in the textualising of St Helena', *Journal of Historical Geography*, forthcoming.
Stevenson, R.L. (1883) *Treasure Island*, Cassell: London.
Stevenson, R.L. (1896) *In the South Seas*, Chatto and Windus: London.

Sutcliffe, W. (2000) *The love hexagon*, Hamish Hamilton: London.
Swift, J. (1726) *Gulliver's travels*, B. Motte: London.
Wallace, A.R. (1855) 'On the law which has regulated the introduction of new species', *Annals and Magazine of Natural History*, 16.
Wallace, A.R. (1892) *Island life: or the phenomena and causes of insular faunas and floras including a revision and attempted solution of the problem of geological climates*, Macmillan: London (first published in 1880).
Walsh, D. and Ó Cróinín, D. (eds.) (1988) 'Cummian's letter: *De controversia Paschali*', *Pontifical Institute of Medieval Studies, Studies and Texts*, 86.
Weale, D. (1991) 'Islandness', *Island Journal*, 8, pp. 81–2.
Weale, D. (1992) *Them times*, Institute of Island Studies: Charlottetown.
Wells, H.G. (1896) *The island of Dr Moreau*, Heinmann: London.
Woods, G. (1996) 'Desert island desires', *Geographical Magazine*, LXVIII, 1, pp. 36–7. (Another version of this article appears in D. Bell and G. Valentine (eds.) *Mapping desire: geographies of sexualities*, Routledge: London.)
Wyss, J. (1812–13) *The Swiss family Robinson* (first published in English (1852)), Simpkin, Marshall: London. (Originally published in German as *Schweizerische Robinson*.)

第2章

すぐれた一般地質学の教科書であれば，プレートテクトニクスに基づいた島の形成論が書かれている。以下のリスト中では Tarbuck and Lutgens (1987) や Wicander and Monroe (1995) が該当する。教科書にはアセンション島がよく取り上げられるが，同島の生物地理に関する優れたものが Pickup (1999) の最近の報告である。Mitchell (1990) や Quammen (1996) は，島のエコシステムを広い視野で考察している。

Ashmole, P. and Ashmole, M. (2000) *St Helena and Ascension Island: a natural history*, Anthony Nelson: Oswestry.
Boyd, J.M. (1979) 'Natural history', in A. Small (ed.) *A St Kilda handbook*, The National Trust for Scotland: University of Dundee, Department of Geography Occasional Paper 5, pp. 20–36.
Cann, J.R., Elderfield, H. and Laughton, A.S. (eds.) (1999) *Mid-ocean ridges: dynamics of processes associated with the creation of new oceanic crust*, Cambridge University Press: Cambridge.
Chester, Q. and McGregor, A. (1997) *Australia's wild islands*, Hodder Headline: Sydney.
Connell, J. (1990) 'The Carteret Islands: precedents of the greenhouse effect', *Geography*, 75, pp. 152–4.
Connell, J. (1993) 'Climatic change: a new security challenge for the atoll states of the South Pacific', *The Journal of Commonwealth and Comparative Politics*, 31, 2, pp.

173–92.
Cronk, Q.C.B. (1980) 'Extinction and survival in the endemic vascular flora of Ascension Island', *Biological Conservation*, 17, 3, pp. 207–19.
Duffy, E. (1964) 'The terrestrial ecology of Ascension Island', *Journal of Applied Ecology*, 1, pp. 219–51.
Mitchell, A. (1990) *A fragile paradise: nature and man in the Pacific*, Fontana: London (first published in 1989).
Mortimer, J.A. and Carr, A. (1984) 'Reproductive behaviour of the Green Turtle (*Chelonia mydas*) at Ascension Island', *National Geographical Society Research Report*, 17, pp. 257–70.
Nash, J.M. (1994) 'The making ofan eco-disaster', *Time*, 21 November 1994, pp. 82–5.
Oldfield, S. (1987) *Fragments of paradise: a guide for conservation action in the UK Dependent Territories*, Pisces: Oxford.
Packer, J.E. (1983) *A concise guide to Ascension Island, South Atlantic*, privately published.
Pearce, F. (1994) 'Britain's abandoned empire', *New Scientist*, 13 April 1994, pp. 26–31.
Pickup, A.R. (1999) *Ascension Island management plan*, Royal Society for the Protection of Birds: Sandy.
Quammen, D. (1996) *The song of the dodo: island biogeography in an age of extinctions*, Scribner: New York.
Smith, V.R. (1987) 'The environment and biota of Marion Island', *Suid-Afrikaanse Tydskrif vir Wetenskap*, 83, pp. 211–20.
Tarbuck, E.J. and Lutgens, F.K (1987) *The earth: an introduction to physical geology*, Merrill: Columbus.
UNESCO (1994) *Sea level monitoring in the small island developing states*, UNESCO: Paris.
West Wales Naturalists' Trust (n.d.) *Skomer Island*, West Wales Naturalists' Trust: Haverfordwest.
Wester, L. (1991) 'Invasions and extinctions on Másatierra (Juan Fernández Islands): a review of early historical evidence', *Journal of Historical Geography*, 17, 1, pp. 18–34.
Wicander, R. and Monroe, J.S. (1995) *Essentials of geology*, West: Minneapolis/St Paul.

第3章

Hintjens and Newitt (1992) は，熱帯の小さな島についての包括的な書である。スケールの問題は，Olafson (1998) が一般的に追跡している。King and Connel (1999) は，島世界からの移民について描き出している。Bradford (1961) に見られるマルタ大包囲攻撃戦の歴史は，非常に稀なできごとについての興味深い物語で，外部からの圧倒的な侵略者を島が打倒した事例である。最後に，Clarke (1875) の小説は，監獄としての島の暗さを，そしておそらくは現実としての島の暗さも記述した，力強い作品として推薦できる。

Bailey, E.E. (1983) *Republic of Kiribati: report on the 1978 Census of Population and Housing, Volume III*, Ministry of Home Affairs and Decentralisation: Bairiki, Tarawa, Kiribati.

Baum, T. (1997) 'The fascination of islands: a tourist perspective', in D.G. Lockhart and D. Drakakis-Smith (eds.) *Island tourism: trends and prospects*, Pinter: London, pp. 21–36.

Beller, W.S. (ed.) (1986) *Proceedings of the interoceanic workshop on sustainable development and environmental management of small islands* (US Department of State: Washington).

Bendure, G. and Friary, N. (1995) *Micronesia*, Lonely Planet: Hawthorn, Australia, third edition.

Brand, I. (n.d.) *Penal peninsula: Port Arthur and its outstations, 1827–1898*, Regal Publications: Launceston.

Bradford, E. (1961) *The Great Siege: Malta 1565*, Hodder and Stoughton: London.

Clarke, M. (1875) *His natural life*, R. Bentley: London (republished in 1995 by the Tasmanian Book Company: Launceston).

Court, Y. (1987) 'Planning urban conservation: the case of Ribe, Denmark', in R.C.Riley (ed.) *Urban conservation: international contrasts*, Dept. of Geography Portsmouth Polytechnic, Occasional Paper, 7.

Dodds, K (1988) 'Unfinished business in the South Atlantic: the Falklands/Malvinas in the late 1990s', *Political Geography*, 17, 6, pp. 623–6.

Dolman, A.J. (1985) 'Paradise lost? The past performance and future prospects of small island developing countries', in E. Dommen and P. Hein (eds.) *States, microstates and islands*, Croom Helm: London, pp. 70–118.

Eriksen, T.H. (1993) 'Do cultural islands exist?', *Social Anthropology*, 1.

Ferguson, R.J. (1986) *Rottnest Island: history and architecture*, University of Western Australia Press: Nedlands.

Hamilton-Jones, D. (1992) 'Problems of inter-island shipping in archipelagic small-island countries: Fiji and the Cook Islands', in H.M. Hintjens and M.D.D. Newitt (eds.) (1992) *The political economy of small tropical islands: the importance of being small*, University of Exeter Press: Exeter, pp. 200–22.

Hintjens, H.M. (1992) 'France's love children: the French Overseas Territories', in H.M. Hintjens and M.D.D. Newitt (eds.) (1992) *The political economy of small tropical islands: the importance of being small*, University of Exeter Press: Exeter, pp. 64–75.

Hintjens, H.M. and Newitt, M.D.D. (eds.) (1992) *The political economy of small tropical islands: the importance of being small*, University of Exeter Press: Exeter.

Houbert, J. (1992) 'The Mascareignes, the Seychelles and the Chagos, Islands with a French connection: security in a decolonised Indian ocean', in H.M. Hintjens and M.D.D. Newitt (eds.) *The political economy of small tropical islands: the importance of being small*, University of Exeter Press: Exeter, pp. 93–111.

King, R. (1993) 'The geographical fascination of islands', in D.G. Lockhart, D. Drakakis Smith and J. Schembri (eds.) *The development process in small island states*, Routledge: London, pp. 13–37.
King, R. and Connell, J. (1999) *Small worlds, global lives: islands and migration*, Pinter: London.
King, R. and Young, S. (1979) 'The Aeolian Islands: birth and death of a human landscape', *Erdkunde*, 33, pp. 193–204.
Lemon, A. (1993) 'Political and security issues of small island states', in D.G. Lockhart, D. Drakakis-Smith and J. Schembri (eds.) *The development process in small island states*, Routledge: London, pp. 38–56.
Lynn, M. (1984) 'Commerce, Christianity and the origins of the "Creoles" of Fernando Po', *Journal of African History*, 25, pp. 257–78.
Lynn, M. (1990) 'Britain's West African policy and the island of Fernando Po, 1821–1843', *Journal of Imperial and Commonwealth History*, 18, 2, pp. 191–207.
McElroy, J.L. and de Albuqueque, K (1990) Managing small-island sustainability: towards a systems design, *Nature and Resources*, 26, 2, pp. 23–9.
Milton, G. (1999) *Nathaniel's nutmeg: how one man's courage changed the course of history*, Hodder and Stoughton: London.
O'Carrigan, C. (1995) 'Cockatoo Island: an island of incarceration in Sydney harbour', in J. Pearn and P. Carter (eds.) *Islands of incarceration: convict and quarantine islands of the Australian coast*. Amphian Press: Brisbane. pp. 61–78.
Ólafsson, B.J. (1998) *Small states in the global system: analysis and illustrations from the case of Iceland*, Ashgate: Aldershot.
Pearn, J. and Carter, P. (1995) *Islands of incarceration: convict and quarantine islands of the Australian coast*, Amphian Press: Brisbane.
Robinson, S. (2000) 'A whiff of revolt on Spice Islands', *Time*, 30 October 2000.
Royle, S.A. (1985) 'The Falkland Islands, 1833–1876: the establishment of a colony', *Geographical Journal*, 151, pp. 204–14.
Royle, S.A. (1994) 'Changes to the Falkland Islands since the conflict of 1982', *Geography*, 79, 2, pp. 172–6.
Usher, R. (1996) 'A Pacific ground zero: France's decision to test H-bombs stirs outrage', *Time*, 26 June 1996.
Young, D. (1996) *Making crime pay: the evolution of convict tourism in Tasmania*, Tasmanian Historical Research Association: Sandy Bay.

第4章

Bellwood (1979) は，人類と太平洋の関わりについての重要な研究である。トリスタン・ダ・クーニャ島について書かれたMunch (1974) は，この島の住民の生涯に魅了されたことに発するものである。アラン諸島に関するRoyle (1983) は，その島々のコミュニティ

の歴史を詳細に探究しており，セントキルダ島について描いたSteel（1972）は，近代には存在しなくなってしまったこの島のコミュニティについての古典的研究である。

Du Batty, R.R.（2000）'The voyage of the J.B. Charcot', *Tristan da Cunha Newsletter*, March 2000, pp. 9–10.

Bellwood, P.S.（1979）*Man's conquest of the Pacific*, Oxford University Press: Oxford.

Bourke, A.（1993）*'The visitation of God'?: the potato and the great Irish famine*, Lilliput Press: Dublin.

Conry, M.J.（1971）'Irish plaggen soils, their distribution, origin and properties', *Journal of Soil Science*, 22, pp. 401–16.

Cox, G.S.（1999）*St Peter Port 1680–1830, the history of an international entrepot*, Boydell and Brewer: Woodbridge.

Donald, J. and Abulafia, D.（1994）*Mediterranean emporium: the Catalan Kingdom of Mallorca*, Cambridge University Press: Cambridge.

Fleming, A.（1999）'Human ecology and the early history of St Kilda, Scotland', *Journal of Historical Geography*, 25, 2, pp. 183–200.

Geddes, W.H., Chamber, A., Sewell, B., Lawrence, R. and Watters, R.（1982）*Atoll economy: social change in Kiribati and Tuvalu. Islands on the line team report*, Australian National University Development Studies Centre: Canberra.

Klimm, L.（1936）'The rain tanks of Aran: a recent solution to an old problem', *Bulletin of the Geographical Society of Philadelphia*, 34, pp. 73–84.

Ludlow, P.（1995）'Peel Island: quarantine as incarceration', in J. Pearn and P. Carter（eds.）*Islands of incarceration*, Amphion: Brisbane.

MacGregor, J.（1832）*British America*, William Blackwood: Edinburgh.

Munch, P.A.（1974）*Crisis in Utopia*, Longman: London.

O'Dell, A.C.（1939）*The historical geography of the Shetland Islands*, Manson: Lerwick.

O'Flaherty, L.（1932）*Skerrett*, Wolfhound Press: Dublin（1982 reprint）.

Royle, S.A.（1983）'The economy and society of the Aran Islands County Galway in the early nineteenth century', *Irish Geography*, 16, pp. 36–54.

Royle, S.A.（1984）'Irish famine relief in the early nineteenth century: the 1822 famine on the Aran Islands', *Irish Economic and Social History*, 11, pp. 44–59.

Royle, S.A.（1985）'The Falkland Islands, 1833–1876: the establishment of a colony', *Geographical Journal*, 151, pp. 204–14.

Royle, S.A.（1997）'The inside world: Tristan da Cunha in 1875', *Journal of Historical Geography*, 23, 1, pp. 16–28.

Royle, S.A.（2000）'Historic communities: on a desert isle [Tristan da Cunha]', *Communities, Journal of Cooperative Living*, 105, 1999, pp. 16–20.

Royle, S.A.（2001）'Perilous shipwreck, misery and unhappiness: the British military at Tristan da Cunha, 1816–1817', *Journal of Historical Geography*, forthcoming.

Scammell, G.V.（1981）*The world encompassed: the first European maritime empires, c.800–1650*, Methuen: London.

Smith, H.D.（1984）*Shetland life and trade 1550–1914*, Donald: Edinburgh.
Stanley, H.M.（1872）*How I found Livingstone: travels, adventures and discoveries in Central Africa; including four months' residence with Dr Livingstone*, Sampson Low, Marston, Low and Searle: London.
Steel, T.（1972）*The life and death of St Kilda*, Fontana: Glasgow.
Tennyson, B.（1986）*Impressions of Cape Breton*, University College of Cape Breton Press: Sydney.
Woodham-Smith, C.（1962）*The great hunger: Ireland, 1845–9*, Hamish Hamilton: London.

第5章

King and Connell（1999）は，世界各地から小さな島の移民に関する さまざまな研究を収めている。Aalen and Brody（1969）は，ある一つの島の最後の日以降の姿を描いている。20世紀の小さな島社会における移民というプレッシャーは，グレートブラスケット島を舞台とした自伝小説に描かれている。とくに Sayers（1974）は優れた作品である。それとは対照的な過度の移民については，UNICEF が刊行したマーシャル諸島に関する報告がよく実態を語っている。

Aalen, F.H.A. and Brody, H.（1969）*The life and last days of an island community*, Mercier Press: Cork.
Anon（1998）'Pitcairn cherche jeunes hommes desperement...', *TAHITI-Pacifique*, 84, pp. 26–7.
Biagini, E.（1974）*Le Isole Maltesi*, Accademia Ligure di Scienze e Lettere: Genova.
Connell, J.（1988）'The end ever nigh; contemporary population change on Pitcairn Island', *Geo Journal*, 16, pp. 193–200.
Crisp, P. and Behone, B.（2000）'The storm before the storm? The coup may be over but little dust has settled', *Asiaweek*, 28 July, p. 28.
Freel, B.（1993）*The gentle island*, Gallery Books: Oldcastle, County Meath（first pub lished 1973）.
Government of the Marshall Islands（1996）*A situation analysis of children and women in the Marshall Islands*, UNICEF Pacific: Suva.
Government of the Republic of Kiribati（1997）*Report on the 1995 Census of Population*, Statistics Office, Ministry of Finance: Tarawa.
Hannibalsson, J.B.（1999）'The raison d'etre of the Icelanders', *Iceland Review*, February 1999, pp. 28–33.
Heraughty, P.（1982）*Inishmurray: ancient monastic island*, O'Brien Press: Dublin.
Hoisley, H.（1966）The deserted Hebrides, *Scottish Studies*, 10, pp. 44–68.
Jones, H.（1993）'The small island factor in modem fertility decline: findings from Mauritius', in D.G. Lockhart, D. Drakakis-Smith and J. Schembri（eds.）*The depelopment process in small island states*, Routledge: London, pp. 161–78.

King, R. and Connell, J. (eds.) (1999) *Small worlds, global lives: islands and migration*, Pinter: London.

Kennedy, L., Ell, P.S., Crawford, E.M. and Clarkson, L.A. (1999) *Mapping the great Irish famine: a survey of the famine decades*, Four Courts Press: Dublin.

Lazaridis, G., Poyago-Theotoky, J. and King, R. (1999) 'Islands as havens for retirement migration: finding a place in sunny Corfu', in R. King and J. Connell (eds.) *Small worlds, global lives: islands and migration*, Pinter: London, pp. 297–320.

Mac Conghail, M.D. (1987) *The Blaskets: people and literature*, Country House: Dublin.

McGirk, T. (1989) 'Where the consul is God', *Independent Magazine*, 16 December, pp. 48–55.

Mokyr, J. (1983) *Why Ireland starved: a quantitative and analytical history of the Irish economy, 1800–1850*, George Allen and Unwin: London.

O'Crohan, T. (1978) *The islandman*, Oxford University Press: Oxford. (First published as Ó Criomhthain, T. (1929) *An tOileánach*, Oifig an tSoláthair: Baile Átha Cliath.)

O'Sullivan, M. (1953) *Twenty years a'growing*, Oxford University Press: London. (First published as Ó Súilleabháin, M. (1933) *Fiche Blian ag Fás*, Clólucht an Talbóidigh: Baile Átha Cliath.)

Republic of the Marshall Islands (1997) *Marshall Islands statistical abstract 1996*, Office of Planning and Statistics: Majuro.

Royle, S.A. (1994) 'Island life off County Down: the Copeland Islands', *Ulster Journal of Archaeology*, 57, pp. 172–6.

Royle, S.A. (1997) 'The inside world: Tristan da Cunha in 1875', *Journal of Historical Geography*, 23, 1, pp. 16–28.

Royle, S.A. (1998) 'Health and welfare in face of insular urbanisation: the Pacific atoll nations of the Marshall Islands and Kiribati', in P. Santana (ed.) *Health and health care in transition*, International Geographical Union Commission on Health, Environment and Development: Coimbra, Portugal, pp. 113–22.

Royle, S.A. (1999a) 'From the periphery of the periphery: historical, cultural and literary perspectives on emigration from the minor islands of Ireland' in R. King and J. Connell (eds.) *Small worlds, global lives: islands and migration*, Pinter: London, pp. 27–54.

Royle, S.A. (1999b) 'From Dursey to Darrit-Uliga-Delap: an insular odyssey. Presidential address to the Geographical Society of Ireland', *Irish Geography*, 32, 1, pp. 1–8.

Royle, S.A. (1999c) 'Conservation and heritage in the face of insular urbanisation: the Marshall Islands and Kiribati', *Built Environment*, 25, 3, pp. 211–21.

Royle, S.A. (2000) 'Population and resources in contrasting environments part 2: the Republic of the Marshall Islands', *Geography Review*, 13, 5, pp. 30–3.

Royle, S.A. and Scott, D. (1996) 'Accessibility and the Irish islands', *Geography*, 81, 2, pp. 111–19.

Sayers, P. (1974) *Peig: the autobiography of Peig Sayers of the Great Blasket Island*, Talbot Press: Dublin. (First published as Sayers, P. (1936) *Peig*, Clólucht an Talbóidigh: Baile Átha Cliath.)

Sayers, P. (1978) *An old woman's reflections*, Oxford University Press: Oxford. (First published as Sayers, P. (1939) *Machtnamh seana-mhná*, Oifig an tSoláthair: Baile Átha Cliath.)

第6章

Cliff and Haggett (1995) は，島の疫学的重要さについて簡潔に記しているが，その一方 Sacks (1996) は，健康状態に関して孤立ということが有する衝撃について，その詳細を語っている。Evans (1994) は，一連の小さな島という状況において教育が提供される様子を詳しく研究したものである。Hamley (1998) は，主要な新しい輸送施設の改善が小さな島々で進んでいることの衝撃を示している。Kokovkin (1998) は，遠隔コミュニケーションのもつ影響に関する書物である。

Aalen, F.H. and Brody, H. (1969) *Gola: the life and last days of an island community*, Mercier: Cork.

Aldrich, R. and Connell, J. (1992) *France's overseas frontier: Départements et Territoires d'Outre-Mer*, Cambridge University Press: Cambridge.

Bain, K (1993) *St Helena: the island, her people and their ship*, Wilton 65: York.

Begley, L. (ed.) (1993) *Crossing that bridge: a critical look at the PEI fixed link*, Ragweed Press: Charlottetown.

Cameron, J. (1992) 'The Federated States of Micronesia: is there a Pacific way to avoid a MIRAB society?', in Hintjens, H.M. and Newitt, M.D.D. (eds.) (1992) *The political economy of small tropical islands: the importance of being small*, University of Exeter Press: Exeter, pp. 150–79.

Cliff, A.D. and Haggett, P. (1995) 'The epidemiological significance of islands', *Health and Place*, 1, 4, pp. 199–209.

Coghlan, A. (1996) 'Gene treaty promises rewards for unique peoples', *New Scientist*, 2 November, p. 8.

Dalzell, K.E. (1968) *The Queen Charlotte Islands, 1774–1966*, Bill Ellis: Queen Charlotte City.

Didier-Hache, J. (1987) 'The politics of island transport', *Scottish Government Yearbook*, 1987 Edition, pp. 124–42.

Donne, J. (1624) *Devotions vpon emergent occasions, and seuerall steps in my sicknes*, Thomas Jones: London.

Evans, D. (1994) *Schooling in the South Atlantic islands, 1661–1992*, Anthony Nelson: Oswestry.

Falkland Islands Government (1998) *Report of the Governor on the.financial year July 1997 to June 1998*, Falkland Islands Government: Stanley

Hamley, W. (1998) 'The Confederation Bridge and its likely impact on the economy of Prince Edward Island', *British Journal of Canadian Studies*, 13, 1, pp. 140–7.

Hannibalsson, J.B. (1999) 'The raison d'être of the Icelanders', *Iceland Review*, February 1999, pp. 28–33.

Kokovkin, T. (1998) 'Hiiumaa: an island on the internet', *Insula*, 7, 1, pp. 17–18.

Round Table on Resource Land Use and Stewardship (1997) *Cultivating island solutions*, Round Table on Resource Land Use and Stewardship: Charlottetown.

Royle, S.A. (1995) 'Health in small island communities: the UK's South Atlantic colonies', *Health and Place*, 1, 4, pp. 257–64.

Royle, S.A. (2000a) 'Community development in a restricted ecumene: the case of Prince Edward Island', *British Journal of Canadian Studies*, forthcoming.

Royle, S.A. (2000b) 'Health and health care in Pitcairn Island in 1841: the report of Surgeon Gunn', *Journal of Pacific History*, 35, 2, pp. 213–17.

Royle, S.A. and Scott, D. (1996) 'Accessibility and the Irish islands', *Geography*, 81, 2, 1996, pp. 111–19.

Sacks, O. (1996) *The island of the colour-blind and Cycad Island*, Picador: London.

Zamel, N. (1995) 'In search of the genes of asthma on the island of Tristan da Cunha', *Canadian Respiratory Journal*, 2, 1, pp. 18–22.

第７章

Aldrich and Connel (1992) と Aldrich and Connel (1998) の二著は，大部分が島である海外領の経済状況について詳説している。イギリス政府の白書では，そうした海外領のいくつかのガバナンス改善について考慮している。Dzurek (1996) は，スプラトリー諸島という現代で最も重要な島々をめぐる争いに関するもの，そして Cruickshank (1975) は，戦争に巻き込まれた島嶼群の研究である。

Aldrich, R. and Connell, J. (1992) *France's overseas frontier: Départements et Territoires d'Outre-Mer*, Cambridge University Press: Cambridge.

Aldrich, R. and Connell, J. (1998) *The last colonies*, Cambridge University Press: Cambridge.

Barbedo de Magalhães, A. (1992) *East Timor: Indonesian occupation and genocide*, Opporto University: Porto.

Blouet, B. (1989) *The story of Malta*, Progress Press: Malta.

Burnett, J. (1990) 'Birds know no boundaries: puffins and terns rule the roost on Machias Seal Island', *Canadian Geographic*, 110, pp. 32–40.

Cameron, J. (1992) 'The federated States of Micronesia: is there a Pacific way to avoid a MIRAB society?', in H.M. Hintjens and M.D.D. Newitt (eds.) *The political economy of small tropical islands: the importance of being small*, University of Exeter Press: Exeter, pp. 150–79.

Christopher, A.J. (1999) 'New states in a new millennium', *Area*, 31, 4, pp. 327–34.

Connell, J. (1988) 'New Caledonia: a crisis of decolonization in the South Pacific' *The*

Round Table, 305, pp. 53–66.
Connell, J. (1994) 'Britain's Caribbean colonies: the end of the era of decolonisation' *The Journal of Commonwealth and Comparative Politics*, 32, 1, pp. 87–106.
Connell, J. (1997) *Papua New Guinea: the struggle for development*, Routledge: London.
Cruickshank, C. (1975) *The German occupation of the Channel Islands*, Guernsey Press: Guernsey.
Daws, G. (1968) *Shoal of time: a history of the Hawaiian Islands*, University of Hawaii Press: Honolulu.
Department of the Taoiseach (1996) *Report of the interdepartmental co-ordinating committee on island development: a strategic framework for developing the offihore islands of Ireland*, The Stationery Office: Dublin.
Desmond, E.W. (1995a) 'Yankee go home', *Time*, 6 November 1995.
Desmond, E.W. (1995b) 'The outrage on Okinawa', *Time*, 2 October 1995.
Dodds, K (1998) 'Enframing the Falklands: landscape, identity and the 1982 South Atlantic war', *Society and Space*, 16, pp. 753–6.
Dzurek, D. (1996) *The Spratly Islands dispute: who's on first?*, International Boundaries Research Unit, University of Durham: Durham.
Evans, J. (1992) 'White gold in the South Pacific', *Independent Magazine*, 28 March 1992, p. 18.
Falklands Islands Government (1999) *Statement by the Falkland Islands Legislative Council*, 14 July 1999, Falkland Islands Government Office: London.
Fathers, M. (1992) 'A tropical gangland', *Independent Magazine*, 25 January 1992, pp. 22–5.
Ferguson, J. (1998) 'A case of bananas', *Geographical*, LXX, 1, pp. 49–52.
Foreign and Commonwealth Office (1999) *A partnership for progress and prosperity: Britain and the Overseas Territories*, HMSO: London.
Gibney, F. Jnr (1996) 'Eviction notice', *Time*, 23 September 1996.
Goebel, J. (1927) *The struggle for the Falkland Islands*, Yale University Press: New Haven (re-issued 1982).
Haller-Trost, R. (1995) *The territorial dispute between Indonesia and Malaysia over Pulau Sipadan and Pulau Ligitan in the Celebes Sea: a study in international law*, International Boundaries Research Unit, University of Durham: Durham.
Hornblower, M. (1991) 'Corsica: let the stranger beware', *Time*, 18 February 1991.
Kunii, I.M. (1996) 'Yankees, get lost!', *Time*, 9 September 1996.
McCarthy, T. (1999) 'Reef wars', *Time*, 6 March 1999.
McElroy, J.L. (1998) 'A propensity for dependence', *Islander*, 5, 1998, p. 33.
Philpott, R.A. (1996) 'New light on the early settlement of Port Louis, East Falkland, the French occupation, 1764–7', *The Falkland Islands Journal*, 6, 5, pp. 54–67.
Ricketts, P. (1986) 'Geography and international law: the case of the 1984 Gulf of Maine boundary dispute', *Canadian Geographer*, 30, 3, pp. 194–205.
Royle, S.A. (1985) 'The Falkland Islands 1833–1876: the establishment of a colony',

Geographical Journal, 151, pp. 204–14.
Royle, S.A. (1986) 'A dispersed pressure group: *Comhdháil na nOileán*, the Federation of the Islands of Ireland', *Irish Geography*, 19, pp. 92–5.
Royle, S.A. (1992) 'The small island as colony', *Caribbean Geography*, 3, pp. 261–9.
Smith, R.W. and Thomas, B.L. (1998) *Island disputes and the Law of the Sea: an examination of sovereignty and delimitation disputes*, International Boundaries Research Unit, University of Durham: Durham.
Strange, I. (1985) *The Falkland Islands*, David and Charles: Newton Abbot (3rd edition).
Walsh, J. (1992a) 'China pushes its weight around', *Time*, 6 March 1995.
Walsh, J. (1992b) 'Sea of troubles', *Time*, 27 July 1992.

第8章

オフショアファイナンスに関してはHampton (1996) が詳しい。またHampton and Christensen (1999) はジャージー島についての有用なケーススタディである。Norcliff (1999) はニューファンドランド島での資源開発を辛辣に批判したものである。Jones (1989, a, b) のモーリシャス研究は，経済の変貌に伴う社会の近代化について語っている。Stanwix and Connell (1995) は，MIRABシステム内での仕送り（送金）についての非常に深い研究である。

Aldrich, R. and Connell, J. (1998) *The last colonies*, Cambridge University Press: Cambridge.
Alladin, I. (1993) *Economic miracle in the Indian Ocean: can Mauritius show the way?*, Editions de l'Ocean Indien: Rose Hill, Mauritius.
Bertram, L.G. and Watters, R. (1985) 'The MIRAB economy in South Pacific microstates', *Pacific Viewpoint*, 26, pp. 497–519.
Bikoo, S. (1997) 'Mauritius remains India's friend', *Focus Mauritius, A Times of India Country Report*, 12 March 1997.
Encontre, P. (1999) 'UNCTAD's work in favour of Small Island Developing States', *Insula*, 8, 3, pp. 53–7.
Evers, H.-D. (1995) 'The growth of an industrial labour force and the decline of poverty in Indonesia', *Southeast Asian Affairs*, pp. 164–74.
Falklands Island Government (1998) *Report of the Government on the financial year July 1997 to June 1998*, Falklands Island Government: Stanley.
Fedarko, K. (1993) 'Fishing gone', *Time*, 26 April, pp. 66–8.
Financial Action Task Force on Money Laundering (2000) *Review to identify non-cooperative countries or territories: increasing the world effectiveness of anti-money laundering measures*, Organisation for Economic Co-operation and Development: http://www.oecd.org/fatf/pdf/NCCT2000_en.pdf
Firman, T. (1999) 'From global city to city of crisis: Jakarta Metropolitan Region under

economic turmoil', *Habitat International*, 23, 4, pp. 447–66.
Grundy, C. and Perry, M. (1996) 'Growth triangles, international economic integration and the Singapore-Indonesian Border Zone', in D. Rumley et al. (eds.) *Global geopolitical change and the Asia Pacific*, Avebury: Aldershot.
Hampton, M.P. (1996) *The offshore interface: tax havens in the global economy*, Macmillan: Basingstoke.
Hampton, M.P. and Abbott, J.P. (1999) *Offshore finance centres and tax havens: the rise of global capital*, Macmillan: Basingstoke.
Hampton, M.P. and Christensen, J.E. (1999) '*Treasure Island* revisited. Jersey's offshore finance centre crisis: implications for other small island economies', *Environment and Planning A*, 31, pp. 1619–37.
International Media Corporation (2000) 'World focus: Turks and Caicos special advertising section', insert in *Time*, 22 May 2000.
Isle of Man Bank (n.d.) *A short guide to investing on the Isle of Man*, Isle of Man Bank: Douglas.
Johnson, M. (1979) 'The co-operative movement in the Gaeltacht', *Irish Geography*, 12, pp. 68–81.
Jones, H. (1989a) 'Mauritius; the latest pyjama republic', *Geography*, 74, pp. 268–9.
Jones, H. (1989b) 'Fertility decline in Mauritius: the role of Malthusian population pressure', *Geoforum*, 20, pp. 315–27.
Jones, H. (1993) 'The small island factor in modern fertility decline: findings from Mauritius', in D.G. Lockhart, D. Drakakis-Smith and J. Schembri (eds.) *The development process in small island states*, Routledge: London, pp. 161–78.
MacGillivray, D. and Company (1989) *Main price list*, D. MacGillivray: Balivanich, Western Isles.
MacKenzie, D. (1995) 'The cod that disappeared', *New Scientist*, 16 September, pp. 24–9.
Matthews, R. (1978-9) 'The Smallwood legacy: the development of underdevelopment in Newfoundland 1949–1972', *Journal of Canadian Studies*, 13, 4, pp. 89–108.
Mitchell, B. (1994) 'Institutional obstacles to sustainable development in Bali, Indonesia', *Singapore Journal of Tropical Geography*, 15, pp. 145–56.
Norcliffe, G. (1999) 'John Cabot's legacy in Newfoundland: resource depletion and the resource cycle', *Geography*, 84, 2, pp. 97–109.
Ólafsson, B.J. (1998) *Small states in the global system: analysis and illustrations from the case of Iceland*, Ashgate: Aldershot.
Potter, R.B. (1993) 'Basic needs and development in the small island states of the eastern Caribbean', in D.G. Lockhart, D. Drakakis-Smith and J. Schembri (eds.) *The development process in small island states*, Routledge: London, pp. 92–116.
Province of Prince Edward Island (1999) *25th Annual Statistical Review*, Department of the Provincial Treasury: Charlottetown.
Richardson, P. (1993) 'Clearing a debt', *Time*, 23 August 1993.
Rowe, F.W. (1985) *The Smallwood era*, McGraw-Hill Ryerson: Toronto.

Royle, S.A. (1995) 'Population and resources in Mauritius: a demographic and economic transition', *Geography Review*, 8, 5, pp. 35–41.
Royle, S.A. (1997) 'Industrialisation in Indonesia: the case of Batam Island', *Singapore Journal of Tropical Geography*, 18, 1, pp. 89–98.
Royle, S.A. (1998) 'Offshore finance and tourism as development strategies: Bermuda and the British West Indies', in D. Barker, S. Lloyd-Evans and D.F.M. McGregor (eds.) *Sustainability and development in the Caribbean:geographical perspectives*, University of the West Indies Press: Kingston, Jamaica, pp. 126–47.
Savoie, D. (1999) 'Atlantic Canada: always on the outside looking in', in F.W. Boal and S.A. Royle (eds.) *North America: a geographical mosaic*, Arnold: London, pp. 249–57.
Selwyn, P. (1983) 'Mauritius: the Meade Report twenty years after', in R. Cohen (ed.) *African islands and enclaves*, Sage series on African modernisation and development, London: 7, pp. 249–75.
Server, O.B. (1996) 'Corruption: a major problem for urban management. Some evidence from Indonesia', *Habitat International*, 20, pp. 23–41.
Stanwix, C. and Connell, J. (1995) 'To the islands: the remittances of Fijians in Sydney', *Asia and Pacific Migration Journal*, 4, 1, pp. 69–87.
States of Jersey (1993) *The international finance centre*, States Printers: Jersey.

第9章

ツーリズムと島との関係について，近年は夥しい数の書物があるが，それらには優れたケーススタディが多く，理論的および実践的な問題が幅広くカバーされている。例えば Briguglio (et. al., 1996) や Lockhart and Drakakis-Smith (1997)，そして Conlin and Baum (1995) がそれに当たる。

Archer, B. (1996) 'Sustainable tourism: an economist's viewpoint', in L. Briguglio, B. Archer, J. Jafari and G. Wall (eds.) *Sustainable tourism in islands and small states: issues and policies*, Pinter: London, pp. 6–17.
Briguglio, L., Butler, R., Harrison, D. and Leal Filho, W. (eds.) (1996) *Sustainable tourism in islands and small states: case studies*, Pinter: London.
Brown, G.P. (1997) 'Tourism in the Indian Ocean: a case study of Mauritius', in D.G. Lockhart and D. Drakakis-Smith (eds.) *Island tourism: trends and prospects*, Pinter: London, pp. 229–48.
Bruce, D. and Serra Cantallops, A. (1996) 'The walled town of Alcudia as a focus for alternative tourism on Mallorca', in L. Briguglio, R. Butler, D. Harrison and W. Leal Filho (eds.) *Sustainable tourism in islands and small states: case studies*, Pinter: London, pp. 241–61.
Bryden, J.M. (1973) *Tourism and development*, Cambridge University Press: Cambridge.
Bull, P. (1997) 'Mass tourism in the Balearic Islands: an example of concentrated depen-

dence', in D.G. Lockhart and D. Drakakis-Smith (eds.) *Island tourism: trends and prospects*, Pinter: London, pp. 137–51.

Busuttil, S., Villain-Gandossi, C., Richez, G. and Sivignon, M. (1989) *Water resources and tourism on the Mediterranean islands*, European Coordination Centre for Research and Documentation in Social Sciences and the Foundation for International Studies at the University of Malta: Valletta.

Butler, R. W. (1980) 'The concept of a tourist area cycle of evolution: implications for the management of resources', *Canadian Geographer*, 24, 2, pp. 5–12.

Butler, R.W. (1993) 'Tourism development in small islands: past influences and future directions', in D.G. Lockhart, D. Drakakis-Smith and J. Schembri (eds.) *The development process in small island states*, Routledge: London, pp. 71–91.

Conlin, M. (1995), 'Rejuvenation planning for island tourism: the Bermuda example', in M.V. Conlin and T. Baum (eds.) *Island tourism: management, principles and practice*, Wiley: Chichester, pp. 181–202.

Connell, J. (1993) 'Bali revisited: death, rejuvenation, and the tourist cycle', *Environment and Planning D: Society and Space*, 11, pp. 641–61.

Dann, G.M.S. (1996) 'Socio-cultural issues in St Lucia's tourism', in L. Briguglio, R. Butler, D. Harrison and W. Leal Filho (eds.) *Sustainable tourism in islands and small states: case studies*, Pinter: London, pp. 103–21.

Deda, P. (1999) 'Sustainable tourism in Small Island Developing States' *Insula*, 8, 3, pp. 40–4.

Duval, D.T. (1998) 'Alternative tourism on St Vincent', *Caribbean Geography*, 9, 1, pp. 44–57.

Government of Bermuda (1994) *Report of the Premier's Task Force on Employment*, Government of Bermuda: Hamilton.

Higham, S. (1992) 'Last resort', *World Water and Environmental Engineer*, September 1992, pp. 17–18.

Jefferson, A. and Lickorish, L. (1988) *Marketing tourism: a practical guide*, Longman: Harlow.

Juaneda, C. and Sastre, F. (1999) 'Balearic tourism: a case study in demographic segmentation', *Tourism Management*, 20, pp. 549–52.

Kakazu, H. (1999) 'Sustainable tourism development in small islands, with particular emphasis on Okinawa', *Insula*, 8, 3, pp. 15–20.

Liu, Z.-H. and Jenkins, C.L. (1996) 'Country size and tourism development: a crossnation analysis', in L. Briguglio, B. Archer, J. Jafari and G. Wall (eds.) *Sustainable tourism in islands and small states: issues and policies*, Pinter: London, pp. 90–117.

Lockhart, D.G. (1997) 'Islands and tourism: an overview', in D.G. Lockhart and D. Drakakis-Smith (eds.) *Island tourism: trends and prospects*, Pinter: London, pp. 3–21.

Lockhart, D.G. and Drakakis-Smith, D. (eds.) (1997) *Island tourism: trends and prospects*, Pinter: London.

Marshall Islands Visitors Authority (1997) *Handcraft of the Marshall Islands*, Forum

Secretariat: Suva.
McNutt, P.A. and Oreja-Rodriguez, J.R. (1996) 'Economic strategies for sustainable tourism in islands: the case of Tenerife', in L. Briguglio, R. Butler, D. Harrison and W. Leal Filho (eds.) *Sustainable tourism in islands and small states: Case studies*, Pinter: London, pp. 262–80.
Pearce, D. (1987) *Tourism today: a geographical analysis*, Longman: New York.
Rapoport, A. (1977) *Human aspects of urban form*, Pergammon: Oxford.
Royle, S.A. (1989) 'A human geography of islands', *Geography*, 74, pp. 106–16.
Royle, S.A. (1996) 'Mallorca: the changing nature of tourism', *Geography Review*, 9, 3, pp. 2–6.
Royle, S.A. (1997) 'Tourism to the South Atlantic islands', in D.G. Lockhart and D. Drakakis-Smith (eds.) *Island tourism: trends and prospects*, Pinter: London, pp. 323–44.
Royle, S.A. (1998) 'Offshore finance and tourism as development strategies: Bermuda and the British West Indies', in D. Barker, S. Lloyd-Evans and D.F.M. McGregor (eds.) *Sustainability and development in the Caribbean: geographical perspectives*, University of the West Indies Press: Kingston, pp. 126–47.
Sand, G. (1998) *Winter in Mallorca*, La Foradada: Palma (first published in French in 1855).
Walker, M. (1996) 'Millions like us', *Observer Life*, 4 August 1996, pp. 4–6.
Wing, P. (1995) 'Tourism development in the South Indian Ocean: the case of Mauritius', in M.V. Conlin and T. Baum (eds.) *Island tourism: management, principles and practice*, Wiley: Chichester, pp. 229–37.

第10章

セントヘレナ島の歴史についての草分けはGosse (1938) である。最近の報告としては, Bain (1993) やRitchie (1997), Winchester (1985) がある。本書の著者も, セントヘレナ島の研究を数多く発表している。

Aldrich, R. and Connell, J. (1998) *The last colonies*, Cambridge University Press: Cambridge.
Ashmole, P. and Ashmole, M. (2000) *St Helena and Ascension Island: a natural history*, Anthony Nelson: Oswestry.
Bain, K (1993) *St Helena: the island, her people and their ship*, Wilton 65: York.
Ballantyne, R.M. (1902) *The coral island: a tale of the Pacific*, Blackie: London.
Bishop of St Helena's Commission on Citizenship (1996) *St Helena: the lost county of England*, Bishop of St Helena's Commission on Citizenship: St Helena.
Brown, L.C. (1981) *The land resources and agro-forestal development of St Helena*, Land Resources Development Centre, Overseas Development Administration: Surbiton.

Chief Secretary (1998) *Investor's guide to the Island of St Helena*, Office of the Chief Secretary, Government of St Helena: Jamestown.

Foreign and Commonwealth Office (1999) *A partnership for progress and prosperity: Britain and the Overseas Territories*, HMSO: London.

Gosse, P. (1938) *St Helena 1502–1938*, Cassell: London (republished 1990, Anthony Nelson: Oswestry).

Hawthorne, P. (2000) 'Will the Saints come marching home?', *Time*, 24 July, p. 48.

Keay, J. (1991) *The honourable company: a history of the English East India Company*, HarperCollins: London.

Northcliffe, G.B. (1969) 'The role of scale in locational analysis: the phormium industry on St Helena', *Journal of Tropical Geography*, 29, pp. 48–57.

Ritchie, H. (1997) *The last pink bits*, Hodder and Stoughton: London.

Royle, S.A. (1992) 'Attitudes and aspirations on St Helena in face of continued economic dependency', *Geographical Journal*, 158, pp. 31–9.

Royle, S.A. (1995) 'Economic and political prospects for the British Atlantic Dependent Territories', *Geographical Journal*, 161, pp. 307–22.

Royle, S.A. (1998) 'St Helena as a Boer prisoner of war camp, 1900–1902: information from the Alice Stopford Green papers', *Journal of Historical Geography*, 24, 1, 1998, pp. 53–68.

Royle, S.A. and the late A.B. Cross (1995) 'Wilberforce Arnold, St Helena Colonial Surgeon, 1903–1925', *Wirebird*, 12, pp. 23–8.

Royle, S.A. and the late A.B. Cross (1996) 'Health and welfare in St Helena: the contribution of W.J.J. Arnold, colonial surgeon, 1903–1925', *Health and Place*, 2, 4, pp. 239–45.

St Helena Strategic Review (1996) *The St Helena Strategic Review 1996/7 to 2000/1; the key policy and development plan for the island*, Department of Economic Development and Planning, St Helena Government: Jamestown.

Schulenburg, A.H. (2001) '"Island of the blessed": Eden, Arcadia and the picturesque in the textualising of St Helena', *Journal of Historical Geography*, forthcoming.

Wigglesworth, A. (1998) 'Saints on the march', *Geographical*, 70, 6, pp. 57–62.

Winchester, S. (1985) *Outposts: journeys to the surviving relics of the British Empire*, Hodder and Stoughton: London (the edition used here was published in 1986 by Sceptre: London).